中文社会科学引文索引(CSSCI)来源集刊

新史学

New History

第十三辑

艺术史与历史学

Art History and Historiography

主编 陈恒 王刘纯

中原出版传媒集团 大地传媒

大象出版社 ·郑州·

图书在版编目(CIP)数据

新史学. 第十三辑 / 陈恒, 王刘纯主编.— 郑州 : 大象出版社, 2014. 12
ISBN 978-7-5347-8238-1

Ⅰ. ①新… Ⅱ. ①陈… ②王… Ⅲ. ①史学—文集 Ⅳ. ①K0-53

中国版本图书馆 CIP 数据核字(2014)第 275448 号

新史学 第十三辑

陈 恒 王刘纯 主编

出版人 王刘纯
责任编辑 郑强胜 梁金蓝
责任校对 钟 骄
装帧设计 王 敏

出版发行 大象出版社(郑州市开元路 16 号 邮政编码 450044)
发行科 0371-63863551 总编室 0371-65597936
网 址 www.daxiang.cn
印 刷 河南省瑞光印务股份有限公司
经 销 全国新华书店
开 本 787mm×1092mm 1/16
印 张 19
字 数 366 千字
版 次 2014 年 12 月第 1 版 2014 年 12 月第 1 次印刷
定 价 55.00 元
若发现印、装质量问题,影响阅读,请与承印厂联系调换。
印厂地址 郑州市二环支路 35 号
邮政编码 450012 电话 0371-63956290

编 委 会

WE ARE GRATEFUL TO THE ABOVE JOURNALS FOR GRANTING US THE COPYRIGHT PERMISSIONS.

目 录
Contents

艺术史与历史学

史学史与史学理论

专题研究

评 论

文献与史料

艺术史
与
历史学

几何学、文艺复兴美术与西方文化

□小塞缪尔·埃哲顿(Samuel Y.Edgerton, Jr.) 文 杨贤宗 译

摘　要:13世纪末意大利运用透视法或者欧几里得几何学描绘空间内物体的发展,一直是文艺复兴美术史研究的重要方面。埃哲顿在此将文艺复兴时期意大利人的成就,置于12至17世纪的意大利以及当时中国的成就这一更广泛的范围,反对相对主义的多元文化论者的观点,认为透视法是一种文化建构。他基于贡布里希对透视法原理的心理—生理理解,认为透视再现本质上符合视觉现实,是西方文化特有的技法。

关键词:几何学;文艺复兴;透视法

Abstract: The development, at the end of the thirteenth century in Italy, of the pictorial representation of objects in space constructed using perspectival means, or Euclidian geometry, remains fundamental to the study of Renaissance art history. Edgerton places the achievement of Renaissance Italians within the much broader context of Italy from the twelfth to seventeenth centuries and the achievements of China. Edgerton rejects the relativism of "multiculturalists" who consider perspective a cultural construction. Instead, Edgerton maintains that perspectival representation actually conforms to what the eye sees, basing his arguments on the work of Gombrich who has argued for a psycho-physiological understanding of how perspective works, the technique of which developed only in the western culture.

仅仅对自然有兴趣是不够的,有限的实验行为是不够的,经验性的教育是不够的,预测日食、月食与历法计算也是不够的——所有这些中国人都具备。显而易见,唯有商业文化能够为农业官僚政治文化所不能为——使得以往分离的数学学科与自然知识相融合。

——李约瑟:《大滴定》(*The Grand Titration*, 1969)

为何资本主义欧洲在1500年后成为世界上所有文明中第一个发展起通常所理解的现代科学,快速领先于先前高度发展的东方文化?① 为何在同一个地方,在托斯卡纳的佛罗伦萨城,②创造出西方艺术与科学革命两方面最为显著的成就?仅仅是文艺复兴美术的奠基者乔托与现代科学的创始人伽利略都是托斯卡纳人这一巧合?

图1 罗伯特·胡克,《苍蝇》版画,1667年

对于所有这些问题,至少有一个答案存在于文艺复兴时期欧洲的绘画艺术与同时期东方绘画艺术之间的差异。只需将西方文艺复兴风格的科学插图与传统中国和伊斯兰教国家的实例作一比较便可,如将罗伯特·胡克(Robert Hooke)1667年出版的《显微术》(*Micrographia*)中的《苍蝇》版画(图1),与中国元代画家钱选《早秋草虫图》(图2)中同一物体的细部相对比,③我们即可看出中国画家以非凡的敏感性表现出飞行昆虫的轻盈灵巧,而胡克(他可能只是为版画制作底稿)只是强调苍蝇翅膀固定的几何结构,而没有表明它们实际的飞行状况。当然,胡克是在观察一只死的苍蝇。在西方,我们认为这是理所当然的,要是想了解有机物或无机物的构造,我们首先必须将其想象为"无生命体"(nature mort,正如夏尔丹之静物),④所有成分转化为客观的、固

图2 钱选,《早秋草虫图》,13世纪

① 在查阅并参考有关西方现代科学不期然兴起的各种思想时,我觉得下列作者的观点特别有益:Burtt,Butterfield,Sarton,A.R.Hall(1),Price,P.Rossi,Hoyrup(2),and esp.crombie(3)。

② 某种程度上,Wightman 和 Goldstein 进行了这种比较。Goldstein 的书籍过于宽泛,未能确定佛罗伦萨艺术和科学的连续发展过程中任何有文献证明的或经受严格检验的联系。

③ 我十分感激韦尔斯利学院的 Anne de C.Clapp 为我挑选这一中国昆虫图画的绝佳例证。

④ 而 John James Audubon 更甚!这位著名的"自然主义者"首先杀死要画的鸟,然后摆放在画室里,看起来像是自然环境中的活物那样。

定的几何关系。在这样的图画中,正如亚瑟·韦利(Arthur Waley)嘲弄道:"彼拉多(钉死耶稣的古代罗马的犹太总督)与咖啡罐都是垂直的圆柱体。"[①]对于传统的中国人而言,这种方法在科学与审美两方面都是荒谬可笑的。

为何我胆敢将一位伟大画家的杰作与一位普通版画家的示意图联系起来?毕竟,许多优秀的西方画家如雅各布·利戈齐(Jacopo Ligozzi)和扬·凡·海苏姆(Jan van Huysum)等,都画过精美的飞虫图画。这里作此对比,是因为我想从一开始就强调,欧洲文艺复兴艺术的几何透视法与明暗对照法传统,不论是否属于美学上的称谓,都已经证明对现代科学极其有用。[②]

在新近关于批评理论与方法论的争论中,日益认为线性透视与明暗法只能理解为表达了西方文明独特价值的语言学类符号体系范围内的人为符号。[③] 这一最新的相对主义的激进支持者(他们现在喜欢自称为多元文化主义者)认为,在文艺复兴时期,上层赞助人支持线性透视,因为它维护了他们专有的政治权力。毕竟,单点透视鼓励"男性的凝视",因而具有窥阴倾向、轻视女性、极权国家的监视以及帝国主义的"使他人边缘化"等特征。

而在西方的视觉艺术同所有其他文化的艺术形式一样,事实上具有宣扬沙文主义的倾向之际,我认为基于欧几里得立体几何学的欧洲文艺复兴绘画体系,起初至多不过根据欧几里得几何学原则,试图复制人类视力所感知的东西,而这在中世纪的欧洲被理解为上帝幻象的同义语。[④] 以透视法描绘的图画使得人类正如创世纪时的上帝一样想象这个世界。

不论本意如何,这是首次出现的艺术方法,除了描绘物体外,还能够一点一滴如同绘制地图并能够依比例决定边界、平面和相对间的距离,正如任何没有文化优越性或性别歧视的人从一个固定视点所产生的视觉图像。[⑤] 确实,不论何种种族

---

① Waley,p.159;同时参见 Sullivan,p.62。他引用了中国明代官僚吴历关于东西方绘画差异的论述,"我之画不取形似,不落窠臼……彼[西画]全以阴阳向背、形似窠臼上用工夫。即款识,我之题上,彼之识下"。

② 关于这一点,见 Ferguson,B.Hall(1),Rose-Inness,and Tufte。

③ 尤见于 Bryson,同时参看 Goodman;至于相反的观点,见 Gibson(1);Pirenne(2);Gombrich(1);and Kubovy。

④ 有关艺术发展的"知觉"理论,见 Blatt/Blatt,pp.1—56;also Nodine/Fisher,pp.57—215。

⑤ 关于这一点,为力求精确,我引用了著名视觉生理学家 M.H.Pirenne 的言论,(2),p.15(Pirenne's italics):……按照透视法描绘某处景物或系列物体的图画,并非物体在艺术家眼内产生的视网膜映象的复制品。它更是真实物体本身的替代品,它将发散的光线送入眼睛而成,类似于从真实物体发射出来的光线,结果在特定的眼睛看来,图画所产生的视网膜映象在形状和维度上类似于真实物体在同样的眼睛里所产生的映象。我在后面章节尽量不将这一清晰的视觉现象描述与人类视觉的心理分析方面相混淆。毕竟,正如当前风行的雅克·拉康(Jacques Lacan)告诉我们的,"几何透视只是描绘空间,而非视觉"。不过,我回避了他称为"凝视"(与主体"眼睛"相分离)的文化与心理分析的含义。拉康将"凝视"定义为一种下意识的透视倒置,其中主体想象自己在"观看自身",或者更确切地说,被世界"全方位地观看"。他对于西方透视法的有趣分析,可见于 Lacan,pp.67—123。

或宗教信仰的戴眼镜者,必定会意识到读报时快速浏览的视力法则与文艺复兴时期运用于绘制透视图画的法则是一样的。

请读者想象一下自己处在一个画室的图画课上,课上有代表着不同种族、语言以及政治和宗教意识形态者。要求参与者想象一个直立的棱镜。有人可能坚持认为这一图像表明"文化优越"观念,但实证心理学家已经表明所有人类(即便在早期阶段)都倾向于自然形状不同程度地重复规则的几何形状。想象规则三维物体的能力似乎是人类与生俱来的。①

接下去将棱镜描述成测量各个面上的一系列单位。要求一群人中的每一位成员在心目中旋转这一想象的图形,以便在某一角度被看见,使其垂直边缘介于靠近前面的两正面之间,它们刚好相对且处于心目中两个面的中心并保持相同的距离单位。然后,从视觉上向大家表明如何让眼睛从这一中间层面集中于这一物体,便会感受到上部后退的水平边界似乎总是向下,而下部则向上,会聚于共同的"地平线"(每位观者实际的视觉层面)。我反复申明,所有人(不论他们的种族、性别或文化)先天倾向于以同样的视觉生理学方式感知现象世界,即便在个人能够以语言或图像对其进行阐释之前必须论证这一事实。

最后,要求学员想象一束光从某个特定角度照射棱镜,因此只能照亮一个可见平面。相对的可见平面就会处在阴影中,而整个物体就会从那一面(它自身的侧面)投下阴影——位于它站立的平面上。

现在每位学员应当描绘一幅这一心像的比例图。② 假如大家还了解纸上画出的铅笔线能够表现三维空间中物体的边缘,深色铅笔涂痕可以代表阴影,结果所有图画看起来总有几分相像(图3)。实际上,要是这一组人观看了从同一角度拍摄的逼真彩色照片,每位成员会自动地判断他或她本人相应的草图"质量"。不论在这些草图中展现出怎样的手工技巧,根本不会显示出基于艺术家个人性别、文化背景或经济地位的明显差异。③

我由此认为,西方文艺复兴图画创作中感知或构想的最重要时刻,在平面上再

---

① 见 Leehey、R.Held(2)、Vurpillot 以及 E.Gibson 和 R.Walk 对于幼儿深度知觉的出色研究,见 Pick 的论述,第63—87页。

② 我多年来一直试图弄明白具有相当文字能力而不熟悉绘画技法的美国大学生,需要花费多长时间掌握几何线性透视的基本技巧。我发现他们经过基本的指导,然后就能够按规定比例以准确的透视法描绘出带有门窗、家具和居住者的简单直线房间,全部在一小时内完成。

③ 论述跨文化视觉问题的作家中持这样的一种观点,某些非西方社会的民族看待现象世界的方式与我们不一样。Hudson 深度知觉测试的广泛使用更加剧了这一思想,它旨在检验个人判断远近和大小的能力,要求受测者判断以黑白轮廓线描绘的未着色透视图画,非常类似于我们熟悉的卡通风格插图。不过,一些非洲"原始人"在测试中得分低的原因,与先天缺乏感知深度的能力并无关系。正如 Margaret Hagen 所论证的,这些特别的被测者只是不了解西方的绘画传统。如向他们出示彩色照片上的透视场景,他们能毫无困难地判断出大小和远近,参看 Hagen/Johnson;Hagen/Jones。至于我们如何将纸上的黑白轮廓线理解为三维空间的物体的直线边缘[帕金斯定律(Perkins's laws)],进一步的心理学解释见 Kubovy,pp.97—103。

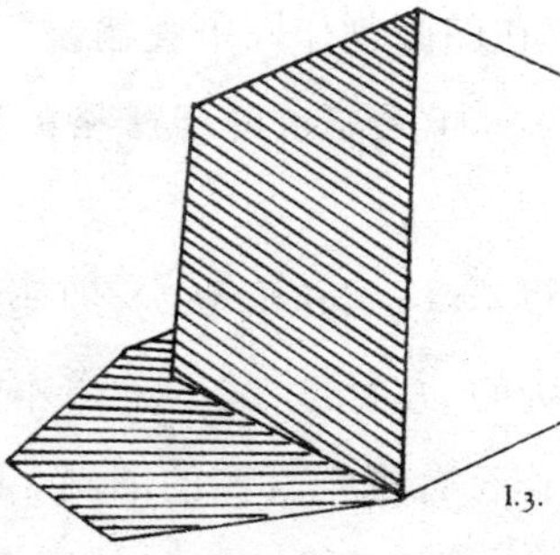

图 3 斜透视所见的等边棱柱体

现固定的三维物体基本形状的独特能力，正如从某一固定视点集中于焦点时，由光线照射形成并由人造光学仪器一点一滴记录下的图像。这是世界上任何其他地方、其他文化艺术所没有取得的一项成就（除非它来源于西方的风格）。

当然，你也可以进行同样的试验，要求这群人运用中国风格的等量（轴测法）透视。事实上现代工程师偏好等量投影图，因为它保存了所描绘物体各个面上的量度，而没有可感知的会聚点造成的变形。不过，等量比例图画也是西方的创造，而非中国，线性透视经由欧几里得几何学的进一步修正，更能服从于科学技术的需要。① 没有其他文化（包括传统中国文化）在未受西方影响的前提下，将描绘三维物体方法的等量规则运用于比例。

人类学家也许认为，制作图画的动力源自原始部落需要施加魔力于自然界的神秘事物。如古代的巴比伦人和希腊人，在不定型的星座周围描绘拟人化的形状，以减轻对于群星密布的天空的恐惧。此外，在现今世界的某些地方，巫师仍利用图绘的物神预知及掌控未来。愿望实现后，巫师及其图绘物品便被当作神性代言者而受到崇拜。

针对这一观点，我的回复是，文艺复兴风格的透视法可能是有史以来最灵验的巫术法宝，艺术家通过它不仅准确地描绘现在，而且同样容易地描绘或预言其观众可能在未来经历的新奇事物。正如原始巫师、透视法艺术家通过保存世人和真实地点的画像而使观众大为惊骇，而且他的图像拥有比古代巫师的传统护身符更大的法力。因为透视图画几何学按规定比例复制，它们不仅采用象征的方式，而且一点一滴地再现主题；它们是如此真实，以至于仅仅根据这一原型，便可以还原出逼真的三维复制品。实际上，文艺复兴时期线性透视的最初观众极为震惊，他们兴奋地称赞其为“奇迹”。② 如是，西方文艺复兴艺术影响了众多非西方文化，不是因为它是帝国主义强加的，而是因为它的表现比起传统的再现（甚至某些地方接受的魔法再现）更让人信服，更近乎自然的感知。

下面我要对“程式”（convention）、“图示”（schema）和“象征”（signifier）加以区分，这些术语经常宽泛地用来表示不

① 有关中国与西方对于错觉透视法的不同态度，见 March 及 Wells；关于西方投影几何学的发展状况，见 Feldhaus、Kemp（4）以及 Field（2）。

② Edgerton（2），pp.88—89.

同年龄与文化的艺术家运用线条、色彩和形状表现物质世界的方式。“程式”仅指自文艺复兴以来西方艺术家有意识地发明或修正的绘画技法，用以表现几何的线性透视，如演示复杂的三维机械的内部工作方式。“图示”意指有意识的、具有文化依赖性的构架，在艺术家受文艺复兴透视法影响之前，用来表明使用中的空间和体量。最后，“象征”是专为某些表达而预留的，它似乎是在所有人类的艺术中无意识出现的，而不论他们的文化与历史时代，例如画出斜线表示水平边缘向远处退缩，或者以弯曲线条来模拟运动或超自然的行为。实际上，当前的实验研究进一步证实，先天性盲人居然能够分辨这些线条（由布莱叶盲文图画得出），即便他们从未见过那些象征符号或描绘的事件。①

因为正常的人类确实通过在空间内走动，与此同时从各个方面看见或触摸物体来感知第三维度，仅从单一的视点观看世界或其图画的观念是人为的。② 换句话说，系统的视觉会聚对于所有人类的视知觉而言是天生的，而描绘这一现象的能力则否。眼睛和手首先必须得到训练。我们也许会问，为何会有人首先发明透视法，特别是在图画创作同审美愉悦（也许更是如此）一样无需求助于严格的数学法则之际？

贡布里希（Gombrich）认为，即便线性透视是人为的，人类的内心也有着本能的冲动去创作符合视觉真实的图画。绘画风格的演变，回应着这一自然的愿望，实际上是不断地修正个人的文化图式。根据他的观点，艺术史类似于科学史[特别是卡尔·波普尔（Karl Popper）所阐释的科学]，文艺复兴后西方在这两方面都处于领先地位。③ 现今，贡布里希的观点遭到多元文化主义者的猛烈抨击（正如我先前表明的），他们告诫称，艺术中的“现实主义”是相比较而言的。因此，透视的错觉艺术手法等同于绝对的科学事实只是炮制的一个西方神话，这些图画也许就此可以用作政治权力的工具。④

概括地说，尽管几何透视法最终确实变成了文化偏见的编码系统，我同贡布里希的观点一致，相信这一欧几里得几何学模型并非文化本身固有的。西方文艺复兴风格的图画仍然在复制（没有其他的艺术形式能够做到这一点）现象世界真实的

① 参看多伦多大学知觉心理学家 John M.Kennedy 的实验结果（他宁愿使用 metaphor 一词而不愿用我的 signifier），见 Kennedy（1）（2）（3） and Kennedy/Gabias。有趣的是，18 世纪的百科全书编纂者狄德罗声称得出同样的观测结论，见拉康，第 86、92 页。

② 关于视觉世界的几何视界与知觉视界的差异，见 Gibson（1）；Kubovy（第 125 页）对于这一问题的归纳相当精辟：“要是在透视领域几何学扮演着与美国国会类似的角色，那么知觉便发挥着宪法的功能。所有被中心投影的几何学所规定的，都得受知觉的可接受性的检验。要是某条法则是违反宪法的，它就会遭到拒绝，必须重新修订，以与知觉保持一致。”

③ Gombrich（1）。贡布里希的观点因此一直用于理解和解释西方非写实的“现代”艺术的起源。

④ Bryson.

表面特征,正如从视觉上说它们由四周的反射光线一点一滴传入人的眼睛。[①] 既然传统中国绘画缺乏几何比例关系,钱选便不可能运用同莱奥纳尔多·达·芬奇(Leonardo da Vinci)一样的技法表现自然界的物质结构。

尽管科学史家对于“革命”(revolution)一词是否适用于他们课题中1600年后发生的情况仍在争论中,艺术史家一致同意“革命”一词在各种可能的意义上说都是唯一的词语,来描绘1300年后首先发生在意大利然后发生在西欧其他地方的绘画、雕塑和建筑方面的巨大变化。此前的中国、伊斯兰教国家或者世界上任何其他地方的视觉艺术中,都没有发生这样的革命。复兴古典绘画中的明暗法,重新发现古典制图法中的几何线性透视,都是意大利文艺复兴艺术家的独特成就。没有哪种文明的从艺者在将这些观念运用于传统艺术之前,没有受到西方风格的影响。更为重要的是,这些革命性的艺术创新从它们自身的角度讲也是科学贡献,对于后人在心目中设想并构造“真实”的方式产生了深刻的心理影响。

尽管如此,我有意地避免将“革命”与发生于欧洲1600年后的科学相联系。时常遇见这样的观点:现代科学完全是西方的创造,播种于古典时代,过早地脱水保存于中世纪,唯有在文艺复兴人文主义温暖湿润的气候里得到新生。虽然文艺复兴艺术确实忠实于西方传统,17世纪的欧洲科学则不然。现代科学的兴起实际上源于东西方思想的融合,特别是在数学方面——它是自然科学的共同语言。[②] 要是没有伊斯兰教国家在那一方面的慷慨大方,我们西方人今天可能仍在用罗马数字算账。

迄至18世纪,西方文明甚至难以独享牛顿的伟大发现。恰如李约瑟常言,牛顿对于新物理学的诸多创新不过是一种跨越国界的“海纳百川”。[③] 但我们仍要追问(继续李约瑟关于水的比拟):能够吸纳不同科学之流的西方文化盆地的独特轮廓是什么?为何它们没有汇聚于中国或伊斯兰教国家?

再没有科学史家像李约瑟本人那样

---

① 在视觉生理学者和知觉心理学者中,坚持认为文艺复兴线性透视复制了视觉范围内的图像结构这一观点的有M.H. Pirenne(1)(2)(3);and James J.Gibson(1)(2)(3)。重复并进一步应用Gibson的分析,见Hagen(2)。

② Needham(3),pp.108—114;Bochner,p.114。关于在中世纪期间,伊斯兰教和西方基督教数学在理论和实践方面的显著相似,见Hoyrup(1)。不过,Hoyrup并未解决这一问题,即为何在西方的这一发展导向了现代科学,而在伊斯兰世界仍保持着传统上的保守性。遗憾的是,近乎李约瑟研究领域的、有关伊斯兰科学兴起与衰落研究的英文著作至今尚未得见。Hassan和Hill优秀的单卷本著作确实提供了类似于李约瑟的简要评价,但这些作者根本没有提及与科学有关的伊斯兰艺术,并且将伊斯兰科学的衰落仅仅归因于日益增强的宗教控制。

③ Needham(6),pp.16,51,191;(12),p.9。李约瑟列举了在伽利略之前,区分“现代”科学与世界上不同文化区域科学的五条基本原则:(1)数学假设应用于自然界;(2)充分理解实验方法;(3)初性(primary quality)与次性(secondary quality)的区分;(4)空间的几何化;(5)接受现实世界的力学模式。

为这些问题所困扰。作为一位热心赞美中国文化者,他将一生的大部分时间都贡献给了编纂(西方影响到达前)传统东方科技成就的巨著。在其多卷本《中国科学技术史》(*Science and Civilization in China*)中,他揭示了中国人在天文学、代数学、小数、民用和水利工程、化学、医药以及许多其他科学技术方面[包括——怀着对弗朗西斯·培根(Francis Bacon)的敬意——火药、印刷术和指南针的发明]取得的重大进步,它们发生在西方人思考这些事物之前很久。① 他最后依然得承认,中国不具有16世纪欧洲三项重要条件:一为政治的,一为宗教的,一为数学的。他认为这些特别有益于现代科学的产生。②

使得李约瑟分析欧洲历史具有如此非凡洞察力的是,不像绝大多数尝试解释西方科学兴起的专家,他能够将与其他文化不同的西方传统,也因此在某些方面独一无二的特性分离出来。不过,我得提及,他绝少论及有关中国与欧洲艺术间的明显差异。他也没有顾及各种文明的视觉艺术影响科学的可能性。③ 我根据自己的评论,在下面列举了他的三项条件,特别是关于第三项:

1.中产阶级商业资本主义经济基础之上的竞争城邦的政体。

2."自然法"的伦理道德观念,因而自然的模式是先定的总准则。

3.自然秩序的哲学图画是有限的、机械论的,并且易于为演绎的欧几里得几何学所证明。④

关于第一项,李约瑟论证认为(在马克思主义辩证法的范围内),文艺复兴时期欧洲新兴的商业巨头比同时期的明代中国更能培养从艺者的定量法技能。在那里,本地的商业阶层通常为占统治地位的官僚机构所鄙视,从艺者处在社会底层。文人士大夫从未在艺术实践中检验他们的哲学理论。另一方面,当时世界上的任何地方都没有像在西方那样,创造精神和从艺者的实践知识得到激发与奖赏。李约瑟感叹,只有在骚动不安的文艺复兴

---

① Needham(1)(2)(3)(4)(5)(8)(9)(10)(11)(13)(14)(15).

② Needham(3),p.168。关于这一论点的最新论述,见即将出版的卷7,章节48—49。同时参看Braudel的类似论述,第244—329页。

③ 见Needham(3),pp.592—598,简要分析了传统中国艺术如何记录下某些地质风景特征的本质。他同时也简要论及西方艺术中的透视问题(第9、111—119页)。遗憾的是,在有关中国建筑图的一些评论(涉及一些过时的知觉心理学思想)之后,他得出了在我看来相当不成熟的结论:"因此,(中国艺术)缺乏汇集于一点的透视法,不太可能在机械发明的前科技时期(约1000—1750年)的任何时候都是一个限制因素。"(第114页)

④ Needham(3),pp.150—168;(6),pp.176—211,300—330。应当指出,欧洲1600年前后这三种条件共存以及它们对于当时科学兴起的积极影响无疑是一个孤证。它不是一个可重复的定则;绝不会有人说它与现代日本或现今所谓的第三世界发展中社会相应的科学兴起有关。并且,也不能说在中世纪的伊斯兰世界或印度现代科学的兴起必定缓慢,正如在中国由于缺乏这三个条件可能出现的情形。伊斯兰世界和印度都掌握了希腊几何学,崇拜被看作神圣的立法者的众神,并且经历了不同政权的长期内部斗争。针对李约瑟这一方面观点,值得关注的批评意见请参见Graham。

时期的欧洲，理论（theoria）与实践（praxis）才能结合在一起，引发从达·芬奇技术到伽利略科学之质变。① 顺便提及，莱奥纳尔多·达·芬奇留给后人的丰厚遗产在此已不必赘述。我们将看到，莱奥纳尔多本人的科学素描技法，其他西方艺术家独自运用同样的线性透视技巧也能够达到。诚然，要是不曾有过莱奥纳尔多·达·芬奇的话，科学史（从15世纪至17世纪与艺术密切相关）会依照原本的轨迹发展。

不论如何，西方商业资本主义混乱无章的竞争环境，比起封建中国相对稳定但缺乏冒险精神的情形来说更富有营养。② "欧洲的五十年要胜过中国的一个朝代"，丁尼生（Tennyson）[在《洛克斯利大厅》（*Locksley Hall*）中]带有沙文主义（但也有几分真实）地宣称。

关于第二项差异，李约瑟指出中国人从未感到道德上的压力，去遵守任何天赐神授的"自然法则"。尽管充分意识到自然界永不停息的规律性，也总是在关注它的变化节奏，中国人不相信自然受到支配，不像西方基督教徒那样确信世间一切都依照创世纪的那一刻上帝制定的基本法则而存在。中国人没有像16世纪广为流传的巴尔塔斯（Guillaume Salluste Du Bartas）史诗《创世的六天》（*Divine Weeks and Works*）中辞藻华丽的诗句所表达的概念：

> There's nothing precious in Sea, Earth, or Aire,
> But hath in Heav'n some like resemblance faire.
> Yea, even our Crownes, Darts, Launces, Skeyns, and Skales
> Are all but Copies of Heav'ns Principalls;
> And sacred patternes, which to serve all Ages,
> Th'Almighty printed on Heav'ns ample stages.③

（中译：海洋、陆地或空气中没有

---

① Needham(6), p.211.

② Graham在其批评李约瑟时论证说，在伽利略出生前三十年，佛罗伦萨政府已经明显地废弃了共和政体资本主义，恢复了贵族政治的专制统治（第55页）。不过，我要为李约瑟作一辩护，16世纪末、17世纪初的托斯卡纳大公的统治根本不是这样的一种逆转。这些君主，同巴洛克时代欧洲的所有统治者一样，可能显示出封建制度的方式，但实质上受到商业资本主义主要因素的强烈刺激，甚至在他们庇护伽利略时也是如此，见Friedrich, pp.1—38。他们的基本政策仍如共和时代，即确保佛罗伦萨作为伟大的商业中心的地位。大公作为现代科学支持者的公众立场只是促进这一目标的政治行为。

③ 1605年由Joshua Sylvester译成英文，见Du Bartas, pp.483—484。有趣的是，这部著作的复制本由耶稣会士于17世纪带到他们在中国北京的教会图书馆，见Verhaeren, item 61（见后面第8章节）。与此同时，约翰尼斯·开普勒在描述他所发现的椭圆形行星轨道时，也做了类似的比拟，见Holton, pp.80—87。甚至在18世纪的时候，仍广泛地表达出这种感受，如麦克劳林（Colin Maclaurin）在他的《关于伊萨克·牛顿爵士的发现说明》（*Account of Sir Isaac Newton's Philosophical Discoveries*, London, 1748）中那样，见Jammer的引文（1，第26页）："但自然哲学服务于更高种类的目的，其作用主要在为自然宗教和道德哲学奠定坚实的基础；以合适的方式将我们导向对于宇宙的创造者和统治者之了解。研究自然即是研究其技艺：每一项新发现都向我们展示了其规划的一个崭新部分。"

什么珍稀，天空上都有相似之物，甚至我们的王冠、飞镖、长矛，都是在模仿天空的基本法则，那些万古不朽的神圣图案，万能之主将其印在天空的广阔舞台上。）

在文艺复兴时期，人们日益认为发现这些“图案”是基督徒的责任。并且，基督教理论家在某物被看作大自然的恶作剧（lusus naturae）的时候，“戏弄”自然，像女巫、同性恋以及双头山羊之类，他们觉得受到神的召唤应予以纠正。如在1474年，巴塞尔城一位虔诚的市民公开在火刑柱上烧死一只公鸡，因为它犯了下蛋这一“不可饶恕而又违背自然的罪行”。①

这样的思想如何能产生现代科学？我们在此似乎遇到了马克斯·韦伯（Max Weber）所谓的“无意识的结果悖论”（paradox of unintended consequence）。② 比如说，伽利略可能因为异端思想受到指控，但该体系同时也允许他声称，他是在遵循神的指令。③ 那些坚信上帝知道他们正确的圣人，不是经常公然反抗世俗的领导吗？他们当时没有得到天国的不朽荣耀与尘世的最终赦免吗？

中国科学家没有传教士的困扰。一旦灵感来临，不论他们多么希望揭示真理和有益于人性，他们从不会像他们的西方同仁那样，受到心理的和神秘力量的驱动，去探索“自然法则”的本质。④

在他关于第三项的论述文字中，李约瑟勉强承认传统中国的科学尽管有着非凡的艺术鉴赏力，但缺乏演绎几何学的关键学科。古希腊人发明（并且幸运地与巴比伦算术学相结合）⑤的这一数学分科研究（代数学则没有）严格的二维或三维物体投射并定位于无限的、同向性的、同质空间的视觉形式。它实际上涉及心目中想象的图画或在眼前的纸上图画。尽管古代中国的墨家信徒确实记录下了几何学的一些普通概念，但他们从未将这些概念发展成严格的量化体系。在东方从未产生过与欧几里得的《几何原本》（*Elements*）和《光学》（*Optics*）、佩尔格的阿波罗尼奥斯（Apollonius of Perga）的《圆锥曲线》（*Conics*）或者阿基米德（Archimedes）的力学相当的公理和论证。伟大的中国文化盆地得等到1607年，现代科学的主流才由耶稣会传教士利玛窦（Matteo Ricci）导入。

为何欧几里得几何学对于现代科学的兴起如此重要？为何爱因斯坦（Albert Einstein）（非欧几里得的相对论的提出者）称欧几里得几何学为有史以来两个最

---

① Needham（2），p.574—576.

② 见 the fascinating chapter “Conclusion：Confucianism and Puritanism”，in Weber，pp.226—249.

③ 见伽利略致公爵夫人 Christina 的信函及其著作《试金者》（*The Assayer*），译文出自 Drake（1），pp.173—281。

④ 关于“自然法”，见 Needham（6），pp.299—332；Heninger（1），pp.256—287。

⑤ 关于巴比伦数学对于希腊几何学的影响，特别是因为两者都应用于托勒密的宇宙天体学，见 Neugebauer（1），pp.145—190；（2），pp.157—165；Price，pp.1—23。

伟大的科学成就之一?[①] 而科学史家迈克尔·马奥尼(Michael Mahoney)则认为代数学更为重要,至少对于力学基础科学是如此。他指出,虽然几何学能够创作固定机械的完美图画,唯有代数公式能够解释它怎样运行。[②]

就17世纪将代数学运用于几何学是"在严密学科的发展进程中最伟大的一步"(正如李约瑟在捍卫中国数学时急于强调的)而言,马奥尼无疑是正确的。[③] 事实上,要是在他们的心目中没有根据欧几里得原理完全几何化空间的共同概念,哥白尼(Copernicus)、开普勒(Kepler)、伽利略、牛顿、爱因斯坦就不可能发现有关的天体力学。尽管爱因斯坦后来将欧几里得几何学的特性描述限定在受空间弯曲影响的特定条件下,现代科学家仍然认为它准确地描绘了他们在其中进行实验、检验各种假定的当下世界。

在中世纪,要是哲学家思考过的话,他们通常也是将其理解为特殊区域内有限分割的事物,每一样都对自身所包含的实体产生影响。实际上,中世纪每一种社会都有它自身特定的空间概念。要是中国的道教信徒之间没有讨论过这一主题,他们就不会理解欧洲亚里士多德学派学者讨论的内容。不过,迄至14世纪,传统西方观念根据源于柏拉图哲学以及更为重要的欧几里得几何学的思想而得到重新思考。空间开始被看作各个方向上(同向性的)的连续统一体。最后,在16世纪末,伊萨克·牛顿爵士阐明了绝对空间的概念——它独立于所有时间、物质和运动之外而又完全遵循同样的数学法则。没有统一空间的观念(不管爱因斯坦的修正),现代科学家们就不能相互交流。[④]

尽管科学史家长期考察了空间概念不断演变的文字记录,但少有人注意到西方艺术家间正发生着同样的争论。它始于13世纪末阿西尼城(Assisi)弗朗西斯教堂的画家们,在16世纪莱奥纳尔多、拉斐尔、米开朗琪罗和提香等人的成就上达到顶峰。事实上,正是在第谷·布拉赫(Tycho Brahe)、开普勒和伽利略开始挑战有关天体范围的传统知识之前,文艺复兴画家已经(即使无意中地)否定了过去的观念。线性透视原理要求所有空间(不论天体的还是地球上的)都被看作有着同样的物理属性,遵循着相同的几何法则。在15世纪期间及之后,西方艺术家开始越来越多地使其观众面对传统世界观的种种反常,因此有助于瓦解中世纪体制,减少科学变革的阻力。

我们还可以思考一下文艺复兴时期

---

① 另一为真正的实验方法,见爱因斯坦1953年4月23日致J.E.Switzer的信函,由Price复制,第1—23页。

② Mahoney.

③ Needham(3),p.156.

④ 关于科学上空间观念的历史,见Jammer(1);Koyre(1);Cohen(3),pp.180—184;以及Tuna(1)和(2)从中国角度进行的哲学分析。

透视法革命另一相关事实的含义。出生于16世纪末的现代科学奠基者如威廉·吉尔伯特(William Gilbert)、第谷·布拉赫、弗朗西斯·培根、约翰尼斯·开普勒、伽利略和威廉·哈维(William Harvey)等,同时也是第一批接触插图本科学教科书的欧洲人。尽管有关印刷术本身作为西欧变革代理人的重要性的论述甚众(尽管事实上中国人自9世纪起就已掌握了印刷术,但我们没有证据证明它引起了什么变革),但很少有学者注意到印刷技术在西方的传播与几何透视法主导绘画几乎是同时发生的。①

确实,迄至1520年,西方的版画制作工艺技术上如此先进,即便贵重油画错觉手法的极尽精微之处,也可以廉价地反复印刷于纸面上。② 到新世纪的第二个二十五年里,德国、意大利和法国的出版家大量印刷我们今天所谓的咖啡茶几图书,内容涉及各种题材,只要可以售出。科学和技术主题最受欢迎。

随着印刷图画的传播,它们表现的思想也在传播。明暗对照法和线性透视的几何原理到16世纪末得到广泛的传播,几乎所有西欧人都受到这一观念的影响,即空间是同向性的、三维的与同质的,因此服从于欧几里得几何学的证明。甚至可以认为,克里斯托弗·哥伦布(Christopher Columbus)(绝非巧合,也是意大利人)同样受到影响。毕竟,他深受首次印刷的托勒密世界地图的激发,它同文艺复兴时期其他绘画一样标明了陆地和海洋——未知领域(terra incognita)与已知领域(terra cognita)在相同数学比例的空间中连为一体。③

对于现代科学发端同样重要的是,相信宇宙及其中万物机械地运行,正如完全自己运行的著名笛卡尔时钟(只需上帝偶尔为它上紧发条)。早至13世纪,欧洲意大利中部阿西尼城的艺术家在描绘圣迹,好像它们同样可以从物理的、机械的方面加以解释。

15世纪末理性主义倾向最明显的事例是阿尔布莱希特·丢勒(Albrecht Durer)广泛流传的木刻版画《圣约翰启示录》(*St. John Devouring the Book*,图4),源自1498年出版的《启示录》(*Apocalypse*)系列。关于约翰幻象的奇怪主题,见于《圣经·启示录》10:1,2,10节。先知以理性的隐喻性语言描绘了上帝使者的外貌:

> 我又看见另有一位大力的天使从天降下,披着云彩,头上有虹,脸面像日头,两脚像火柱:
>
> 他手里拿着小书卷,是展开的。他右脚踏海,左脚踏地……

---

① Eisenstein;Sarton;Ivins.

② 见Ivins.

③ 在托勒密的《地理学》(*Cosmographia*)中得到说明,由Giacomo d' Angelo da Scarperia译成拉丁文(Vicenza:Hermann Liechtenstein,1475)。See also Stillwell,pp.63—64;Edgerton(1)。

我从天使手中把小书卷接过来，
吃尽了……

中世纪期间，这一最为超自然的《圣经》幻象会以二维的形状和色彩描绘出；为印象派的和装饰性的，但未必会详细解释《圣经》原文。① 丢勒的艺术处理打动我们的是他坚持精确地阐释那些文字，似乎神秘主义圣人不是通过深奥玄妙的象征物在说话，而是客观地描绘带有机械动件的三维器官。

图 4　丢勒，《圣约翰启示录》版画，1498 年

① 见 the tenth-century Spanish *Beatus* manuscript, MS. 644, now in the Pierpont Morgan Library in New York; described in Robb, p.159. 潘诺夫斯基分析过丢勒的《启示录》(*Apocalypse*)系列木刻版画，(3)，1:51—59。

为何西方艺术家如丢勒受到激励将传统的,当然也更具有审美愉悦的中世纪风格转化为这一几何学的、机械论的精确形象? 这个问题将在另一部著作中予以回答。我在此仅仅分析曾经渴望的驱动力变得无法满足的过程就足够了。[①] 要记住,这一欧洲人特有的习性只是在所谓的12世纪文艺复兴期间,欧几里得的《几何原本》和《光学》从摩尔人那里重新获得并被翻译成拉丁文后才开始显现出来。[②]

到了15世纪中叶,文艺复兴艺术家认为掌握欧几里得及相关的光学论文对于他们的训练是绝对必要的。[③] 李约瑟感叹中国人的有机世界观确实过早地预示了爱因斯坦的相对论,可惜最初没有受到欧几里得几何学的训练。他完全可以说中国的绘画也一样。像中国的科学家一样,中国最伟大的画家觉得没有必要探索自然中隐含的几何学。他们所强调的是气韵,是自然界的瞬间韵律。对于他们而言,生动的笔触比起固定的形状更能表示"现实"的本质。[④]

就事实而言,显微镜和望远镜,文艺复兴时期技术遗留给现代科学的两件最重要的工具,都是根据与支撑文艺复兴透视绘画相同的光学原理发明的。中国没有同样地发明这些器械的原因,这在18世纪清代高官丰绅殷德的一首抒情诗中得到进一步证明,他描述了初见西方显微镜后的感受:

> 通过显微镜可以看见事物的表面。
>
> 它将其放大,但并没有揭示真实情景。
>
> 它使物体显得更高更宽,
>
> 但并不认为你在观看物体本身。[⑤]

西方艺术家/科学家的愿望刚好相反。恰如伽利略的热心支持者约翰尼斯·开普勒的精辟论述:"……造物主,几何学的真正第一动因……正如柏拉图所言,总是符合几何原理……(他的)法则在于了解人类心灵的能力;上帝希望我们认识到,他在以自己的形象创造众生之际,是为了我们可以加入他的思想。"[⑥]

所有早期现代科学家中最伟大者如伽利略,能够通过他本人原始的望远镜创造出巨大的发现,正是因为他也了解一些文艺复兴时期应用几何方法的美术。换句话说,到17世纪的第一个十年,不仅日益意识到几何法则遍及整个宇宙,而且,

---

① Gombrich(1);(2),pp.1—12.

② Haskins(2);Crombie(3).

③ 见 Alberti(1)。

④ 见于 M.Yosida,"The Chinese Concept of Nature",in Nakayama/Sivin,pp.71—89。

⑤ 写于1770年前后,Bernard 翻译并讨论过,(1,p.241)。有趣的是,胡克《显微术》的抄本记录在北京的教会图书馆,见 Verhaeren,item 4080 以及后文 chap.8。关于显微镜的发明与西方"机械论学说"之间关系的历史背景,见 Crombie(2)。

⑥ 引于 Holton,pp.84—85。同时见于 Field(3)。

正如开普勒所相信的,迄今为止世俗的人类精神现在(已受到文艺复兴艺术的充分启迪)甚至具有了量化上帝思想的能力。[①]

最后,我的研究与文艺复兴美术的形式的、美感的方面无甚关联。我在此表达的几乎全是(有些贬义地)称作"照相写实主义"的风格特征。事实是所有人,不论如何没有艺术天赋,也不论何种文化背景,都能够很快学会"阅读"线性透视、光影表现和垂直线投影图(或者19世纪教育者的称谓——"机械绘图")这些新发明的技法。[②] 到18世纪的西部欧洲,了解这些技法已被视为当然之事,以致资产阶级企业家可以相信每位普通劳动者都能够理解比例图表。仅此一长而没有其他技能的工人可以通过快速的培养,掌握这些新的工业技术。而在当时的中国和伊斯兰教国家,情况则不是这般,在那里即便最有文化的官僚也不能够完成欧洲冲刀工或车工最简单的工作。

同时还应当指出,文艺复兴风格的线性透视有助于西欧工业革命前夕的商业民主化。所有能够看懂指南手册(在18世纪前大量发行)中比例图的人,都能够获知以前专有的、分等级的手工艺品的"奥秘"。

因为这些原因,正如快速阅读插图本现代科学技术文本(不论何种语言)所显示的,西方文艺复兴风格的艺术仍在为现代科学教育提供标准的绘画技法。这些技法最初发展与扩散的方式,正是本书的主题。

译自:小埃哲顿的《乔托的遗产:科学革命前夕的美术与科学》(*The Heritage of Giotto's Geometry*: *Art and Science on the Eve of the Scientific Revolution*)。

译者简介:杨贤宗,华中师范大学美术学院美术史论教研室副教授。

① 有关文艺复兴艺术(特别是阿尔布莱希特·丢勒的作品)对于开普勒科学的影响,见Straker。

② 关于透视图的跨文化理解的最新也最少偏见的调查研究,见Hagen/Jones;and esp.the essay "A Perspective on Cross-Cultural Picture Perception" in Hagen(1),vol.2。

艺术史与历史学

文艺复兴和巴洛克时期的修辞学与美术史

□卡尔·戈尔茨坦(Carl Goldstein) 文 杨贤宗 译

摘　要:卡尔·戈尔茨坦在文章中新颖地提出文艺复兴美术史原为公民史,表达的是公民的自豪感以及像佛罗伦萨、威尼斯这些城邦的荣耀,而文艺复兴时期的批评语言,受到修辞学传统的限定,也即赞美和谴责的固定模式。像维拉尼、兰迪诺和瓦萨里等人的历史和传记作品,都与古典修辞学实践紧密相关,现代读者在阅读并运用这些文献的时候,需要在修辞学方法与历史事实之间做出区分。

关键词:修辞学;美术史;文艺复兴

Abstract: Carl Goldstein proposed innovatively that Renaissance art history began as civic history and expressed civic pride as well as the glory of the cities like Florence, Venice, etc., The language of Renaissance Criticism was defined by the tradition of rhetoric, the patterns of praise and blame. The chronicles such as Villani's and Landino's, most of all Vasari's lives, were perfectly in keeping with the practice of classical rhetoric, which requires modern readers to distinguish the rhetorical means from historical facts while reading this type of literature critically and using it selectively.

Key words: rhetoric, art history, Renaissance

文艺复兴时期美术史原本是公民史,表达了公民的自豪感。菲利波·维拉尼(Filippo Villani)的《佛罗伦萨名人的起源》(*De origine civitatis Florentiae et eiusdem famosis civibus*)是第一部这样的历史著作,约写于1381—1382年。维拉尼声称,佛罗伦萨画家复兴了几近湮灭的美术,正如但丁(Dante)复兴了中世纪期间衰落的诗歌。[①] 这次复兴以契马部埃(Cimabue)为发端,由乔托(Giotto)最终完成,乔托在名声上可与古代画家比肩,在技法与天赋上甚至超过他们。

---

① 维拉尼重复了薄伽丘对但丁的评价,但强调了但丁与佛罗伦萨的联系,参看C.A.Madrignani,"Di alcune biografie umanistiche di Dante e Petrarca",*Belfragor*, xviii, 1963年,29—48,31。衷心感谢詹姆斯·魏斯(James Weiss)推荐这篇文章并提供复印件。

乔托的后继者斯泰法诺(Stefano)、塔迪奥·伽迪(Taddeo Gaddi)和马索(Maso)等所有名家(uomini illustri),以及著名法学家、诗人、音乐家、神学家、医师、演说家等,使得佛罗伦萨成为意大利最卓越的城市。① 奇诺·里努奇尼(Cino Rinuccini)紧随维拉尼之后,出版了佛罗伦萨名人录,其中包括艺术家。② 而克里斯托弗洛·兰蒂诺(Cristoforo Landino)1481 年出版的更负盛名的著作,也是以同样的笔调写就;在其对《神曲》(*Divine Comedy*)的评注前言中,概述了古典世界的绘画,紧接着现代美术(也即佛罗伦萨美术)简史,其起始为契马部埃和乔托,接着列举了 15 世纪大师们的贡献:马萨乔(Masaccio)、利比(Lippi)、卡斯塔尼亚诺(Castagno)、乌切洛(Uccello)、安吉利科修士(Fra Angelico)、布鲁内莱斯基(Brunelleschi)、多纳泰罗(Donatello)、迪西德里奥(Desiderio)、吉贝尔蒂(Ghiberti)以及两位罗塞里尼(Rossellini)的贡献。③

尽管阿尔贝蒂(Alberti)1435—1436 年间的《论绘画》(*De pictura*)根本不是一部历史著作,但它同前面那些著作一样也含有一个佛罗伦萨大艺术家名录(非常简略的名录):布鲁内莱斯基、多纳泰罗、卢卡·德拉·罗比亚(Luca della Robbia)、吉贝尔蒂和马萨乔。而更为重要的是,这个名录与前文所述及的那些同类是赞辞的一部分:如同维拉尼笔下的乔托,布鲁内莱斯基有着与古人同样的声名,并在天赋上超过他们。在促进布鲁内莱斯基、多纳泰罗及其他人的能力发展方面,佛罗伦萨(城市中最优美者)在现代意大利无与伦比。④

---

① 特别参看巴克桑德尔,66—78;C. Frey, *Il codice Magliabechiano*, 柏林,1892 年,xxxii—vii;文杜里(L. Venturi),"La critica d'arte alla fine del Trecento(Filippo Villani e Cennino Cennini)", *L'Arte*, xxviii, 1925 年,233—244;潘诺夫斯基(E. Panofsky):《西方艺术中的文艺复兴与历次复兴》(*Renaissance and Renascences in Western Art*),纽约,1969 年,14—16;坦图里(G. Tanturli),"Le biographie d'artisti prima del Vasari", *Il Vasari, storiografo e artista* [*Atti del Congresso Internazionale nel IV Centenario della Morte*(1974)],佛罗伦萨,1976 年,275—298。

② 巴伦(Baron),94—95。

③ 同上,95—96;施洛塞尔·马格尼诺(J.Schlosser Magnino), *La letteratura artistica*, 佛罗伦萨,1956 年,106—107;莫里桑尼(O.Morisani),"美术史家和美术批评家,III:克里斯托弗洛·兰蒂诺",("Art Historians and Art Critics, III: Cristoforo Landino"),《伯林顿杂志》(*Burlington Magazine*),LXXXXV,1953 年,267—270。

④ 阿尔贝蒂:《论绘画与论雕塑》,格雷森编辑,并加前言和注解,伦敦,1972,33。与阿尔贝蒂歌颂布鲁内莱斯基及其穹顶的著名文字非常相似的一段话(也是 15 世纪 30 年代),出自马蒂奥·帕尔米埃利(Matteo Palmieri)的对话"论公民生活"("On Civic Life"):"每位有思想者都得感谢上帝,让他生于这个新时代,如此充满希望和期待的时代,它所欣然拥有的众多天资卓绝者,为过去的一千年里所未曾见。"参见 *Della vita civile*, *F.Battaglia* 编辑, *Scrittori politici Italiani*, xiv, 博洛尼亚,1944 年,36—37;引自斯金纳(Q.Skinner):《现代政治思想的基础 I:文艺复兴》(*The Foundations of Modern Political Thought, I, The Renaissance*),剑桥,1978 年,69。贡布里希(E.H.Gombrich)已指出,阿尔贝蒂的文字部分地基于小普林尼(Pliny),见"阿尔贝蒂《论绘画》前言中的古典传统主题"("A Classical Topos in the Introduction to Alberti's *Della Pittura*"),《瓦尔堡与考陶尔学院院刊》(*Journal of the Warburg and Courtauld Institutes*),xx,1957 年,173。

这些只是佛罗伦萨文艺复兴早期少数论及美术的文献的一部分,也因此成了文艺复兴初期美术史的宝贵证据。尽管在美术文献方面罕见,在文艺复兴文学方面却是常见。它们属于一种体裁或类别,可见于文艺复兴人文主义的一些典型文本中。同类的其他书籍可见于布鲁尼(Bruni)、萨鲁塔蒂(Salutati)和马内蒂(Manetti)这些作家的著述,所有文艺复兴学者对于这些书籍都非常熟悉。它们论及广泛的道德和哲学问题,但就论述视觉艺术而言,则仅限于佛罗伦萨一城。学者们有理由询问为何其时如此专注于佛罗伦萨。其中之一即是汉斯·巴伦(Hans Baron),而他的回答也成了20世纪50年代以来有关这一问题讨论的中心部分。①

巴伦将关注1400年前后的佛罗伦萨与佛罗伦萨争取独立的一场战争联系起来。战争以1390年米兰宣战开始,至1454年方才结束,当时米兰承认了佛罗伦萨共和国的独立地位。巴伦提出,这些事件解释了佛罗伦萨当时的政治方针,特别是强调了自由和市民参与的共和理想;它们引起了独具特色的人文主义,其根植于"一种参与政治、积极生活的新哲学",并致力于歌颂佛罗伦萨共和政体的自由。②

巴伦的观点导致弗雷德里克·哈特(Frederick Hartt)强调佛罗伦萨美术中自由的作用,将15世纪初期主要的委托项目如大教堂穹顶与争取独立的斗争联系起来:"在某种意义上,这些委托项目的功能如同不断反抗同化与专政的战士,它们通过其感受深刻而又易于辨识的象征含义,激励着民众支持关系佛罗伦萨生死存亡的斗争。"③不过,也有其他一些学者并不信服巴伦的论点,他们所提出的对应观点,以及巴伦对其观点的进一步定义,已广为人知而无需在此赘述。但该论点本身与相关讨论都取决于阐释的问题,需要考察的是,何以用如许不同的方式看待证据材料成为可能?

巴伦的观点集中于一部著作——莱奥那尔多·布鲁尼的《佛罗伦萨颂》(*Eulogy of the City of Florence*),创作于1403年至1404年间。④ 关于这部著作在写作上模仿古典原型,正如先前提及的,巴伦也乐于认可,并表明布鲁尼受惠于其源头的程度。那是一部赞美雅典的古希腊修辞学著作,可以看出布鲁尼将古代雅典人荣获的所有美德赋予了佛罗伦萨人。

---

① 巴伦。

② 有关巴伦论题的讨论,参看斯金纳,69—71.

③ 哈特:《意大利文艺复兴美术史》(*History of Italian Renaissance Art*),第三版,恩格伍德·克里夫(Englewood Cliffs)出版社,新泽西州,1987年,142。哈特最初将巴伦的观点用于文艺复兴美术的是其"15世纪佛罗伦萨的美术与自由"(Art and Freedom in Quattrocento Florence):《玛息阿:美术史研究》(*Marsyas: Studies in the History of Art*),附录1:《纪念卡尔勒曼文集》(*Essays in Memory of Karl Lehmann*),美术学院,纽约大学,1964年,114—131。

④ 它何时出版对于该论点很重要,而这些年代都出自巴伦。参看巴伦,83—93。

巴伦指出,更为重要的是,布鲁尼在其观点的概念结构上也依赖于古典原型,“其问题的模式与序列都明显地模仿他所认定的前人”。[①] 不过,要是布鲁尼仿照某部古典修辞学著作来称颂佛罗伦萨人无可否认的话,他确实这样做了。巴伦声称,因为那部著作直接谈及佛罗伦萨人新近的经历。巴伦指出,换句话说,雅典人在与波斯人的战争中曾经经历的,佛罗伦萨人新近在与米兰人的斗争中再次经受了。巴伦坚认布鲁尼所表达的伤感情绪的真实性,说到“布鲁尼的佛罗伦萨颂词的精妙之处,不是取自古代或中世纪前辈。它源于他本人那个时代的经历和潮流”。[②]

反驳者称,布鲁尼回应的不仅是佛罗伦萨城新近的事件,更是古典修辞学的形式和结构。巴伦也已经承认,布鲁尼曾运用其中的一个事例作为范本。以此观之,布鲁尼的颂词不应当被理解成表达了一种新的公民意识,而更应当被理解为专业修辞学者的标准表述,更类似(而非不同)于诸多前人的著作。[③]

而后巴伦及其批评者就古典修辞学对于布鲁尼的重要性,更广义地说在文艺复兴初期的重要性方面达成了一致意见。他们的不同之处在于它的使用方式。与巴伦观点相异者之一的保罗·奥斯卡·克里斯泰勒(Paul Oskar Kristeller),既坚持修辞学在文艺复兴人文主义范围内的中心位置,又主张它与中世纪过往的联系。关于这一往昔,克里斯泰勒试图表明,作为专业修辞学家的文艺复兴人文主义者是如何追随着中世纪修辞学者足迹的。他们受到相同的训练,获得类似的职位,担任修辞学教师或是君王、市政府的秘书。他们所喜爱的文学形式及主题都是从中世纪修辞学中习得,如共和制自由的理想。这一点极其重要,需要特别强调:古典文本,特别是西塞罗(Cicero)的那些著作,确立了修辞学与公民生活间的密切联系,如同后来的佛罗伦萨赋予了修辞学支撑起自由的责任。[④] 当然,中世纪与文艺复兴修辞学之间有诸多差异,最重要的就是文艺复兴人文主义者更为系统地研究古典范例,他们也因此将中世纪的作文术(ars dictaminis)转变成了人文学科(studia humanitatis)。但要是说彼特拉克

① 它何时出版对于该论点很重要,而这些年代都出自巴伦,参看巴伦,193。

② 同上,196。

③ 特别参看西格尔(J.Seigel),《公民“人文主义”或西塞罗的修辞学?》(“Civic ‘Humanism’ or Ciceronian Rhetoric?”),《过去与现在》(*Past and Present*),xxxvi,1966年,3—48;巴伦在《莱奥纳尔多·布鲁尼:“专业修辞学家”还是“公民人文主义者”》(“Leonardo Bruni:‘Professional Rhetorician’ or Civic Humanist ”)中的回应,见《过去与现在》,xxxvi,1967年,21—37。有关这些观点的评述与持平之论,见小拉比尔(A.Rabil,Jr.)《“公民人文主义”在解释意大利文艺复兴时的意义》(“The Significance of ‘Civic Humanism’ in the Interpretation of the Italian Renaissance”),收于《文艺复兴人文主义:基础、形式与遗产》(*Renaissance Humanism:Foundations,Forms,and Legacy*)中,小拉比尔编辑,费城,1988年,141—174。

④ 参见维克斯(Vickers),6—8。

(Petrarch)不同于先前的修辞学家,而布鲁尼又不同于彼特拉克,这些差异也只是程度上而非本质上的,它们的基础都是相同的。①

再次提及,巴伦和克里斯泰勒做出迥异回答的问题是,这些针对佛罗伦萨及其公民(艺术家包括在内)的赞词是如何被理解的?它们记叙了佛罗伦萨历史上这一时期兴起的观念,表现了佛罗伦萨人对其周围生活的反应,还是(最为重要的)它们表现了人文主义者重视拉丁语言及其文学形式而进行的修辞学操练?要是答案为两者必居其一的话,本论文的观点将表明,这也许是提出了一个不恰当的问题。

文艺复兴初期的批评语言

现代的文艺复兴修辞学研究集中于巴伦书籍出版后的那个阶段,也因此1979年约翰·奥马利(John O'Malley)自豪地说:"要是说学术研究证明了某一点……那就是它证明了文艺复兴人文主义与古典修辞学复兴总有着密切的甚或根本性的联系。一个'人文主义者'若不以修辞学为业,即非人文主义者。"②其研究目标之一就是古典修辞学与文艺复兴美术理论和批评间的联系,这一联系迄今已是牢固地确立了。大卫·萨穆斯(David Summers)这样写道:"文艺复兴作家(包括论述绘画和诗歌的作家)基本的批评态度由修辞学传统所限定。"③萨穆斯特别提及阿尔贝蒂的《论绘画》(*De pictura*),认为它便是古典修辞学运用于美术理论的结果,这现在已是非常清楚的了。

阿尔贝蒂将主要为西塞罗的观点运用于绘画,力促画家(像西塞罗和昆体良力促演说家那样)要掌握自由艺术,即便是在他本人(具有良好的修辞技巧)拒绝雄辩术之际。④《论绘画》的组织结构源

① 特别参看克里斯泰勒的《意大利文艺复兴时期的人文主义与经院主义》("Humanism and Scholasticism in the Italian Renaissance"),《文艺复兴思想与文学研究》(*Studies in Renaissance Thought and Letters*),罗马,1956年,52—583。

② 奥马利:《文艺复兴时期罗马的誉与毁》(*Praise and Blame in Renaissance Rome*),达勒姆,北卡罗来纳州,1979,5。有关这一研究的概述,参看鲍斯玛(W.J.Bouwsma):《文艺复兴人文主义的文化》(*The Culture of Renaissance Humanism*),《美国历史协会手册》(*American Historical Association Pamphlet*),401号,华盛顿,哥伦比亚特区,1973年;最新研究,并附有一份有用的参考书目,蒙法萨尼(J.Monfasani)的《人文主义与修辞学》("Humanism and Rhetoric"),收入《文艺复兴人文主义》(*Renaissance Humanism*),172—235。

③ 萨穆斯,88—89;以及同一作者的《对应:文艺复兴美术中的风格和含义》("Contrapposto:Style and Meaning in Renaissance Art"),《美术通报》(*Art Bulletin*),LIX,1977年,336—361。

④ 参看李(R.W.Lee)的《诗画一律:人文主义绘画理论》(*Ut Pictura Poesis:The Humanistic Theory of Painting*),纽约,1967,17—18;斯宾塞(J.R.Spence)的《绘画与修辞学同:15世纪绘画理论研究》(*Ut Rhetorica Pictura*:A Study of Quattrocento Theory of Painting),《瓦尔堡与考陶尔学院院刊》,xx,1957年,26—44。参看维克斯著作中的精辟总结与评论,340—360。至于阿尔贝蒂理论的人文主义基础,还可参看鲍林斯基(K.Borinski)的《古代诗歌与艺术》(*Die Antike in Poetik und Kunsttheorie, von Ausgang des klassischen Alterums bis auf Goethe und Wilhelm von Humboldt*),达姆施塔特,1965年,I,141—160。

于古典修辞学，也即源自那些入门的或基础性的论文，首先讨论基本原理，而后是艺术，最后是艺术家；阿尔贝蒂同样也是从(光学的)基本原理开始，接着是绘画流派，继而是论述画家及其道德和职业操守。① 而更为特别的是，正如赖特(D.R.E.Wright)新近所表明的，阿尔贝蒂《论绘画》的整体纲要与昆体良《雄辩术原理》(*Institutio oratoria*)的结构相一致。②

阿尔贝蒂赞美绘画运用了夸耀修辞(epideictic rhetoric)的技巧，是从价值、赞美和谴责等方面的讨论来展示说话者的技巧；比较论(paragone)就是这样一种讨论，通过赞美某种艺术形式而牺牲其他方面来表明那门艺术的优越性。③ 而他的许多其他区分和术语也是将语法和修辞学术语运用于绘画。④

阿尔贝蒂所开创的事业，在其后的作家那里继续下去。布赖恩·维克斯(Brian Vickers)新近指出，“后期运用修辞学法则的论文范围令人震惊”，其中有皮诺(Pino)、多尔切(Dolce)、丹蒂(Danti)、坎马尼尼(Commanini)和洛马佐(Lomazzo)等。⑤ 这些作家也将修辞学体系运用于绘画，所用的术语和概念与修辞学术语和概念相一致，它们源自原始资料或是阿尔贝蒂书籍中的材料。⑥ 由此可见，文艺复兴美术批评大大受益于古典修辞学。尚未揭示(或尚未明确揭示)的

---

① 参看吉尔贝特(C.E.Gilbert):《文艺复兴美术理论的古代构架:阿尔贝蒂和皮诺》(“Antique Frameworks for Renaissance Art Theory:Alberti and Pino”)，玛息阿，III，1946年，87—106；维克斯，342。

② 莱特:《阿尔贝蒂的〈论绘画〉:其文学结构和意图》(“Alberti's *De Pictura*:Its Literary Structure and Purpose”)，《瓦尔堡与考陶尔学院院刊》，xxxvii，1984年，52—71。

③ 维克斯，关于夸耀，参看伯吉斯(T.C.Buegess):《夸耀文学》(*Epideictic Literature*)，载《芝加哥大学古典语言学研究，III》(*University of Chicago Studies in Classical Philology*，III)，芝加哥，1902年，89—261；布什海特(V.Buchheit):*Untersuchungen zur Theorie des Genos epidiekion von Gorgias bis Aristotles*，慕尼黑，1960年；小哈迪森(O.B.Hardison，Jr):《不朽的丰碑:文艺复兴文学理论和实践的赞美理念研究》(“The Enduring Monument:A Study of the Idea of Praise in Renaissance Literary Theory and Practice”)，教堂山(Chapel Hill)，1962年；维克斯:《文艺复兴时期的赞美修辞和史诗》(“Epideictic and Epic in the Renaissance”)，《新文学史》(*New Literary History*)，XIV，1982年，497—537。

④ 巴克桑德尔，121—139。帕茨(K.Patz)考察了巴克桑德尔的讨论，他试图进一步阐明阿尔贝蒂之使用修辞术语，见其“Zum Begriff der ‘Historia’ in L.B.Alberti's ‘*De Pictura*’”，《美术史杂志》(*Zeitschrift fur Kunstgeschichte*)，xxxxix，3，1986年，269—287。同时参看莱特，63—64；维克斯，343—353；考夫曼(G.Kaufmann):《文艺复兴时期的语言和造型艺术》(“Sprache und bildende Kunst in der Renaissance”)，见于巴克(A.Buck)编辑的《文艺复兴浪漫主义文学的古代元素》(*Die Rezeption der Antike*)，汉堡，1981年，237—279。

⑤ 维克斯，353。

⑥ 同上，353—359。关于艺格敷辞的修辞技巧，参看阿尔佩斯的《瓦萨里〈名人传〉中的艺格敷辞和美学思想》(“Ekphrasis and Aesthetic Attitudes in Vasari's Lives”)，《瓦尔堡与考陶尔学院院刊》，xxiii，1960，190—212；罗桑德(D.Rosand)的《艺格敷辞和绘画的复兴:评阿尔贝蒂的第三书》(“Ekphrasis and the Renaissance of Painting:Observations on Alberti's Third Book”)，见于塞利格(K.-L.Selig)和索莫威尔(R.Somerville)编辑的《哥伦比亚大学名人录:纪念保罗·奥斯卡·克里斯泰勒文集》(*Florilegium Colombianum*:*Essays in Honor of Paul Oskar Kristeller*)，纽约，1987年，147—163。

是,这一基于语言的体系如何从它与所意欲定义和评价的视觉艺术之间的关系来理解。

迈克尔·巴克桑德尔(Michael Baxandall)在其《乔托与演说家》(*Giotto and the Orators*)(1971)中为阐明这一关系做出了非凡的努力。该书已有些近乎经典,尽管其对于研究文艺复兴理论和批评的重要性尚未得到充分理解。[①] 巴克桑德尔首先详细分析了早期人文主义批评的语言,确定其为夸耀修辞的语言。他随后询问这些批评性的判断所告诉我们的人文主义者的审美偏好。彼特拉克关于绘画的评论也在其考察之列,他揭示它们不过是一部修辞学常识的文集。巴克桑德尔由此得出结论称,它们没有告诉我们任何有关彼特拉克的真实判断。[②] 他同时也考察了维拉尼关于绘画的评论。巴克桑德尔论述称,像以往那样将其引证为关于绘画的新观念是无视事实根据,即证据材料清晰地显示出这些不过是众所周知的修辞套语,在维拉尼书籍的其他部分、在讨论其他事物(天文学)时同样适用。它们与彼特拉克关于早期人文主义者对于特定画家或艺术作品的实际看法并无二致。[③] 以巴克桑德尔用来论述布鲁尼,但同样适于维拉尼的话来说,"显然,要是他认为它们明显不实,他就不会说那些的,但它们有些不及直接源自经验的论述"[④]。

不过巴克桑德尔表明,这些评论确实告诉我们有关人文主义者对于新近艺术活动的认识;这些事例告诉我们,人文主义者意识到这一活动值得注意,它构成了值得称颂的艺术"复兴"。[⑤] 巴克桑德尔觉得这本身便是一项人文主义成就。

巴克桑德尔著作的重要性怎么夸大也不为过,这在于其在文艺复兴初期美术批评领域内论证古典修辞学的作用:将一者中的术语和概念简单地与另一者相联系形成了对照。他通过追溯这些人文主义者评论直至古代书籍中的源头,并表明它们是如何现代化的,非常清晰地论证了这些评论的因循性,并告诫不要按表面的意思来接受它们。

然而,他也许低估了修辞学对于人文主义者的影响力。如在一段让人回想起巴伦的论点中提出,修辞学规则在直接回应新近的事件时得以复苏。即便有关佛罗伦萨艺术家个人的观点可以被证明是因循的话,(我们知道)它们仍然表达了人文主义者对于这些艺术家历史重要性的认识。然而,这类颂词体裁(那些观点只是其中一部分)总的目的是赞美特定的

---

① 巴克桑德尔。

② 巴克桑德尔,51—66。

③ 同上,72—78。

④ 同上,27。

⑤ 同上,76—78。

主题。而这里所讨论的人文主义者的主题既非画家也非绘画，而是佛罗伦萨城。因为，正如昆体良所言，城市可以“如同人那样受到赞美”，因为“它们的行为显示出来的美德和罪恶也如同个人一般”。①因而，这样的修辞表现，唤起了佛罗伦萨的美德，这座城市就会产生自古代以来最优秀的艺术家，“复兴了”美术的卓越艺术家。

确实，佛罗伦萨产生了契马部埃和乔托这样杰出的画家。但杰出与“复兴”美术不是同一回事。而且，契马部埃和乔托是不同性质的杰出，现代美术史家一般认为契马部埃的艺术不属于文艺复兴时期的“复兴”，而是属于意大利—拜占庭传统的末端。②

当然，人文主义者可能没有看出他们之间的差异，（而正如巴克桑德尔所表明的）他们得出结论称，艺术的复兴一直在“持续”。不过，“复兴”是一个修辞学概念，不是对某事物的描述，因此说艺术的“复兴”就将新近的美术史纳入了古典修辞学的语言中；它强加了一种结构在这一活动上，并且它明显地适合某些艺术家，其最显著者就是乔托，而并不适于其他一些艺术家如契马部埃。

要是这一解释合理的话，在最后的分析中，关于人文主义者的批评性论述及其历史结构的所有可以确定的说法，就是证明他们心目中古典修辞学的核心地位：早期文艺复兴美术批评和修辞学是如此纷繁复杂地交织一起，难以理清各自的头绪脉络。这就是早期人文主义者的批评遗产。

瓦萨里的《名人传》：修辞学的贡献

很久以来就认识到，瓦萨里的《名人传》（我们有关文艺复兴艺术和艺术家的观点受其惠泽良多）的创作参照了之前维拉尼和兰迪诺的编年史。同这些作家一样，瓦萨里一直受到一定的“神话化”责难。我们知道，他有选择性地论述艺术家来说明人性的某个方面，采用的是意大利小说传统。但要说他的形式是从小说中获得灵感，而他的内容却是源自更为可靠的历史材料：口头报告、家庭文件等。③也就是说，《名人传》是受到（将历史与小说区分开来的）记录偶发琐事这类情感的驱动，是要以现代历史的方式尽可能地记录当时所认为的真实事件（*wie es eigentlich gewesen war*）。

瓦萨里组织材料赞美佛罗伦萨的手法过于明显，却没有引起注意。1550 年版《名人传》开篇是一封致柯西莫·美迪奇大公的信。瓦萨里在其中说，已经湮灭的赋形（*disegno*）艺术得到了复兴和培养，

---

① 《雄辩术原理》，3.7.26。

② 哈特，45。

③ 对于原始资料的主要研究仍属卡拉布（W.Kallab），*Vasaristudien*：*Quellenschriften fur Kunstgeschichte und Kunsttecknik des Mittelalters*，xv，维也纳和莱比锡，1908。

在他的时代达到了美和高贵的顶峰。瓦萨里进一步论述称,将这一达到完美之境的故事以大公的名义讲出最为相宜,因为几乎所有参与其中的艺术家都是托斯卡纳人,多数都是佛罗伦萨人。①

接着,瓦萨里不得不像维拉尼和兰迪诺那样来论证佛罗伦萨艺术家的卓越特质。在论证其观点的时候瓦萨里参照了古典修辞学的书籍,这已不是秘密。② 他受惠于这些书籍之处还远未被认识够,包括其迄今未被怀疑的《名人传》的认识论地位。

关于这一惠泽,正如人文主义者列举修辞学的五个部分,瓦萨里将视觉艺术分为五个部分:规则(regola)、秩序(ordine)、比例(misura)、赋形(disegno)和风格(maniera)。③ 他所赞美的最高形式之一就是作品中的人物如此自然以至于看起来像活的一样,这也是最为频繁出现的修辞学常识之一。④ 他的艺术"再生"是一种进化过程,背后支撑它的是西塞罗和昆体良的观点。

这一过程分三个阶段或时代展开:第一阶段应受一些赞扬,但充满错误;第二阶段的15世纪,胜过第一阶段,但缺乏精细,趋向于一种枯涩的风格。第二阶段所缺乏的在第三阶段达到了,在所有艺术家中最伟大者(佛罗伦萨)米开朗琪罗的艺术里达到了完美之境。⑤

当然,完美风格正是古典雄辩术的全部内容。西塞罗和昆体良在讨论说话艺术的发展时回顾了绘画和雕塑的历史。他们指出,演说家创造出个人的风格,互不相同,但有益于其时代。这同样适用于画家和雕刻家——他们因不同方面的杰出才能而受到赞美。

西塞罗写道:"我们赞扬宙克西斯(Zeuxis)、波利格诺托斯(Polygnotus)、蒂曼

① 瓦萨里-巴罗奇(Barocchi)/贝塔里尼(Bettarini),I,1。将美迪奇与佛罗伦萨相等同,参见马克曼纳蒙(J. M. McManamon)的重要文章,《推销美迪奇的治术:马尔切洛·弗吉利奥·阿德里亚尼(Marcello Virgilio Adriani)为朱利亚诺·得·美迪奇(Giuliano de' Medici)撰写的祭文》,《文艺复兴季刊》,XLIV,1991年,1—41。

② 特别参看鲁宾(P.Rubin)的《人们看见了什么:瓦萨里的莱奥纳尔多·达·芬奇的生平与文艺复兴时期艺术家图像》("What Men Saw:Vasari's Life of Leonardo da Vinci and the Image of the Renaissance Artist"),《美术史》(*Art History*),XIII,1990年,34—36.

③ 瓦萨里-巴罗奇/贝塔里尼,IV,3;戈尔茨坦,171。

④ 瓦萨里-巴罗奇/贝塔里尼,III,124。满足修辞学"生动"的一种说话方式,不在的事物被生动地表述得"如在眼前",昆体良:《演说术原理》,6.2.29—30。

⑤ 参看潘诺夫斯基的《乔治·瓦萨里〈名人传〉的第一页》,见《视觉艺术的含义》(*Meaning in the Visual Arts*),纽约,1955年,169—225,尤其是216—217页;鲁谢特(J. Rouchette)的《瓦萨里所留下的文艺复兴》(*La Renaissance que nous a légué Vasari*),波尔多,1959年;贡布里希的《文艺复兴时期的艺术进步观念及其影响》("The Renaissance Conception of Artistic Progress and Its Consequences"),《规范与形式:文艺复兴美术研究》(*Norm and Form:Studies in the Art of the Renaissance*),伦敦,1966年,1—10;卡普奇(M.Capucci)的"Forme della biografia nel Vasari",*Il Vasari:Storiografo e artistici*(*Atti del Congreso Internazionale nel IV Centenario della Morte*)(1974),佛罗伦萨,1976年,299—320,尤其是300—301。

提斯(Timanthes)等的赋形能力以及再现细节的技巧,他们只使用了四种色彩;但只是在埃蒂翁(Aetion)、尼科马霍斯(Nicomachus)和普罗托基尼斯(Protogenes)和阿佩莱斯(Apelles)那里,我们才最终见识了理想的充分实现。"①昆体良也同样记述了绘画起始阶段的粗疏,以波利格诺托斯和阿格劳芬(Aglaophon)为代表;紧随其后的是宙克西斯和帕拉西奥斯(Parrhasios),他们在改进艺术方面贡献良多。这门艺术在普罗托基尼斯、潘菲洛(Pamphilus)和阿佩莱斯等的艺术中达到鼎盛阶段,他们擅长不同的技艺。根据昆体良的说法,雕塑也从"生硬"的状态渐至"柔和",在菲狄亚斯(Phidias)和阿尔卡姆内斯(Alcamenes)的作品中达到完美之境。②

瓦萨里称,第二个阶段艺术家的作品缺乏精致,是"学习过度"的结果。确实,他们从未达到那些难于描述的精致并不奇怪,因为"过度的学习或勤奋易于产生一种枯燥单调的风格,要是它本身就是目的的话"③。昆体良在一段讨论学习以往的文字中说:"有两种错误的趣味,青年人应特别留意。其一,过度崇拜古代的老师,不应当因学习加图(Cato)和格拉古(Gracchi)之类的作家而束缚了思想。因为这样的阅读会教给他们粗糙而苍白的风格,由于他们尚未能理解这些作者的力量和气势……"④

不过,演说家们说学习范本是必要的,而瓦萨里也如是说。西塞罗告诉我们年轻的苏尔皮修斯·鲁弗斯(Sulpicius Rufus)如何通过模仿克拉苏(Crassus)来提高自己演说方面的天赋才能,他声称:"我的第一条建议便是,让学生知道模仿何者,以何种方式去模仿,竭尽全力以获得其模仿对象的最优秀品质……但若要想进展顺利,首先得小心抉择,而后极其认真地习得所中意的模仿对象的最佳品质。"⑤昆体良以同样的语气引证绘画来为模仿他人的作品辩解。他论述称,若非运用前人的成果,我们仍处在野蛮状态;"生活的总准则基于这样的愿望,择善而从……由是,音乐家模仿他们的老师的声音,画家效法前辈画家的作品……"⑥瓦萨里笔下的拉斐尔是这类艺术家的绝佳例证,其得益于学习最优秀的古代和现时代大师。⑦ 瓦萨里又说,另一方面,米开

---

① 《布鲁图斯》,18,瓦萨里所引,瓦萨里-巴罗奇/贝塔里尼,III,8;参看贡布里希的《瓦萨里的〈名人传〉与西塞罗的布鲁图斯》,《瓦尔堡与考陶尔学院院刊》,XXXIII,309—311。

② 《演说术原理》,12.10.1—9。

③ 瓦萨里-巴罗奇/贝塔里尼,IV,6—7。

④ 《演说术原理》,2.5.21—22;译文出自《昆体良的演说术原理》(*The Institutio oratoria of Quintilian*),布尔特(E.Bulter)译,伦敦和纽约,1933年,255。

⑤ 《论演说家》,2.21.89;22.92。

⑥ 《演说术原理》,10.2.2,7—8,布尔特译。

⑦ 瓦萨里-巴罗奇/贝塔里尼,IV,158。

朗琪罗则不需要有模仿对象,至高的天赋让他能够达到完美之境,而无需模仿任何人。这一例外的说法也有着修辞学的先例,西塞罗就让安东尼说道:"我们见过很多人,他们没有效法任何人,而是由于天生聪颖达到了他们的目标,没有任何先例可循。"①

瓦萨里承诺要依据流派和风格来论述艺术家,并通过在传记中包含佛罗伦萨以外,特别是伦巴第和威尼斯画派的画家来践行他的诺言。② 不过,他把这些画家作为次要人物简要论述,关于在后来的辩论中极其重要的人物提香(Titian),瓦萨里只是说他超过了他的老师乔尔乔纳(Giorgione),一个人所共知的常识。③ 这也与修辞学的颂词一致,对其他城市艺术家的成就绝少提及。

瓦萨里说《名人传》的写作意图在于:不只是要记录下艺术家的名单,更是为培养德行的方式和途径提供有益的范本。他讲述了两样东西:一是《名人传》的目标不是记录事实,而是要确立更为普遍的真理;二是修辞学中赞美和谴责的训练,是作为一种修辞学模式的历史,(以他的话说)"通过让人们保持谨慎并告诉他们如何生活,而实现它的真正目的"。④ 瓦萨里从西塞罗和昆体良那里借用的观点明显表达了这一目的之意义,而他重述这些人物也与古典修辞学的实践极其吻合。

修辞学提倡举出一个事例就必须考察事实,更为重要的是找出说服听众的观点。这些观点可见于西塞罗所谓的"场域"(loci),即一般所指的常识。理论上言,你可以通过询问因果、异同、定义和分类的问题,以及"像什么样子""有哪些部分"之类的问题,去寻找"场域"。实际上,你可以去古典源头通过改变、更新其中的观点而找到"场域"。⑤

选取一种观点是因为其有效性得到了证实,这类观点巧妙地排列后便形成了叙事。确实,正如西塞罗所告诫的,要是

---

① 《论演说家》,2.23.98。尽管大多数文艺复兴人文主义者赞同古人的观点,认为模仿原型是绝对必要的,但在如何模仿方面存在分歧。在文艺复兴学者所熟知的一场辩论中,一些人文主义者仅赞成基于西塞罗的一种风格,而其他人则建议阅读、模仿各种各样的优秀作者。瓦萨里在拉斐尔的传记中采用了后一种观点,它与折中的或昆体良主义者的观点相一致。也有一些人文主义者像西塞罗那样赞成天生的个人风格,无需模仿,正如瓦萨里认为米开朗基罗所具有的。参看新著,格伦德勒(P.E.Grendler)的《1300—1600年文艺复兴时期意大利的学校教育:识字与学问》(*Schooling in Renaissance Italy: Literacy and Learning, 1300—1600*),巴尔的摩和伦敦,1989年,214—215。

② 关于被瓦萨里及其他人所用的"流派"一词,参看格拉西(L.Grassi)的 *Teorici e storia della critica d' arte, II: L' eta moderna: Il seicento*,罗马,1973年,32。

③ 瓦萨里-巴罗奇/贝塔里尼,IV,47。也可能是因为提香尚在世,一篇全面的传记会不合宜。米开朗基罗后来成了传记里唯一在世的艺术家。

④ 瓦萨里-巴罗奇/贝塔里尼,III,3。

⑤ 参看克拉克(D.L.Clark)的《希腊罗马教育中的修辞学》(*Rhetoric in Greco-Roman Education*),纽约,67—83;维克斯,62—64。

以不恰当的方式构成叙事，即使是极其严谨地重述事实也会丧失真实性。① 这也可以这样说：这些"规则"并不稳固。如昆体良的《演说术》第七书全篇详细地讨论了散文结构的问题和技巧，也承认了这是无法通过规则传授的技巧。②

而瓦萨里将历史理解为古典修辞学的一种形式在当时很平常，他完全是以修辞学的样式通过借用古代演说家的观点来著述。人们认为，这些挪用好像依据这样的事实：他期望那些经典能够加强他本人先前的设想，或者有助于表达得合乎时尚。然而，新近的史学研究文献表明，这样的读解过于肤浅。

许多现代史家主张，某位历史学家所采用的历史叙事类型不仅会影响他描绘历史事件的方式，而且会影响他的评价及其在相关事件中的定位。这里所讨论的不只是历史的形式，同时包含其内容。根据这一观点，历史在描述它们的时候，现实世界中的事件未必会顺次出现或显示出因果关系；这些关系更多地源于记述，在这其中又为历史学家所发现，历史学家利用这些关系赋予历史一种或许根本不存在的情形。③

古典修辞学，以其明确而有限的论点库为这样的记述事件提供了基础，不仅以一种确定的形式来表现现实，同时还进行道德说教。而瓦萨里的叙事结构显然源于古代演说家的演化模式和关于模仿的观念等，似乎就是这样一种强加的秩序；否则，瓦萨里恐怕难以想象这一点。古典修辞学提供了必然性和道德意义的意识。换句话说，这些使得《名人传》不只是事实的罗列。

要是《名人传》的历史和批评结构是依据赞美和谴责的修辞学而确立的话，那么，更严重依赖于它的是传记本身，其所收集的大量故事和记述成为文艺复兴美术史的源泉。这些记述被视为具有全新的文艺复兴特征，反映了布克哈特(Burckhardt)所谓的"人的发现"之类的

---

① 西塞罗：《献给赫伦尼》(*Ad Herrenium*)，28—29。

② 参看帕特纳(N.F.Partner)的《新的科尔尼菲西乌斯：中世纪历史与言语技巧》("The New Cornificius: Medieval History and the Artifice of Words")，《古典修辞学与中世纪史学》(*Classical Rhetoric and Medieval Historiography*)，布雷萨克(E.Breisach)编辑，卡拉马祖，密歇根州，1985年，5—59，16。

③ 有着重大影响的著作是怀特(H.White)的《元历史：19世纪欧洲的历史想象》(*Metahistory: The Historical Imagination in Nineteenth-Century Europe*)，巴尔的摩，1973年；以及同一作者的著作《形式的内容：叙事性论述与历史的再现》(*The Content of Form: Narrative Discourse and Historical Representation*)，巴尔的摩，1987年。同时可参看戈斯曼(L.Gossman)的《历史与文学》("History and Literature")和明克(L.O.Mink)的《作为认知工具的叙述形式》("Narrative Form as a Cognitive Instrument")，两篇文章均收于《历史的写作：文学形式与历史理解》(*The Writing of History: Literary Form and Historical Understanding*)，卡纳里(R.H.Canary)与科兹基(H.Kozicki)编辑，麦迪逊，威斯康辛，1978年。这些作者也谈及修辞学意指如何组织话语以对读者产生一定的影响。任何论述文字也许都可以从"比喻"的手法方面去研究，而在我的论述中修辞学一词指的一直是古典修辞学的理论和实践。

对于传记的理解。[①] 按照这一观点，这些传记广义上同文艺复兴传记一样意在描写某一主题的最具特色者——不论是个人习惯、面貌还是成就——以揭示其独特的个性。同样明确的是，瓦萨里的传记基于独特的文学形式，而这一形式（正如我之前提及的）与意大利的小说传统相关。[②] 但尽管个人的"故事"和那个时代的小说可能会分别地提供一些主题，两者之中却难以找到整体的事件以及它们之间预示着"个性"或未来重要性的种种联系。表现辞藻技巧的演说词的结构提供了这样的事件和序列，起始为个人的民族、家庭、出生和教育，特别声明贵族血统、出生时的奇迹和征兆，以及其他预示着未来不同凡响的早期征兆（在描述异常的身体特性和杰出的性格品质之前）。演说词的主要部分致力于描写对象的行为，这些被视为品德的证明。当然，这些行为最可靠的源泉存在于与修辞学颂词目的一致的修辞学叙事或其他主题中。

因而，我在此表明（正如我以前所论证的），瓦萨里的传记在其古典的和基督教化的形式上属于颂词修辞学的风格类型，这意味着瓦萨里更多地关注典范性和普遍性而非个性，也因此他与中世纪的传记作家有许多共性。[③] 两者都是一种修辞风格的践行者，这种风格的源头可以追溯至古人那里。对于他们而言，这种文体具有严肃的道德功用：提供道德的楷模和激励道德的行为。因而，典范性和普遍性的特别重要性与古典的实践相一致。

在先前的讨论中我曾指出，文艺复兴时期传记被理解成一种修辞风格的一个非常恰当的理由就是理解古人。虽然了无新意，我还是要论述一下基督教信仰在文艺复兴时期的重要性，并尽力说明像瓦萨里《名人传》这类传记是如何利用古典的形式而又与基督教信仰混合在一起的，那些信仰在最具有基督教精神的传记——圣徒传中得到了体现。[④]

古典传记作家希望"突出"叙事情节，以深刻地感动听众。圣徒传作者同样明白传记不只是描写个性，而更是根据公

---

① 《意大利文艺复兴时期的文化》（*The Civilization of the Renaissance in Italy*），纽约，1954年，第Ⅳ部分；布克哈特只是顺带提及瓦萨里，但在许多关于《名人传》的讨论中他的观点是无保留的，如科克兰（E.Cochrane）的《意大利文艺复兴时期的史家与史学》（*Historians and Historiography in the Italian Renaissance*），芝加哥和伦敦，1981年，400—404。

② 另有博斯（T.S.R.Boase）的《乔治·瓦萨里，其人其书》（*Giorgio Vasari, the Man and the Book*），普林斯顿，1979年，51；巴罗尔斯基（P.Barolsky）的《沃特·佩特的文艺复兴》（*Walter Pater's Renaissance*），大学园，宾夕法尼亚和伦敦，1987，尤见于113—126。关于《名人传》的大量文字多关注于辨别交织其中的不同线索，如语言学的、技术的、风格的、图像志的，等等，如巴罗奇的"L'antibiografia del second Vasari"，《瓦萨里研究》（*Studi vasariani*），都灵，1984年，157—170。我的观点是，所有这些材料都是用来服务于赞美和谴责的修辞学。

③ 戈尔茨坦，尤见于8—28。在我看来，文艺复兴美术史与批评比我写这本书时所意识到的更加充满古典修辞学，因此有了本文。

④ 同上，17—18。

认的神圣模式证明超自然力的作用。因而,这样的传记可以简化为一种模式或类型(也许比古典样式更为清晰)。这一模式将明确的基督教主题与古典修辞学更直接关联的其他内容交织在一起。① 瓦萨里在写作《名人传》时利用了这一现存的模式,人们在其中遇见了圣徒传中反复出现的主题;换句话说,他和那些圣徒传作者一样迷恋于上帝的意图。当然,并不是在所有的传记中都出现了同样的主题,它更像是一幅组合画像,人们通过瓦萨里的《名人传》追寻古典和基督教传记作者的主题而得到乐趣。

为了详细论述我先前的观点,请看下面这一画像:

1.据说米开朗琪罗出生时,便有超自然的征象。②

2.他有着非凡的个人品质,可以说特别优雅英俊,如同莱奥纳尔多和拉斐尔;或者是,为响应召唤,他会与父母起冲突,像米开朗琪罗那样。③

3.他在早年便显露出一种天赋——契马部埃、乔托、贝卡夫米(Beccafumi)、菲利波·利比(Filippo Lippi)、安德烈亚·桑索维诺(Andrea Sansovino)、卡斯塔尼亚诺、莱奥纳尔多、拉斐尔、佩里诺·得·瓦加(Perino del Vaga)、米开朗琪罗……④

4.因而他的教育只是弥补天赋方面的些微不足,他的天赋得到老师的承认,而他在早期便超过了老师——吉贝尔蒂、莱奥纳尔多、拉斐尔、提香、米开朗琪罗……⑤

5.比从老师那儿习得更重要的是他本人的努力,如他研究赋形,或古人的艺术,或数学,等等——布鲁内莱斯基和多纳泰罗、多梅尼科·吉

① 戈尔茨坦,18—28。除了引用过的资料,参看苏斯洛夫(C.Soussloff)的《艺术家传记中的旧时代与旧时代风格:詹洛伦佐·贝尼尼》(“Old Age and Old Age Style in the ‘Lives’ of Artists:Gianlorenzo Bernini”),《美术杂志》(*Art Journal*),XLVI,2,1987,115—121;纳尔逊(W.Nelson)的《事实还是虚构:文艺复兴时期故事作者的两难之境》(*Fact or Fiction:The Dilemma of the Renaissance Storyteller*),剑桥,马萨诸塞州,1973年。自这篇文章被采用出版起,论述《名人传》基本文学特征的其他出版物有:苏斯洛夫的《文艺复兴时期诗人和画家传记》(“Lives of Poets and Painters in the Renaissance”),《语词与图像》(*Word and Image*),VI,2,1990,154—162;巴罗尔斯基的《米开朗基罗的鼻子:神话及其制造者》(*Michelangelo's Nose:A Myth and Its Maker*),大学园,宾夕法尼亚和伦敦,1990年;巴罗尔斯基的《瓦萨里所述的蒙娜丽莎因何微笑及其他故事》(*Why Mona Lisa Smiles and Other Tales by Vasari*),大学园,宾夕法尼亚和伦敦,1991年。

② 瓦萨里-巴罗奇/贝塔里尼,VI,5。以下,特别参看德勒艾(H.Delehaye)的《圣人传奇》(*The Legends of the Saints*),纽约,1962年;温斯坦(D.Weinstein)和贝尔(R.M.Bell)的《圣人与社会:西方基督教界的两个世界,1000—1700年》(*Saints & Society:The Two Worlds of Western Christendom,1000—1700*),芝加哥和伦敦,1982;克里斯(E.Kris)和库尔茨(O.Kurz)的《艺术家形象中的传奇、神话与魔力》(*Legend,Myth,and Magic in the Image of the Artist*),纽黑文和伦敦,1979。

③ 瓦萨里-巴罗奇/贝塔里尼,IV,16—17,155;VI,5。

④ 同上,IV,36;II,96;V,165;III,328—329;IV,272;III,353;IV,18;IV,157;V,229;VI,5。

⑤ 同上,III,76;IV,19;IV,159;IV,47;VI,7。

兰达约、佩里诺·得·瓦加、莱奥纳尔多、米开朗琪罗……[①]

6.他的首件作品显示出他是一位成熟的艺术家——莱奥纳尔多、米开朗琪罗……[②]

7.能够无情地对待不道德的人,而对于朋友总是慷慨大方——多纳泰罗、布鲁内莱斯基、拉斐尔、米开朗琪罗……[③]

8.淡泊财物,生活方式简单,近乎苦行——马萨乔、乌切洛、布鲁内莱斯基、卢卡·德拉·罗比亚、巴尔托洛梅奥修士、米开朗琪罗……[④]

9.他因艺术而免遭侵害,也即是说受到上帝意志的保护,因他的艺术归功于它(上帝意志)——沦为摩尔人奴隶的菲利波·利比获得自由;帕米尔贾尼诺在罗马浩劫期间……[⑤]

应当指出的是,圣人传所述的那些荒诞无稽之事并没有进入瓦萨里的《名人传》,这表明在瓦萨里心目中圣人和艺术家之间有着明确的区分:不论如何有天赋,适用于前者传记的某些特征,在后者的传记中会不合宜。换句话说,瓦萨里的主题选择受制于"现实主义"的标准,希望不要过于难以置信。

传记中与瓦萨里非凡天赋的艺术家形象形成对照的,是一些更为平凡或次要的画家。关于他们的一些批评听起来合乎情理,如乌切洛耗费大量时间于透视法。[⑥] 也有些记述似乎不可思议,并且实际上已证明是错误的,如卡斯塔尼亚诺犯谋杀罪一事。[⑦] 与苦行艺术家形成强烈对比的是放荡淫逸的艺术家,如普里戈(Puligo)和阿尔贝蒂内利(Albertinelli),以及最著名者索多玛(Sodoma)——他"除了快乐外无他虑,高兴时工作,唯一关心的是将自己装扮得像江湖骗子"。[⑧] 这些记述最引人注目之处在于其人物与《名人传》里的典范艺术家形成清晰的对比,后者的美德与七宗罪如愤怒、淫欲或骄傲相对。其他的批评也变成了这些典范艺术家品质的对立面。其中反复出现的一个主题,每次变换些不同的形式:这样的一位画家,他缺乏自然的天赋,不得不依靠钻研(对乌切洛的批评)。而所谈论的艺术家都是我们认为文艺复兴时期最具天赋者,如安东尼奥(Antonio)、皮埃尔·

---

① 瓦萨里-巴罗奇/贝塔里尼,III,147—149;III,476;V,106;IV,17;VI,7—8。

② 同上,IV,17;VI,8。

③ 同上,III,211—212,220;III,138;IV,212;VI,15,61。

④ 同上,III,125;III,62;III,138—139;III,49;IV,89—90;VI,108—109。

⑤ 同上,III,329—330;IV,538。

⑥ 同上,III,61—62。

⑦ 同上,III,361。卡斯塔尼亚诺卒于所谓的受害者前四年,参看米拉内西(G.Milanesi)的"Le vite di alcuni arteficifiorentini scritte da Giorgio Vasari corrette ed accresciute coll' aiuto de' documenti",*Giornale storico degli archive toscani*,IV,1862,1。

⑧ 瓦萨里-巴罗奇/贝塔里尼,IV,251—252;IV,168;V,381。

得·波拉约洛(Piero del Pollaiuolo)和委罗淇奥(Verrocchio)。① 要是不了解赞扬与谴责修辞的另一面,就很难解释这些批评:批评一个人会强化对另一个人的赞美。瓦萨里的传记详细叙述童年以来的事件,以表明只有某些艺术家(尤其是米开朗琪罗)具有超自然的能力,因而体现出了凡人与"神"之间的根本差异。

威尼斯的回应

瓦萨里的《名人传》是向意大利城市发起的挑战,它充分论证了佛罗伦萨艺术家的卓越才能,是修辞学精湛技艺的范例。这一论证基于比古典时代或文艺复兴初期提出的更加全面的批评体系,这一体系为讨论现代艺术成就确立了历史框架。它的论点要求通过改述现存的论点加以反驳(如我前文所述,这在古典修辞学中已实现),瓦萨里本人已这样做了。但尽管他得为其论点求助于各种各样的古典和基督教源泉,近处便有着关键性文本,包含了适于反驳的那些观点:传记本身。伦巴第和威尼斯的捍卫者以传记来反对瓦萨里和佛罗伦萨画派,并且很快便这样做了。

回应最先来自威尼斯,以1557年洛多维科·多尔切(Lodovico Dolce)的《阿雷提诺》(*L'Aretino*)为开端。其开篇回应瓦萨里题献柯西莫大公,也献给了希罗尼莫·洛雷达诺(Hieronimo Loredano)及其家人,威尼斯最显赫的家族之一,并包含有一位佛罗伦萨人法布里尼(Fabrini)与一位威尼斯人阿雷提诺之间的交流。② 佛罗伦萨人重申了佛罗伦萨赞美者的观点,并提到瓦萨里的名字:但丁是最伟大的现代作家,米开朗琪罗是最伟大的现代艺术家。③ 威尼斯人则以彼特拉克与但丁相竞并置之于其上,将拉斐尔和提香置于米开朗琪罗之上。他通过改变瓦萨里本人的观点而做到这点——正如多尔切回应瓦萨里的一些极具特色的定义和准则。

瓦萨里的米开朗琪罗以其素描和透视缩短的裸体著称;而多尔切的米开朗琪罗也是如此,但有损于他:正是在这一领域米开朗琪罗最擅长,且(实际上)他的裸体看起来都很相像;而拉斐尔的那些则更加多样而优美。④ 而提香起码与米开朗琪罗地位相当,拉斐尔在创意和素描方

---

① 瓦萨里-巴罗奇/贝塔里尼,III,499;III,533。

② 罗斯基尔(M.W.Roskill):《多尔切的〈阿雷提诺〉与16世纪威尼斯美术理论》(*Dolce's "Aretino" and Venetian Art Theory of the Cinquecento*),纽约,1968年,5—49。

③ 同上,159。有关多尔切与修辞学的讨论,参看5—49。

④ 同上,171—179。有关多尔切对米开朗琪罗的批评,参看李,37—38。关于米开朗琪罗的名望,参看巴罗奇的"Schizzo di una storia della critica cinquecentesca sulla Sistina",*Atti e memorie dell'Accademia Toscana di Scienze e Lettere "La Columbaria"*,XXI,新辑,7,1956年,177—212。在新近文章中,凯瑟琳·苏斯洛夫(Catherine Soussloff)同我一样论证了米开朗琪罗论辩中突出的文学和修辞学特征,见其"Imitatio Buonarroti",《16世纪杂志》(*16th Century Journal*),XX,4,1989年,581—602。

面相当，在色彩方面更优秀，因此，他是三人中最全面者，是他而非米开朗琪罗是"神"，在绘画领域无与伦比。[①] 提香是"神"，换句话说，因为集绘画所有优点于一身，而最为重要的是其"完美的"色彩：艺术的完美源自色彩（colore）而非素描（disegno）。多尔切回复瓦萨里的是，在佛罗伦萨画派与威尼斯画派之间确实存在着差异，比起瓦萨里1550年所暗示的更加明确的差异，基于不同特色的选择性发展，并且威尼斯注重色彩要优于佛罗伦萨注重素描。

瓦萨里接着在1568年版的《名人传》中进一步强调了这些差异，使得佛罗伦萨和威尼斯更加截然对立。瓦萨里使用多尔切的材料，就像多尔切以前使用他的材料那样。他在初版的顺便提及提香外，补充了其全面的生平事迹，详述了提香的作品与其潜在的方法，而这方法表明了其不足：提香的色彩难与米开朗琪罗的素描相匹。[②] 需要强调一下这一说法是在回应多尔切，是显而易见的。瓦萨里在1550年版中将所有艺术形式集中于赋形名下，并赞美佛罗伦萨艺术家的赋形能力。不过，他所定义的这一术语非常抽象，远不止素描一词之意；而现代美术史家经常以素描来翻译它，并且不是用来（像1568年版那样）反对威尼斯人。[③]

有学者质问过为何瓦萨里在1568年版比1550年版中更加批评威尼斯画派，并且在他的生活中寻找答案。他们表示，瓦萨里对于著作1541—1542年在威尼斯受欢迎一定很失望。[④] 他们同样还询问了多尔切对于米开朗琪罗显示出敌意的背后原因。阿雷提诺，批评语言出自其口，似乎实际上从未像多尔切在对话中所塑造的毁谤形象。[⑤] 不过，这些问题的答案难以在作家的趣味或个人经验方面觅得，因为关于他们的书籍属于区分为赞美和谴责的文学类型，而这些如何分配则要根据训练的意图来推断。

赞美佛罗伦萨的颂词必须不仅称赞佛罗伦萨艺术家，而且要宣称他们优于任

---

① 罗斯基尔，195。

② 瓦萨里-巴罗奇/贝塔里尼，VI，155—174。

③ 即便像1568年版的定义，"赋形"也很容易用来赞扬或谴责威尼斯人。正如潘诺夫斯基所强调的，它的抽象性基于形而上的"理念"："赋形，我们的三门艺术之父……从许多事物中导出一个一般判断：自然万物的形式，可以说，就其比例而言是极其规则的。因此赋形不但在人和动物的躯体中，而且也在植物、建筑、雕塑和绘画中确认了整体与部分之间、各部分之间以及部分与整体之间的比例。而这又引出了一个特定的判断，后来通过手工成形之物在心目中的形式被称作赋形。因此有人会说，这一赋形不过是心智所具有的、心目中所想象的、由理念而生的那个概念的视觉表现和说明……"瓦萨里-巴罗奇/贝塔里尼，I，3；译文见于潘诺夫斯基：《理念：美术理论的一个概念》（*Idea：A Concept in Art Theory*），哥伦比亚，南卡罗来纳，1968年，60—63；萨默斯（Summers），229，519；罗斯基尔。同时参见肯普（W.Kemp）的"Disegno，Beitrage zur Geschichte des Begriffs zwischen 1547 und 1607"，*Marburger Jahrbuch fur Kunstgeschichte*，XXIX，1974年，219—240。

④ 罗斯基尔，47。

⑤ 同上，29。

何其他城市的艺术家,而威尼斯的颂词也是如此。因此,当瓦萨里贬抑提香或多尔切贬抑米开朗琪罗之际,读者难道还不明白这些论述都是受修辞学的影响而不要拘泥于表面意思吗?人们想象读者会这样理解的。而让现代读者感到困惑的是,实际上当代读者似乎已经相信了他们的话,并且发现他们的论点(因那个原因)是攻击性的。

例如,这就是卡拉奇兄弟(the Carracci)对瓦萨里的反应。在他们加注的《名人传》复印本中,他们写的不是欣赏其论点的巧妙,而是恼怒于(从表面判断)他所声称的:"他撒谎"与"他睁眼说瞎话"是最常见的回应。① 显然,16世纪的美术史读者承认《名人传》为"历史",即便了解古典修辞学深深渗透于其中;他们一定熟悉并承认为"真实的"记述,都是经过修辞学的改造。这表面上的矛盾有一种解释,那就是修辞学需要一个事实的基础或核心,对于它的阐述就是开题(inventio)的作用。开题,依照西塞罗的定义,是使情况显得令人信服而不削弱其可信度,"不论其正确与否"。对于现代历史观而言极其坚持"事件"的实际真实性,开题使历史真实性的要求无效了。但显而易见,这不是文艺复兴时期读者的想法,他们专注于论点的真实核心,整体上不是作为详尽的修辞学而是作为真实的历史来回应的。②

这种真实核心的一个事例,可能就是注重色彩的威尼斯绘画与精湛素描的中部意大利绘画之间的真实差异。修辞学开题在将这一差异转变成两种不可调和的方法间的竞争中发挥了作用。同样,关于乔托或米开朗琪罗之伟大的明显事实,可从存留下的早期作品中得到证实。但要是想围绕着瓦萨里所述的艺术家生平来阐明这些作品——童年时期的经历、个人的品质、教育等——所有或大部分都是明确可以追溯至修辞学惯用语(topoi)的开题,会冲淡历史(与传记)和修辞学的关系。

作为历史,1568年版多处冒犯了佛罗伦萨之外的艺术家。人们发现其地方或画派的艺术家因为弱于素描而遭贬低,因此他们被说成依赖于色泽和色彩的魅力,而后者是低于素描的。最引人注目的事例是关于提香在技艺(arte)和素描方面有所欠缺,只是精于来自自然的着色法,因此距离米开朗琪罗的优美和完美甚远。当伦巴第或威尼斯的艺术家表现得更出色时,那也仅是因为他们从佛罗伦萨人处学来的东西。帕米尔贾尼诺就是这样的一位画家,他的伦巴第自然主义得到

---

① 戈尔茨坦,164—165。

② 参见伍德曼(A.J.Woodman)的《古典历史学中的修辞学》(*Rhetoric in Classical Historiography:Four Studies*),伦敦和悉尼,1988年,特别是70—101;参看阿特金森(R.F.Atkinson)的《历史中的知识与解释》(*Knowledge and Explanation in History*),伊萨卡,纽约,1978年,特别是188—210。

佛罗伦萨素描的加强,①是他从米开朗琪罗和拉斐尔的作品中习得的(需要指出的是,瓦萨里的拉斐尔是佛罗伦萨艺术家,他的早期风格看起来像是出自不同的、低级的画家之手)。柯雷乔达到了伦巴第画家的极限,而未能见到"优秀的现代作品",也即是说,拉斐尔和米开朗琪罗的作品,也因此难以达到他们作品的完美,等等。②

这些艺术家的崇拜者和继承者不能认可瓦萨里的定论。而更为重要的是,威尼斯、伦巴第以及意大利其他地方的修辞学家受到了挑战,现在轮到他们来为他们的艺术家以及他们的出生或收养地辩护。后文的意大利美术批评史讲述的便是这些作家如何利用修辞学的赞美与谴责,来回应这一挑战。

修辞学和地方主义

《名人传》第二版出版后的年月里,城市颂词整体上加剧。举几个例子:桑索维诺(Sansovino)的 *Venetia citta nobilissima et singolare* 于 1581 年面世,莫里伽(Moriga)的 *Nobilita di Milano* 于 1595 年面世,米尼(Mini)的 *Discorso sulla nobilita di Firenze e dei Fiorentini* 于 1593 年面世,而最后一部著作再次赋予佛罗伦萨复兴三门 disegno 艺术的荣誉。③ 就艺术批评本身而言,正如我一直认为的,要是这一批评是古典修辞学,尤其是颂词修辞学的应用,我们就会发现 17 世纪批评家宣称艺术的"复兴"不是在佛罗伦萨,而是在他们自己的城市或地区;而达到完美之境的也不是米开朗琪罗,而是其他地方的某位或某几位艺术家。这恰恰是我们所发现的。

绘画兴盛于契马部埃出生之前与其时的锡耶纳和罗马,锡耶纳人曼奇尼(Mancini)1620 年前后在罗马写到。他引证锡耶纳的圭多、佩特罗里诺以及"许多佚名的其他优秀艺术家"的证据。④ 里多尔菲(Ridolfi)的《艺术的奇迹》(*Meraviglie dell' arte*,1648)接受并扩充了多尔切《阿雷提诺》的观点,以瓦萨里的《名人传》为范本,将瓦萨里的"进步"理念用于威尼斯绘画;在他追溯威尼斯画派从得雅克贝洛·德·菲奥雷(Jacobello del Fiore)和维瓦里尼(Vivarini)到极盛期乔尔乔纳和提香的记述中我们读到,威尼斯在佛罗伦萨之前以其"希腊"传统为基础见证了绘画的再生。⑤ 里多尔菲没有

① 瓦萨里-巴罗奇/贝塔里尼,IV,537;IV,162。

② 同上,IV,50。

③ 普雷维塔利(Previtali),44。

④ 曼奇尼:《绘画的思考》(*Considerazioni sulla pittura*),2 卷,马鲁奇(A. Marucchi)和萨莱诺(L. Salerno)编辑,罗马,1956—1957,I,166—167;普雷维塔利引用,49。

⑤ 里多尔菲:《艺术的奇迹》(*Meraviglie dell' arte*),威尼斯,1648 年,2,38,68,90,103,136—138,141,150—151;参看格拉西,38—39;普雷维塔利,51。

提到瓦萨里的名字，他反复提及《名人传》的观点，但却是用来反对瓦萨里，并通过贬损佛罗伦萨来赞美威尼斯的艺术家。① 博施尼（Boschini，1674）进一步为威尼斯论辩，声称要是没有明暗对照法和色彩，模仿是不可能的，因此，没有了色彩，素描本身就不完美。②

热那亚人索普拉尼（Soprani，1674）高度赞扬中世纪热那亚与后来的热那亚画派画家的美德，特别是卢卡·坎比亚索（Luca Cambiaso）。他说，许多人认定他超过米开朗琪罗。③ 而马尔瓦西亚（Malvasia，1678）也提出理由论证了他所在城市在中世纪取得的艺术成就，在那期间绘画在佛罗伦萨之前得到复兴；他接着讨论了瓦萨里时代博洛尼亚的发展，认为有弗兰西亚（Francia）、卡拉奇兄弟这些杰出人物为之增色，并在雷尼（Reni）那里达到“完美之境”。④ 巴格廖内（Baglione）和帕塞里（Passeri）的《传记》则更进一步将17世纪的美术史与批评写作变成了市民颂词。此外，还有许多其他人，仅举两位鲜为人知者：洛伦佐·莱伽蒂（Lorenzo Legati）的克雷莫纳画家传记和朱塞佩（或吉奥塞弗）·蒙塔尼［Giuseppe（Gioseffo）Montani］的佩扎罗画家传记。⑤

关于这批文学作品受到瓦萨里《名人传》所激发这一点，所有论述的学者都对此做过评论。⑥ 他们从两个方面解释了这一现象：其一，这些作家意在以瓦萨里所遗漏的艺术家材料来充实自己的著作；其次，他们体现了当时狭隘地观看世界的一种倾向——从地方史的方面（campanilismo）。⑦ 他们得出结论称，在这两个方面17世纪的作家都是在瓦萨里所确立的框架内著述的。但这些学者同时也在寻找17世纪作家与瓦萨里间的差异。作为其中一位，就马尔瓦西亚来说，我们得知这些差异表明了完全不同的历史观。在马尔瓦西亚的传记中极其清晰地显示出，它标志着“迈向真实美术史的决定性一步”；这种新型历史或传记抛弃了文学风格之类，而代之以合理的批判性评价、

① 参见普皮（L.Puppi）的“La fortuna delle Vite nel Veneto dal Ridolfi al Temanze”，《瓦萨里》，405—437，尤其是412。

② 博施尼：*Le ricche minere della pittura veneziana*，见于博施尼的 *La carta del navegar pitoresco*…（A.Pallucchini），威尼斯—罗马，1966年，752；罗桑德（D.Rosand）引用《提香与批评传统》（“Titian and Critical Tradition”），见于《提香：他的世界与遗产》（*Titian：His World and His Legacy*），纽约，1982年，1—39，23—25。

③ 索普拉尼，热那亚，1674年，37；参看洛尔格·拉普热（C.Lorgues-Lapouge）的“De Soprani a Vasari”，*Revue de l' art*，LXXX，1988年，61—63。

④ 马尔瓦西亚，67—68。

⑤ 参见佩里尼（G.Perini）的《卡尔洛·切萨雷·马尔瓦西亚的佛罗伦萨信函：探究17世纪史学相矛盾的趋势》（“Carlo Cesare Malvasia's Florentine Letters：Insight into Conflicting Trends in Seventeenth-Century Historiography”），《艺术通报》，LXX，1988年，273—299，278。

⑥ 例如，同上，273。普雷维塔利，43。

⑦ 佩里尼，273。

原始文献的事实、可信的见证报告等。①而对于熟悉古典和基督教修辞学以及瓦萨里运用修辞学原则所著的传记者来说，马尔瓦西亚的传记（与索普拉尼的传记，以及17世纪传记作家的那些传记）看起来非常风格化；它看起来像是遵照一定的文学风格和模式组织起来的，而那种风格类型曾经为瓦萨里所使用，也是我在描述传记艺术家的复合肖像时一直试图重构的。可以看出，17世纪的艺术家传记作家一方面受到古典和基督教化修辞学的紧密制约，另一方面又受早期美术史和批评更广泛的影响。

贝洛里（Bellori）和马尔瓦西亚的卡拉奇兄弟传记都是这般受制约，它们遵循着与瓦萨里《名人传》中相同的一般模式，后者里面的一些段落有时会被他们重新利用。② 至于模式本身，我们读到贝洛里笔下的阿尼巴莱（Annibale）（如同瓦萨里笔下的契马部埃、乔托、米开朗琪罗等人）是如何显示出还是孩童的时候，就“注定会从事绘画”，以及他如何只是短暂地向卢德维科（Ludovico）学习，便很快超越了他——如同拉斐尔超越佩鲁吉诺（Perugino）、提香超越乔尔乔纳等。③ 比从老师那里习得的更为重要的是阿尼巴莱为自己设置的研究课程，他探究以往艺术的奥秘，像多纳泰罗、布鲁内莱斯基以及其他人曾经做过的那样。④ 接着你可以去看这一模式的其他部分：在所有的重要方面，这一传记都与之相符；就像马尔瓦西亚的卢德维科传，意在表明是他而非阿尼巴莱是上帝的宠儿。同样的模式还可见于贝洛里与马尔瓦西亚的其他传记中。仅一个事例就应当足以说明，即马尔瓦西亚的“博洛尼亚的阿佩莱斯”——雷尼传。⑤

雷尼也是在早年便显现出他的天赋（“年方9岁”）。⑥ 他从首位老师卡尔瓦特（Cavaert）那里所学甚少，在13岁时他本人成为老师，与卡尔瓦特一起指导画室的其他学生；在他一转入卡拉奇学院时，其天赋立刻得到除阿尼巴莱外所有人的承认，并很快与后者齐名且有超越之势。确实，卡拉奇三兄弟都承认雷尼“是他们所有人的老师”。⑦

传记接下去详述雷尼主导着博洛尼亚所有的艺术家，甚至主导着拉斐尔——他在仿本中对后者的《圣塞西莉亚》

---

① 佩里尼，284。

② 如马尔瓦西亚写的卢多维科传，开篇文字为瓦萨里写米开朗琪罗的，见马尔瓦西亚，230。参看戈尔茨坦，18。

③ 贝洛里，1672年，33；参看上述内容的概要，646—647。

④ 同上。

⑤ 与阿佩莱斯的比较是反复出现的老话题，参看戈尔茨坦，尤其是26。

⑥ 马尔瓦西亚，340。

⑦ 同上，340—341。

(*Saint Cecilia*)加以改进。[①] 罗马的权威艺术家阿尼巴莱和卡拉瓦乔(Caravaggio),当雷尼从博洛尼亚到达罗马后,都为他的满腹才智而忧心忡忡。[②] 受到卡拉瓦乔言语上的威胁后,雷尼则以他自己是"所有人中的最次者"来回击。[③] 而实际上,他优于他们所有人,他很快就通过让米开朗琪罗的《最后的审判》、拉斐尔的法尔内西纳湿壁画和阿尼巴莱的法尔内塞美术馆等相形见绌来显现出来,也即是说,罗马艺术完全被博洛尼亚美术夺去了光辉。[④] 雷尼的容止展现在所有人身上,甚至是最伟大的人物,体现出一种"无意识的敬仰与尊重"。[⑤] 简言之,雷尼成了(圣洁)美德的楷模,勤劳、虔诚、节欲以及炫耀之敌,等等。[⑥]

至于索普拉尼,其传记的典范人物也在年轻时便显露出天赋。我们可以读到,年轻的卢卡·坎比亚索(Luca Cambiaso)如何让一些来访的佛罗伦萨画家因看到他的工作状态而感到震惊,以至于他们留下了一个十字记号,并声称这位艺术家有朝一日会超越米开朗琪罗。对此,瓦萨里为其典范人物、贝洛里关于阿尼巴莱、马尔瓦西亚关于雷尼,都曾经有过这类记述……[⑦] 索普拉尼接下去将坎比亚索描绘成模范艺术的类型,他的美德又演变成了他的出生地热那亚的美德。

由于赞美与谴责修辞学的要求,索普拉尼不仅赞扬了坎比亚索,而且也批评了米开朗琪罗。这是艺术家传记的传统特色,我对此已做过论述,但就这一点仍需要进一步说明,因为关于艺术家的这类批评,甚至表面上的憎恶,只是这一传统的特色之一。最明显的事例也许是贝洛里,他的传记大概有三分之一用于他显然毫无同情的那些艺术家。当然,在名单的最上方是卡拉瓦乔,他"压制了艺术的尊严";其次是鲁本斯(Rubens),因缺乏良好的素描、只追求悦目而受责难;凡·代克(Van

---

① 马尔瓦西亚,348。

② 同上,348—349。

③ 同上,349。

④ 同上,353。

⑤ 同上,387。

⑥ 同上,388。马尔瓦西亚记述的雷尼有时粗鲁、苛求主顾,人们可能会想他的行为与"圣洁的"相悖。而许多这些记述,与瓦萨里的米开朗琪罗传中的故事非常相似,这些故事意在确立"神性"艺术家甚至在教皇与君主面前的优越性;马尔瓦西亚在述说这些时,用了与将两位艺术家联系在一起几乎同样多的语句。马尔瓦西亚描述了更为乖僻类型的行为:雷尼沉溺于赌博,惧怕女人,担心被毒害,等等。总而言之,按照他所说的,他描述的是一个抑郁质的人。而抑郁质(据说已证明阿尼巴莱也是这种类型)被理解成具有艺术的、神圣的特质。特别参看潘诺夫斯基和扎克斯尔(F.Saxl)合著的《丢勒的"忧郁 I"》(*Durer's "Melancholia I"*),莱比锡和柏林,1923 年,49。马尔瓦西亚的传记在论述雷尼方面一直发挥着重要的作用,在新近的讨论中显得特别突出,其中的关键元素如与米开朗琪罗的比较已得到确认;但同时应提出,尽管传记中的雷尼是历史上的雷尼,但他本人模仿的是早期传记中的艺术家,实际上可以说是生活模仿艺术。

⑦ 索普拉尼;参看上文,649。

Dyck)也因疏于素描和构图而遭到严厉的批评。①

贝洛里将这些艺术家的传记包含在内的情况被视为其批评才能的证明,但对于这些艺术家重要性的认识以及他们的风格他未能全心全意地予以支持:他因其所发现的优点而赞美,却没有指出任何的缺点。而在赞美与谴责的修辞学范围内,这正是为谴责的机会提供了某些主题:阿尼巴莱显得更值得赞美,因其拥有卡拉瓦乔所没有的一切,正如鲁本斯和凡代克的成就遭贬抑,多梅尼奇诺(Domenichino)和普桑(Poussin)的成就得到了提升。

斯卡内利的《绘画的微观宇宙》:修辞学与人体

在马尔瓦西亚为伦巴第的荣誉辩护之前,斯卡内利(Scanelli)在他的《绘画的微观宇宙》(*Il microcosmo della pittura*, 1657)中已这样做了。现代学者,特别是马洪(Mahon)已确定了对这本书的明显兴趣。② 然而这本书从未得到应有的关注,想必是因为其观点围绕一幅图像展开,而这幅图像在美术批评界范围内是如此离奇,因而在最终的分析中这本书看起来唯有怪异。它是关于争论的一幅图像和一种模式,它可以直接追溯至古典修辞学。

斯卡内利是罗马涅的弗利地方人,是一位医生与业余绘画爱好者。他服务于当时正在建设的意大利最伟大的美术馆之一的摩德纳公爵,斯卡内利作为公爵的代表,在藏品的形成过程中发挥了作用。《绘画的微观宇宙》便是献给公爵及其美术馆的。③

斯卡内利主要写了自拉斐尔以来的艺术家(米开朗琪罗只是拉斐尔的一位先驱),紧密围绕罗马画派、威尼斯画派和伦巴第画派等三个地方画派来讨论,领军人物分别为拉斐尔、提香和柯雷乔。他这样做的目的,在一本献给摩德纳公爵的书籍中并不意外,意在确立柯雷乔和伦巴第的卓越地位。因此,它是对瓦萨里的一种回应,后者的观点一直影响着斯卡内利。

瓦萨里的柯雷乔是伦巴第首位现代风格的画家,但他不及中部意大利的现代主义者,因为他一直待在伦巴第。“要是这位有成就的画家离开了伦巴第去罗马,他一定会创造奇迹。”瓦萨里说道。④ 而

① 贝洛里,231,267,283—284。将一位重要艺术家排除在外,如贝尼尼被贝洛里排除在外,也许可以理解成含蓄地批评那位艺术家。凯瑟琳·苏斯洛夫已表明,贝洛里传记中关于雕刻的关键评论几乎毫无掩饰地针对贝尼尼;参看苏斯洛夫。

② 马洪:《折中主义与卡拉奇兄弟:进一步反思标签的有效性》(“Eclecticism and the Carracci: Further Reflections on the Validity of a Label”),《瓦尔堡与考陶尔学院院刊》,XVI,1953 年,303—341;参见恩加斯(R.Enggass)和布朗(J.Brown)的《意大利与西班牙,1600—1750》(*Italy and Spain, 1600—1750*)(资料与文献)(Source and Document),Englewood Cliffs 出版社,新泽西,1970 年,39—50。

③ 《绘画的微观宇宙》,切塞纳,1657 年,献词,出版处不明。

④ 瓦萨里-巴罗奇/贝塔里尼,IV,50。

斯卡内利回应道，柯雷乔的作品已臻完美，他无需前往罗马去研究古物与现代托斯卡纳—罗马画派的作品以求达完美之境。① 斯卡内利认为，这一完美是将佛罗伦萨与威尼斯的优点集中起来，综合一处作为其他伦巴第艺术家的典范。伦巴第画派在柯雷乔的引领下，将托斯卡纳的素描[以及美的理念(bella Idea)]与威尼斯的色彩和自然性(naturalezza)结合起来，并加上了精致和优雅。② 相对于瓦萨里以及从瓦萨里本人观点出发的后瓦萨里批评中所宣称的杰出画派，柯雷乔和伦巴第已经占有优势。

随之斯卡内利着重强调自然主义和灵感，认为它比静心准备的素描更可取；认为拉斐尔的作品出自许多素描习作，难以匹敌柯雷乔更为自发性的创作。③

基于这些论断，斯卡内利被称作反古典主义者；已有结论认定，他对于拉斐尔整个的古典理想主义传统没有兴趣。④ 据说摩德纳公爵也有着同样的趣味，憎恶古典艺术。当然，他与斯卡内利一样尊崇柯雷乔似乎没有任何疑问，柯雷乔的几幅杰作，包括《夜晚》(*Notte*)、《圣母玛利亚、圣子与圣乔治》(*The Madonna and Child with Saint George*)和《圣母玛利亚、圣子与圣塞巴斯蒂亚诺》(*Madonna and Child with Saint Sebastian*)，在《绘画的微观宇宙》出版后不久就为他所拥有。⑤ 但摩德纳公爵的藏品是大量收购17世纪大师的作品，除了柯雷乔的代表作外，还有(或归于)提香、拉斐尔和安德里亚·得·萨尔托(Andrea del Sarto)等。⑥ 据称他仅对几位艺术家的作品有着个人兴趣，分别是他的同时代人委拉斯贵支(Velazquez)、贝尼尼(两位均为他作过肖像画)和萨尔瓦托·罗莎(Salvator Rosa)。他从后者那里订制了两幅风景画，由于非常满意，又订了第三幅。⑦ 就此而言，斯卡内利的论述不应当仅从表面意义来理解，因为他是在修辞学意义上论证，这一点在这本书的核心图画上得到了清楚的说明：

这是一幅人体图像，人的微观宇宙转变为绘画的微观宇宙，其中艺术家被分配了固定位置：拉斐尔，肝；提香，心脏；柯雷乔，大脑(米开朗琪罗是脊柱，卡拉奇兄弟是皮肤等)。斯卡内利解释称，肝负责营养和制造血液，最不高贵；心脏，负责热量和新生命；大脑，想象力和智力之所在地，

① 斯卡内利，274—286。

② 同上，269。

③ 同上，24。

④ 如参看马洪，322—323；恩加斯和布朗，39—42。

⑤ 文杜里(A.Venturi)，*La R.Galleria Estense in Modena*，摩德纳，1882年，25—228。

⑥ 同上，192—248；索瑟恩(J.Southorn)：《17世纪的权力与展示：摩德纳和费拉拉的艺术及其赞助人》(*Power and Display in the Seventeenth Century: The Arts and Their Patrons in Modena and Ferrara*)，剑桥，1988年，32—37。

⑦ 文杜里，202—204，212—214，218—221。

最为高贵。拉斐尔是肝,因为他从古代母亲那里汲取营养,而他本人又滋养了托斯卡纳—罗马画派的艺术家们;提香为拉斐尔及其同时代人的成就添加了热量和运动;而柯雷乔吸收了拉斐尔和提香的贡献,将其提炼成一种“精致的自然”(*esquisita naturalezza*)。[①]

斯卡内利的图像离奇古怪,似乎与具体地美化经验的时代特别不协调。即便知道他是一位医生,也不能减轻这一点。但一旦在修辞学范围内,它就会变得很寻常;它满足了一项最基本的要求——记忆(memoria)。

记忆包括说话者记住要发表的讲话,以及通过助记图像来教学。在其最古典的形式里,它有赖于将特定的声音、言词、想法或观点与划分为相应数量隔间的物理空间联系起来。说明训练记忆重要性的常见传闻就是有关凯奥斯岛的西摩尼德斯(Simonides of Ceos)的:他在屋顶坍塌前离开了所参加的宴会,剩下的客人全部罹难。通过修辞学“区域”的应用,西摩尼德斯能够回忆起每个人原来所坐的位置,以便因此让他们的亲属辨别已故者加以安葬。[②]

不过,建筑图像不是唯一被用来记忆地点的。西塞罗提到某些图像具有唤醒记忆的力量,而其他图像则不然:那些记忆中持续最久远的是特别美或丑的图像,美化的或丑化的图像会更加引人注目。[③]在后来的修辞学传统中,一幅如此强有力的图像便是《微观宇宙》。

弗朗西斯·耶茨在他论述记忆体系的书籍中研究了这幅图像,要求将注意力集中到其在隐秘或神妙传统中的运用。[④]当然,这种应用与其特征似乎更为一致,因为微观宇宙的重点便是它与宏观宇宙的关系。围绕微观宇宙组织起来的记忆体系隐含着参与了上帝的记忆,而这正是斯卡内利赋予视觉艺术的那种价值。那是一个新柏拉图主义体系,其中艺术的目的便是沉思默祷上帝。[⑤] 诚然,在这一点上他并非唯一,有着一条重要的新柏拉图主义线索贯穿着16、17世纪批评;而对于上帝的思考,在这一根本的神学文学传统中整体上发挥着比所认识到的更为积极的作用,因此读者在理解斯卡内利的惊人图像时不应当有什么特别的困难。

---

① 斯卡内利,11—21。需要指出的是,斯卡内利的著作《绘画的微观宇宙》不是唯一的。这是一种常见的论著类型,通常为诊断和治疗疾病而收集信息,掺杂着肉体和精神之美的讨论。可参见卡尔维(G.Calvi)的《瘟疫年的历史》(*Histories of a Plague Year*),伯克利和洛杉矶,1989年,27。

② 《论演说家》,2,86,351;Ad.Her.,3.16.28—24,40;维克斯引用,65。

③ *Ad.Her.*,III,22.

④ 耶茨:《记忆术》(*The Art of Memory*),伦敦,1966年;布鲁姆(H.Blum),*Die Antike Mnemotechnik*,希尔德斯海姆,1969年,对耶茨的猜想表示怀疑。

⑤ 斯卡内利,11—21。

修辞格对历史事实

意大利文艺复兴传统中的美术史和批评著述是人文主义者的努力,同其他人文主义活动一样是在重新恢复对拉丁语言和文学的兴趣的激发下进行的,因而,它构成古典复兴的一部分,文艺复兴便以之(古典复兴)著称。它借助于古代先例,依赖于古典用法和原型的权威性;它发现最适于讨论艺术作品的原型便是称颂修辞,这为从维拉尼和瓦萨里到斯卡内利和马尔瓦西亚的美术史和美术批评提供了基本结构。①

称颂修辞学运行于赞美与谴责两极之间,赞扬美德并谴责恶行;不论其主题为何,它有助于更高的道德目的。仿效修辞学的美术史与批评分享了这一目的,意在通过教导和启迪而有补于道德。这是一种写作类型,其中的历史事实与道德劝诫相调和;它建立在视历史为道德的和基督教的观点上,是一种与中世纪说教故事相一致的观点。② 它视历史与美术史为一种力量和愿望的形式,受到根植于其中的社会政治结构的影响,同时也反作用于它们。③

这种文学的独特之处在于,即便在重复有关其他事物和主题的说法,也因此会为了更具说服力而舍弃历史记述的真实价值,但它依然声称仅包含历史事实。而要是这还不够奇怪的话,熟悉这种文学技巧的读者竟依然相信这是作者的由衷之言。他们显然相信,历史中重要的是基本事实,它们有益于预期的道德和社会表现,而非偶然的、表面上无意义的审美事件。

有着对比历史观的现代读者已习惯批判地阅读这种文学作品,习惯于有选择地利用,接受一些记述而拒绝另外一些——检验瓦萨里的论断,整体上更信任贝洛里而非马尔瓦西亚。不过,信任这位

---

① 这并非意在表明史学传统(美术史著述自然属于这一传统)是静态的。它确实以争论其方法为特色,修辞学在这种争论中扮演了非常突出的角色,作家也都采取与之相关的特定立场。可参看恩斯特·布雷萨赫(Ernst Breisach)的《史学,古代、中世纪和现代》(*Historiography, Ancient, Medieval, and Modern*),芝加哥和伦敦,1983 年,尤见于 153—195。我想论证的是,这一争论的术语,尤其是历史"真实",在过去与今天的理解截然不同;而最为重要的是,不论作家如何谈论方法,在 18 世纪讨论艺术和艺术家时,修辞学的比喻和修辞格同文艺复兴初期著述中一样可辨与重要。至于在 17 世纪法国和 18 世纪英国,一些地方将美术批评当作修辞学,可参看普特法尔肯(T.Puttfarken)的《罗杰·得·皮尔斯的美术理论》(*Roger de Piles' Theory of Art*),纽黑文和伦敦,1985 年,57—75;利克滕斯坦(J.Lichtenstein)的"Eloquence du coloris rhetorique et mimesis dans les conceptions coloristes au 16e siecle en France",于 *Symboles de la Renaissance*, II,阿拉塞(D.Arasse)编辑,巴黎,1982 年,171—184;贝维拉夸(V.M.Bevilacqua)的《绘画与修辞学同:雷诺兹爵士的修辞学美术概念》("Ut Rhetorica Pictura: Sir Joshua Reynolds' Rhetorical Conception of Art"),《亨廷顿图书馆季刊》(*Huntington Library Quarterly*), XXXIV, 1970 年,59—78。

② 特别参看布雷蒙(C.Bremond)、勒高夫(J.LeGoff)和施密特(J.C.Schmitt)的《说教故事》(*L' Exemplum*)系列,第 40 册, *Typologie des sources du moyen age occidental*,热尼科(L.Genicot)与布尔托(R.Bultot)编辑,蒂伦豪特,1982 年。

③ 参看伊格尔顿(T.Eagleton)的《文学理论导论》(*Literary Theory: An Introduction*),明尼阿波利斯,1983 年,194—217。感谢 Walter Beale 先生让我注意到这本书。

或那位作家一直以来的“客观性”的原因,既不明确,也无根基。重点是这一批评和传记传统中的文本在做说服之际,运用了修辞学的比喻和修辞格。显而易见,这些修辞学方法与历史“事实”的关系很复杂,容易遭到变更甚至危机。唯一可以肯定言说的事,便是不能够假定因为某个文本说一件艺术品如何那就必定如何。要是明白这一点而促使加倍重视那些作品本身,那对于美术史学科的影响将会是非常有益的。

反复引用的文献资料

1.巴伦:《早期意大利文艺复兴的危机》(Baron, H., *The Crisis of the Early Renaissance*, rev.ed., Princeton, 1966)。

2.巴克桑德尔:《乔托和演说家:意大利绘画的人文主义观察与绘画构图的发现,1350—1450》(Baxandall, M., *Giotto and the Orators: Humanist Observers of Painting in Italy and the Discovery of Pictorial Composition, 1350—1450*, Oxford, 1971)。

3.贝洛里:《现代画家、雕刻家、建筑师传》(Bellori, G. P., *Le vite de' pittori, scultori et architetti moderni*, Rome, 1672.ed. E.Borea, intro.G.Previtali, Turin, 1976)。

4.戈尔茨坦:《视觉真实胜过文字虚构:卡拉奇研究与意大利文艺复兴和巴洛克时期的绘画批评、理论和实践》(Goldstein, C., *Visual Fact over Verbal Fiction: A Study of the Carraci and the Criticism, Theory, and Practice of Painting in Renaissance and Baroque Italy*, Cambridge, 1988)。

5.马尔瓦西亚:《博洛尼亚画家传》(Malvasia, C. C., *Felsina pittrice: Vite de' pittori Bolognesi*, Bologna, 1678, ed. M. Brascaglia, Bologna, 1971)。

6.普雷维塔利:《原始性艺术的命运》(Previtali, G., *La fortuna dei primitivi*, Turin, 1964)。

7.斯卡内利:《绘画的微观宇宙》(Scanelli, F., *Il microcosmo della pittura*, *Cesena*, 1657,重印,附参考书目、书信和索引, G.Giubbini, Milan, 1966)。

8.萨穆斯:《米开朗琪罗与艺术语言》(Summers, D., *Michelangelo and the language of Art*, Princeton, 1981)。

9.瓦萨里:《名人传》(Vasari, G., *Le vite de' piu eccellenti pittori, scultori e architettori, nelle redazioni del 1550 e 1568*, ed. R. Bettarini, P. Barocchi, 6 vols., Florence, 1966—1987)。

10.维克斯:《为修辞学辩护》(Vickers, B., *In Defense of Rhetoric*, Oxford, 1988)。

选自: *The Art Bulletin*, Vol. 73, No. 4 (Dec., 1991), pp.641—652, "*Rhetoric and Art History in the Italian Renaissance and Baroque*", by Carl Goldstein.

译者简介:杨贤宗,华中师范大学美术学院美术史论教研室副教授。

艺术史
与
历史学

远东地区的几何学与耶稣会士

□小塞缪尔·埃哲顿(Samuel Y.Edgerton，Jr.) 文 杨贤宗 译

摘　要:以基督教的《福音故事图集》为例,梳理了耶稣会士在中国传教过程中所激起的中西文明的碰撞与结果,并从几何学知识方面解释其因由。由于缺乏几何学及相关知识,中国画家、士绅等难以复制和理解西方书籍中的图画,这在某种程度上阻碍了中国的现代化进程。本文所提供的观点,有助于我们重新审视传统文化之不足以及后来现代化进程中出现的问题。

关键词:耶稣会士;几何学;中国传统绘画

Abstract: Based on *Evangelicae historiae imagines*, the article illustrates the conflicts between Chinese and Western civilizations and their results during the course of Jesuits evangelizing in the Far East, and attempts to interpret it in terms of geometry. Short of geometry and relevant knowledge, Chinese painters, scholar-bureaucrats and others, were not able to copy and understand the pictures of the West books properly, which seemed to hamper the Chinese modernization somewhat. The opinions provided here may help us rethink the deficiency of Chinese traditional culture and the issues of later modernization.

Key words: Jesuit, geometry, Chinese traditional painting

尽管中国人对绘画极为赞赏,但不如我们高明……他们不知道油画创作,也不知如何画光影,因此其画面苍白、没有生气。

——神父利玛窦信札(1602)

图 1 复制了 16 世纪末著名的反宗教改革出版物《福音故事图集》(*Evangelicae historiae imagines*)中的版画《耶稣诞生图》画面,由安特卫普的马蒂努斯·纳提斯[Martinus Nutius,他是克里斯托夫·普朗坦(Christophe Plantin)的继任者]1593 年为耶稣会印制。① 依纳爵·罗耀拉(Ignatius Loyola)本人在他 1556 年去世前不久开始筹备这部书籍,当时他催促其亲密助手西班牙神父希罗尼穆斯·纳达尔(Hieronymus Nadal)为新信徒提供沉思冥想的图解指南。

图 1 马顿·德·澳斯,《耶稣诞生图》,1593 年

1570 年后的某个时间,纳达尔开始着手工作,而这一工程便成了他毕生的义务。安特卫普出版人克里斯托夫·普朗坦提供帮助与资金保证,他们一起为此奉献了十年光阴。不幸的是,两人均没能够目睹其完工。十三年后,150 幅版画最终得以结册出版,它们由贝纳尔迪诺·帕塞里(Bernardino Passeri)、马顿·德·澳斯(Marten de Vos)、杰罗姆(Jerome)和安东·威廉克斯(Anton Wierix)等以晚期风格主义手法制作而成。一年后,又增补了文本卷《注解与沉思》(*Adnotationes et meditationes*)。但该著作最为创新的方面仍然是其图画主题以及纳达尔本人设计的版面。

纳达尔的著作并非为响应塔兰托公会而出版的最早插图本祷告手册。② 其独到之处就在于它全然依靠图像来启发沉思冥想。早先的小册子都是利用插图作为一种辅助物,寄望读者全神贯注于文字,而将图画视为辅助性的指导。纳达尔那些图画的功能则刚好相反,它们不再是解释性文本,而是负有将观者的心灵与情感导入"玄冥之境"的责任,正如圣依纳爵在《神操》(*Spiritual Exercises*)中力主其作为祈祷的必要前奏一样。

---

① Nadal;Jennes;Buser.

② 有关 16 世纪末意大利出版人响应反改革的号召,刊印插图本手册的讨论,参见 Prosperi。

在《福音故事图集》图版3的《耶稣诞生图》上，我们即可注意到纳达尔受到了当时科学图示的启示。[①] 他受到新近出版的论著如阿格里科拉（Agricola）的《论冶金》（*De re metallica*）和拉美里（Ramelli）的《论各种工艺机械》（*Diverse et Artificiose Machine*）中图表的清晰性的深刻影响，决定采用标准化技法。正如阿格里科拉的任意一幅水泵设计图可以帮助观者重建与原物同尺寸的工作模型，纳达尔的图画也会以科学的客观性重现基督的生平。

为了让观者能够理解耶稣诞生是如何"进行的"，纳达尔同16世纪称职的工程师一样，让艺术家（马顿·德·澳斯）在图画上以印刷体字母标明（对应下方的文字说明）所有连续的时刻。中间靠右的字母A处是伯利恒——耶稣诞生的圣地。我们思忖其为遥远的城市风貌，注意到罗马税务官聚集在B处的广场上。在前景的C处，耶稣诞生事件本身吸引了我们的注意力，这里所描绘的是发生于一处开阔洞穴的场景，与圣布里契特（St. Bridget）的幻象相一致。[②] 在洞穴稻草铺覆的地面上，躺着刚出生的耶稣（D处），为上方（E处）的天使所崇拜，而驴和牛静静地站立在后方F处。G处则提醒我们去思考年幼的救世主所散发出的神秘光亮。这正如圣布里契特隐喻性的回忆，"使得夜晚之阴影仓皇遁去"。

此外，正如16世纪的工程师和建筑师经常在重要图表周围按比例描绘个别而又相关联的细节特征，特别是展示同一机械或建筑物不同的空间方面一样，纳达尔让艺术家依次强调了与耶稣诞生有关的重要事件。因此，他要求画家在右边以微型画画出在牧羊人前现身的天使故事（H、I和K处），而指引东方三博士的星星位于M处。赞助人与（或）艺术家富有独创性地以较轻的线条刻画后景细部，这样便产生了居间大气层的透视错觉。对于空间上的深度，文艺复兴艺术家当时已能够以错觉手法描绘，也有利于表明时间上的距离。在其他的福音故事版画中，这一手法用来表明类型学上有关而在时间上分立的福音故事，如《圣母领报》之后的《基督受难》，或作为《圣母往见》后部细节的《逃亡埃及》等。在《耶稣诞生图》底部右角的L处，我们注意到当时科学插图

---

① Moffitt近来谨慎地以黑格尔的形式主义术语解释纳达尔的《福音故事图集》的构图为"手法主义"，因为印刷体的、作为标题的叙述性主题被分散开来，并且"时间错位"（与文艺复兴时期的焦点透视图画形成强烈对照）。实际上，纳达尔并非第一位在这类宗教图画上标上字母和说明文字的人。早先著名的范例（纳达尔也许知晓）便是拉丁文论著 *Rhetorica Christiana*，由圣芳济会修士Diego Valades1579年于佩鲁贾出版。其作者为墨西哥出生的混血儿，写下这部著作并插图；同纳达尔一样，他打算将其作为传教团劝人皈依的手册。其卷首插图描绘了一位圣芳济会布道者（标为A）手拿指示棒指向表现耶稣的受难和死亡的图像（标为B），像是在为一群穿着长袍的新入教者（可能是墨西哥印第安人）（标为C）解释其含义。关于这部有趣的书籍，参见La Maza，pp.16—17；Prosperi，p.50。

② Panofsky（3），1：125—125.

的另一种惯用手法:透明或剖面地观看,在此用来表现上帝的天使如何宣告耶稣在地狱的边境化身为灵魂。

正如托马斯·布塞(Thomas Buser)所表明的,纳达尔的图形设计是第一位耶稣会士试图确立一种新的反宗教改革的绘画形式,正是在那些我们将其与"耶稣会风格"联系起来的铺陈奢华的巴洛克艺术之前。[①] 纳达尔认为,正因为文艺复兴时期科学与印刷术的进步,他的图像具有更强的现实主义和清晰性,其中所表现的神圣思想会比以往的所有宗教艺术吸引更多的观众,通过最为普遍的语言——绘画语言(得到现代机械图示的易读技术的强化)来传播信仰(propaganda fide)。

尽管纳达尔的书籍对于欧洲巴洛克艺术的未来进程无甚影响,但它确实影响了基督教传教士使异教徒皈依的方式。[②] 16世纪末著名耶稣会传教团在卓越的神父利玛窦(1552—1610)带领下前往中国,随身携带了纳达尔的《福音故事图集》。作为珍贵的实用手册,它是规劝异教徒皈依不可或缺的辅助物。利玛窦如此称赞:"这部书在某种意义上比《圣经》更为有用,在我们与潜在的皈依者谈论之际,我们可以将以语言难以单独说明之物,置于他们眼前。"[③]

自16世纪初新西班牙的征服以来,基督教传教士在以文艺复兴风格的图画作为劝诱改宗的工具方面获得了大量经验。[④] 神父利玛窦在1601年最终获允现身于北京的帝国宫廷,赠予中国皇帝大量的圣像,其中包括罗马圣母大教堂9世纪拜占庭风格的《圣母与圣子》(*Virgin and Child*,人们以为是圣路加所绘)增强了明暗法的复制品。[⑤] 耶稣会的目标是要通过这些图画的"现实主义"使皇帝相信基督是真正的"现世的上帝",从而使其皈依。[⑥] 也许他们也认为这一仿本的希腊风格(maniera greca),特别是所绘人物的杏仁状眼睛,使之更易于为东方的审美趣味所接受。

同16世纪所有的传教会一样,耶稣会所关心的是其皈依者可能会误解基督教图像,而将它们当作以前崇拜过的偶像一样来崇拜。因此,利玛窦的意图是,只

① Buser,pp.424—425。有关耶稣会士何时、以何种方式开始影响反宗教改革和巴洛克艺术的观点,见 Wittkower/Jaffe;Wittkower,p.5。

② 见 Buser;Monssen.当时只有一位画家 Niccolo Circignani,被称作波马兰齐奥(Pomarancio,1516—1597)的,可以说将纳达尔的"科学插图"思想运用到其重要的系列壁画上。在司提反圆形教堂上,波马兰齐奥及其助手受委托创作表现基督教殉教的系列场景,意在激起耶稣会年轻新信徒在那里学习成为传教士的热情。不过,该壁画充满了如此令人恐怖的主题,包括像解剖图那样标示被肢解躯体的血淋淋局部,以致很少有评论家承认其艺术价值。

③ As quoted in Spence,p.62.

④ Ricard,pp.188—193;Prosperi.

⑤ Bernard(2);D' Elia(2),pp.33—34,and(3),2:123—130;Dunne.

⑥ D' Elia(3),2:123,n.5.

是利用图画作为传播基督教信息的一种手段,尤其是对于那些不懂欧洲语言的新入教者。① 起初,他与传教士对艺术之美本身毫无兴趣。正如亨利·伯纳德(Henry Bernard)所指出的,他们更喜欢佛罗伦萨和博洛尼亚新近建立的学院中所倡导的几何学的赋形(desegno)风格。②

这种受过训练的、可以计量的艺术风格特别适于耶稣会的形而上学体系,利玛窦及其追随者也希望模仿其数学方面的基本原理。利玛窦本人是透视几何学方面的专家,具有不可思议的、以视觉成像的方式进行思考的能力,已在其内心建立了一座复杂的"记忆之宫"——想象中由数百间分立但几何学上对称的房间构成的帕拉第奥式结构,而他本人在其中训练存储与取回他希望记住的一切,诸如中国文字和象形符号以及冗长的哲学语录。③ 通过练习这一记忆方法[弗朗西斯·耶茨(Frances Yates)已经表明,这在文艺复兴时期晚期的欧洲知识分子间根本不算是一种非同寻常的活动],他甚至能够倒背这些而使他的中国主人惊骇不已(他不过是从后门加入其记忆宫殿,而按照相反的顺序从那些房间回想图像)。④ 因而在这种意义上,利玛窦特别欣赏纳达尔的图画中所体现的机械方式。中国人要是得到这类图画的适当激励,应当能够在他们心目中建立起类似的几何学上的记忆宫殿,也因此能够更好地记住基督教的那些复杂真理。

几乎从 1583 年到达中国的那一刻起,利玛窦便意识到赢得皈依者的最佳方式,在于利用东方国家对于天文学的痴迷。中国人相信每年的日期和月份必须与太阳和月亮的运行精密吻合。这一调整是帝国的职责所在,为此皇帝身边总是有一个特殊的专家机构。要是他的监天官未能准确地预测日食、月食发生的日期,可怕的罪恶可能就会降临大地。尽管利玛窦本人并不是一位天文学家,但他很快便看出中国专家在数学计算上的错误。这是绝佳良机!他有幸在数学,特别是几何学方面具有非凡的才能;他学自克里斯托弗·克拉维斯(Christopher Clavius)——当时西欧在世的、最受人尊敬的数学家

---

① D'Elia(2),p.21;(3),2:130。尽管利玛窦经常表现出对于中国艺术的偏见,但德礼贤出版了一幅中国风格的 17 世纪末绘画 *St. Jerome Extracting a Thron from the Lion's Foot*,他声称为利玛窦所作。然而,没有提供文献证明,也没有任何其他证据表明利玛窦本人作过画。McCall(4),p.49 分析过这幅画,发现其在各个方面(图像学与风格学上)都超出了利玛窦思想的背景。

② Bernard(2),pp.208—209。如利玛窦的同道龙华民(Niccolo Longobardo)神父在 1595 年致函罗马,特别请求更多像纳达尔的《福音故事图集》那样附插图的印刷品,见苏立文(Sullivan)(第 8 页):"若蒙运送来表现对主之信仰、圣训、不可饶恕的大罪、圣礼等画像之书籍,则尤为珍贵。此地所有这类书籍皆被认为极具艺术性,极为精微,因其运用暗影之故,其不存于中国画中。"

③ Bernard(1),pp.25—30.

④ Yates,esp.chap.17.

之一。他愿意直接为皇帝效力,并得到其邀请赴京。可能皇帝已开始赏识利玛窦的科学才能,授权他建立永久性的基督教传教团。利玛窦确信,要是皇帝的官僚士大夫当时意识到西方天文学的优越性,他们一定同样会臣服于罗马天主教的逻辑体系。而要是有着数千万人口的全中国(1580年记载有58500801纳税男丁)①能够服膺耶稣基督,那必定是自罗马帝国皈依以来基督教最伟大的胜利。

尽管整体上中国的天文学在16世纪末与西方不相上下(并且它没有受到任何有关永恒的以太或同心球体理论的重压),它仍然缺乏任何的几何体系。② 尽管能干的中国天文学家能够根据代数方法追踪恒星和行星的轨迹,但他们不会立体地表现天体(他们还没有星盘)。利玛窦认识到了这一不足之处,于是请求罗马立即发送天文书籍和仪器,最重要的是派遣训练有素的天文学家来北京。耶稣会罗马教廷在派遣天文学家方面极其迟缓,但书籍和仪器确实在利玛窦有生之年运达。他至少能够改善中国的一些测量技术,而皇帝也确实十分感激,因而在1601年满足了利玛窦的要求,甚至允许耶稣会士在北京兴建一个阅览室,里面不仅有基督教文献,同时也可以找到有关的西方科技论著。③

这座建筑物,也即后来著名的北堂图书馆,不仅为那些远离家园的耶稣会士提供文化和精神的强化之所,同时也用于中国学者的启蒙——他们在那里可以了解西方的思想。在利玛窦1610年去世之后,其直接的后继者,特别是尼古拉斯·金尼阁神父(Nicolas Trigault),打算再增加几千卷图书,包括当时欧洲正在出版的最新有时也最有争议的著作。④ 前往图书馆的中国人确实在为这些技术论著所迷,特别是那些附有雕版插图的著作,"他们将其当作雕塑,而不相信这些图像只是'图画'"。⑤ 此外,中国宫廷也强烈要求耶稣会士们将其译出,并愿意支付部分的出版费用。⑥

毋庸置疑,在中国的耶稣会士都知道,欧洲文艺复兴风格的制图与绘画都遵

---

① J.Parker,p.5.

② 关于利玛窦时代中国天文学状况与西方之比较,见 Needham(3),pp.171—458;Nakayama/Sivin,pp.91—105。

③ 有关17世纪耶稣会传教团在中国的整个历史,参阅 Dunne 的著作。

④ 图书馆作为耶稣会的私有机构一直存在至1948年。自那以后,被并入北京人民图书馆。参见由最后一位图书馆员费尔哈伦于1948年编辑的原藏品详细目录。至于图书馆藏品更简要的概述,见 Ruhl et al;Laures。关于图书馆的创办,特别是利玛窦和金尼阁等的贡献,见费尔哈伦的著作,pp.VI—XIV;以及神父熊三拔(Father Sabatino De Ursis)致巴范济神父(Father Francesco Pasio,罗马耶稣会总部派往中国和日本传教团的视察员)的备忘录,dated Beijing, Sept.1, 1612, and published in D'Elia(5),pp.63—82;also p.94,n.103。

⑤ As quoted in Schurhammer,p.9.

⑥ 见 De Ursis's 1612 menorandum in D'Elia(5),p.67。

循着同样合理的科学法则，他们希望将其传授给普通中国人。从北堂图书馆收藏书籍的选择与数量可以清楚地看出这点：有19部论述透视法主题，其中包括丹尼尔·巴尔巴罗(Daniel Barbaro)的《透视法实践》(*Pratica della prespettiva*，威尼斯，1568年)和圭多巴尔多·德·蒙蒂(Guidobaldo del Monte)的(*Perspectivae libri sex*，佩扎罗，1600年)；①有36部关于建筑主题，如巴尔巴罗版维特鲁威著作(威尼斯，1567年)，两种版本的塞巴斯蒂亚诺·塞尔利奥(Sebastiano Serlio)的《建筑七书》(*Architecturae libri septimus*，法兰克福，1575年；巴塞尔，1609年)，一部安德里亚·帕拉第奥(Andrea Palladio)的《建筑四书》(*Quattro libri dell' architettura*，威尼斯，1601年)抄本，以及弗雷德曼·德·弗里斯(Vredeman de Vries)的(*Architectura praeclara*，阿姆斯特丹，1565年)；②还有六部论述绘画，其中包括洛玛佐(G.P.Lomazzo)的《论绘画艺术》(*Trattato dell' arte della pittura*，米兰，1585年)。③

此外，在到达北京之前，利玛窦已经以中文设计并标注出两幅托勒密的《世界地图》(*mappaemundi*)，源自亚伯拉罕·奥特琉斯(Abraham Ortelius)的《世界地图册》(*Theatrum orbis terrarum*)，他从欧洲购得其两种拉丁语版本。④ 这些图表对于中国人是一种新发现，尤其是对于南京的士大夫李之藻，他已经以中国式图解方式准备了一幅类似的世界地图——也即他将中国绘在大陆块的正中("居中心的王国")，而只以小岛表示其他国家蜷缩在其外围地带。李之藻见到利玛窦的地图后是如此震惊，其上的中国要小得多，并且远离中心，以致他决定全力以赴学习欧几里得的几何学和托勒密的宇宙学。迄至1602年，李之藻已充分掌握了欧洲制图的投影方法，能够与利玛窦一起编辑具有不朽价值的利氏地图第三版：由6幅单独的木刻版画组成，不仅以相应于世界其他国家的正确比例绘制出中国，而且是作为东半球的一部分——太平洋的沿岸地区，而太平洋则向东延伸至北美洲。⑤

而利玛窦对于中国科学最伟大的贡献是他翻译的欧几里得《几何原本》(*Elementa*)前6卷(根据克拉维斯1591年版本)，他在中国的基督教徒徐光启帮助下于1605年完成，并以中国风格的轴测法

---

① 见 Verhaeren，items 1427，1428，and 3162。

② Ibid.，items 2752，3056，3074，3387，and 3978.

③ Ibid.，item 3335.

④ Ibid.，p.VII；items 2355，2366.

⑤ 该地图每一部分最大开本的复制本以彩色出版，附有德礼贤的译文和评论，也可见 Dunne，p.98；D' Elia(3)，1：207—211。Needham 复制并讨论这幅地图的十二分之一页面(3)，图版 XCI，p.583 对面页。

透视绘制的几何立体图形加以说明。[①]在这部著作的前言部分，他补充了某些更进一步的思想，它们再次显示了一位意大利知识分子（伽利略的同时代人，感觉自身处在仍是中世纪的中国）如何思索西方与东方在追求科学（与神学）真理方面的不同态度：

> 我的遥远的西方祖国，尽管幅员狭小，却是所有其他国家中在严密分析方面独一无二的，其学校据此极为详细地考察自然现象。吾国学者把据理求证作为讨论的基本前提，他们不接受他人未经证实的观点。他们言道，运用理性的考察通向科学知识，而他人的观点只是导向新观点。科学知识没有疑问，而观点总是与疑问相伴。[②]

以其近乎完美的汉语理解能力，利玛窦能轻而易举地翻译欧洲最为复杂的技术与神学、哲学论著。并且，正如德礼贤神父（Pasquale d' Elia）所指出的，为了保证他的圣歌以最恰当的汉语文学风格记录完成，他口述给本地的文员。当然，在付梓前，利玛窦会审阅最终文稿。[③] 他还努力以汉语写作了大量的原创科学著作，其中有关于数学、医学甚至“记忆的艺术”的小册子。

除了这种心智上的训练外，利玛窦在面对面地与少数中国人交往时怀着异常宽容之心。实际上，他的总攻略是要使本土的儒家道德规范融入罗马天主教教义，他发现其中的许多思想在教义上是相容的。直到17世纪中叶，罗马的圣座与利玛窦的中国后继者都默认这一目标，确立了一套特殊的“中国仪礼”，以融合基督教礼拜仪式与东方的独特礼仪。耶稣会士意识到，拉丁语的宗教仪式过于困难，因此，教皇保罗五世在1615年准予他们以汉语举行弥撒。在此先例下，他们创制了进一步的政策（再一次得到罗马教廷的默许），以汉字翻译和出版他们的文献。

在此情况下，根据纳达尔《福音故事图集》而成的首部汉语小册子得以出版，称作《念珠规程》，作为耶稣会士引用玫瑰经的手册。它由利玛窦最亲密的合作者之一葡萄牙神父罗如望（Joao da Rocha）于1620年前后编成。[④] 这部著作包括表现欣喜、悲哀和荣耀神迹的15幅木刻版画，全都是根据纳达尔的书籍改编，这里复制的图2就是其中之一，仿自马顿·德·澳斯的《耶稣诞生图》。

---

① Pfister，1:37；Bernard（4），p.2。本书复制本见于耶稣会法庭图书馆，Borgo Santo Spirito，5，Rome，在JAP-SIN题下（II，12，13和14）。

② Spence引用并翻译，p.146。

③ 见D' Elia（5），p.99，n.150。

④ D' Elia（2），pp.67—119；Pfister，1:67—69。他错误地将年代标为1609年。本书复制本见于耶稣会法庭图书馆，在JAP-SIN题下（I，43）。另一复制本在巴黎国立图书馆，在MS题下，chinois 6861 II。

图2 佚名中国画家,《耶稣诞生图》,1620年

我们可以注意到,模仿者已经使整幅作品中国化了:透视构图已根据中国传统变成平面的,局部风景以本土图式描绘,甚至主要人物也具有东方人的面部特征。我们可以猜想,罗如望神父满意于纳达尔主题的这一风格转变,因为它符合利玛窦的想法,即让中国观众在儒家情境中想象基督教旨意。从这样一幅《耶稣诞生图》中,中国观众会猜度,基督精神同儒家伦理道德一样颂扬父权制家庭秩序之德行[毕竟,纳达尔的画家确实(即便无意地)将圣约瑟夫置于玛利亚的右边首位]。至于纳达尔原本中那些说教的描绘,中国风格中没有相应的传统,中国的模仿者就干脆略去了。最重要的欠缺是明暗对照法,表明中国传统的绘画艺术尚未准备好去促进纳达尔的"科学的"基督教沉思冥想,例如当地的模仿者不能够表现从婴孩耶稣身体上散发的神秘圣光(splendor divinus)。因此,这幅中国风格的《耶稣诞生图》(尽管具有异国情调的魅力)并没有表明基本的基督教寓意,即刚出生的婴孩耶稣同时也是人类和上帝,这在西方绘画中由于光影的巧妙对比而彻底象征化了。最后,我们很好笑地注意到中国的模仿者是如何解释纳达尔图画中,有向上弯曲的洞穴外表面上刻画的十字架:他断定

那是表现覆盖在房梁上的芦席的不规则部分。①

如此有趣地改变基督教图像志似乎没有让当日的教会政治受到冒犯，实际上耶稣会士因其首先温和地尝试融合西方基督教与传统中国的社会哲学而受到赞扬。这一方针体现的明显利他主义看来让天主教会(Holy Mother Church)感到满意，它急切地要求以遥远东方的新皈依者代替迷失的欧洲人。因此，极端严格的1673年教皇通谕禁止传教士会未经罗马天主教会预先核准而出版书籍或解释《圣经》，梵蒂冈罗马教廷于1743年严厉谴责耶稣会士特殊的"中国仪礼"，这些被现代历史学家指责为导致了后两个世纪在中国的天主教传教团的瓦解与西方影响的终结。②

总之，至少就现代技术的历史而言，反对中国仪礼的那些教条的天主教教令也许并非如此气量狭小，至少就耶稣会士因为天真地将西方文本插图委托给当地画家而受到严厉批评而言是如此。欧洲人也许认为，即便在传统的中国，文字与图像也会相互匹配，正如他们自身的书籍一样。但中国的模仿者，既不了解西方原作，也没有感到有必要去表现文字所描述的东西。

利玛窦及其在北京的后继者，不断地请求罗马教廷派遣更多的天文学家，但从未请求受过欧洲训练的、有能力的艺术家。不过，利玛窦的上司暨东方传教团巡视员的范礼安(Alessandro Valignano)神父确实意识到为新教堂配备圣像的必要性。从新西班牙的方济各会教徒那里得到提示后，他慎重地请求训练当地的工匠，让他们把本土的技艺与文艺复兴的明暗对照法和透视法则结合起来。对于北京传教团而言不幸的是，范礼安认定日本而非中国应当成为训练中心，并因此指示乔万尼·尼古拉神父(Father Giovanni Nicola，1560—?)建立一座日本"圣路加学院"，当地信徒可以在那里学习文艺复

① 一些年以后，在1635年，艾儒略神父(Father Giulio Aleni)也着手类似的汉语著述《天主降生》，再次引用纳达尔的《福音故事图集》。这位耶稣会士主张他的中国画家至少要复制出西方透视法和明暗法的外观，包括工程图样风格的"透视"技法，见Pfister，1:131；also Cordier，p.1(Pfister著作的复制本现存于罗马的耶稣会图书馆：JAP—SIN I，187和188)。也许并非巧合，艾儒略出版呆板而平实的《天主降生》之际，正是势力强盛的圣芳济会和多明我会新近在美洲和菲律宾获得胜利，决定挑战在中国骤然兴起的耶稣会传教团。他们的策略就是指责耶稣会允许中国的新入教者继续进行儒家的"偶像崇拜"。他们特别为发现耶稣会士低调处理耶稣受难的福音故事所激怒。中国人确实觉得很难接受这样的教导，即耶稣，一位天神，可以作为罪犯受惩罚，甚至在被钉死在十字架上、在被处死的盗贼中间受羞辱的情形下被崇拜。如神父罗如望的《念珠规程》中所描绘的基督受难场面，允许中国画家略去两盗贼，即便他们在纳达尔的两幅版画中(图版129，130)得到清晰的描绘。此外，在纳达尔原作中描绘的实际上是Longinus在边上刺戳耶稣，但罗如望神父的"复制本"并没有描绘对于救世主身体的这一暴力行为，而是将Longinus描绘成将长矛安全地指向地面。德礼贤神父在为耶稣会士所作的充满激情的书面辩护中，复制了相关的、受责难的图像，而没有注意到它们与他的观点相抵触，见D'Elia(2)，pp.125—26；Dunne，pp.367—70；他出版了艾儒略的基督受难木刻版画以支持与他类似的观点，反对圣芳济会和多明我会的责难。

② 关于对詹森教派信徒及耶稣会其他对手的严厉谴责，见Hay，pp.95ff.及Dunne，p.269。

兴风格的制图和绘画。这一决定(尚未得到现代历史学家的评价)的重要性超过了当时所有人的想象。[①] 也许它对于中国和日本在即将来临的工业革命中选择不同的道路方面也发挥着某种作用。

无论如何,目前尼古拉神父实际上尚不为艺术史家所知。据推测,他是在16世纪末那不勒斯众多知名画室中的一家接受艺术教育的。在1591至1614年间,他勤勉地在不同城市设立画坊(botteghe),其中最为重要的位于长崎。他在那里指导日本学徒学习欧洲风格的绘画与雕刻。[②] 其中有两位学员(具有中国血统)后来在利玛窦生年期间成为中国传教团成员,第一位教名为埃曼纽尔·贝勒拉(Emmanuel Pereira, 1636—1681),[③]显然缺乏才具;第二位称作雅各布·丹羽(Jacopo Niwa),被视为尼古拉最有才能的徒弟,据说他创作了几幅精美的西方风格祭坛画(可以肯定没有一幅留存下来),[④]并为同时代人普遍赞赏。

不过,没有证据表明丹羽曾经受委托为在北京的传教团翻译和刊印的西方书籍制作插图。[⑤] 据我所知,在17世纪初的北京,只有另一个耶稣会传教士毕方济神父(Father Francesco Sambiasi, 1582—1649)努力地向中国画家介绍西方艺术思想。1630年前后,他出版了一本简短的汉语小册子《画答》,设想他本人与士绅文人李之藻(可能就是二十多年前帮助利玛窦准备世界地图的那位)之间的对答。其文字意在论证为何西方的肖像艺术看起来是那样"栩栩如生"。[⑥] 实际上,毕方济(正如他在这一对话中承认的)正试图说服其共事者,文艺复兴绘画中关于人物面貌和高雅举止的某些理论与道家的审美观是相容的。在其他方面,该论著没有提及透视法或明暗法。

1644年明朝灭亡以后,耶稣会士试图迎合新的满族统治者,同样地,还是通过夸耀西方透视法的神奇之处。[⑦] 遗憾的是,这些努力与那些意在取悦宫廷文人的观赏物一样徒劳无功。既然耶稣会士劝诱改宗的政策开始于达官贵族,因之西

---

① 有关范礼安在日本的传教原则,见Schutte。

② McCall(1),pp.125—137;Schurhammer,pp.3—11;Sullivan,pp.15—17.

③ McCall(4),pp.49—50;Pfister,p.378.

④ 见McCall(5),p.52;Bernard(2),pp.220—224;Schurhammer,pp.5—9;Pfister,pp.124—125(Under "Neva")。丹羽的生卒年代不明。

⑤ McCall(4),p.51;(5),p.52.

⑥ Pfister,pp.136—143;also mentioned in Needham(8),pp.111—112。毕方济中国论著最初的印刷复制本现藏于罗马的耶稣会图书馆:JAP-SIN II,59。

⑦ Sullivan,p.60;Loehr。值得注意的是,北堂图书馆拥有两部已出版的最壮观的透视法论著之一的复制本——《绘画与建筑透视》(*Perspectiva pictorum et architectorum*,罗马,1693年),由耶稣会神父安德里亚·波佐(Andrea Pozzo)所撰,见于费尔哈伦,条目2511、2512。

方科学以及视觉艺术便只能从那一社会方向引进。

在利玛窦1610年去世之后，耶稣会派往中国的最有才华的科学家是一位瑞士人邓玉函神父（Father Johann Schreck，1576—1630），他喜欢以拉丁语自称为泰伦提乌斯（Terentius）；还有一位德国人汤若望神父（Father Johann Adam Schall von Bell，1591—1666），两人都于1623年抵达北京。邓玉函拥有医学学位，同时也是帕多瓦大学伽利略的天文学和数学课程的学生，后来成为享有声望的罗马猞猁学院（Accadamia dei Lincei）的成员。① 汤若望神父同样也是一位训练有素的天文学家，可谓博识之士；②同利玛窦一样，他希望以其专门知识获得宫廷对基督教的好感，并成功地成为帝国历法问题的顾问。不过，在1644年明王朝灭亡后的动荡时期，耶稣会士们发现自己不得不再次从头开始。邓玉函神父凭借各方面才华的卓越表现，艰难地赢得了满族统治者的信任，他们重新视其为新的年轻皇帝的密友。

在汤若望神父漫长的一生中，他出版了二十九部论述神学、天文学、数学、光学、地理学和历史的汉语著作。邓玉函神父尽管在到达北京七年后便去世，却能够以汉语出版八部科学论著，论及数学、天文学、机械技术和解剖学。③

正如德礼贤所努力论证的，中国传教团的耶稣会士们（或者至少是那些精通天文学的耶稣会士们）一般都是哥白尼—伽利略理论的支持者，而这一理论在当时的欧洲知识界激起众多的争议。北堂图书馆实际上紧跟时代，接纳了许多反映正反两方面观点的最流行、最相关的书籍，如它最终拥有哥白尼（Copernicus）的《天体运行论》（*De revolutionibus orbium coelestium*，巴塞尔，1566年版；以及阿姆斯特丹，1617年版）和伽利略的《关于托勒密和哥白尼两大世界体系的对话》（*Dialogus de duobus maximis mundi systematisbus*，法兰克福，1635年）的两种版本。④ 唯有严厉的1616年教皇敕令禁止任何基督徒教授太阳中心论，才阻止了传教士们更加公开地支持哥白尼。因为中国传统的天文学也坚持以地球为中心的宇宙观，耶稣会士们清醒地意识到，以欧洲仍然很有争议的假说

---

① Pfister，pp.153—158；Gabrielli，pp.461—514；D'Elia(5)，pp.12ff.

② Pfister，pp.162—182；N.Parker，pp.15ff；D'Elia(5)，pp.25ff.

③ 费尔哈伦没有列举维萨里（Vesalius）的《人体之构造》（*De humani corporis fabrica*）在北堂图书馆的复制本；尽管许多其他的解剖学论著流入北京，包括Juan de Valverde著名的*Historia de cuerpo humano*，其中许多雕版插图抄袭自维萨里（威尼斯，1607年，条目3017）。不幸的是，邓玉函的中文解剖学没有插图（original edition in the Biblioteca Nazionale Vittorio Emmanuele，Rome，under rubric 72.C.486，Catol.Soggetto 1 A-Catholic）。见Pfister，p.156及Gabrielli，pp.478—479。邓玉函的文字部分引自Kaspar Bauhin的*Theatrum anatomicum*（法兰克福，1650年）同样没有插图，他可能亲自将一复制本捐赠给北堂图书馆，见Verhaeren，item 961及Bernard(4)，pp.338，354，358。

④ D'Elia(4)，(5)；Verhaeren，items 1384，1385，1656.

来进一步烦扰其主人，必定会徒劳无获。①

无论人们如何认为耶稣会士们在这方面缺乏勇气，他们仍然坚定地崇敬伽利略，邓玉函神父不断地想让这位著名的佛罗伦萨人传递如何校准中国历法的信息。结果徒然，这位总是不易相处的伽利略从未回应，他显然不赞成以前的同事加入耶稣会，他本人与邓玉函的关系也日益紧张。②

如同所有 17 世纪的欧洲人，身在遥远中国的耶稣会士们听到伽利略的“望远镜”（perspective tube）以及通过它观察到情况这一消息后异常激动。奇怪的是，北堂图书馆 1949 年目录册（由神父费尔哈伦［H.Verhaeren］编辑，有 4 千多条目）根本没有《星际信使》（*Sidereus Nuncius*）的抄本记录。而早至 1615 年，阳玛诺（Emmanuel Diaz）在其所写的简便中文手册《天问略》附录中，已提及伽利略通过望远镜的各种发现。③

在那位伟大的天文学家 1610 年因其发现而得到公众赞誉之际，汤若望与邓玉函两人俱在罗马。尤其是邓玉函，正为传教义务做准备，即刻开始收集有关伽利略望远镜的信息，希望有朝一日能在中国建造一门。1626 年，汤若望出版其本人的简短论著《远镜说》，由他亲自创作并口授一位中国信徒。其 19 页中包括条理清晰地解释光学原理的图表与大量粗制的木刻插图，绝大多数仿自欧洲原型。④ 汤若望的插图之一（图 3）描绘了中国太阴月月初与月尾的月球相位。有两幅图画明显地源自伽利略的《星际信使》，表现出那位佛罗伦萨天文学家 1610 年观察和描述的景象。要是汤若望手边没有伽利略的著作，那他必定是让中国插图画家仿自抄袭伽利略原作的其他欧洲印刷物。无论如何，左边的木刻版画意在表明月球处在新月状态，而实际上描绘的是被颠倒过来的伽利略的下弦月版画。

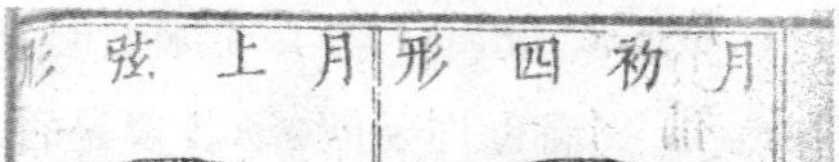

图 3　佚名中国画家版画，《远镜说》，1626 年

① D'Elia(5),pp.57—59.

② 有趣的是，邓玉函后来致函开普勒，开普勒不同于伽利略，非常乐于助人，真的送来北京有用的天文学信息，见 D'Elia(5),pp.30—32。

③ D'Elia(5),17—19.

④ D'Elia(4),pp.172—176;(5),pp.33—40.Pfister,p.180。汤若望著作的复制本可见于罗马的耶稣会图书馆：JAP-SIN II 39。

德礼贤在其关于汤若望论著的20世纪译文中,没有再复制这些中国插图——非常有道理,因为它们几乎没有描绘出相关文字所描述的景象:"利用于仰观,用以观太阴,则见本体有凸而明者,有凹而暗者,盖如山之高处,先得日光而明也……"①

且让我们仔细地观察这两幅木刻版画,将它们与伽利略的明暗对照图以及后来的版画做比照。我们即刻便会注意到,中国的插图画家(仍然不熟悉西方雕刻暗影的技法)难以理解其打算复制的阳光照射的月球山峰和阴暗的环形山谷。中国插图画家的困惑正如托马斯·哈里奥特(Thomas Harriot)之于月球上的"奇怪斑点"。我们也许要问,汤若望是否仔细地看过那些木刻版画?毕竟,它们是中国人所见的整个天文学史上最重要发现的最早图像。难道他没有意识到他的中国主人不熟悉明暗对比法会妨碍他们认识这些图画的意义?后来,当汤若望最终为中国皇帝获取了一部望远镜时,它被移交给军队,用来侦察火炮的目标。

更为新奇的是四年后由邓玉函神父编辑的另一部更为艰巨的中文论著《远西奇器图说》中的插图。这部书籍(作为最早引入的具有中国风貌的文艺复兴时期欧洲工程学著作,经常被现代历史学家所引用)在中国通行多年。② 在北京首次出版时称作《远西奇器图说》,至少再版两次,直至1844年。③ 此外,许多插图在1726年的大清百科全书《古今图书集成》中被仿制与再版。④ 换句话说,在两百多年的时间里——几乎直至本世纪初——《远西奇器图说》插图是作为官方认可的、为中国人制作的欧洲机械工程学图画。

最初的1627年版本分三卷出版,每卷50多页。第一、二部分解释阿基米德的理论力学原理,意译自这些西方书籍,如马里诺·哥特拉底(Marino Ghetaldi)的《阿基米德的后期》(*Promotus Archimedis*,罗马,1603年)、西蒙·斯蒂文(Simon Stevin)的《数学记录》(*Hypomnemata mathematica*,莱顿,1608年)以及圭多巴尔多·德·蒙蒂的《机械之书》(*Mechanicorum liber*,佩扎罗,1577年)。⑤ 第三部

---

① 译文由威廉姆斯学院的Hu Zheng提供,与德礼贤的意大利语稍有不同[(4),p.173]:"Nella Luna, si veggono delle parti illuminate e delle parti oscure; le prime sono convesse, le alter concave; in altri termini si ha da fare coi monti e le valli della luna…"

② Pfister, pp.156—157; Bernard(4), p.340, n.156; Needham(5), pp.170, 211—218; Jager, pp.78—96; Wiesinger, p.13.

③ 第一版不完整的复制本现藏于罗马耶稣会图书馆(缺第1部分)JAP-SIN II。1844年版现藏于哈佛大学燕京图书馆,剑桥市,马萨诸塞州:9100/3422(68)。

④ Jager, pp.78—79。见《古今图书集成·考工典》,第131—252页。全书总套现藏于哈佛大学燕京图书馆,另一套藏于普林斯顿大学盖斯特图书馆。

⑤ Verhaeren, items 1682(Ghetaldi), 2827(Stevin); Needham(5), p.213, n.b, and Jager, pp.81—85(Monte)。令人奇怪的是,费尔哈伦并没有列举蒙蒂的经典著作,尽管他的北堂图书馆目录包含有蒙蒂的 *In duos Archimedis aequeponderantium*(佩扎罗,1588年,1425条)。

分对于我们的研究非常重要，论及应用力学，以整幅的木刻版画描绘了五十四种不同的机械，由中国制图员仿自至少六部欧洲“机械博览”(theater of machine)论著中的雕版印刷物：拉美里的《论各种工艺机械》(巴黎，1588年)，阿格里科拉的《论冶金》(巴塞尔，1556年)，海因里希·蔡辛(Heinrich Zeising)的《机械博览》(*Theatri machinarum*，莱比锡，1636年)，雅克·贝松(Jacques Besson)的《数学和机械工具博览》(*Theatre des instruments mathematiques et mechaniques*，里昂，1578年)，维托里奥·宗卡(Vittorio Zonca)的《机器和建筑的新天地》(*Novo teatro di machine e edificii*，帕多瓦，1607年)，弗斯图斯·费冉提乌斯(Faustus Verantius)的《新机器》(*Machinae novae*，威尼斯，1615年)。[①]

16世纪末和17世纪的时候，这类称作“机械博览”的插图本科技书籍散布欧洲各地。[②] 许多书籍得以出版，而北堂图书馆提供了大量的精选品。有趣的是，费尔哈伦目录册中并没有列举出画家为《远西奇器图说》制图所依据的所有书籍，这意味着这些精美卷本——欧洲印刷工业的骄傲——在当时只是富裕的中国人私下购买的。也许编辑这部西方“机械博览”论著目录的想法，源自邓玉函的杰出中国弟子——士绅斐理伯·王徵(1571—1644)，其为万历朝的著名官员。[③]

实际上，王徵为这本书写下一篇长序，他在其中解释，这些西方论著中的一部使他相信所描绘的这些起重、牵引和抽吸设备有益于民生。幸运的是，他对于无数的西方武器和军事机械图毫无兴趣。他还描述了他请教邓玉函及其他耶稣会士的情形；他们出示的图画超过一千幅，并鼓励他为中国读者编纂和翻译那些材料。当王徵声明他对于西方语言知之甚少时，邓玉函回答说这项工作更难的是了解机械原理。王徵首先必须阅读利玛窦翻译的欧几里得的《几何学》。在这些方面教导王徵数日后，邓玉函“口授”了现存的《远西奇器图说》文字。王徵随后“翻译并图示之”。按照中国的语法理解，读者会想当然地认为像王徵这样的官员，必定会委托其他人制作插图。

图4显示的是1627年版中刊印的一幅插图。这是一幅直接仿自弗斯图斯·费冉提乌斯《新机器》图版11(图5)的木刻版画，描绘的是一台水平风力涡轮机驱动分布在圆形双层石塔内的四台碾磨机的情形。不过，并没有附带中文描述，只有几个汉字“第十四图”，以及简短信息称“览图自明，不更立说”。不言自明，谈何容易！只看图画完全让人困惑难解。如：涡轮机叶片是如何联结的？碾磨机

① 费尔哈伦，条目3422(拉美里)、730(阿格里科拉)、3920(蔡辛)。费尔哈伦没有列出后三部著作。

② Keller.

③ 关于王徵的生平简介，见Gabrieli，pp.514—515。

(特别是上方的两台)应该在什么位置与主动轴相联系?图6和7显示的是《远西奇器图说》中的另外两幅木刻版画。第一幅表现的是一男子在踏车上来回驱动抽水机,源自维托里奥·宗卡的《机器和建筑的新天地》(图8)。[①] 第二幅源自拉美里的《论各种工艺机械》(图9),描绘了一口水井,通过转动竖向的曲柄带动地下绞盘从中取水。我们再一次观察到,与书中的其他图画一样,这些木刻版画错误地描绘了它们所"模仿"的原设计图。不仅中国的画家不理解明暗法和透视法,王徵当时也没有意识到标准的西方工程制图手法。他徒劳地解读宗卡的瓣阀泵"透明的"内部结构,以及拉美里的地下绞盘剖视图(这位画家将其所不熟悉的、构成地面开口剖面图边缘的曲线,解释成表示神秘的幻象)。这也许可以看作是离奇有趣的,要是它们也没有显示出王徵(士绅中的名流精英)同其工匠阶层的插图者一样理解现今得到普遍承认的现代机械或科学制图的话。

我们不知道在王徵的译著付梓之前,邓玉函神父读过后是如何思考的。难道这位耶稣会士是要让这些木刻版画传递这一天真的设想,即这些根据印象而作的图画会以某种方式传播,传递给中国观者与欧洲人得自文艺复兴风格绘画同样多的信息?

图10和图11显示出《远西奇器图说》在1726年的清代百科全书《古今图书集成》中是如何被重画、重刻并重印的。没有求助于欧洲原作,同时也仍然不理解西方的工程图样,18世纪的模仿者比其前任更为困惑;在未能成功地解读宗卡往复运动的瓣阀泵木刻仿本(图6)之后,他更进一步弄混了已难以理解的图像。有时他确实试图理性地说明他的17世纪前任希望表现的内容,如他对于先前画家的见解感到不满意,认为拉美里原作中的剖视图(图9)一定暗示着某种神秘的烟雾,飘荡在右下方传动装置的周围。而他的解决办法(在同样错误的情况下更为明智)是,将传动装置描绘成像是在突然出现的水浪中搅动的样子(图11)。

固然,技术类插图本书籍在中国的出版,要远早于类似读物在西方的出现。毕竟,自9世纪起印刷术一直是中国的传统工艺。[②] 在1103年,当西欧人正费力地手工抄写和装饰手稿的时候,在宋朝将作监任职的李诫出版了关于建筑标准的巨制《营造法式》,有一千多页,并附有大量插图。该书1145年曾重刊,其复制品一再得到印刷与重印直至现世纪。[③] 1313年,也即马可·波罗(Marco Polo)将中国印刷术的最早消息带回欧洲后几年,元代关于农业的经典书籍《农书》出版,附有许多

① 这是宗卡论著中的几幅设计图之一,明显地抄袭了 Francesco di Giorgio Martini 的15世纪手稿。

② 关于中国印刷史的最新研究,见 Needham(15)。

③ 见 Glahn。

图 4　佚名中国画家版画，
《远西奇器图说》，1627 年

图 5　弗斯图斯 · 费冉提乌斯，
《新机器》版画，1615 年

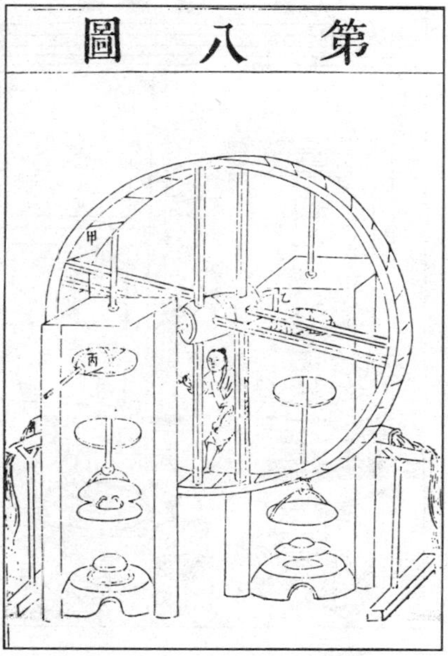

图 6　佚名中国画家版画，
《远西奇器图说》，1627 年

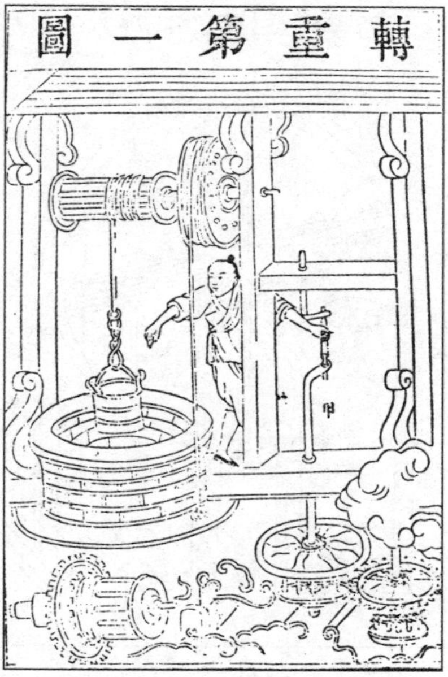

图 7　佚名中国画家版画，
《远西奇器图说》，1627 年

图 8　维托里奥·宗卡,《机器和建筑的新天地》版画,1607 年

图 9　拉美里,《论各种工艺机械》版画,1588 年

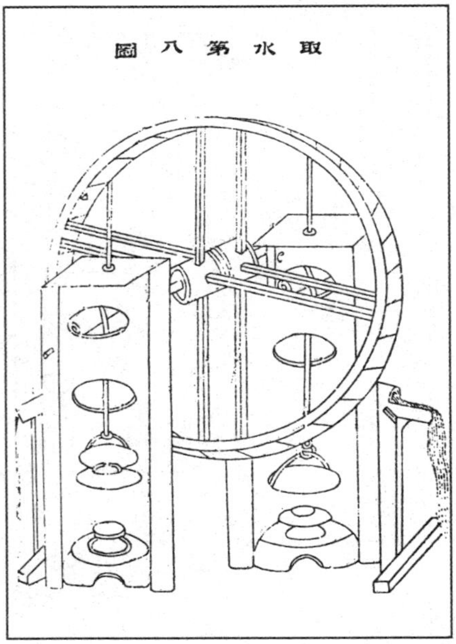

图 10　佚名中国画家,《古今图书集成》版画,1726 年

图 11　佚名中国画家,《古今图书集成》版画,1726 年

木刻插图。随后又不断再版，直至1898年。[1] 1637年，即《远西奇器图说》成功后十年（也许是受其影响），明代另一位官员宋应星出版了《天工开物》。这一著名的技术经典著作（中国的“狄德罗百科全书”）已有英文版本。

图12、图13和图14便出自这3部著作的插图。第一幅源自《营造法式》，描绘了中国传统建筑中用作檐口支撑物的两种撑头装置。第二幅是已经佚失的元代版《农书》中原作的明代仿本，表现的是全以齿轮与中间驱动轮（由牛力转动）相连的一圈粉磨。第三幅出自《天工开物》，描绘的是为铸钟准备模型的工匠。如同18世纪前中国出版的所有技术或科学图解，这些图画没有一幅是按照比例描绘的。也就是说，没有一幅打算用作实际的工作图，从中可以获得尺寸或成比例的模板用来构造所绘物体的三维复制品。实际上，正如埃尔斯·格兰（Else Glahn）所指出的，这些插图从未打算为工匠所用，因为他们“熟知建造之法”；它们意在作为官方监督者的学术参考书。[2]

与《远西奇器图说》和《古今图书集成》中令人困惑的插图不同，这些中国本土的技术论著的画家清楚地了解所描绘的装置。即便如此，不熟悉我们正在讨论的技法的工匠，仅仅靠观看艾歇尔（Escher，1898—1972，荷兰艺术家，其石版画和木刻画描绘了想象中的变形、不规则的几何形状以及在建筑上不可能实现的几何形状）风格的《营造法式》设计图，无法复制出三维的梁托装置；或者是根据《农书》图像的刺状圆圈重现齿轮机构，以及在不阅读文字的情况下，去认出《天工开物》图版上的抽象形状。中国贵族（这些书籍为其而作）只能将这些书籍出示给富有经验的工匠看，而他们在简单地研究图像之后就回到工场，并不再求助于原型，去制造出类似但功能完全不同的物品。

最后，我们一定想知道为何耶稣会士对于教导中国人如何“读取”他们北堂图书馆的西方书籍中的图画是如此冷漠，即便对于纳达尔的《福音故事图集》中的版画也是如此。不过，与新西班牙圣芳济名会的传教士不同，他们努力根除被征服民族的本土文化；而中国的耶稣会士确实觉得自己只是受邀而来的客人，他们不轻易（也许太过了）表露其忽视或贬低他们高傲而世故的主人的传统。

---

① Needham（17），pp.10—14.

② Glahn，p.169.

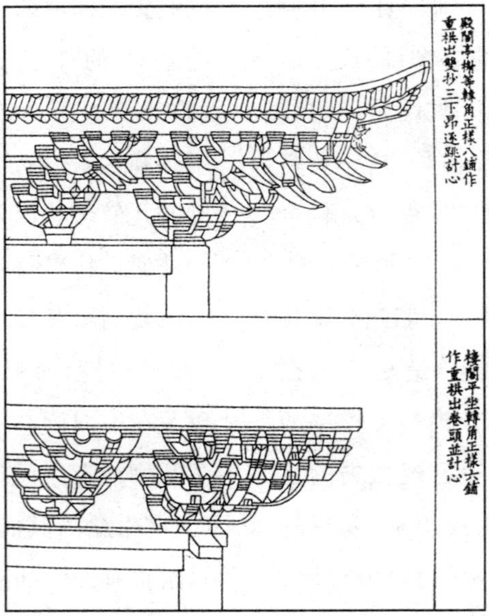

图 12　李诫,《营造法式》,1103 年

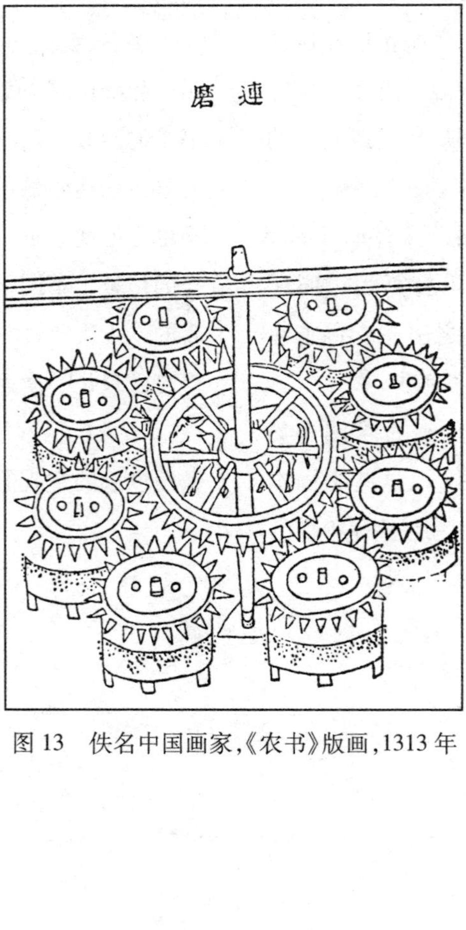

图 13　佚名中国画家,《农书》版画,1313 年

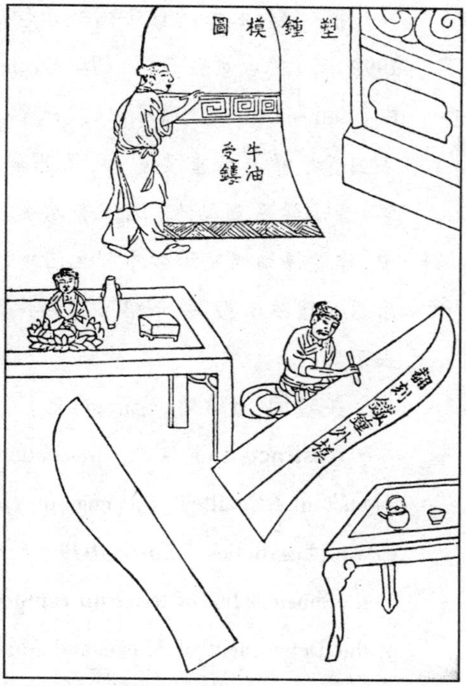

图 14　佚名中国画家,《天工开物》版画,1637 年

不幸的是,在这种情况下,他们造成了危害。也许他们除了允许对文艺复兴时期的明暗法和透视法既无准备也不熟悉的中国画家去图解西方科学技术书籍之外别无选择,而他们创造的一套“中国仪礼”对于这一伟大民族艰难地追求世俗的现代化贡献甚微。

译自:小埃哲顿的《乔托的遗产:科学革命前夕的美术与科学》(Samuel Y.Edgerton, Jr., *The Heritage of Giotto's Geometry: Art and Science on the Eve of the Scientific Revolution*)。

译者简介:杨贤宗,华中师范大学美术学院美术史论教研室副教授。

艺术史与历史学

古希腊的乐器

□雅克·夏耶(J.Chailley) 文 陈玉聃 译

摘　要:本文译自法国音乐学家、作曲家夏耶(1910—1999)著作《古希腊音乐》(*La musique grecque antique*, Paris: Les Belles Lettres, 1979)中的"乐器"一章。夏耶在20世纪法国音乐界具有重要影响,是巴黎第四大学(巴黎索邦大学)音乐学系创始人,执掌音乐史教席近三十年。在此文中,作者详细研究了古希腊生活中的两类主要乐器:簧片管乐器和拨弦乐器,并介绍了其他种类的管乐器、弦乐器和打击乐器。

关键词:古希腊;音乐;乐器

Abstract: This is the translation of the chapter "Instruments" in J.Chailley's monograph *La musique grecque antique* (Paris: Les Belles Lettres, 1979). Chailley, a prominent figure in the musical life of the 20th century France, was the founder of the Department of Music and Musicology at the Sorbonne, and chair professor of history of music for nearly 30 years. In this chapter, he makes a detailed introduction to the two major categories of instruments in ancient Greece, namely, aulos and lyre. Other string, wind and percussion instruments are briefly discussed as well.

Key words: ancient Greece, music, instruments

对所有古代民族来说,乐器都不仅仅是实用或审美意义上的附属品。在乐器的观念、建造和操作方式中,宗教象征都占有重要的地位。古希腊人也不例外,更突出的是他们似乎从未想象过没有乐器的音乐:人声总是有伴奏的,他们似乎对无伴奏的独唱和合唱都同样无视。由于音乐在希腊人的宗教、社会和私人生活中都始终发挥着举足轻重的作用,乐器也在他们的文明中具有了不同寻常的重要性。据统计,在绘画陶瓶中,有十分之一描绘的场景都包含乐器,这是一个极大的比例,其他任何绘画形象的主题都无法与之相比。文学作品中也经常出现有关乐器的文字。很遗憾,专门论述乐器制造的文献没有一篇得以流传,不过在考古挖掘中已经发现了极少的一些乐器残片。并且，就像我刚提到的那样，描绘乐器形象的资料非常丰富，仅仅在陶器上人们已经找到了超过两千幅有关音乐场景的绘画。

除了打击乐器和一些作用很边缘化的附属乐器（如军号、牧笛等），古希腊的主要乐器可以分为两大类：一是 aulos，即在酒神祭祀上演奏的有簧片的吹管乐器；一是 lyre，即与日神祭祀相关的拨弦乐器。在考察它们的演奏方法前，我将先对其构造进行描述。

aulos 类

在并非专门研究音乐的古希腊史学者中，长久以来有一种不可原谅的错误，即将 αὐλός 翻译为“笛”，而谨慎地避免这一错译是起码的要求。aulos（复数 auloï）[①]不是“笛”，后者是指这样一种乐器：演奏者呼出的气直接形成了凝聚于管子中的气柱，气柱被某个斜面所打碎就发出了声音。而我们这里所说的则是一种簧片乐器：簧片是一个有弹性的薄片，呼出的气直接引起簧片的振动；正是它的这种振动被传导放大，并使其音高根据管中的气柱得以调整，由此而发出的声音在音色上与笛声有很大的区别。簧片可以是自由簧也可以是拍击簧。自由簧在振动中，振片的末端不会碰到任何部件，如风琴或手风琴就是如此。古代的中国人可能知道这种簧片，[②]但希腊人不知道，他们只用拍击簧，即簧片的末端在每次振动中碰撞固定的支架，或者碰撞另一个簧片——如果有两个簧片的话。

簧片既可能是单簧也可能是双簧。单簧仅由一个簧片组成，一端或称“根部”牢牢固定，另一端可以自由振动，如我们的单簧管的簧片就是这样。双簧正相反，由两片相互紧挨着的薄片组成，如我们的双簧管或大管。让我们拿一段没有节的麦秆，斜持一柄剃刀，以刀锋纵向切一个深透管壁的切口，这样我们就得到了一个一二厘米的小薄片——当然切片完全不需要切断拿下，这就是一片单簧。再拿一段麦秆，压扁其一端并用剃刀在两边折痕上切割相同长度的口子，这就成了双簧。

如果我们将其中的一种麦秆放入嘴中用力吹气，并尽力约束呼出的气流以让它只进入麦秆而不外泄，我们就会听到一种粗糙和相对刺耳的声音。如果这根麦秆的尾端未被切割，将它接入一根管子中，吹出的声音就会被放大，音高也将被管子的长度所调节。如果我们在管子上凿一个孔，那么所有的声音就从音孔这里流出，好像管子的长度就只及这个孔。只要用手指盖住这个孔，我们就会看到“有效”长度被迅速改变，即是说手指调整了

---

① 希腊文 αὐλός，英语 auloi。——译者注

② 这里当指笙。——译者注

声音的音高。这就是 aulos 和其他所有类似乐器的原理。在希腊人这里,双簧片是先出现也是最常见的;单簧片出现的时期较晚,并很快与过去的样式形成了竞争。

这样,aulos 在本质上就是由一根钻有音孔并接上簧片的圆柱形管子(κοιλία)所构成的;γλώσσα 或者 γλωσσίς表示簧片,但我们无法确切地知道这是单簧还是双簧;同时 ζεῦγος这个词则暗指两个振动部分的接合处,由此说明这是双簧的。后者总是通过一些“调音球”与管子主体相连,这些橄榄形的设备(ὅλμος)看来与现代铜管乐器在活塞发明前所用的“调音管”起着相同的作用:它们通常有两个(极少数情况下有三个),其中一个连着簧片,称作 syrinx,①因为它被人们比作这种乐器;另一个则是可移动的加长管,使人们能通过改变调音球的长度来调节乐器的“音调”。

乐器的管子通常钻有四个音孔(τρῆμα,τρύπημα),每个手指控制一个孔,大拇指则只是用来握持乐器。大约在公元前 5 至前 4 世纪的时候,一项类似于我们现在的按键的革新产生了。它的发明者可能是底比斯的音乐学派:在每个音孔的位置,管子套上了一种青铜或黄铜制造的套管,每个套管也都钻有一个孔。如果套管的音孔和管子上的音孔重合,那么声音就没有任何改变;但如果转动套管,它就能以某种固定的方式封闭住管子上的音孔,有时是部分封闭,有时是全部封闭,由此调整音程的比例。在希腊化时代,音孔的数量也可能增加到了 15 个左右。

有时候,套管的音孔周围也会加上一种小洞,使这种音乐上的调整方式系统化。套管上有一个被称作“角”(κέρας)的突起以便于转动。有些 aulos 被记载“能涵盖所有的音阶”(παναρμόνιος),所指的可能就是这一类的乐器。

在很晚的时候,aulos 还出现了各种变形,例如加上一个喇叭形的传声出口(κώδων),甚至将其乐器做成圆锥形(而不再是圆柱形)或弯形。有一种偶尔见到的类型名叫 plagiaule 或者“横吹的 aulos”(πλαγίαυλος),它有时会让人们产生错误的印象,认为希腊人知道制作横笛。实际上它像我们的大管一样,有一个在外的簧片,只不过它是横着拿的,握持的姿势很像现在的长笛,这就是两者容易混淆之处。

有着如此构造的 aulos 音管很少单独一支(monoaule)进行演奏,它几乎总是以成对的方式(δίδυμοι αὐλοί, auloï doubles)来演奏。人们经常单用 aulos 这个词来指一对乐器,尽管它在语法上仍然是单数的。演奏者将两组簧片同时放在嘴里,双手各持一支管子,这对乐器有时并靠在一起,有时形成一个约 45 度的夹角。也许我们能由此推论,aulos 是一种

① 牧神的排箫。——译者注

复调乐器,应当始终演奏两个声部。如何演奏呢?我们并不十分清楚,关于这一点也没有一位古代作家为我们提供资料。也许伪普鲁塔克除外,尤其还有瓦罗,他在《论农业》(大约公元前30年)中指出,演奏者的左手是对右手的配合。不过这样的证据在时间上太晚,而且本身也令人费解。尽管如此,由于其他民族传统中有一些相同原理的乐器,我们也可以通过类比来推想一番。这些乐器包括撒丁人的launedas[①],以及非洲或中欧的一些对笛。在这些多管乐器中,其中的一根管子有时候用来吹奏低音,有时候则进行某种多少有些简陋的装饰性对位,后者通常都高于主旋律。aulos的管子中的一根有时被称为"蛾子"(βόμβυξ),这个字令人想到了昆虫的嗡嗡声,并由此暗示其低沉的特征。但所有这一切都只是粗浅的假说,在绝大多数情况下aulos的两支管子都是等长的(因而它们的音域大致相同)。当然也存在例外:索福克勒斯提到过一种叫作élymos(ἔλυμος)的乐器,这可能就是一种源于弗里吉亚的两管长度不同的aulos。[②]这种乐器较长的一根管子由演奏者左手所持,其终端接上一种阔口的弯形角。它有一种低沉有力的声音,让人感觉处在向"众神之母"献祭的嘈杂仪式中。[③]

成对的aulos的两个组成部分很少是连成一体的。这样的尝试曾经有过,但似乎并未普及。通常aulos是木制的,也有骨制和象牙制的,但从未有过金属材质的。簧片总是采自芦苇并经过非常仔细的加工:它需要一种特定的芦苇——κάλαμος ζευγίτης,在长到一定年限时取下,干燥三年之后制薄并切割。为了使整套乐器声音能完美地和谐,成对的aulos的两组双簧要取自同一种芦苇,而彼奥提亚境内的科帕伊斯湖沿岸出产的芦苇是最有盛名的。aulos的演奏者,也就是aulète,在使用乐器之后要将簧片小心地放置在盒子(γλωσσόκομον)内:在绘画中我们经常能看见乐器旁出现这种盒子,同时还有保护整套乐器的套子(συβήνη)。为了演奏这种乐器,人们经常需要用一种皮革的束口带来绷紧两腮。被称作phorbeia(φορβειά)的皮带能阻止两腮鼓起,从而增加呼气的压力。实际上,绘画里有时会忠实地描绘出这样的场景:在没有束口带的情况下,演奏者的两腮由于用力呼气,不太好看地高高鼓起。另外,演奏者有时还在鞋底固定上一块被称作croupala或者croupeza(κρούπαλα,κρουπέζα)的响板来打节拍。

不同的aulos音高不尽相同。阿里斯

① 一种三管单簧管。——译者注

② 弗里吉亚位于小亚细亚,弗里吉亚曲调是古希腊的主要曲调之一,在柏拉图的《理想国》中亦有提及。——译者注

③ Th.Reinach, *La Musique Grecque*, Paris, 1926(Collection Payot), p.125.

托克塞诺斯[①]记录了五种类型,它们涵盖的范围一共超过三个八度,并有着很形象的名字:最尖锐的是“女孩音域的 aulos”;其次是“男孩的音域”;第三种是“基萨拉琴的音域”;接着是“成熟的音域”(teleios),就是说对应着成年男子的声音;最后是“超越了成熟的音域”(hypertel-eios),也即意味着比成年男子的声音更低沉——这五种分别被称为 παρθένιος、παιδικός、κιθαριστήριος、τέλειος、ὑπερτέλειος。

希腊人是不是有过一种 aulos 的变形,也就是事实上的风笛?也许是,但我们不能确定,至少这样的乐器即使存在也是很晚才出现的。从罗马人那里我们可以得知,希腊人的艺术形象中不存在风笛;不过在公元 1 世纪末期,迪昂·克里索斯托莫斯[②]提到过某个 ascaulès(ἀσκαύλης),这可能是演奏 ascaulos 的人,ascaulos意为“有羊皮袋的 aulos”(ἀσκ—αυλός),也就是风笛。我们关于这个问题的所知仅止于此。

lyre 类

虽然 lyre(λύρα)已成为一种辉煌的象征,但它在起初只不过是一种很简朴的乐器,对其构造的研究应该排除一切“抒情性”(lyrisme),以恰如其分地谈论它的真实形态。我们也应当有坚定的立场和辨识能力,不能见到一种在两根立柱间张着弦的乐器就以 lyre 的名字来称呼——在每个剧院的山墙,甚至在合唱团和音乐学院的橡皮图章上,我们都看到过并仍能看到这样构造的无数奇奇怪怪的形象。

古希腊的 lyre 是一种特定的乐器,只有符合某种极为明确的描述才能称作这个名字。和它相似的那些乐器也存在着相同的问题。由于在这一领域中,占主导地位的几乎总是美好的想象,因此我们必须首先要明确一些严格的命名标准。

lyre 的主体部分是一块绷盖着皮膜的龟板,这构成了乐器的共鸣箱。在较晚的时期,人们会用人造板代替龟板,这种替代品可能是木制的,但其形状从未有多大的改变,腔体凹凸的模式也同过去一样。不符合这一主要标准的乐器可能是 cithare 或者 phorminx,但不是 lyre。

在如此样式的共鸣箱上竖立有两根向内弯曲的臂,它们最初是山羊角做成的。两支臂穿入钻在音箱上的孔中并固定在上面,而臂的另一端则与横梁大致垂直;被称作 ζυγόν 的横梁是一段连接两臂的木头,琴弦就是固定在梁上的。在有些琴上,不管两臂是长是短,其顶端的弯曲程度都非常大,以至于它们若继续延长就可能相交。这时,臂和梁就不再是垂直

① 公元前 4 世纪的希腊哲学家、音乐家,曾是亚里士多德的学生。——译者注

② 罗马时期的希腊演说家、哲学家。——译者注

的，而是平行的；在这种样式里，梁不再直接连接在臂上，而是固定在一片以直角方式另外粘上的小木头上。这样的变种就称作 barbitos 或者 barbiton（βάρβιτος或者βάρβιτον）。在绘画中，它们常常是拿在参加宴会的交际花手里。

现在的希腊民间音乐中也有一种弦乐器被称作 lyra，这是 rebec 一类的拉弦乐器；[①]我们不应以 lyre 观之，它只不过窃取了 lyre 的名字。

人们经常将 cithare（κιθάρα）[②]与 lyre 混为一谈。cithare 实际上很不相同，它的共鸣箱不是一个或多或少呈半球形、上面加盖皮膜的腔体，而是由木质框架本身所组成的，这使得乐器的形状可以更大，声音也能更有力。人们可能会以为，cithare 是 lyre 的改进形式，与人们的猜想恰相反，这一点完全无法得到证实，实际上，cithare的存在被证明远早于 lyre。[③] 荷马提到了 cithare 及其变种 phorminx，但他的文字里从没有出现过 lyre。考古学研究似乎也得出了相似的结论。在古典时代，这两种乐器一直是共存的，但在重大的艺术和社会事件，尤其是在希腊艺术生活中占有极为重要地位的赛会中，人们更多地使用 cithare 而不是 lyre。

赛会中使用的大型 cithare 有明显的特征，它的双臂巨大而向内弯曲，黏合在音箱上，在双臂中部的较细处带有一种装饰物。人们仍在思索，这个部件是某种平衡琴弦拉伸张力的弹簧，抑或是金属做的声音放大器——就像手摇弦琴和“海军号”上的“蝇弦”一样？[④] 它的横梁较粗，两端常装饰有圆钮，人们过去曾认为这种圆钮是用来调弦的，不过这样的观点现在已经过时了。“摇篮式 cithare”（cithare-berceau）是它的一种变形，在外形特征上它的双臂同样有一段凹处，但没有弹簧，另外在面板侧面常开有鳃状孔。phorminx（φόρμιγξ）是一种只有单一支撑的月牙形的 cithare。“箱形 cithare”（cithare-caisse）出现得很晚（亚历山大时期和罗马时期），它具有一个匣形的音箱，两臂完全独立地弯曲向前。

lyre、cithare 及其变种具有相似的安装和演奏方式。琴弦由牛或羊的肠或筋做成，在共鸣箱的低处有一个绷弦档槽，弦的一端就固定在档槽的节点上，其原理和现在的小提琴相似；弦的另一端通过某种厚皮带拉伸，并以一种可调节的扭转装置绕在横梁上。在 cithare 共鸣箱的木板

① rebec 是中世纪的一种带弓的三弦乐器。——译者注

② 英文 kithara 或 cithara。——译者注

③ 最近人们发现了一件公元前 14 世纪赫梯人的瓶器，上面有大量的装饰，并描绘了一列婚礼队伍，其中有一些 cithare 的演奏者；有几架 cithare 大得不同寻常，其中放置于地上的一具超过了人的高度，由两个人同时弹奏。我在 1968 年有幸看到这个瓶器的时候，它仍在安卡拉博物馆接受修复。

④ 手摇弦琴 vielle à roue 和“海军号”trompette marine 都是中世纪和近代的弦乐器；“蝇弦”mouche 在这两种乐器中是一种特殊的弦，只能持续发出固定音高的声音为旋律伴奏。——译者注

或 lyre 共鸣箱的蒙皮上装有四棱形的琴马,琴弦就压在琴马上,不过似乎也有过一些没有琴马的 cithare,琴弦以整个弦长接在音箱上,就如我们的吉他一样。较晚的时候,起固定作用的皮带被绕在横梁上的弦轴所取代,后者和现在的小提琴上用的一样,它们——至少在具有必要厚度的时候——插在横梁内,这种方式在 cithare 中比在 lyre 中更普遍。

在演奏时,演奏者将琴置于身前,①靠在胸部,用一根肩带(τελαμ ώ ν)系上,为了维持平衡,还要用一根带子将一支琴臂与自己的左腕扎在一起。这种方法可以解放左手的手指,它们在琴弦后面能够或是拨动琴弦,或是贴在弦上来阻止琴弦振动,也许还能轻触琴弦使之发出和声(人们常常猜测这个技术的存在,不过丝毫未得到证实)。演奏者以整个右手握着一个拨子,这比现在一些吉他手所用的同名部件要大得多。它是一个两端鼓起的大手柄,可以用带子挂在琴上,可能是硬木制成的,样子有些像电话听筒,末端是尖嘴勺的形状。

关于这种琴的演奏方法人们有很多假说,一方面依赖于绘画形象,另一方面也通过很多民族现在仍然使用的相似乐器进行类比,特别是苏丹或埃塞俄比亚人的 tounbour。无疑,演奏者会使用这样几种弹弦方式:他可以用没有任何工具的左手手指拨弦(ψάλλειν),可以用右手以拨子的尖端勾弦(κρο ύ ειν)。在这种情况下,我们也完全可以猜测,演奏者会在激烈的主题中用拨子同时刮过所有的琴弦,而左手则阻止其中那些不应振动的弦(非洲的一些部落仍在运用这个技术)。

琴弦的数量有多少,这不仅是现代音乐学家,同时也是古希腊人所要考虑的问题。古风时期的 lyre 有 3 根弦,晚期的 cithare有 18 根弦,大多数时候琴弦则在 6 至 8 根之间。琴弦数量的不断增长是个长期现象,这不仅对历史学家是个挑战——他们认为应当为每根弦都找到发明者的名字,但不同的作者得出的结论各不相同——也困扰着伦理学家甚至是立法者,因为对他们来说,琴弦数量的增加可能威胁到传统音律的纯洁性,而后者是社会生活的基础。不过,琴弦数量的增长似乎也并不是完全混乱的,从较晚的文献中我们常常可以发现琴弦的数量比之前有所减少,而且要通过弦数的增加来重构音阶或音乐体系也变得越来越不可能了。

实际上,尽管过去人们仍认为 lyre 的每根弦只能发出一个音,即空弦音,而三弦的 lyre 只能演奏总是由相同的三个音组成的旋律,但现在这一说法已开始受到质疑:如果将拨子在琴马的一侧或另一侧压住弦,它就起到了调音棒的作用,用左手演奏时事实上就可能使音高在半个调的范围内进行调整。这一论点也得到了某些证据的支持(绘画形象、与现存音乐

① barbiton 有所不同,由于重量较轻,它也可以拿在身侧,靠在髋部与身体成一个夹角。

的类比、乐器记音符号体系等)。柯特·萨克斯(Curt Sachs)提出了一种在空弦音五声音阶基础上的简明谱表,他的这一体系仍有争议,不过其原理是颇为可信的。同样,我们也很有必要考虑到“音色”和小音程上的细微变化,我们知道有些cithare演奏者很爱运用这样的变化,而如果琴弦完全固定,这是不太可能表现出来的。

次要乐器

aulos、lyre及其变种构成了希腊音乐生活的主体。其他乐器只是扮演次要的角色,它们或是为主要乐器提供伴奏(打击乐器),或是更多地发挥功能性而非艺术性的作用(铜管乐器),或是严格地与某个特定的社会情景相连。

1.管乐器

笛子(这里指的是真正的笛)在古希腊人这里只是一种牧人的“民间”乐器。那时没有“横笛”,也没有多少证据表明存在着竖直而带孔的“有吹嘴的笛”,以至于我们需要用一种迂回的说法来表示这种笛子:syrinx monocalame(单管的syrinx)。syrinx(σῦριγξ)是通常所说的“牧神排箫”(flûte de Pan),它由长度相同的空心芦苇连接而成,较晚的时候也有用不同长度的芦苇制成的;它没有吹嘴,每根管子的一端都用蜡塞封闭(由此可以调整音高),演奏时将它放在嘴唇下,从上往下吹气并来回移动,就像孩童往中空的金属钥匙里吹气一样。这种乐器在罗马尼亚仍然存在,那里的一些大师能用它表现出极为丰富的效果。人们知道关于这件乐器的名字有一个传说:牧神潘热爱着仙女Syrinx,在阿卡狄亚平原的路上追逐她;为了摆脱他,仙女自愿溺死在她的父亲拉东河的水中。她的魂魄飘进岸边的芦苇,潘神砍下芦苇连接在一起,于是在这件乐器鸣响时仙女就获得了重生。

小号或称salpinx(σάλπιγξ)是竖直的,带有骨制的吹口,它不比笛子,没有多少艺术上的作用。这是一种在宗教或军事活动中集合人员的乐器,除此之外就没有别的作用了。人们也使用一种弯成角形的乐器,称为kéras(κέρας)。

与此相反,一种比较复杂的乐器在亚历山大时代出现了,它很快就有了相当高的地位,并被认为是某种辉煌的乐器的前身。这就是管风琴,大约在公元前250年由埃及亚历山大城的工程学家克特西比奥斯发明。① 它成为罗马人最钟爱的乐器,但在希腊人这里它并没有获得相同的青睐。这种乐器的名称也证明了古希腊人对它相对冷漠,因为ὄργανον仅仅是一个统称,就好像“机器”(machine)——即使不是“某某”(machin)——这样的词。它所指的是所有种类的工具,而不单指乐器。这个词后来变成了拉丁文的organum(各种现代语言中的管风琴一词都来自

① 克特西比奥斯是公元前3世纪的希腊(一说埃及)科学技术学者,他发明的管风琴据说是用水力推动的。

它)。

在起初的观念中,管风琴可能被归为风琴的一种改进形式。风琴是 aulos 的发展,它的目的是借助储箱持续地为管子提供空气。管风琴更进了一步,它用泵取代人的呼气来提供空气,其余的一切都是从这一最根本的原则出发的。它不再通过堵住管子侧面的各个孔来不断发出各种声音;相反,管子在正常情况下是堵住的,演奏者通过手指控制机械设备来拔去塞子,使得管子只有在需要的时候才会"发声",这自然就要求一管一音,并且乐器要有厚重的底座,就好像一件家具似的。正是由于管风琴,一种影响重大的观念才得以产生,那就是"键盘"乐器。它最初出现的时候,其形式是一些围绕着水平轴并列并通过弹簧固定的角铁。人们在演奏时,用手指从上往下发力,使角铁翻转,也许每只手只用一个手指。这种精巧"工具"的主要困难在于它需要获得持续的压力,而空气的注入却必定是断断续续的。我们现在所使用的双风箱只有在公元初才开始出现。早期的乐器用一种远为复杂的方式解决了这个问题:它使用一个水箱(常常是两个),当空气进入时水位就上升,然后在泵开动的间隔中水位又下降,让封闭的空气具有足够的压力来"融合"。由此它又被称作"用水的 aulos"或 hydraule,这个名字在很久以后导致了可笑的误解。17 世纪的珂雪(P.Kircher)在设计图中描绘了这种乐器的"重构",人们见到的是大量的水自管子里冒出……

就像其他一切具有固定声音的乐器一样,hydraule 在音调上存在微妙的问题:某些音是不是可调的?它是不是具有移"调"能力?在布达佩斯旁边的阿肯科姆古城已经出土了一件晚期风箱式小型便携管风琴的残片,它是公元 3 世纪的物品,虽然早被烧焦但仍保存极为完好。不过,人们迄今还没有找到更多的部件能重组这种乐器。上述这件出土的乐器有一个十三键的键盘和三个独立的空隙,空隙上有一些封口的管子,不过很遗憾,它们损毁得太严重,以至于我们无法推断其音调。从长度看,它们似乎处于中央八度内,而有关管风琴的各种绘画形象也可以证明这一点。

2.弦乐器

希腊人似乎并不知道琴弓,他们所有的弦乐器都是拨弦乐器。其中只有 lyre 和 cithare 及其变种是土生土长的。其他两类乐器虽然来自异域,却也能够扎根适应。

这两类乐器中的一种是竖琴,在埃及它从人类历史的最早时期开始就非常盛行。希腊人使用好几种竖琴,我们从文学作品中知道它们的名字、从艺术形象中知道它们的样式,但还无法很可信地将两者对应起来。根据莱纳赫(Th.Reinach)的说法,psalterion(ψαλτ ή ριοω)这个词是个一般性的通用术语,"因为这一类的乐器——它们都源自异域——是不用拨子而只用手指来弹拨的"。实际上,这就是

ψάλλειν 的意思,它和 κρούειν 相对。我们不应该通过拉丁语中的 psallere 来理解这个词。中世纪的人们将这个拉丁文词语作为“歌唱”的同义词,更确切地说是“唱圣歌”。这是因为大卫的赞美诗被认为是先知大卫王用竖琴伴奏来唱的,ψαλμῳδία 或 psalmodia 一词正出于此。这个词具有一系列的含义,包括“以竖琴伴奏歌唱”和“根据特别的方式演唱赞美诗中特定的宣叙调”;而它在法语中演变成“psalmodie”,完全没有了器乐含义。

这一古代竖琴(harpes-psalterions)家族的乐器包括多个种类:trigon(τρίγωνος)为三角形并可随身携带;sambyque(σαμβύκη)的琴弦一端连在倾斜度很大的音臂上,一端连在横置的油灯或梭子形的共鸣箱上;腓尼基式的 nablas(νάβλας)有 12 根琴弦;samikion(σαμίκιον)有 35 根弦;épigonein(ἐπιγόνειον)有 40 根弦;hélicon(ἑλικών)可能是 4 弦的;至于 pectis 和 magadis(πηκτίς, μάγαδις),这两者也许是同义词,它们的弦以八度调音——magadiser 一词就由此而来,意味着“换一个八度演奏同一个旋律”。人们最近已经在米诺斯文明的一座墓中发现了 sambyque 的残片;从 1970 年 Pöhlmann 所发表的作者不详的 Κοινὴ ὁρμασία 中的断篇里,[①]我们也能得出关于 magadis 音调的简要假说。但总体而言,我们对上述这些乐器都知之甚少。[②]

所有这些乐器都没有“触板”,也就是用一块或完整,或拼合的木板制作的“琴颈”。有了它,手指就能像在演奏小提琴时那样,通过用力按住琴弦来按照自己的意愿减小其振动幅度。一种较晚出现、较为罕见并无疑属于舶来品的乐器可能是唯一的例外——3 根弦的 pandoura(πανδοῦρα),它的琴弦连在一个像鲁特琴那样隆起的音箱上。

一弦琴(monocorde)据说是由毕达哥拉斯发明的,它不是一件音乐上的器具,而是为了测量音程制造的试验仪器;它有一根连在共鸣箱上的长长的振动弦,也许通过在一条刻度线上移动的数个琴马,弦的有效长度可以得到调整。这是“音程理论”(harmoniciens)(ἁρμονικοί)或“对音程的测量”的完美工具,而这种测量理论是被阿里斯托克塞诺斯所坚决抛弃的。

3.打击乐器

打击乐器用在宗教舞蹈和狂欢的祭祀仪式中。特别值得一提的有:鼓(tamboutin)或称作 tympanon(τύμπανον),就像现在巴斯克人的鼓一样(不过没有响板);钹(cymbale)(κύμβαλα),就像我们现在用的钹一样,只是要小得多,声音也尖锐得多(参见柏辽兹和德彪西在交响

---

① Pöhlmann 是德国学者,他在 1970 年出版的《古希腊音乐遗迹》(*Denkmäler altgriechischer Musik*)一书中整理校注了此前发现的几乎所有古希腊音乐文献残篇,成为这一领域中重要的资料来源。——译者注

② Revue des Études Anciennes, 1976.

乐团中重新引入的“古代的钹”),以及响板(crotale),这是两块形状像合着的扇子的木制击板(κρόταλον, κρέμβαλον)。埃及伊西斯祭祀中所用的 sistre(σεῖστρον)似乎也随着这一秘仪而传入了希腊,它是一根金属杆,人们在上面穿着发响声的圆环并摇动这根杆子。

人们在看到某些图像时曾怀疑希腊人是不是已经有了木琴或相关的乐器,这个问题仍没有答案,但很可能这种假设中的木琴是一个织机或者和音乐无关的其他工具。

作者简介:雅克·夏耶,曾在巴黎第四大学音乐学系任教。

译者简介:陈玉聃,复旦大学国际关系与公共事务学院教师。

艺术史
与
历史学

意大利文艺复兴的人类学解释

□彼得·伯克(Peter Burke) 文 刘耀春 译

摘　要:自20世纪初期以来,史学研究越来越向其他学科寻求理论资源与灵感。在20世纪早期,受马克思主义学说和韦伯社会学的影响,德语世界的文艺复兴学者率先尝试对文艺复兴进行社会学解释,这一研究路径关切社会结构和大范围内的一般社会趋势,注重"社会和文化变迁"的经济和阶级诠释。笔者不赞同布克哈特和冯·马丁等把文艺复兴和现代性挂钩的传统观点。笔者主张采用一种人类学的路径研究文艺复兴,尤其提倡分析文艺复兴时期的多种"文化类型"及其在日常生活中的渗透。笔者认为人类学路径有助于推动文艺复兴研究进入"柳暗花明又一村"的新境界。

关键词:意大利;文艺复兴;文化类型;人类学

Abstract:Ever since the beginning of the 20th century, historical studies increasingly seek theoretical resources and inspiration from other disciplines.In the early decades of the 20th century,under the influences of Marxism and of Weberian sociology, some Renaissance scholars in German-speaking world took the first step to do sociological interpretation of the Italian Renaissance,this sociological approach is concerned with social structures and social trends on large scale,focusing on the economic and class interpretations of social and cultural changes. The present author disagrees with the traditional view supported by Jacob Burckhardt, Alfred Von Martin and others that identifies the Italian Renaissance with the beginning of modernity. The present author prefers to study Italian Renaissance from the perspective of anthropology,and particularly advocates analyzing the varieties of cultural categories of the Renaissance culture and their penetration in the daily life.The present author believes that the anthropological approach will bring the Renaissance studies to enter into another charming world.

Keywords: Italy, Renaissance, cultural category, anthropology

本文属于一种众所周知的学术类型，即探究某一特定主题“新路径”的文章。此类论文的风险在于夸大言说者本人的概念和方法的新颖性及重要性。新术语给人的原创性印象常是夸大了的。另一方面，新术语以某种方式将使用者从思维惯性中解放出来，并使他们能从新角度看待问题。因此，本文标题中明显的矛盾或悖论不应被一笔带过。

文艺复兴的“社会学（解释）”（Sociology of Renaissance）是个较受尊敬的术语，它几乎可追溯至六十年前的1932年，那时阿尔弗雷德·冯·马丁（Alfred von Martin）出版了《文艺复兴的社会学解释》（*Soziologie der Renaissance*）。冯·马丁是格奥尔格·西美尔（George Simmer）的追随者和卡尔·曼海姆（Karl Mannheim）的学生，对照他的著作界定本文的主题或许是有益的；这事实上是从研究社会中的人的两种对立的路径着手，我们可方便地将其标示为“社会学的”和“人类学的”，虽则在实践中区分这两门学科正愈益困难。

第一种路径关切社会结构和大范围内的一般社会趋势；第二种路径或人类学路径本质上关切的是在一种观察者不熟悉的文化中那些习以为常的信仰体系。第一种路径的关键词是“社会”；第二种路径的关键词是“文化”，即在人造物品、表演和日常生活中表达、体现或象征的态度、规范和价值观。

对一些欧洲历史学家，特别是那些关注“精英”政治和文化的欧洲历史学家而言，人类学家几乎如同其研究的阿赞德人或巴厘岛人一样具有异域色彩。从普林斯顿到哥廷根的社会史家和大众文化史家一度致力于研究人类学家的著作。如罗伯特·达尔顿（Robert Darton）曾强调“捕捉异己性”（capturing the otherness）对历史学家的重要性，因为“我们常常需要摆脱一种对往昔的错误的熟悉感”。[①] 但对“他者”的关注与大多数关注“我们的”文化遗产（其中拉斐尔的绘画如同希腊悲剧和哥特式教堂一样居于核心位置）的史学家似乎仍没有多大关系。对人类学的抵制在研究文艺复兴的专家中似乎尤其强烈。

就对古代世界的研究来说，人类学的路径广为人知并取得了广受赞誉的严肃成就。事实上，我们有理由认为历史人类学正是始于这一领域。例如尼采（Nietzsche）强调了希腊文化中的“原始”因素，阿比·瓦尔堡（Aby Warburg）对比了古希腊和现代美洲（亚利桑那和新墨西哥）迷狂的蛇舞。剑桥大学的一些古典学家，尤其是简·哈里森（Jane Harrison）和弗朗西斯·孔佛尔德（Francis Cornford），在弗雷泽（Frazer）和列维-布留尔（Lévy-Bruhl）著作的启发下，研究了希腊的分类

---

① Robert Darton, *The Great Cat Massacre*, New York: Basic Books, 1984, p.4.

体系和思维(mentalities)。[①] 以这种方式研究古代世界的传统,如今充满活力。[②]

类似地,中世纪学者也日益强调中世纪的"异己性"。首当其冲的是约翰·赫伊津哈(John Huizinga)和马可·布洛赫(Marco Bloch);前者对中世纪晚期的描绘初版于1919年,后者有关"国王触摸"(royal touch)的著名研究在五年后问世。两位史学家都从弗雷泽和布留尔那里汲取了灵感,而布洛赫对远至斐济岛的诸种文化做了富有洞见的比较。[③] 最近,从巴黎到布达佩斯,许多中世纪史学家在人类学家的启发下研究了诸如梦、姿势、萨满教和礼物交换等题目。阿龙·古列维奇(Aron Gurevich)对中世纪文化基本类型(categories)雄心勃勃的研究亦受到人类学家的启迪。文学专家,如汉斯-罗伯特·姚斯(Hans-Robert Jauss)强调了中世纪的"异时代性"(Alterität)。[④]

文艺复兴研究中也有些显然值得一提的名字,特别是阿比·瓦尔堡和吕西安·费弗尔(Lucien Febvre)。瓦尔堡有关文艺复兴肖像的论文在1902年问世,其中有一部分论述了蜡像的功能。[⑤] 布留尔对"原始思维"的研究启发了有关吕西安·费弗尔·拉伯雷(Rabelais)的宗教的著作。奇怪的是,20世纪40年代早期,当费弗尔从人类学角度撰写《拉伯雷的宗教》时,另一位学者即米哈伊·巴赫金(Mikhail Bakhtin)也正在欧洲另一端进行着多少类似的研究。[⑥]

但是,虽有瓦尔堡、费弗尔和巴赫金这样的学者,我们仍然缺少能与前述研究古典古代和中世纪媲美的文艺复兴人类学著作。研究文艺复兴时期意大利家庭和资助(包括艺术资助)的史学家借鉴了最近的人类学著作,尤其是研究地中海世

---

① Aby Warburg, *Schlangenritual*, Berlin: Wagenbach, 1988; Jane Harrison, *Themis: A Study of the Social Origins of Greek Religion*, Cambridge: Cambridge University Press, 1912; Francis Cornford, *Thucydides Mythistoricus*, London: Arnold, 1907.

② Simon Price, *Rituals and Power*, Cambridge: Cambridge University Press, 1984; John Winkler, *The Constraints of Desire: Sex and Gender in Ancient Greece*, London: Routledge, 1990.

③ John Huizinga, *The Waning of the Middle Ages*, trans. by F. Hotman, London: Arnold, 1924; Marco Bloch, *Les roi thaumaturges*, 1924, rpr., Paris: Albin, 1961.

④ Jacques Le Goff, *Time, Work, and Culture in the Middle Ages*, trans. by Arthur Goldhammer, Chicago: University of Chicago Press, 1980; G. Klaniczay, *The Uses of the Supernatural Power*, Cambridge: Polity, 1990; Aron Gurevich, *Categories of Medieval Culture*, trans. by G. L. Campbell, London: Routledge, 1985; Hans-Robert Jauss, *Alterit ä t und Modernit ä t der mittelalterlichen Literatur*, Munich: Fink, 1977.

⑤ Aby Warburg, "Bildniskunst und florentinisches Bürgertum", rpr. in his *Gesammelte Schriften*, Lepizig and Berlin: Bibliotek Warburg, 1932, pp. 11—36.

⑥ Lucien Febvre, *The Problem of Unbelief in the 16th Century*, trans. by Beatrice Gottlieb, Cambridge Mass., Harvard University Press, 1985; Mikhail Bakhtin, *Rabelais and His World*, trans. by Helene Iswolsky, Cambridge Mass., MIT Press, 1968.

界的人类学著作。[①] 新近有关意大利人对视觉图像的态度的研究也遵循了一种人类学传统,他们关注的不再是图像的风格,而是包括虔诚、慰藉或诋毁等功能。[②] 对意大利城市的节日及其仪式的研究也沿着类似路径,并借用了如克利佛·格尔茨(Clifford Geertz)等人类学家的概念。[③] 麦克尔·巴克桑代尔(Michael Baxandall)的研究可被描绘为视觉人类学,他试图用他所说的"时代之眼"(period eye)看待文艺复兴时期的绘画。[④]

虽然如此,雅各布·布克哈特(Jacob Burckhardt)在某种意义上仍统治着这一领域。布克哈特 130 年前描绘的文艺复兴时代肖像,虽在细节上已遭到强烈批评且早应被取代,但至今仍未被取代。当然,我并不否认布克哈特是一位伟大的历史学家。事实上,我认为他的《意大利文艺复兴时期的文化》(*Kultur der Renaissance in Italien*)是一部伟大的著作;如同其他伟大的著作,它对每一代人都讲述了不同的新东西。在我们这个关注文化"构成"(constitution)或"建构"(construction)的时代,布克哈特视国家和节日庆典为"艺术品"(人造物品)的做法具有奇特的当代回音。

我本质上反对的是该书的核心论点。按照布克哈特的观点,意大利文艺复兴在欧洲历史上的重要性在于它是现代性的原型。套用他那更富文采的 19 世纪语言来说,意大利是"近代欧洲的长子"。这种现代性的表征包括"近代的名誉观""世界的发现和人的发现",以及特别是他所说的"个体的发展"。本质上说,阿尔弗雷德·冯·马丁正是将布克哈特和他的同代人马克思的观点结合在一起,形成了他有关文艺复兴的社会学观点,即把文艺复兴视为一种通向近代的资产阶级革命(bourgeois revolution)。

把文艺复兴时期的意大利人视为现代先驱的观点无疑大有问题。(近)现代性(modernity)是个极难把握的概念,棘手之处在于它是不断变化的。这个词自 12 世纪以来便多少被不间断地使用,但它在每个世纪,可能在每一代人中都被赋予了不同含义。我怀疑是否有那种强大到足以承受所有历史负荷而不迸裂的概念。历史学家已认识到这一问题,并杜撰了诸如"近代早期"(early modern)和"后现代"

① Werner L. Gundersheimer, "Patronage in the Renaissance", in *Patronage in the Renaissance*, Princeton: Princeton University Press, 1981, pp.3—23; *Patronage, Art, and Society in Renaissance Italy*, ed., Francis W. Kent and Patricia Simons, Oxford: Oxford University Press, 1987.

② G. Ortalli, *Pingatur in Palatio: La pittura infamante nei secoli xiii-xvi*, Roma: Jouvence, 1979; David Freeberg, *The Power of Images*, Chicago: Chicago University Press, 1989.

③ Richard Trexler, *Public Life in Renaissance Florence*, New York: Academic Press, 1980; Edward Muir, *Civic Ritual in Renaissance Italy*, Princeton: Princeton University Press, 1981.

④ Michael Baxandall, *Painting and Experience in Fifteenth-Century Italy*, Oxford: Clarendon, 1972.

(post-modern)等奇怪(甚至自相矛盾)的术语,但问题并未得到解决。①

因此,我的核心观点与布克哈特的观点几乎截然相反。我的看法是:如果我们20世纪晚期的人要理解文艺复兴,明智的做法是视之为一种陌生的或最低限度(因为无疑有不同程度的异己性)半陌生的文化,事实上是一种逐渐离我们远去、一年比一年更陌生的文化。②

对这种情况的悲观认识会得出结论,说文化史家不得不快跑才能保持在相同位置;他们必须努力工作,这样他们的同代人对往昔的理解才不会逊于上一代。乐观的看法,如巴赫金可能强调作为一个局外人或旁观者的知识优势。③

就我个人而言,我更愿强调将介入(involvement)与超脱(detachment)结合,强调"去熟悉化"(defamiliarization)和"再熟悉化"(refamiliarization)的结合。就意大利文艺复兴来说,关键不在于将这一运动或时期视为全然陌生的,而只在于意识到分隔文艺复兴和我们自己文化的距离。这在实践中意味着什么呢?在此我想提出三种研究意大利文艺复兴的一般路径,它们都可以被合理地描述为人类学路径。我将扼要谈谈第一个,而对另外两个详加讨论。

1.首先,意大利文艺复兴可被看作人类学家所说的"再生运动"(revitalization movements),即他们在非洲、美洲印第安人及其他地方考察过的运动的一个例子,并据此加以分析。这种路径可借鉴早些时候有关文艺复兴时期千禧年(millenarian)因素的研究,即"再生"(renovatio)的观念和"黄金时代"回归的观念。④ 不过,与那些早期研究不同,这里强调的将是行动以及思想和写作;同时也强调复数的文化复兴(renascences),即不仅西方文化的复兴,而且包括世界其他地区文化的复兴。⑤

2.第二种可能性是通过文化的基本类型研究文艺复兴的路径。换言之,沿着古列维奇研究中世纪的路子;但如果可能,应更强调作为过程的文化,强调所谓

---

① Leszek Kolakowski,"Modernity on Endless Trial",*Encounter*,March 1986,pp.8—12.

② Stephen Medcalf,"On Reading Books from a Half-Alien Culture",in *The Late Middle Ages*,ed.,Stephen Medcalf,London:Methun,1981,pp.1—55.

③ Mikhail Bakhtin,"Response to a Question from Novy Mir",in M.Bakhtin,*Speech Genres and Other Late Essays*,ed.,Carol Emerson and Michael Michael Holquist,Austin:University of Texas Press,1986,pp.1—9.

④ Anthony Wallace,"Revitalization Movements",in *American Anthropologist*,Vol.58(1956),pp.264—281;Konrad Burdach,*Reformation*,*Renaissance*,*Humanismus*,2nd edn.,Berlin,1926;Karl Borinski,"Die Weltwiedergeburtsidee in den neueren Zeiten",*Sitzungsberichte der Bayerischen Akademie der Wissenschaften*(1919),Abhandlung 1.

⑤ 参见 Arnold Toynbee,*A Study of History*,9:*Contacts between Civilizations in Times*,Oxford:Oxford University Press,1954年。剑桥大学的人类学家杰克·古迪的新著《文艺复兴:一个还是多个》(Jack Goody,*The Renaissance*:*The One or The Many*? Cambridge University Press,2010)强调文艺复兴并非只存在于西方世界,在非西方世界也有。——译者注

"文化建构"(culture building)。[①] 例如,这样一种研究可能会考察不断变化的文化类型,如时间和空间、精英与大众、艺术与文学、严肃与滑稽、洁净与肮脏、神圣与凡俗(profane)、生与死、人与动物、荣誉与耻辱、个体与社群。当然,应尽量避免人类学家过去常常陷入其中的涂尔干式陷阱(Durkheimian trap),即高估一致性和低估冲突,如西蒙·沙玛(Simon Schama)对17世纪荷兰文化的敏锐再现。[②] "谁的类型"将是一个至关重要的问题。

因为目前尚未有对文艺复兴类型的研究,因此我们很难在这里概括。尝试撰写这样的研究将不可避免地改变一个人对类型的第一印象。不考虑一种类型与其他类型的关系就几乎不可能理解它。在这里,我们所能做的是举一个例子,并讨论随之出现的一些困难。

我选择的例子是个体,即将布克哈特有关"个体发展"的著名篇章与从马塞尔·毛斯(Marcel Mauss)到克里佛·格尔茨对个人类型的人类学研究并置。布克哈特在其最著名的一个段落中写道:"在中世纪,人只是把自己当成是某个种族、民族、党派、家族或团体的一个成员,只有通过某些一般性的类属(category)。在意大利,这层面纱最先被掀开……人成了精神上的个体,并认识到了他自身。"[③]

撰写这样一章的想法是这部精彩著作中最卓越的思想之一。然而,布克哈特提到的对立,即中世纪的群体意识和文艺复兴的个人意识的对立,无疑有一些错误。一方面,布克哈特的追随者格奥尔格·米什(Georg Misch)及随后其他学者指出了阿贝拉尔(Abelard)、吉贝尔·德·诺让(Guibert de Nogent)等中世纪学者的自传。[④] 另一方面,在文艺复兴时期的意大利,并不缺乏个人认同于家族、行会、派系或城市的证据。

因此,说文艺复兴时期的"个体观念"比"个体的发展"或许更有用。说身份观念,事实上是多重身份可能更好,因为很显然,认同于家族、派系和城市的同时依然保持自我意识,对那时的人们来说并不是问题。[⑤] 无论如何,我们不仅应考虑有意识或无意识的自我观念,而且要效

---

① Jonas Frykman and Orvar Löfgren, *Cultural Builders*, trans. by Alan Crozier, New Brunswick, Rutgers University Press, 1987.

② Simon Schama, *The Embarrassment of Riches*, London: Collins, 1987.

③ Jacob Burckhardt, *The Civilization of the Renaissance in Italy*, trans. by Samuel Middlemore, Harmondsworth, Penguin, 1990, p.98; Marcel Mauss, "The Notion of Person", in *The Category of the Person*, eds., by Michael Carrithers, Steven Collins and Steven Lukes, Cambridge: Cambridge University Press, 1985, pp.1—25; Clifford Geertz, *The Interpretation of Cultures*, New York: Basic Books, 1973, pp.363—404.

④ Georg Misch, *Geschichte der Autobiographie*, 3 vols., Frankfurt, 1950; Colin Morris, *The Discovery of the Individual, 1050—1200*, London: SPCK, 1972.

⑤ Ronald Weissman, "Reconstructing the Renaissance Sociology", *Person in Group*, ed., Richard Trexler, Binghampton: State University of New York Press, 1985, pp.39—46; Peter Burke, *Language and Identity in Early Modern Italy*, Aarhus: Center for Kulturforskning, 1989.

仿戈夫曼(Ervin Goffman),考虑自我的呈现(考虑通过呈现方式建构自我)。①

换言之,历史学家要研究这个时代有关呈现和建构自我的规则的变化。在这个时代,许多肖像画被绘制,许多日志被保存,更有许多文学性自传涌现,如教皇庇护二世、本维努托·切利尼和米兰医生吉罗拉莫·卡尔达诺等的自传。要讨论所有这些材料,最好使用类似"自我文献"(ego-documents)这样的模糊术语来取代"自传",或用当时的托斯卡纳术语"往事记"(ricordanze),或类似"备忘录"(memoranda)这样更字面性的翻译。②

今天,对这些文献进行分类的困难本身,就是有关文艺复兴时期意大利类型—体系(或这样一个体系)的宝贵线索。这些备忘录不完全是账本,不完全是日记,也不完全是地方年代记,因此,分析佛罗伦萨"往事记"的兴起,以及前面提及的历史意识的变化和记账与所谓"数字思维"(numerate mentality)的兴起之间的联系应是可能的。③

3."往事记"的例子表明,这一时期的文学或准文学文体是我们必须努力建构的文化类型之一。你可以朝这个方向,沿着有时被称为"文学人类学"或更笼统地称为"交流的种族志"(ethnography of communication)的道路走得更远。④ 这是一项宏伟的事业,但或许我们应从重建社会学家托马斯·卢克曼(Thomas Luckmann)所说的文艺复兴时期意大利的整个"沟通预算"的角度思考问题,尤其要关注不同媒介的沟通类型——口述的、书写的、印刷的、视觉的等,其中包括作为多媒介交流形式的节日庆典。⑤ 从瓦尔堡到弗里贝格(Freedberg)对视觉图像的人类学研究就是这项事业的重要组成部分。⑥

不过,在这里,更细致地考察言语交流(verbal communication),以及尤其是考察被尊为经典的"文学"(阿里奥斯托、本博、卡斯提利奥内、圭恰尔迪尼、马基雅维利、彼特拉克等的著作)与日常演说和写作文体(如各种颂、歌曲、布道、书信、谣言、流言、侮辱等)的关系,可能更有帮助。⑦ 对赞美诗及其语境的人类学研究,或许碰巧能帮助我们理解颂的目的和传

① Ervin Goffman, *The Presentation of Self in Everyday Life*, New York: Doubleday, 1959.

② Rudolf Dekker, "Egodocumenten: een literatuuroverzicht", *Tijdschrift voor Geschiedenis*, 101(1988), pp.161—189.

③ Alexander Murray, *Reason and Society in the Middle Ages*, Oxford: Oxford University Press, 1978, chapter 7; see Jacob Burckhardt, *The Civilization of the Renaissance in Italy*, pp.63—64.

④ Howard Bloch, *Etymologies and Genealogies: A Literary Anthropology of the French Middle Ages*, Chicago: University of Chicago Press, 1983; Dell Hymes, *Foundations in Sociolinguistics*, Philadelphia: University of Pennsylvania Press, 1974.

⑤ Thomas Luckmann, "Kommunikative Gattungen im kommunikativen 'Haushalt' einer Gemeinschaft", in *Der Ursprung von Literature*, eds., Gisela Smolka-Koerdt, Peter Spangenberg and Dagmar Tillman-Bartylla, Munich: Fink, 1985, pp.279—288.

⑥ 参考的第78页注释①和注释④。

⑦ 按照类似路径研究英国文艺复兴的著作,可参考 Stephen Greenblatt, *Shakespearean Negotiations: The Circulation of Social Energy in Renaissance England*, Berkeley: University of California Press, 1988。

统;这种文体在文艺复兴时期的意大利司空见惯,而对现代读者来说却又如此难以消受。①

两部关于马基雅维利的较早研究或能阐明这些要点。对马基雅维利的原创性以及他与传统的关系曾有许多讨论,其中最有趣的两部著作集中于《君主论》(*Principe*)和《论李维〈罗马史〉》(*Discorsi*)与一些不太正式的交流文体而非早期政治专论间的关系。费利克斯·吉尔伯特(Felix Gilbert)研究了佛罗伦萨"机要会议"(pratiche,政要们讨论共和国重要事务的会议)上说的话。而鲁道夫·冯·阿尔贝蒂尼(Rudolf von Albertini)集中考察了大使的报告和政治援助。② 两位学者在这些文本与马基雅维利著作的论证和观点之间发现了许多重要的类似之处。

正如文化类型的例子,拿一个具体例子做细致讨论可能是有益的,尤其是一个跨越文学与非文学传统边界的例子。我选择的例子是书信。

今天,我们看重信中情感的自然流露,如果我们的朋友发现我们把一些内容基本相同的信发给他们,我们甚至会感到有点尴尬。尽管如此,不管写信人意识到与否,书信显然是遵从文学惯例的。书信是戈夫曼所说的"日常生活中的自我呈现"的一种形式,它有自己的修辞文体。在意大利,有关书信写作艺术的论著早在12世纪业已出现,其中一些名曰"书信文体"(Formulario)或"秘书备要"(Segretario)的到1600年还有刊印本。这些论著区分了众多不同类型或体裁的书信:情书、商务信函、贺信、举荐信、感谢信、致歉信、安慰信等。所有这些类型都附以书信范文,如表明一个大学生应如何向父亲写信要钱等。而寻求一手或二手恩宠的书信范文的重要性,似乎反映了文艺复兴时期意大利恩主—门客(patron-client)关系的重要性。

这些论著必定是对公众需求的回应,因为大量论著被出版,有些还频频被重印,而刊印书信集成为当时的一种时尚。无论是书信选编还是汇编,都是围绕某个人组织的,如阿雷蒂诺(Aretino)、本博(Bembo)、卡罗(Caro)、德拉·卡萨(Della Casa)、女演员伊萨贝拉·安德雷伊尼(Isabella Andreini)等。这些书信集成为意大利文艺复兴的风格和价值观传播至欧洲其他地区的一个渠道。蒙田(Montaigne)并非购买此类书信集的唯一外国访客。

这些书信集需要进行结构分析。每封信各不相同,但它们都只是程式与主题

---

① Ruth Finnegan, *Oral Literature in Africa*, Oxford: Oxford University Press, 1970, pp. 111—146; Margaret McGowan, *Ideal Forms in the Age of Ronsard*, Berkeley: University of California Press, 1985, pp. 11—14.

② Felix Gilbert, "Florentine Political Assumptions in the Period of Savonarola and Soderini", *Journal of the Warburg and Courtauld Institutes*, Vol. 20 (1957), pp. 187—214; Rudolf von Albertini, *Das florentinische Staatsbewusstsein im Übergang von der Republik zum Prinzipat*, Bern: Francke, 1955.

的结合(我是在阿尔贝特·劳德分析南斯拉夫口述史诗时赋予这对术语的意义上使用它们的)。[①] 恋人对其爱恋对象的"冷酷"(durezza)的抱怨因此可成为一个主题。另一方面,对她魅力的描绘也是程式化的:"你奇迹般的美"(Le maravigliose bellezze vostre)、"你难以置信的美"(l'incredibile bellezza vostra)、"你天使般的美丽"(la vostra angelica bellezza)、"你无与伦比的美丽"(quella bellezza estrema)等。

在这一点上我想朝着文艺复兴时期意大利的日常生活迈进一步,探究书信范文与通过邮局实际发送的信件之间的关系。你可以从这样一个事实出发:许多以普通人的名字发出的信根本并非他们所写,而是出自公证人或职业誊写员之手。这是显而易见的。如乞求原谅的信,许多此种类型的信被保存在意大利档案馆。在大多数情况下,信件字体过于工整而不可能出自恳求者本人。无论如何,自我贬损的措辞都是极端程式化,甚至是风格化的。"我双膝跪倒,眼含泪水,心中充满悔恨,我卑微地乞求您的宽宏大量。""杀人的苦果业已铸就……我追悔莫及,生不如死(L'acerbo dolore del homicidio fatto...mi ha a tal termine ridotto che io mi sento morire.)。"[②]

现在,假定我们转向一些字体潦草和笨拙的信,它们似乎出自一些即便能读会写但不习惯于写作的人。写作对于他们来说并非日常活动,但尽管如此,书信仍可能被用来建构日常生活。宽恕信揭示了"日常生活"(Alltag)这一概念的模糊性,正如已故的诺贝尔特·埃利亚斯(Nobert Elias)指出的。[③] 比如在谴责信(我在有关书信写作的专论中未发现此类书信,不过在司法档案中此类信件很常见)中程式也很常见。试图恐吓其邻居的信开篇通常会提到良知:"我良知的责任"(l'obbliogo della mia coscienza)、"出于本人良知的责任"(di scarico alla mia coscienza)、"出于每一个好基督徒的义务"(per debito di ogni buon christiano)等。

一些保存在司法档案中的情书有时同样程式化。让我从罗马总督法庭援引一个令人悲叹的事例,即1595年的一桩鸡奸案审判。其中,苏比亚克的一位牧师被指控侵犯他的管风琴手。在这桩案件中,关键文献是男孩拥有的一些未署名书信。这些书信称爱人为"我唯一的希望"(unica mia speranza),提到恋人"非常忠诚的服务"(fidelissimo servire),抱怨他"过多的爱和无微不至的关怀"(troppo amore e sviscerato core)等。我们在这些文

---

① Albert B.Lord, *The Singer of Tales*, Cambridge Mass.: Harvard University Press, 1960, pp.30—98.

② 在这里和后面,我引用的是保存在罗马和威尼斯的国家档案馆(Archivio di Stato)的文献,我将另寻机会详细分析这些文献。

③ Nobert Elias, "Zum Begriff des Alltags", in *Materiellen zur Soziologie des Alltags*, eds., Kurt Hammerich and Michael Klein, Opladen, 1979, pp.22—29.

献中发现的是彼特拉克式优雅爱情的语言,虽然情况有点不同寻常。我好奇的是,书信范文选编的编者有没有想过他们的书可能被派上用场。

不过,如今正是这些用场吸引了历史人类学家或文化史家的关注。上面提到的那种书信(曾被作为呈堂证供)是马克斯·韦伯(Max Weber)过去所说的"日常化"(Veraltäglichung)的宝贵证据。①[这个德文词没有好的英文对等词,"常规化"(routinization)不确切,"日常化"(quotidianization)是个有点笨拙的新词]重点在于描述文艺复兴——一场曾经只对15世纪早期佛罗伦萨一个小圈子有感召力的运动——逐渐渗入日常生活的过程。

这一"日常化"的过程是或者无论如何应当是目前两种争论的核心。一是有关文艺复兴的接受史的争论。研究文艺复兴的学者不仅应考察文艺复兴在地理或社会意义上传播的广度,也应关切其渗透到思维或日常生活中的深度。② 另一个是有关日常和大众文化史的争论。这一领域的学者应探究日常生活是如何被文艺复兴、宗教改革、启蒙运动、法国革命等运动改变的。在这两种争论中,"日常化"的概念和我所说的人类学路径将发挥各自的功用。

本文原刊于《罗曼斯研究所杂志》(*Journal of Institute of the Romances Studies*, Vol.1,1992,pp.207—215)。

在这里,我要感谢目前在美国密歇根州立大学攻读博士学位的刘少楠先生提供了这篇论文的扫描件;同时,我还要感谢彼得·伯克(Peter Burke)教授授权笔者将本文译为中文。

① Max Weber, *Soziologie, Analysen, Politk*, Stuttgart: Kröner, 1956, p.167.

② 彼得·伯克在其《欧洲文艺复兴:中心与边缘》(Peter Burke, *European Renaissance: Centers and Peripheries*, Oxford: Blackwell, 1998)中就是从接受史和日常化角度呈现了欧洲文艺复兴运动。此书有中译本,刘耀春译,北京:东方出版社,2007年。——译者注

史学史
与
史学理论

点燃往昔的希望之火：英国马克思主义史学家

□哈维·J.凯 文 俞金尧 译

摘　要：本文对英国马克思主义历史学家的贡献进行了总结和评价，认为他们对于历史研究和思考做出了四个方面重要的"集体性"贡献。第一，阐述了阶级斗争的分析法，揭示了阶级被建构的历史特点。第二，极大地推动了自下而来，即"从底层向上的历史"的历史研究。第三，找回了英国的"激进-民主传统"。第四，有效地"解构了""右"和"左"的宏大叙事。英国马克思主义者还开创了一种新的宏大历史叙事，并为其奠定了基础。这种新的叙事重新认识人类行动和劳动人民，不仅仅把他们作为劳动者和物质提供者，而且还作为追求自由、平等和民主的先驱，认识他们在现代世界形成中的根本性作用。作者针对世纪之交出现在历史学中的各种潮流和观点，如后现代主义，"历史的终结"等，旨在通过对英国马克思主义历史学家的评说，坚定对马克思主义和民主主义的信心，寄望用先人的经历、追求和愿景，去鼓舞人民大众的思考和行动。

关键词：历史学；英国；马克思主义；史学家

这次国际会议非同寻常，我们在新世纪前夜聚集在一起，评估过去一个世纪的历史学，研讨从何入手开始我们所热爱的专业。尤其是，一直有人要我来好好地说一说英国的马克思主义历史学家。

不过，在说正题之前，我必须先问一个问题：我们应当怎样来做这种评说？超越基本的学术客观性，超越意愿中的文学艺术性，我们在历史写作中所看重的到底是什么？通过我们艰苦的历史研究，我们最终希望得到什么？

我们可以简单地屈从于强势的力量，可以承认资本的胜利，并且继续根据各位学者的著作销量对历史编纂学的传统进行分类。或者，我们也可以屈从于回潮的基本原理，以政府和传教士式的当局在它们的官方推荐读物和课程中所包含的某个特定学派的作品为基础，来进行评估。显然，我这是在开玩笑。不过，假若资本主义和基础主义各自有必要性，我会带着某种忧虑来做这样的评估。

问题依然存在:我们应当怎样来评价20世纪的历史学?因为我们的回答肯定会反映我们在历史研究和思考的目的、愿景上的不同观念,我从一开始就会表明我的态度。

像我们20世纪六七十年代这一代人中的很多人一样,我是抱着对本专业的期待而投入历史研究领域的,我们在历史学中将以公民—学者的身份而发挥作用。我和我的学友们真的有志于为争取自由、平等和民主要进行不断的斗争,贡献力量。

我们想培养和推动批判性的历史记忆、意识和想象,由此而引发激进—民主的改变。不可否认,到现在环境已经改变,而我们也已老了。那种斗争已经缓和,世界经历了急剧的、出乎预料的发展。

挑战和责任依然存在。无论在美国,还是在全球,权力和财富的不平等加剧了。公司的力量扩及每个领域。大众的民族主义不时地转向种族主义和对异族的仇视,导致战争和种族清洗。上述挑战和责任是否变得更大可以讨论。

声望卓著的法国大革命史学家弗朗西斯·傅雷最近完成了他的一本重要著作《迷梦的消逝》(*The Passing of an Illusion*,1999年),是关于20世纪共产主义历史的书,反思了我们的政治生活和政治幻想的状况。我知道,我的很多左翼同事,如果不是蔑视傅雷,那也已经表达了对他的疑问,因为他与保守势力结合在一起。

傅雷在年轻时站在左翼,1956年以后他不断地转向右翼。但是,请注意这一点,傅雷不接受这样的观点:人类不能想象并且追求比资本主义更加进步的东西。他不同意弗朗西斯·福山在1992年提出的关于"历史的终结"的鲁莽观点;也不同意由玛格丽特·撒切尔提出,而由今天的右翼和左翼政治家们来回在说的大胆断言:"别无选择。"傅雷说:

> 另一种社会的观念几乎已不可能想象,在今天这个世界上,已无人还在就这一主题发表什么意见,甚至也没人想阐述一种新的思想。我们来到这个世界,生活在不安之中。这种状况过于艰难,与现代社会的精神背道而驰,无法长久。民主就其自身的存在来说,就是创造出一个超越资产阶级、超越资本的世界,在这个世界上,真正的人类共同体可以繁荣兴旺……无产阶级革命,马克思主义—列宁主义的科学,一个党、一个国家或一个帝国所进行的意识形态的选举,无疑已随着苏联而走向终结。这些人物的消失,与我们的这个世纪相类似,给我们的时代画上句号。但是,这并不意味着全部的民主剧目的终止。
>
> (傅雷,1999年:502—503)①

① 关于社会主义和民主主义的诸种可能性的争论,可见Singer(1999)和Bourdieu(1999)。

不论我还有什么疑问，我要"向傅雷欢呼三声"！

当然，历史学家自己不能为21世纪、为民主或别的什么，构想出一个政治愿景。无论是傅雷或我都不允许做这种构想。但是，我想，当我说历史学家确实可以为民主思想和政治学说提供很多东西时，傅雷会同意我的说法。

统治阶级和统治精英对于历史总是有点害怕，并且总是想控制知识，控制对过去的理解。他们希望用这样的方式劝说他们所统治的人，事物就是那样，他们就应当认命，或至少那就是他们的唯一现实。拥有权势的人永远致力于给记忆、意识和想象设置限定，以便向别人灌输一种世界观，宣称"抵抗是徒劳的"。

尽管我憎恨在同一个句子中把它们联系在一起，但是，在我的脑子里，既留有这个正在退却的世纪的极权主义制度，也对很多较为自由的制度留下了印象。在这里参加会议的人中，大多数人不会陷在奥威尔[①]的噩梦里，但是，我们当中有谁会否认我们需要提高警惕呢？

即使现在，我们仍应注意历史学家约瑟夫·海伊姆·耶路沙尔米的警告：

> 在我们所生活的这个世界里，问题不再仅仅是集体记忆衰退、对过去的意识下降，而是不管什么样的暴力劫夺的记忆都被保留下来，有意扭曲历史记录，捏造神话般的过去以服务于黑恶势力的问题。在行动者被湮没、文献档案被碎纸机粉碎、记忆被谋杀、百科全书被篡改的情况下，当面临沉默的同谋，以及在昆德拉[②]奇思妙想中的可以用喷枪把一个人从照片上涂没、只剩下一顶帽子的那些人的时候，只有历史学家——因为职责所在而对事实、证据、材料等情有独钟——才能卓有成效地揭示真相。

运用过去的力量——观察、批评、认识、记忆，还有想象——我们历史学家能够帮助人们认识到，不论历史的辩证法是怎样悲壮和带有讽刺意味，以更加自由、平等、民主为特征的政治创新和社会秩序完全是有可能的。我们不能保证，不能预言，也不是宿命论者，我们只提供多种可能性，我们有一种民主的责任去这么做(Kaye，1991、1996)。

此外，我们还能推动面向未来的历史教育，那就是，我们能用先人的经历、追求和愿景，去鼓舞人民大众的思考和行动。正如很多年前英国作家约翰·伯杰所说的那样："一个割断了自己历史的民族或

① 奥威尔(George Orwell，1903—1950)，英国小说家、散文家、评论家，以小说《兽园》和《一九八四年》著名。后者描写了一个过分集权的社会如何歪曲真相和不断地改写历史，是一部深刻的反乌托邦小说。——译者注

② 昆德拉(Milan Kundera，1929—)，捷克小说家、剧作家、诗人，他创作的各种作品熔色情喜剧和政治批评于一炉。《笑和忘却集》由一系列亦嘲亦谐的文章组成，对现代国家否定和抹掉人类记忆和历史真相的趋势进行思考。——译者注

阶级，当它作为一个民族或阶级在进行选择和行动时的自由度，比能在历史中看到自己的民族或阶级要少得多。”(Berger,1972)

德国的犹太人批评家、法兰克福学派的沃尔特·本杰明，他企图逃脱纳粹的迫害，但由于绝望而在比利牛斯山悲剧性地结束了自己的生命。但他的话仍在鼓舞着我们。在《历史哲学论题》(*Theses in the Philosophy of History*)中，他写道：

> 只有历史学家有才能去点燃过去的希望之火。历史学家坚信，即使是死去的人也不能免于敌人(统治阶级)的攻击，假如敌人获胜。而敌人并没有止于胜利。
>
> (本杰明，1991 年)

现在，我言归正传，谈一谈英国的马克思主义历史学家。我特别要提到包括剑桥大学经济学家莫里斯·道布，记者和作家 A.L.莫尔顿和多纳·托尔在内的那“一代人”。不过，其核心的成员是罗德纳·希尔顿、克里斯托夫·希尔、乔治·鲁德、E.P.汤普森、多萝西·汤普森、约翰·萨维尔、埃里克·霍布斯鲍姆和维克多·基尔南(Kaye,1984、1992)。

这一代历史学家在学识和政治上是从 20 世纪 30 年代开始成形的，那时还处在大萧条的阴影之中，法西斯主义席卷中欧和南欧，甚至发生第二次世界大战的可能性也在增大(不说别的，回忆一下那个年代，将有助于提醒我们，不管我们的任务多么艰难，我们定能面对不那么恐怖的环境)。

那些当年风华正茂的青年男女们感到，英国工党不足以应对资本的危机及其对自由和民主的威胁。为了寻求更加激进的路径，他们加入了英国共产党。那时，他们还是大学生，希望能为工人阶级的斗争和创立社会主义做出贡献。

战争使他们中断了学业和所从事的运动，他们中的很多人还在英军中服役。1945 年，他们回到国内，完成学业，并获得教职。他们于“共产党历史学家小组”中聚集在一起，热切地推动着对英国和英国人的历史做出马克思主义的解释，并且传播这种历史观。

埃里克·霍布斯鲍姆说过，“对有的人来说，‘共产党历史学家小组’如果不是一种不折不扣的生活方式，那至少是安排闲暇的一个理由，也是一种小小的休闲方式。对大多数人来说，这也是为了友谊”。他还说，“物质上的艰苦、知识上的兴奋、政治上的激情和友谊可能是‘小组’中还健在的人记忆最深刻的。不过，也有一种平等的意识”。所谓平等，霍布斯鲍姆的意思是，小组中的所有人都认为，“在基本上未知的领域里，大家都是一样的探索者。大家踊跃参与讨论，开展批评，没有人拒绝批评”(我们都应庆幸有这样的同事，体验这种志同道合的经历)。

尽管他们集体努力的成功主要限于马克思主义者的圈子里，但是小组中的好几位成员独立追求的一项创举就是在 1952 年创办了《过去与现在》(*Past &*

Present)，这份学术刊物现在已享有盛誉。尤为重要的是，该小组成了英国马克思主义史学的孵化器。在此，我们应当感谢道布、托尔和莫尔顿。

道布的《资本主义发展研究》(*Studies in the Development of Capitalism*)在1946年问世，他倡导用马克思主义的资本主义概念，去对抗韦伯和皮朗所使用的流行概念。那就是，道布反对那些将资本主义简化为企业家精神、商业或贸易等概念，而把资本主义当作一种生产方式，其核心在于普遍固有的、对抗性的社会剥削关系，尤其是工资关系。

道布引导小组成员远离经济和技术决定论的思维方式，而采用政治—经济方面更加丰富的分析方法。他把年轻同志对历史的关注放在阶级关系及其冲突上(道布，1946)。①

莫尔顿和托尔的贡献就是利用了自由主义和社会—民主主义的劳工史传统。这一传统由悉尼和比阿特丽斯·韦伯、约翰和巴巴拉·哈蒙德，以及G.D.H.科尔(萨顿，1982；科尔和波斯特盖特，1946)所开创。无论是莫尔顿还是托尔，他们给"小组"的年轻人留下的深刻印象就是，重写英国历史的关键必须超越对政治经济学和阶级的强调，还必须恢复"普通人"的经历。

莫尔顿在1938年出版的《人民的英国史》(*A People's History of England*)中，倡导了一种把过去"民主化"的方法。他的著作扩大了进入历史记录的人的范围，并且使得历史著作能够为普通读者所理解(即使到今天，《人民的英国史》不论有多少缺点，仍为我们提供了写作人民大众历史的一种模式)(莫尔顿，1938年)。

尽管多纳·托尔本人经常捍卫正统性，但她在小组中热衷于挑战她的同志，反对经济决定论和宿命论，致力于理解在历史形成过程中的人们，尤其是"下层社会"中的人们的意识和行动。打开她的著作《汤姆·曼及其时代》(*Tom Mann and His Times*，1956年)，发现她引用了19世纪的劳动者威廉·牛顿的话："保存我们这个社会等级的活生生的记忆、记录它的抗争、评说它所取得的各种胜利、表明新的成功，以及从失败中总结成功的因素……这些都是我们必须承担的义务和责任。这样，我们就会明白，这个世界就是用劳动者粗糙的大手，而不是用贵族老爷戴着手套的纤细的手指，来把握文明的。"②

1956年，赫鲁晓夫在苏联共产党内就斯大林主义发表了演说。苏联入侵匈

---

① 该书引发了一场关于从封建主义向资本主义过渡问题的大讨论，其影响远远超越了"共产党历史学家小组"，见Rodney Hilton(1976)。

② 托尔编辑了《卡尔·马克思和弗里德里希·恩格斯通信集，1846—1895年》(*Karl Marx and Friedrich Engels, Correspondence 1846—1895*, London: Lawrence, 1934)，著有《汤姆·曼及其时代》(*Tom Mann and His Times*, London: Lawrence & Wishart, 1956)。"共产党历史学家小组"为纪念托尔所写的著作，可见John Saville(1954)。

牙利,而英国共产党既没有反对这场入侵,也没有使自身变得更加民主。由于发生了这些事件,大多数历史学家退出英共以示抗议,他们中的很多人曾发挥过领导作用,但他们没想过要对它进行改革。

离开了英共和"共产党历史学家小组"以后,这些历史学家也没有拒绝社会主义,尽管他们所拥护的是一种更民主的、人道主义的社会主义政治。他们也没有放弃马克思主义,尽管他们明确表示要对马克思主义进行更具批判性和历史的理解(例如汤普森,1960年)。只有《过去与现在》编辑部在1956年以后,从组织上继续把很多人联系在一起。当然,他们所写的各种历史,显示了他们在学术领域仍然有着紧密的合作。

深受"共产党历史学家小组"所培育的思想和追求的影响,年轻的历史学者在20世纪50年代中期以后的十年里写出了不少重要著作。他们不只是在自己所研究的各个领域做出重要贡献,他们还有效地改写了这些领域的历史。可以想一想乔治·鲁德、埃里克·霍布斯鲍姆的研究,还有爱德华·汤普森关于工业革命的社会史、法国大革命史和民众运动的研究,约翰·萨维尔、多萝西·汤普森、爱德华·汤普森和霍布斯鲍姆在19世纪的劳工史方面的研究,以及维克多·基尔南和霍布斯鲍姆对欧洲史和帝国主义的研究。①

---

① 例如,罗德尼·希尔顿的《挣脱枷锁的人们》(Rodney Hilton, *Bond Men Made Free*, London: Methuen, 1973)、《中世纪晚期的英国农民》(*The English Peasantry in the Later Middle Ages*, Oxford University Press, 1975)和《阶级斗争和封建主义的危机》(*Class Conflict and the Crisis of Feudalism*, London: Hambledon Press, 1984);克里斯托夫·希尔的《清教主义和英国革命》(Christopher Hill, *Puritanism and Revolution*, London: Secker and Warburg, 1958)、《前革命时期英国的社会和清教》(*Society and Puritanism in Prevolutionary England*, London: Secker and Warburg, 1964)和《英国革命的思想起源》(*Intellectual Origins of the English Revolution*, Oxford University Press, 1965);乔治·鲁德的《法国革命中的群众》(George Rude, *The Crowd in the French Revolution*, Oxford University Press, 1959)、《威尔克斯和自由》(*Wilkes and Liberty*, Oxford University Press, 1962)、《历史上的群众》(*The Crowd in History*, New York: Wiley, 1964)、与霍布斯鲍姆合著的《斯温船长》(*Captain Swing*, New York: Pantheon, 1968),以及由凯主编的《群众的面孔》(H.J.Kaye, ed., *The Face in the Crowd*, London: Harvester, 1988);埃里克·霍布斯鲍姆的《原初反叛》(Eric Hobsbawm, *Primitive Rebels*, Manchester University Press, 1959)、《劳动的人们》(*Labouring Men*, London: Weidenfeld, 1964)、《1780年以来的民族和民族主义》(*Nations and Nationalism Since 1780*, Cambridge University Press, 1990);爱德华·汤普森的《英国工人阶级的形成》(E.P.Thompson, *The Making of the English Working Class*, London: Gollancz, 1963)、《辉格党人和猎人》(*Whigs and Hunters*, London: Allen Lane, 1975),以及《民众的习惯》(*Customs in Common*, New York: New Press, 1991);约翰·萨维尔的《1848:英国政府与宪章运动》(John Saville, *1848: The British State and the Chartist Movement*, Cambridge University Press, 1987)、《英国的工人运动》(*The Labour Movement in Britain*, London: Faber & Faber, 1988);多萝西·汤普森的《宪章派》(Dorothy Thompson, *The Chartists*, New York: Pantheon, 1984);维克多·基尔南的《人类的老爷》(Victor Kiernan, *The Lords of Human Kind*, Harmondsworth: Penguin, 1972)、《欧洲的国家与社会,1550—1650年》(*State and Society in Europe, 1550—1650*, Oxford: Blackwell, 1980);凯主编的《帝国主义及其矛盾》(H.J.Kaye, ed., *Imperialism and Its Contradictions*, New York: Routledge, 1995)。更多的参考书目可参见凯的《英国马克思主义史学家》(*The British Marxist Historians*)和《愿景的教育》(*The Education of Desire*, New York: Routledge, 1992)。

我不能不列举一下他们所写的几本著作的题目,每一个题目都不是单独的一本书。而且,我还要承认,对于这种浪漫激进的民主主义者来说,每一部著作听起来还很有诗意:希尔顿的《挣脱枷锁的人们》和《阶级斗争和封建主义的危机》;希尔的《清教主义和英国革命》、《倒转乾坤》(*The World Turned Upside Down*)和《失败的经历》(*The Experience of Defeat*);鲁德的《法国革命中的群众》《威尔克斯和自由》及其与霍布斯鲍姆合著的《斯温船长》;霍布斯鲍姆的《原初反叛》、《劳动的人们》、《盗匪》(*Bandits*)、《革命的年代》(*The Age of Revolution*)和《马赛曲的回响》(*Echoes of the Marseillaise*);爱德华·汤普森的《英国工人阶级的形成》、《民众的习惯》以及《为兽性作证》(*Witness Against the Beast*)。还有基尔南的《西班牙人 1854 年革命》(*The Revolution of 1854 in Spanish History*)、《人类的老爷》以及《从征服到崩溃的欧洲帝国》(*European Empires from Conquest to Collapse*)。

不去谈论他们很多具体的贡献,英国马克思主义历史学家对于历史研究和思考做出了四个方面重要的"集体性"贡献:

首先,他们既反对流行的自由主义,也反对马克思主义的正统观念,阐述了阶级斗争的分析法,揭示了阶级被建构的历史特点。他们灵活运用的核心理论就是来自于马克思、恩格斯《共产党宣言》中的话:"至今一切社会的历史都是阶级斗争的历史。"而且,如同马克思本人所坚持的那样,这些历史学家得到了批判性的训练,着手重新研究历史。

通过研究和著述,英国的马克思主义者揭示,中世纪的世界不是到处都形成三个等级,毋宁说是贵族与农民之间进行斗争的社会;17 世纪英国的矛盾并非只是一场内战,更重要的是这在一定程度上是由下层社会的斗争所推动的一场"资产阶级革命";18 世纪也不是和谐的世纪,而是如爱德华·汤普森所断言的那样,是"显贵与平民"之间的紧张和对抗关系一触即发的世纪,是被"无产阶级的阶级斗争"所塑造的时代;工业革命不仅引起激烈的经济变革和社会动荡,而且也是在"资本与劳动"之间进行战斗的进程中,在很大程度上由工人阶级本身的创造性行动所决定的阶级形成过程,这一过程即使不是壮怀激烈,那也是很激进的(坎宁顿,1999)。①

历史学家们阐述阶级斗争分析法,不

---

① 关于阶级问题产生了极为不同的观点,可参见戴维·坎尼戴恩的《英国的阶级兴衰》(David Cannidine, *The Rise and Fall of Class in Britain*, New York: Columbia University Press, 1999)。在经历了撒切尔主义和里根主义,即自上而来的、一代人热热闹闹的阶级战争之后,历史学家和社会科学家们已经养成了逃避现代世界中阶级和阶级冲突这样的核心问题的习惯,这让我万分诧异。

只是为了更好地理解反叛和革命,也是为了揭示在社会相对平静的时期这种斗争所采取的各种形式。他们扩大了我们所理解的“斗争”的范围,有助于我们更加充分地理解对苛捐杂税、剥削和压迫的反抗。

其次,英国的马克思主义史学家极大地推动了自下而上——或者如我们美国人所说的“从底层向上的历史”——的历史研究。法国的年鉴学派开创了这种研究,但英国的马克思主义史学家则使这种研究成为一个更加重要的方向。

如果说他们的兴趣在阶级斗争,那么,英国的马克思主义者,尤其是维克多·基尔南,并没有放弃对权贵们的注意(例如基尔南,1980;凯,1988;还有汤普森,1975);而且,他们还特别地把他们的热情投入到重新理解劳动阶级即农民、工匠和工人的生活和行动中去。

马克思本人一直关注劳动阶级受压迫的历史,他在一个地方曾讲过:“我知道英国工人阶级从上世纪中叶以来进行了多么英勇的斗争,这些斗争只是因为资产阶级历史学家把它们掩盖起来和隐瞒不说才不为世人所熟悉。”①我们慢慢地对E.P.汤普森的一段话产生深刻印象,在那段话里他宣告了他及他的同志们关于历史的雄心:

> 我想把那些穷苦的织袜工、卢德派的剪绒工、“落伍的”手织工、“乌托邦式”的手艺人,乃至受骗上当而跟着乔安娜·索斯科特跑的人都从后世的不屑一顾中解救出来。他们的手艺与传统也许已经消失,他们对新出现的工业社会持敌对态度。这看起来很落后,他们的集体主义理想也许只是空想,他们的造反密谋也许是有勇无谋;然而,是他们生活在那社会剧烈动荡的时代,而不是我们;他们的愿望符合他们自身的经历。如果说他们是历史的牺牲品,那么他们现在还是牺牲品,他们在世时就一直受人诅咒。②

英国马克思主义史学家迫使我们去好好地考虑长期以来被忽视或仅仅以为理所当然的事情。例如,只是追问一下,是谁在事实上参加了18世纪晚期伦敦和巴黎的所谓臭名昭著的街头行动?乔治·鲁德就把“暴徒”变成了“民众”。

贵族和保守主义者特别害怕那个年代的骚乱,把街头的人们看成是“社会的渣滓”“窃贼”“乞丐”“娼妓”,而平民主义者和自由主义者则把他们的梦想寄托在骚乱者身上。无论是哪一派,他们所了

---

① 《卡尔·马克思在〈人民报〉创刊纪念会上的演说》,《马克思恩格斯文集》第2卷,北京:人民出版社,2009年,第580页。

② 本段照录了E.P.汤普森著、钱乘旦等译的《英国工人阶级的形成》(上册)的中译本“前言”第5页上的文字。该书由南京译林出版社2001年出版。——译者注

解或想了解的,无非就是他们所需要或想要相信的东西。通过大胆探索和审阅警察及司法记录,而不只是居高临下地阅览和进行先入为主的观察,鲁德恢复了民众的身份及其本来面目。而且,通过考察引发民众采取暴动行为的真实原因,鲁德弄清了底层社会和“饮食男女”(menu people)的需求、他们的价值观及其想法。长期以来有很多只是被当作犯罪活动而不予理会的事情,或是被当作“下里巴人”(swinish multitude)的作为,现在就渐渐地明白了,原来是那些在政治上被边缘化或遭到排斥的人们的“大众政治学”(popular politics)。

再次,英国马克思主义史学家找回了英国的“激进—民主传统”(radical-democratic tradition)。他们所揭示的不是那种产生于知识分子之手的狭隘历史,而是一种处在与传统的政治和思想史进行对话关系中的、民众的意识形态的历史。除了大宪章,现在我们还遇到了号召终结封建领主的1381年农民起义;在17世纪的议会以外,我们现在还知悉了要求权利和平等的平等派、掘地派和美以美会的传道者;在18世纪的伦敦街头,我们现在听到的不仅仅是约翰·威尔克斯的主张,而且还有主张“生而自由的英国人的权利”的普通人;在革命的年代,我们现在能注意到播种新的自由之树、培育民主的多种可能性的英国雅各宾派、鲁德派和宪章主义者。

与此同时,英国的马克思主义者还建起了他们自己的“知识分子”先贤祠:约翰·鲍尔及14世纪晚期追随他的那些激进的牧师们;17世纪的杰拉德·温斯坦利、约翰·米尔顿,以及约翰·布尼安;18世纪晚期的托马斯·潘恩和玛丽·沃斯通克拉夫特;以及19世纪的威廉·沃兹沃思、威廉·布莱克、威廉·科贝特、罗伯特·欧文、欧内斯特·琼斯、卡尔·马克思,还有威廉·莫里斯。①

不过,英国马克思主义者的工作并没有就此打住。他们探索了意识形态与民

① 见乔治·鲁德的《意识形态和民众反抗》(George Rude, *Ideology and Popular Protest*, 1980; University of North Carolina Press, 1995)和哈维·凯的《政治理论和历史:安东尼奥·葛兰西和英国马克思主义史学家》,载《愿景的教育》(Harvey J.Kaye, “Political Theory and History: Antonio Gramsci and the British Marxist Historians”, *The Education of Desire*),第9—30页。也可见克里斯托弗·希尔的《倒转乾坤》(Christopher Hill, ed., *The World Turned Upside Down*, 1972; Harmonds: Penguin, 1975)、《温斯坦利、自由的法律及其他》(*Winstanley, The Law of Freedom and Other Writings*, Cambridge University Press, 1983)、《密尔顿与英国革命》(*Milton and the English Revolution*, London: Faber, 1977),以及《煽动的、反叛的、虚假的人:约翰·布尼安及其教会》(*A Turbulent, Seditious and Factious People: John Bunyan and His Church*, London: Allen Lane, 1988);E.P.汤普森的《威廉·莫里斯:从浪漫到革命》(E.P.Thompson, *William Morris: Romantic to Revolutionary*, 1955; New York: Pantheon, 1977)、《人们与辩论者》(*Persons and Polemics*, London: Merlin Press, 1994)、《为兽性作证:威廉·布莱克和道德守则》(*Witness Against the Beast: William Blake and the Moral Law*, New York: New Press, 1993),以及《浪漫之人》(*The Romantics*, New York: New Press, 1997);埃里克·霍布斯鲍姆的《非凡的人》(Eric Hobsbawm, *Uncommon People*, New York: New Press, 1998)。

众反抗的辩证法。他们既依据他们自己的民主意识,又以他们在档案中所发现的材料为基础,拒绝了列宁主义关于阶级形成的观念,拒绝了那种强调知识分子是领导工人形成阶级意识的先驱或替代者角色的政治学。他们所写出的各种历史表明,他们对于阶级形成过程和知识分子与劳动人民之间的关系做了更加丰富的葛兰西式的理解。

通过英国马克思主义史学家的作品,我们逐渐认识到历史上的普通人不只是经济上的行动者,即劳动者和物质生产者;也不只是政治上的行动者,即反叛者和暴乱者;而且也是文化上的行动者,那就是有价值观、有理想的人。总之,是农民、工匠和工人,而不只是哲学家和理论家,他们对于我们的自由、平等和民主的现代观念、关系及实践的形成做出了贡献。

最后,通过阶级斗争分析的方法、自下而上的历史以及恢复激进的民主主义传统,英国的马克思主义历史学家有效地"解构了"右和"左"的宏大叙事。他们既摧毁了自由主义—辉格派所做的历史解释的基础,又削弱了正统的马克思主义的历史观。就前者来说,现代英国的自由被认为是从盎格鲁—撒克逊时代以来一个不断展开、总是向前演进的过程所造成的结果。而对后者而言,世界历史被构想为一个已经预先安排好了的、由技术和经济的发展所决定的不断进步的诸阶段所构成的系列(流行的说法是"经济基础和上层建筑")。

英国马克思主义者既挑战冷战时代的现代化理论家,也挑战冷战时代的马克思主义者关于现代世界形成的各种说法。后两者都强调和赞美在资本主义以及自由民主的发展过程中"资产阶级和中产阶级的作用"。他们还对抗了战后社会科学和历史中的各种神话,诸如"农民的被动性"和"工人阶级的独裁主义"等。

然而,他们的贡献远不只这些,英国马克思主义者还开创了一种新的宏大历史叙事,并为其奠定了基础。这种新的叙事重新认识人类行动和劳动人民,不仅仅把他们作为劳动者和物质提供者,而且还作为追求自由、平等和民主的先驱,认识到他们在现代世界形成中的根本性作用。

我们暂且不谈无产阶级革命的梦想,我们知道,用德国社会科学家迪特里希·吕施迈尔的话来说,"除了极个别的以外,工人阶级已经证明是最为始终如一、原初的民主社会阶级"(吕施迈尔,1995;以及吕施迈尔等,1993)。

简言之,英国马克思主义的历史传统对于包括从劳工、奴隶制和农民研究,到文学、文化以及妇女研究在内的社会科学和人文学科的很多领域,都产生了影响。而且,他们本人的著作是如此具有英国特色,却极大地鼓舞了全球学术界。

不可否认,在1956年以后的岁月里,英国马克思主义史学家们的政治参与和行动各不相同。但是，他们中的每一个人都仍忠实于自下往上的历史研究，使学术圈以外的人也能得到他们的成果，用在档案中所获得的历史学家的洞见和视角向学术圈外的读者讲述历史。希尔顿、希尔、霍布斯鲍姆和基尔南所写的文章和评论，有规律地发表在期刊、评论性的出版物上。尽管他们的学术成就为他们带来了公众的声望，但他们并没有受此束缚。①

事实上，英国马克思主义史学家在英国的新老左派之间充当了重要的桥梁作用。1956 年，约翰·萨维尔和爱德华·汤普森出版了《理性的人》(*Reasoner*)，给共产党的改革施加压力。当他们脱离共产党时，他们又重新将其取名为《新理性人：社会主义的人道主义杂志》(*The New Reasoner: A Journal of Socialist Humanism*)，其作者都是志同道合的史学家和其他志趣相投的社会主义者。此外，在 1959 年，他们将《新理性人》与《大学和左派评论》(*Universities and Left Review*)合并，创办了《新左派评论》(*New Left Review*，德沃肯，1997，45—125)。

尤其是，"共产党历史学家小组"中两个取得最杰出学术声誉的人物霍布斯鲍姆和爱德华·汤普森，还逐渐地被认作英国最重要的左派"公共知识分子"。霍布斯鲍姆仍留在党内，但这并不妨碍他创作出即使不是范式意义上的、也可算是伟大的作品。在《革命的年代，1789—1848 年》《资本的年代，1848—1875 年》《帝国的年代，1875—1914 年》和《极端的年代，1914—1991 年》这些著作中，他为现代欧洲史和世界史的研究建立起了基本的时间框架。② 而且，到 20 世纪 70 年代晚期，霍布斯鲍姆不仅是我们的"马克思主义历史学家第一人(premier Marxist historian)"，而且也作为英国左派受人敬重的人物在发声：他作为工党领袖的一名顾问(尽管仍是一名共产主义者)而出现在世人面前(事例可见霍布斯鲍姆，1989)。

爱德华·汤普森在 1993 年早逝，他毕生都是政治上最为活跃的历史学家。他继承了汤姆·潘恩和威廉·科贝特的传统，为"生而自由的英国人的权利"进行写作，并投身于这一运动。在 20 世纪 50 年代，汤普森支持"核裁军运动"(the Campaign for Nuclear Disarmament)。在 70

① 人们尤其可在以下期刊上找到他们的文章、批评和评论：《新社会》(*New Society*)、《新政治家》(*New Statesman*)、《伦敦书评》(*The London Review of Books*)、《论坛报》(*Tribune*)，以及《今日马克思主义》(*Marxism Today*)。也可见戴维·鲁本斯坦编的《为人民的人》(David Rubinstein, ed., *People for the People*, London: Ithaca Press, 1973)，这是一本文集，系列描写了最初活跃在《论坛报》上的历史学者及其他人的传记性和思想变迁的肖像。

② 埃里克·霍布斯鲍姆的《革命的年代，1789—1848 年》(Eric Hobsbawm, *The Age of Revolution, 1789—1848*, London: Weidenfeld, 1962)、《资本的年代，1848—1875 年》(*The Age of Capital, 1848—1875*, 1975)、《帝国的年代，1875—1914 年》(*The Age of Empire, 1875—1914*, London: Weidenfeld, 1987)、《极端的年代，1914—1991 年》(*The Age of Extremes, 1914—1991*, New York: Pantheon, 1995)。也可见其史学论文集《论历史》(*On History*, New York: New Press, 1997)。

年代，他领导了轰轰烈烈的反"英国国教"(the British Establishment)运动，谴责其拥有践踏英国公民权利的权力，致力于清除其所获得的社会和经济利益。在80年代早期，他是"欧洲核裁军"(European Nuclear Disarmament)组织的共同创办人。在每个场合，无论是否挑战冷战或统治阶级主导的结构和力量，他都向他的不列颠同胞提起他们所接受的激进遗产，努力去吸引他们"摆脱冷漠(Out of Apathy)"。①

也许，在我们这个"极端的年代"，谦逊、怀疑主义、保守主义都合时宜。但是，我们似乎并没有因为民主的冲动、雄心以及过分的行动而遭殃，反而因为遗忘症、社会的紊乱和麻痹而遭受痛苦。

像傅雷一样，我仍然不认为我们见证了历史的终结。剥削关系、异化、压迫还在继续引起对抗和冲突。此外，尽管民主的渴望已经消退，但是，它们仍在期待东山再起。

我意识到学者们热衷于更新的历史学潮流，就是众所周知的后现代主义；它会反对我的很多观点和看法，即使它不是全盘否定，但我仍是坚定的马克思主义者和激进的民主主义者。我从来都不认可尼采派的思想和价值观，至少不是有意识地这么做。谁有时间去理会这些？

对于我们这些投身于实现民主的人来说，我们的任务依然是推动历史教育，追求愿景，培养和鼓励批判性的历史记忆、意识和想象。换句话说，我们必须推动安东尼·葛兰西所号召的对"世界的一种历史性的、辩证的看法"：

> 理解运动和变迁；理解从过去发展到当下，以及从当下发展到未来所付出的全部努力和牺牲；把当前的世界想象成历史的、全部世代的综合；将自身投射到未来之中。
>
> (葛兰西，1971：34—35)

显然，我们必须研究重新过去，写出我们自己的各种历史。我们必须开发新的手段去吸引我们的公民同伴。然而，由于我们遭遇到这个时代的权力、困惑和幻想，我们最好去理解——如果不是模仿的话——英国马克思主义史学家的作品，因为他们拥有本杰明所写的那种天赋；他们恢复了那些在创造历史的过程中，其地位长期被忽视或否认的人物的生活和斗争；他们揭示了鼓舞被剥削者和被压迫者开展各种各样运动的思想和愿望；他们与盛行的宏大叙事进行论辩，有助于其转变。而当他们这么做时，他们就点燃了历史中的希望之火。

---

① 参见哈维·凯：《E.P.汤普森和英国马克思主义的历史传统及其在当代的危机》，载《愿景的教育》(Harvey J.Kaye,"E.P.Thompson, the British Marxist Historical Tradition and the Contemporary Crisis", in *The Education of Desire*)，第98—115页。E.P.汤普森最为投入的作品可见：《秉烛而写》(*Writing by Candlelight*, London: Merlin Press, 1980)，他与他人合作的《反抗和生存》(*Protest and Survive*, Harmondsworth: Penguin, 1980)，以及其《笨重的舞者》(*The Heavy Dancers*, London: Merlin Press, 1984)。

我们应当尽力而为,继续战斗。

鸣谢:本文是提交给 1999 年 6 月 14—18 日在西班牙圣地亚哥—德孔波斯特拉举行的“争论中的历史”第二次国际代表大会的大会发言稿。感谢圣地亚哥大学卡洛斯·巴罗斯教授的邀请及其对本文的兴趣和建议。

译自:*Rethinking History* 4:3(2000),pp. 281—294。

作者简介:哈维·J. 凯文,威斯康星—格林贝大学。

译者简介:俞金尧,中国社会科学院世界历史研究所。

史学史与史学理论

历史、理论主义与『后世俗』的限度①

□阿兰·梅吉尔 文 张文涛 译 张旭鹏 校

摘　要:多米尼克·拉卡普拉在《历史及其限度:人类、动物与暴力》这本批判性的文集中,以其特有的气魄,展示了一批致力于研究思想史、普遍史、暴力、创伤以及人类与动物关系等问题的作者们。拉卡普拉提出了两种批评:一种针对忽视或者误用了理论的历史学家们;另一种针对热衷于“理论主义”(theoreticism)的理论家们,所谓的“理论主义”是指一种凌驾于历史特殊性和历史语境的理论化倾向。本文重点关注拉卡普拉对阿甘本(Giorgio Agamben)、桑特纳(Eric Santner)、齐泽克(Slavoj Zizek)等批判理论家们的理论主义的讨论,尤其是他们与拉卡普拉在“后世俗问题”上的努力尝试。尽管阿甘本、桑特纳与齐泽克强调了一些重要的、有挑战性的问题,但对于理解当前宗教和世俗视角关系的争论而言,这种批判理论所提供的基础太过有限。相反,我们必须通过关注更大范围的“世俗化争论”,关注诸如哈贝马斯和米尔班克(John Milbank)等学者们使用“后世俗”这一术语的方式,来探讨“后世俗性”。拉卡普拉无疑注意到了最近出现的“后世俗”话语。无论是作为一个术语,还是作为一个概念,当前都迫切需要对“后世俗”做出比以往更为深入、更具批判性和更富历史性的检验。

关键词:思想史;后世俗;世俗化;理论主义

多米尼克·拉卡普拉的《历史及其限度:人类、动物与暴力》是一本综合了评论和批评的精巧而深奥的著作。对于关涉历史与理论之关系的范围广大的多种主题,拉卡普拉提供了大量睿智的观察。本文主要关注其中两点,一个是方法论的,另一个是实质性的。方法论主题贯穿《历史及其限度:人类、动物与暴力》全书,是拉卡普拉对他称之为“理论主义”的抨击,他认为这种做法只致力于理论,并没有相应地致力于历史。实质性主题即“后世俗”的主题,拉卡普拉只是在书中有所暗示。本文之所以关注理论主义,

① 感谢 N.Brooks、T.Butcher、E.Kleinberg、R.Felski 对本文提出的批评意见。

是因为在今天的某些人文学科领域中,令人不安地存在着一种拉卡普拉所强调的推理的弱点。而关注“后世俗主义”,是因为拉卡普拉准确地将我们的注意力拉到当代世界最为重要的一些争议性问题上,即世俗态度和各种建制与宗教的关系以及宗教与世俗态度的关系。我试图直面拉卡普拉所讨论的那些作者们著作中未经充分历史化的“后世俗”问题。我也试图直面《历史及其限度:人类、动物与暴力》中未经充分理论化和历史化的“后世俗”问题,该书对“后世俗”的界定不足以使我们理解所争论的问题是什么。在本文的最后一部分,我简要检视了德国哲学家哈贝马斯和英国神学家米尔班克著作中的世俗性和后世俗性观念,以期推进对该问题的讨论。

一部主题广泛的著作

考虑到其他读者可能对《历史及其限度:人类、动物与暴力》中我所关注之外的某些方面感兴趣,也考虑到该书的全貌可能对一些读者有用,所以最好首先对该书做一概要介绍。在第一章“表述思想史、文化史与批判理论”中,拉卡普拉反思了思想史与其近邻及竞争者文化史、批判理论之间的关系。他以其践行思想史的方式为思想史辩护,这不仅需要语境化,而且需要批判理论的元素。第二章是“实践与理论的变迁”,拉卡普拉检视了历史学家与其他人对于历史实践进行理论化的一些最近尝试。在这一章节和其他一些地方,拉卡普拉还批评了不同类型的理论家们未能关注历史特殊性和历史语境。在第三章“向伤性(traumatropisms):从目睹创伤到走向崇高?”中,他审视了当代的“创伤研究”领域。通过对“见证、作证和评论”(第61页)做出区分,拉卡普拉在一些理论家那里看到了一种趋向,即将对无以言表的恐惧的见证转化为对超历史的崇高性的展示。他认为这种趋向“掩盖了一切重要的解决创伤症状的反作用力或方式”(第63页)。[①] 创伤是向第四章“通向暴力批判”的过渡,在这一章中拉卡普拉批判性地谈到了一种倾向;这一倾向早在布列顿(Andre Breton)1930年发表《超现实主义第二宣言》以来就一直存在,它将暴力看成某种神圣和崇高的东西。[②] 在第五章“海德格尔、暴力和艺术作品的起源”中,拉卡普拉提到了海德格尔及其许多评论者回避纳粹暴力事实的问题,并从这种回避中看到了“一种似乎是宗教的,甚至是神话的,或许是后世俗的表达”(第148页)。当代世界中,动物通常是工业化暴行的牺牲品,这是拉卡普

---

① 拉卡普拉的批评对象之一是 Michael Bernard-Donals 与 Richard Glejzer 的著作《证人与证据之间:大屠杀与表述的限度》(*Between Witness and Testimony:The Holocaust and the Limits of Representation*,Albany:State University of New York Press,2001年)。

② Andre Breton,“Second Manifesto of Surrealism”, in Breton, *Manifestoes of Surrealism*, trans. Richard Seaver and Helen R. Lane(Ann Arbor:University of Michigan Press,1969),117—194; also Walter Benjamin,“Critique of Violence”, in Benjamin, *Reflections, Essays, Aphorisms, Autobiographical Writings*, trans. Edmund Jephcott(New York :Harcourt, Brace, Jovanovich, 1968),277—300.

拉在最长的一章即第六章“重提人类与动物问题”中表达的主题。最后，在第七章“思想史的取向”中，拉卡普拉详细阐述了他在前两章中就已经提及的主题。《历史及其限度：人类、动物与暴力》没有结论，不过在导论中，拉卡普拉反思了激发他关注这些主题的心路。

为什么没有结论？一个原因可能仅仅是因为《历史及其限度：人类、动物与暴力》对其覆盖的内容持非常折中的态度。如拉卡普拉所说，本书“相互关联的文章……并不提供连续性的叙述，也不旨在证实限定的主题”（第8页）。如果从书名《历史及其限度：人类、动物与暴力》中寻找线索，我们可能倾向于认为该书涉及四个明显的主题或问题——历史的限度、人类的本性、人与动物之关系和暴力。不过书的内容在导论的第一段中得到了更好的表达，拉卡普拉指出了他要解决的问题。为了更加清晰，我将之整理成如下几条，一切均保持原貌：

1.对于在历史上所谓极限事件和经验中起着重要作用的强迫性、典型暴力性、毁灭性以及充其量是极端矛盾的力量，批判的史学如何能认识并给出回应性描述？

2.这样做必然会让研究者因为关注暴力，用认同混淆同情，乃至移情式地表现强制性的重复，而一不留神成为研究对象的同谋吗？

3.研究问题的方法需要履行或者使大量额外的东西（完全的否定性，理想化的忧郁，无效的崇高审美，并不希望的启示性理解，对无中生有的肯定，或者苍白的乌托邦希望）合法化吗？

4.如何理解“后世俗”近来有时是神秘的祈愿以及人类与动物之间的关系？

5.一般而言，在复杂的极限问题上尝试着“思考”历史需要什么？

（第1—2页）

在以前的著述中，拉卡普拉已经提出过其中的许多问题。《历史及其限度：人类、动物与暴力》一书的大部分内容旨在澄清以前的观点。为实现这一目标，他常常通过将注意力延伸至以前未加讨论的材料，或者以一种更加粗略的方式进行讨论。不过在提到“后世俗”问题时，以我的理解，他在上述第4条中引进了一个未曾处理过的主题。“后世俗”这个词并未出现在此前的三本著作中，即《历史与阅读》（2000）、《书写历史，书写创伤》（2001）、《变动中的历史》（2004）中。[①] 但在《历史及其限度：人类、动物与暴力》中，这个词出现了27次；除一章之外，其他几章都出现过。然而拉卡普拉对这一术语从未进行界定。他似乎认为我们早已知道什么是“后世俗问题”（第8—10

① Dominick LaCapra, *History and Reading: Tocqueville, Foucault, French Studies* (Toronto: University of Toronto Press, 2000); *Writing History, Writing Trauma* (Baltimore: Johns Hopkins University Press, 2001); and *History in Transit: Experience, Identity, Critical Theory* (Ithaca, NY: Cornell University Press, 2004).

页)。他非常频繁地加引号引用这一术语(2、44、53、57、70、123、154、173页及注释7和注释14)。而且,在结合其他一些术语使用"后世俗"一词时,他并没有说明"后世俗"与这些术语之间暗含的关系;这些术语包括:神圣化、宗教的、神话的、后人道、准超验(quasi-transcendental)、魅力、崇高、后宗教、超历史以及后神话(第65、148、172、183、202、214页)。

拉卡普拉在《历史及其限度:人类、动物与暴力》中对"后世俗"的处理是粗略的,他只是提出了这个主题,并没有真正进入到其中,却一再返回到这个术语,令我困惑不解,也好奇不已。拉卡普拉似乎嗅出了什么东西,但到底是什么?在本文中,我着眼于《历史及其限度:人类、动物与暴力》中的"后世俗",部分原因是它在该书中让人感到不可思议的明显的边缘位置。我同样也关注所谓的"后世俗性",因为不论"后世俗性"是什么,它与我们时代最重要的一个问题密切相关,即宗教与国家以及所有其他与公共问题有关的思考和讨论所发生的场所之间的确切关系是什么?①

反对理论主义

《历史及其限度:人类、动物与暴力》的目的在于"参与到学术界中的一些新趋势或主要人物中来,并将探讨延伸至我认为当前特别迫切的方向上来"(第8页)。既然"后世俗"是其中最新的一种"新趋势",拉卡普拉以这样一种粗略的方式进行讨论或许也就不足为奇,毕竟他将《历史及其限度:人类、动物与暴力》看成是一种探索而非界定。他也注意到:"本书这些论文是元批判的……为概念化和相关研究过程指明方向。它们也欢迎或者挑起针对这些论文本身及其假定、限度与局限性的质疑与争论。它们最好能激发其他人探究我提出的问题或我研究的观点。"(第8页)按照拉卡普拉坚持的精神,我在此尝试将研究向前推进,我们应将注意力放在他所写的"假定、限度与局限性"之上。

拉卡普拉在《历史及其限度:人类、动物与暴力》中对"后世俗问题"的处理留下了确实危险的含混性。以我之见,这主要是由于他通过评论理论家们来推进其研究造成的,而理论家们的著作在这个问题上暧昧不明。拉卡普拉的主要目标是意大利哲学家阿甘本(1942—)、法国哲学家阿兰·巴迪欧(1937—)与斯洛文尼亚哲学家齐泽克(1949—)。这些作者倾向于对世界给出宏大概括,立论的基础却是虚弱的或不存在的历史学与社会学证据。哲学作者一同出现在拉卡普拉的书中绝非偶

① 既然大多数有关后世俗性的讨论都发生在抽象层面上,我想提醒读者注意,这些能产生影响的问题对于人们如何生活(或允许如何生活)具有真正的重要性。比如,请参看我在最后修订本文时,碰到的一篇文章:Jane Mayer,"Letter from Tupelo:Bully Pulpit",*The New Yorker*,June 18,2012,56—65。该文是关于一位传教士脱口秀主持人所发起的一项运动,以确保共和党严格遵守他心目中的基督教(56页)。同样的问题加以适当改变的话,也普遍存在于全球化的世界中——这就使得持相反立场的人们的相互接触变得不可避免。

然,他们构成了某种三重奏。这并不是说他们一同演出(事实上没有),而是因为西方(主要是英美)"大陆哲学"、宗教研究、德国研究与"批判理论"的人文学者们共同提到了他们。① 在评论这本书时,很容易指出理论家们错在哪里,但更困难的是将讨论的主题置于更好的基础之上。如果想进一步这样做,我们首先需要在拉卡普拉对他称之为"理论主义"的重要的方法论批评的框架内,去定位"后世俗问题"。

拉卡普拉对于"理论主义"有两个基本观点。首先,他坚持认为理论需要历史。他指出"理论主义"是一种"主要在思辨的、纯粹概念化的、经常是自我参照层面来运行的思想……把历史解释成一种例证或符号的来源,一个各种不相称的特殊性或异常性的存放处,或一种超历史的抽象(如等同于创伤)"(第30页)。历史学家几乎不会受到理论主义的影响,他们中的许多人并未卷入理论主义综合症出现的领域。其结果是,他们趋向于对此漠不关心——不过他们的漠视或许是错的。拉卡普拉认为理论主义(再一次主要被界定为对历史特殊性和历史语境漠然视之)在"阿甘本和齐泽克这类人物"身上是突出的。考虑到这些思想家在人文学科的一些分支中有着拥护者,我们可以推断出,他们在著作中证明了崇拜者们所共有的方法论上的一个缺陷。

拉卡普拉认为历史需要理论(并不是从其他某个工作室搬来成品那种意义上的需要,而是真正的理论反思意义上的需要)。因此,拉卡普拉发现存在一种与理论主义"反转的镜像",亦即一种"传统的或者语境化的历史",它将"解释嵌入叙述或描绘中,并未批判性地检验解释之为解释"(第32页)。换句话说,拉卡普拉的这一论断有着双重作用:他一方面抨击了那些认为可以玩弄历史特殊性与语境的理论家们;另一方面也批评了那些认为可以完美地利用理论的或伪理论的假定,而不对之提出质疑的历史学家们。早在20世纪80年代,拉卡普拉就因为指出如下一些实例而为人所熟知。在这些例子中,历史学家们忽略了因其对过去的文本通常所做的某种程度上的天真幼稚的解读而造成的理论问题;或者在其著作中明智或不明智地运用理论立场,但却未能注意植根于这些立场中的假设或这些立场的意义。② 再一次说明,本文的关注点

① 2011年12月28日在谷歌上检索同时包含这三位名字的信息,得到545000条,这个惊人的数字到2012年1月31日检索时,上升到626000条。当然,谷歌的检索结果是出了名的任意,网页记录本身也一样。参见Siva Vaidhyanathan, *The Googlization of Everything (and Why We Should Worry)* (Berkeley: University of California Press, 2011), 63—64。

② 比如,可参见Dominick LaCapra, "Chartier, Darnton, and The Great Symbol Massarce", *Journal of Modern History 60*, no.2 (1985), 95—112。拉卡普拉在文中对文化史学家达恩顿、夏蒂埃提出了批评,认为他们对于阅读和文本的看法是幼稚的。亦可参见LaCapra, *History and Criticism* (Ithaca, NY: Cornell University Press, 1985), chapter 2, "The Cheese and the Worms: The Cosmos of a Twentieth-century Historian", 45—70, and chapter 3, "Is Everyone a Mentalité Case? Transference and the 'Culture' Concept", 71—94。拉卡普拉上述章节中的《历史与批评》(*History and Criticism*, Ithaca, NY: Cornell University Press, 1985),认为他们在使用"文化"和"心态"观念时过于随意了。

并非拉卡普拉对一些历史学家一提到理论便是门外汉的合理批评,而是他对理论家们意识不到可以从历史学家以及政治学、社会学、经济学和其他一些注重研究特定社会现实和情境领域的学者们的路径和方法中学到什么的批评。理论主义与某些时候令人沮丧的"后世俗"讨论紧密相联。

理论主义往往涉及一个永无休止的面纱与镜子的游戏,其中引人注目的断言通常以一种极端模糊与抽象的方式表达出来,但从未得到证据的充分验证。理论主义是思想中一个更大的失败的变体,即不能回答如下问题:在何种条件下,我能够表明我所建议的是对于我们生活在其中的这个世界的充分描述、解释或者阐释? 充分或不充分的判断常常需要比较,因而该问题的另一个变体需要牢记在心:在何种条件下,有可能表明一种竞争性的理论建议优于我的建议?[①] 简单地说,理论主义是糟糕的理论,因为它躲开甚至主动避开了非自我指涉性的任务,也即去提出这些难以回答的问题。出于某种原因,理论主义倾向于在某些领域或亚领域中出现。在这些领域中,学者们发现,对他们或他们的盟友们所持立场的批评性保留意见,是有可能被忽略的。而在对一种或一组沿袭而来的理论的强烈依赖中,或者在对更为一般的沿袭而来的观点的强烈依赖中,我们同样可以发现理论主义。在这些例子中,对寻求"正确观点"或"正当理由"中的一致性的追求,可以轻易压倒对批评性的学术程序的追求。其结果便是一种学术工作形式的出现,我乐于将之称作"基于信念的学术"。[②]

为什么这种信念必须是一种宗教式的信念,我们不得而知,它同样可以成为对一种特定身份、特定政治议程,或者在情感上可以接受的特定理论的信念。毫无疑问,从没有正当理由地相信的意义上来说,信念是一切学术与科学工作必不可少的成分;因为缺乏"以果溯因"(abductive)、理由不充分与假设的维度,无论自然科学还是人文科学都根本不能存在。任何一种假设都无异于一场赌博,认为如此这般地理解现实的方式要优于其竞争对手。没有这种赌博,知识生产的游戏无法进行。但是意识形态或神话驱动的工作与科学研究之间存在着差异,前者实施的目的(无论承认与否)在于证实人们之前就已经存在的信念,或者只是造成轰动来吸引受众;而后者的展开则基于求真(fiat veritas)之精神。让我们认真地看一

① 这一比较过程的一个例子,试图"推导出""最佳解释"(没有志在必得),参见 Steven Shepard, Philip Honenberger, and Allan Megill,"A Case study in Historical Epistemology: What Did the Neighbors Know about Thomas Jefferson and Sally Hemings?", chapter 6 in Allan Megill, *Historical Knowledge, Historical Error: A Contemporary Guide to Practice*(Berkeley: University of California Press, 2007), 125—150, 243—249。

② 这个措词来自 Martin Jay,"Faith-based History"[review essay of Charles Taylor, *A Secular Age*(Cambridge, MA: Harvard University Press, 2007)], *History and Theory*, 48, no.1(February 2009), 76—84。

下尼采这一得到更好表达的言论:“在有价值的和无价值的根本问题上,根本无须考虑有信念的人。信念就是监狱。”①理论主义——当理论变成一套自给自足的建议(即所谓的“信念”)时才会自我展现——总是与一种失败相伴,它无法依据此刻的真实存在去验证人们的建议。这种逃避在最近一些后世俗性“话语”中十分常见。在《历史及其限度:人类、动物与暴力》中,这种话语的范例是阿甘本、巴迪欧、齐泽克以及研究文学的美国学者埃里克·桑特纳(1955—)。

在阿甘本及其同伴那里寻找“后世俗”

那么,什么是“后世俗问题”?正如拉卡普拉用另一个术语“后崇高”(the postsulime)加以诠释那样,使用“后”“或许是为了证明命名与概念化的危机,并暗示了**缺乏概念时对标签的求助**”(第68页,强调为本人所加)。每当我发现学者们栖身于这种模糊性中,尤其是与“后世俗”突然发生联系时,我就会感到疑虑。作为历史学家和学者,我们有责任去质问我们的对话者,不论他们过世还是健在,以期达到某种程度的澄清。如果澄清是不可能的,我们有责任尽可能展示这种含糊性。澄清不会帮助死者,但可能会帮助活着的人。然而拉卡普拉阻止自己这么做。相反,如上所述,他使用了“后世俗”这一概念,仿佛其意义已经有了很好的理解。并且他非常频繁地使用这一概念,比如他提到“棘手的后世俗问题,近来已经以一种显著的方式出现了……”(第10页);“经常在世俗(后世俗)问题中对宗教问题予以掩饰性替代”(第25页,注释20);“一种后世俗的否定性神学形式”(第166页);以及“深深地跃入激进的分歧、停顿或‘开放’之中的后人道、后世俗和准超验的观念”(第172页)。

拉卡普拉所援引的后世俗关键人物是阿甘本、巴迪欧与齐泽克,他将他们归于“准神学的或‘后世俗的’天启式乌托邦主义”(第44页,注释14)。不熟悉阿甘本、巴迪欧与齐泽克或桑特纳的读者们很想知道他们在申辩什么,并且我们有理由将之称作一个整体——就像某种四重奏——的实质是什么。就其本质而言,他们是被一组互相重叠的兴趣,并且他们所使用的一组理论透镜是联系在一起的。他们四个人都很留意海德格尔。除阿甘本之外,其他人都被法国心理分析学家雅克·拉康打上了深深的烙印。至少对阿甘本和桑特纳而言,瓦尔特·本雅明也是一个重要的引证对象。阿甘本与桑特纳也在卡尔·施密特的著作中找到了灵感,尤其是施密特的主权有权宣称“例外状态”(state of exception)观念。“例外状

① Friedrich Nietzsche, *The Antichrist*, § 54, in Nietzsche, *The Portable Nietzsche*, ed. and trans. Walter Kaufmann (New York: Viking Press, 1954), 638.

态”是一种极端的情况,正常的法律在这种情况下也会没有效力。[①] 他们四个人都与德里达特别是晚年的德里达有着亲缘关系,晚年的德里达在 1996 年的论文《信仰与知识》中明显转向了宗教问题。[②] 在谈及当下如何可能言说宗教时,德里达援引了海德格尔在 1921 年的一封信里“我是基督教神学家”的论断;换句话说,德里达认为海德格尔是在言说(即提供了一种逻各斯[③])宗教。德里达声称,海德格尔与我们当下有关,他问道:“为什么……赋予海德格尔的例子以特权?”同时他的回答是:“因为这个例子的极端特性,以及它在这些年给我们讲述的‘极端性’。”这样,极端性的主题便出现了,它与拉卡普拉唤起的“天启性”或“后天启性”乌托邦主义联系在一起。[④] 最后,需要注意到德里达对海德格尔有关信仰与知识关系观点的评论。德里达看到,海德格尔宣称哲学是“无神论的”,哲学因此对信仰来说是一种“疯狂”。德里达同样看到了海德格尔相反的断言,即“信仰”在思想中无处容身。简而言之,海德格尔似乎接受了信仰与知识在“现代”的分离。不过德里达也声称,海德格尔给出了对“某种证据神圣不可侵犯性”的“再次肯定”。[⑤] 但德里达并没有清楚说明这种“证据神圣不可侵犯性”的内容。

直至最近,在以上那些活着的思想家们当中,正是阿甘本完全吸引了拉卡普拉的注意力。阿甘本笔下的两件事情深深打动了拉卡普拉:在《奥斯维辛的幸存者》(1999 年)中所探讨的大屠杀,以及在《开放性:人类与动物》(2004 年)中所讨论的人类与动物的关系。[⑥] 拉卡普拉对巴迪欧的注意较少一些。尽管如此,巴迪欧的《圣保罗:普世主义的基础》(2003 年)一书还是得到一些“后世俗主义者”

---

① Giorgio Agamben, *Homo Sacer: Sovereign Power and Bare Life*, trans. Daniel Heller-Roazen [1995] (Stanford: Stanford University Press, 1998), and Agamben, *State of Exception*, trans. Kevin Attel [2003] (Stanford: Stanford University Press, 2005), as well as Eric L. Santner, “Miracles Happen: Benjamin, Rosenzweig, Freud, and the Matter of the Neighbor”, in Slavoj Ž i ž ek, Eric. L. Santner, and Kenneth Reinhard, *The Neighbor: Three Inquiries in Political Theology* (Chicago: University of Chicago Press, 2005), 76—133, esp. 102—103. See also Santner, *The Royal Remains: The People' s Two Bodies and the Endgames of Sovereignty* (Chicago: University of Chicago Press, 2011).

② Jacques Derrida, “Faith and Knowledge: The Two Sources of ‘Religion’ at the Limits of Reason Alone”, trans. Samuel Weber, in *Religion*, ed. J. Derrida and G. Vattimo [1996] (Stanford: Stanford University Press, 1998), 1—78.

③ 逻各斯(*logos*)本身有语言的含义。——译者注

④ *Ibid.*, 59;同时参见 *History and Its Limits*, 9, n.9. 海德格尔给学生卡尔·洛维特的信。

⑤ Derrida, “Faith and Knowledge”, 59—61.

⑥ Giorgio Agamben, *Remnants of Auschwitz: The Witness and the Archive* (*Homo Sacer* Ⅲ), trans. Daniel Heller-oazen [1998] (New York: Zone Books, 1999), and Agamben, *The Open: Man and Animal*, trans. Kevin Attell [2002] (Stanford: Stanford University, 2004). 拉卡普拉在《变动中的历史》第四章“Approaching Limit Events: Siting Agamben”(144—194 页)中讨论了阿甘本的大屠杀研究路径。

圈子的广泛关注。如拉卡普拉所指出,在将圣保罗转变成“其激进斗士的楷模”的过程中,巴迪欧没有充分直面他要做的事情,就将世俗和宗教观念混合在一起(第39页,注释4)。① 至于桑特纳,在当前语境中最重要的是他对“政治神学”的兴趣,这使得他与齐泽克和阿甘本所关注的事情很接近,也与“后世俗”很接近。②在所谓的“近来的后世俗转向”中,拉卡普拉列出了四本与之“尤其相关,在某些方面堪称典范或至少很有影响”的著述(第202页,注释15):阿甘本的《开放性》(2004年),桑特纳的《论动物或人的生活:里尔克、本雅明、塞巴尔德》(2006年),莱因哈特、桑特纳与齐泽克的《邻居》(2005年),以及德里达的文章《信仰与知识》。③

虽然拉卡普拉对“后世俗”多有引述,我们刚刚对在各个方面与“后世俗”相关的作者也做了快速概览,但在爬梳这个难以捉摸的概念时,我们并不比之前更进一步。事实上,这里有一个潜在的问题。尽管阿甘本、巴迪欧、齐泽克与桑特纳程度不同地声称对宗教、世俗化和“后世俗”(虽然并不总是以此名义)感兴趣,但很难通过评论或批评他们的著作达到对“后世俗”的理解。原因在于他们很少或根本没有兴趣做出澄清,更不要说用特定的、具体的历史性术语加以证明他们的主张了。与之相反,他们的建议倾向于以一种模糊的阴影方式漂浮着。在第二章“实践与理论的变迁”中,拉卡普拉正确地表明,齐泽克“倾向于将历史性的东西如果不是打碎后融入,也是使之从属于超历史性的东西”(第39页)。拉卡普拉的上述意见是在此前与齐泽克的交锋之后旋即提出的,齐泽克当时很生气地回应了拉卡普拉之前对他的批评,他指责拉卡普拉将我们生活中超历史性的方面与历史性的方面混为一谈。在《历史及其限度:人类、动物与暴力》中,作为对齐泽克的回应,拉卡普拉强调了两点:首先,必须分析性地区分本体论/超历史与历史性;第二,在特定的经验性案例中,两者将“叠加在一起”(也就是说紧密交织在一起)(第39—40页)。④

拉卡普拉在一个长注释中对桑特纳提出了类似的批评,他所选的例子是桑特

① Alain Badiou, *Saint Paul: The Foundation of Universalism*, trans. Ray Brassier [1997] (Stanford: Stanford University Press, 2003).

② See Santner, "Miracles Happen", and Santner, *The Royal Remains*. On Carl Schmitt's political theology, see Carl Schmitt, *Political Theology: Four Chapters on the Concept of Sovereignty*, trans. George Schwab [1922] (Cambridge, MA: MIT Press, 1985).

③ Agamben, *The Open*; Eric L. Santner, *On Creaturely Life: Rilke, Benjamin, Sebald* (Chicago: University of Chicago Press, 2006); Žižek, Santner, and Reinhard, *The Neighbor*; Derrida, "Faith and Knowledge".

④ “超历史”(transhistorical)据称是指代人类生活永恒的本体论状况:缺乏、创伤、欲望、焦虑、脆弱等。拉卡普拉在此对齐泽克一篇在线文章中的一段文字做出了回应。参见Žižek, "Death's Merciless Love", http://www.lacan.com/zizek-love.htm (accessed May 25, 2011)。

纳对思想史学者彼得·戈登在《罗森茨威格与海德格尔》(第41页,注释9)中对于德国犹太哲学家罗森茨威格的批评。[①]桑特纳反对戈登将罗森茨威格的哲学思考放置在"历史决定的关系矩阵的语境中,与阐释学视域的背景相对照"(据推测,这个视域由魏玛共和国的社会与知识语境所构成)。[②]在桑特纳看来,戈登忽略了其所指的罗森茨威格的"更为激进的附属于犹太教的主张……由于在无关的剩余物/多余物上,在刻意强调每一个'正常'的共同体试图借助某种伪装的'整体论'完成自我的高贵化上有着共同的倾向,基于这一点,犹太教开启了共同体的可能性"。[③]

拉卡普拉当然正确地指出了桑特纳此处的主张涉及犹太教的基础源自这样一种诉求,它诉诸"一种超历史性的、构成性的缺乏或创伤,结果产生了一种现在为人们所熟悉的但却是极端的观念,即视邻族为激进的他者和可能的魔鬼组成的不可能的共同体"(第41页)。当然,拉卡普拉也正确地断言,齐泽克和桑特纳做出这类举动会给"理解历史语境带来不可调和的对抗"(第41页,注释9)。

但是我发觉我在这里并未受到很大启发,我倾向于认为,这是由于在涉及后世俗问题上,那些提出这一问题的作者们的特定性和清晰性与他们论辩的能量并不匹配,而拉卡普拉也远离任何清晰的"后世俗性"概念。在我看来,他应当完全从这些作家那里抽身而出,给出自己对这一概念的理解。他讨论的那些作家们为何不能提供清晰的"后世俗"概念?我认为这主要是因为齐泽克和桑特纳(以及阿甘本与巴迪欧)是"施事的"(performative)[④]作家,这有两层含义:一是他们在实施一种行为,二是他们有时似乎也认为他们对其观点的大胆表达,应当足以促使我们赞同。拉卡普拉早期的一篇论阿甘本的文章,部分地表达了我在这里的所思所想,他暗示阿甘本"如果想把自己标新立异为一个重要的理论家,可能应迫使自己在提出理论上大胆、让人感到不快的观点时上再增加赌注(赌注已经高得离谱了)"[⑤]。所言甚是。为了刺激、煽动甚至震撼他们的读者,这些作家们经常提出一些"无效"的解释,因为这些解释与任何东西都无关——或者说,如果不是与任何

① 桑特纳对戈登的批评,参见"Miracles Happen: Benjamin, Rosenzweig, Freud, and the Matter of the Neighbor", in *The Neighbor*, 106—110。同时参见 Peter E. Gordon, *Rosenzweig and Heidegger: Between Judaism and German Philosophy* (Berkeley: University of California Press, 2003), 199—202。

② Santner, "Miracles Happen", 107, in part quoted by LaCapra, 41, n.9.

③ *Ibid.*, quoted by LaCapra, 41, n.9.

④ 梅吉尔在这里借用了英国哲学家约翰·奥斯汀的言语行为理论,即言语行为除了是陈述性的(constative)外,还是"施事的"(performative),也就是说人们在说话的同时也是在实施某种行为。——译者注

⑤ LaCapra, "Approaching Limit Events: Siting Agamben", in *History in Transit*, 155—156.

东西都无关,至少也是与“所知”的东西无关。我们发现自己在徒劳地挖掘深藏的财宝,即解释的指称物。①

不妨考虑下桑特纳的近作《王室的残余:人民的两副躯体与主权的终局》。该书的方法让我想到了一本他引述为“开创性的”且支持了其观点的著作,即文学研究学者伊莲·斯卡里(Elaine Scarry)的《痛苦的躯体》(1985年)。② 这两本书通过详尽评论文本的方式,讨论了各自的主题——主权与躯体的痛苦。如斯卡里的书中有近100页的一章,论述“犹太教—基督教经文与马克思著作中的身体和声音”。③ 1985—1986年间阅读《痛苦的躯体》时,我感到既刺激又沮丧,因为我常常不能理解,究竟何种证据将斯卡里有时对文学和哲学文本溢于言表的评论与文本之外的世界联系在一起。将《痛苦的躯体》与相近主题的另一本书进行比较是有趣的,这就是历史学家爱德华·彼得斯同样出版于1985年的著作《酷刑》。凡斯卡里书中施事的地方,在彼得斯那里都是质朴平淡的。彼得斯的观点是明确的,他以一种清晰的方式表达出他看待这些观点的基础也是真实的。④总而言之,我们可在此看到两种截然不同的学术路径——可以称之为施事的和质朴的。⑤ 在我看来,《王室的残余》提供了与《痛苦的躯体》同样的愉悦和沮丧。同样,桑特纳的书也可以看作是另外一本书施事的对应物,并从中获得了主要观点即“两副躯体”的观念——这本书就是历史学家恩斯特·康托洛维茨的《国王的两副躯体:中世纪政治神学研究》(1957年)。康托洛维茨的书是对“‘国王的两副躯体’的神秘虚构”的研究,但在论证和材料上都异常细致,毫无神秘色彩;不过,同时必须补充的是,该书有很强的暗示性,影响了许多后来的作者。⑥

现在,来看一下收录在齐泽克、桑特纳与莱因哈特编辑的《邻居》一书中,桑特纳《奇迹发生》一文里的最后一段话:

---

① Sigmund Freud, *The Interpretation of Dreams*, trans. James Strachey, in Freud, *The Standard Edition of the Complete Psychological Works*, ed. James Strachey et al. (London: Hogarth Press), Ⅳ, 111, n.1; also Ⅴ, 525.

② Elaine Scarry, *The Body in Pain: The Making and Unmaking of the World* (New York: Oxford University Press, 1985); Santner, *Royal Remains*, xvi.

③ Scarry, *The Body in Pain*, 181—277.

④ Edward Peters, *Torture* [1985] (New York: Basil Blackwell, 1996).

⑤ 分析哲学家彼得·辛格(Singer)在一篇评论中比较了斯卡里与彼得斯的方法,对斯卡里的批评相当苛刻,参见 Peter Singer, “Unspeakable Acts”, *The New York Review of Books*, February 27, 1986。辛格之后与非分析哲学家保罗·魏斯(Paul Weiss)的书信交流,见 *The New York Review of Books*, June 12, 1986。

⑥ Ernst H. Kantorowicz, *The King's Two Bodies: A Study in Medieval Political Theology*, with a new preface by William Chester Jordan [1957] (Princeton: Princeton University Press, 1997), 3. 我们不应当忘记康托洛维茨的“质朴”研究是对其魏玛时期的著作 *Kaiser Friedrich der Zweite* 的强烈排斥,该书“是一本畅销书,后来为纳粹所喜爱”(引自 Jordan's comment in *The King's Two Bodies*, xii)。参见 Kantorowicz, *Kaiser Friedrich der Zweite* (Berlin: Georg Bondi, 1927)。

> 我们似乎已经得出结论,圣保罗是第一个伟大的日耳曼—犹太人思想家,地位与罗森茨威格、弗洛伊德和本雅明相同!……某种意义上,每个人通过非常不同的路径,得出了同样的结论,这就是,即使设想一下生活方向的激进转变……人类也需要一种超出(意识形态)质问的质问观念……让这种思想(即弗洛伊德、本雅明、罗森茨威格的思想)是全新的原因,在于它有效地显示出这种必然性(即对超出质问的需求)如何从世俗思想的内在的绝境中出现。在罗森茨威格的著作中,核心矛盾是,正是真正世俗的思想,被深深地投入在例外的幻想中……与宗教思想的形式不同,我愿意将之视为在我们可以更审慎地称作后世俗思想道路上的尝试性的第一步。①

圣保罗、罗森茨威格、弗洛伊德和本雅明的新四重奏,这的确很有趣。但他们在做什么样的工作?"后世俗思想"又在做什么样的工作?我们可以问问桑特纳,去拓展和澄清他这里所讲的内容。不过,我的问题与桑特纳(或阿甘本、巴迪欧、齐泽克)的后世俗性观念真的无关。相反,我的问题与我们可以称之为"后世俗性的话语"在当代思想中的意义与重要性有关。这种话语所覆盖的范围,比拉卡普拉在对阿甘本等人的批评中所触及的要更为宽广。

论今日的后世俗性话语

拉卡普拉开始写作该书时(大概是在2005年左右),后世俗性话语刚刚出现,因而后世俗性只是《历史及其限度》的一个不重要的主题,这一点并不令人奇怪。鉴于当前后世俗的迅猛发展,拉卡普拉决定触及这个"棘手问题",是有先见之明的。② 为推进对此问题的研究,我们需要做一些概念辨析工作,同时需要拓宽研究材料,使之超出《历史及其限度:人类、动物与暴力》一书的范围。我在下文所做的,不过是开启了这些任务。

我认为在后世俗问题中,一些概念与其说是缺乏的,不如说是混乱的、复杂的和未加批判的。今天有关后世俗性的讨论中存在两个根本性的问题:第一,宗教在公共生活中应扮演什么角色?第二,我们这些致力于追求现代主义的科学理解的人该如何面对宗教现象?这两个问题都关涉世俗与宗教之间的临界区域,或者更确切地说,关涉现代世俗制度和实践(国家、司法体制、公共教育、公立大学、研

---

① Santner,"Miracles Happen",132—133.

② 拉卡普拉说在谷歌上搜索"后世俗",出现11200个结果(202页,注释15)。他没有说明检索的时间,很可能是在2008年,因为《历史及其限度》出版于2009年5月。我对"后世俗"的检索结果如下:2011年5月23日约43800条;2011年12月30日约214000条;2012年1月31日约219000条。

究性大学、科学及其相关实践)与宗教机构、教义和实践之间的临界区域。后世俗语的一个奇特之处在于,它要掩盖当前一个广受怀疑的、与所谓"世俗化命题"相关的概念——它关乎世俗与宗教的临界区域。"世俗化命题"声称,引导人类从宗教走向世俗的趋向在某种程度上是现代历史结构的一部分。自19世纪上半叶以降,许多思想家和社会科学家以不同方式(如自由主义的、马克思主义的或涂尔干式的)提出并详尽论述了世俗化命题。不过在当下,我们别无选择,只有承认,世俗化命题(现代化同样被理解为世俗化的普遍诉求)失败了。说其失败基于两点考量。首先,它在理论上失败了,因为历史的"宏大"或"主导"叙事观念是有问题的。[①] 其次,在经验上也失败了,因为当历史学家和社会科学家在实际上研究范围广泛的社会,而不仅限于迄今为止世俗化势头强劲的地区(如西欧、加拿大、澳大利亚、新西兰)时,就我们多数人当前的理解而言,情形比世俗化命题支持者想象得要远为复杂多变。[②]

根据"前"与"后"之间的假定区分,正如"后"世俗这一术语隐含的那样,对世俗与宗教的临界区域进行概念化在思想上是含混不清的,因为它用历史发展的模糊观念代替了人们真正想要看到的东西,即关于"后世俗"可能是什么的清晰陈述。比如,我没有在后世俗性话语中发现任何严肃表达世俗性观念的意图——这当然是推进"后世俗性"的必要条件。很显然,存在多种不同的世俗性,我可以做一个简单的分类。

第一,心理学意义上理解的世俗性。它牵涉真正理性的思维方式实践,与过往神秘主义的/魔幻的/宗教的思维无关。这个意义上的"世俗社会"是理性思维方式主导的社会。不过应当注意这么一个问题,即这样一个社会是否曾经存在,或者是否曾经能够存在。例如,社会心理学家阿莫斯·特沃斯基(Amos Tversky)和丹尼尔·卡内曼(Daniel Kahneman)就认为,一种深层的直觉性的"快速思维"(fast thinking),既内在于又以某些功能性的方式保留在我们的决策过程中。[③] 如

---

① Megill, *Historical Knowledge*, *Historical Error*, chapter 9, "'Grand Narrative' and the Discipline of History", 165—187, 251—261.关键性文本参见 Jean-François Lyotard, *The Postmodern Condition*: *A Report on Knowledge*, trans. Geoff Bennington and Brian Massumi(Minneapolis: University of Minnesota Press, 1984).

② 参考杰弗里·考克斯对世俗化主题的敏锐批评,见 Jeffrey Cox, "Master Narratives of Long Term Religious Change", in *The Decline of Christendom in Western Europe, 1750—2000*, ed. Hugh McLeod and Werner Ustorf(Cambridge, UK: Cambridge University Press, 2003), 201—217, and Cox, "Towards Eliminating the Concept of Secularisation: A Progress Report", in *Secularisation in the Christian World*, ed. Callum Brown and Michael Snape(London: Ashgate, 2011), 13—26。

③ 参见 Daniel Kahneman, *Thinking, Fast and Slow*(New York: Farrar, Straus and Giroux, 2011), and Amos Tversky and Daniel Kahneman, "Judgment under Uncertainty: Heuristics and Biases", *Science*, new series, vol.185, no.4157(September 27, 1974), 1124—1131.

果卡内曼和特沃斯基是对的,人类的思维就绝不可能完全符合逻辑——这也是个好事。换句话说,这种世俗性是空盒子一类的东西,很少有人能否认这一点。本质性的争论关系到其他事情。

第二,社会学意义上理解的世俗性。它涉及对宗教实践的普遍不参与,以及宗教机构的社会声望与宗教权威的社会权力的严重衰落。在这样的世俗社会中,宗教机构和神职人员在更广泛的社会和政治事务中几乎没有影响力和权威性。读者们可以以自身为例,思考一下今日西方世界所存在的这类社会。

第三,政治意义上理解的世俗性。它涉及对"教会"与"国家"的严格区分,国家代表着普遍利益,因此在宗教传统和非宗教传统的竞争中保持中立。然而在这种社会中,宗教可能依然发挥着社会影响甚至是重要的影响。简而言之,这种世俗性明显不同于第二种世俗性,它与社会中存在的较高层次的宗教追求相容。读者能够发现一些例子——或至少想到一个例子,即杰斐逊治理下的美国社会通过政教分离试图保持宗教和平。

第四,生活中宗教和非宗教方面一般区分意义上理解的世俗性,比如主日与其他一切事务的区分。与第一种世俗性类似,第四种世俗性主要是一种心理现象;尽管有政治和社会学上的伴生物,这种区分的基础是精神导向。此外,与第一种世俗性类似,第四种世俗性观念有着辩论之用途,有时目的在于攻击宗教的虚伪性,有时目的在于谴责宗教对整个世界的所谓的有限影响。就我目前所知,这种世俗性在现代社会背景中的首次出现,是马克思 1844 年早期的文章《论犹太人问题》。①

本着这一分类,我承认那些坚持谈及"后世俗性"的人有一种思想责任——考虑到学术生活中寻求真理的规则,也有一种道德责任——去说清楚他们认为世俗性在哪些方面已经过时,依据又是什么。

考虑到这样做的一个根本理由是一种具有导向性的历史观(被认为涉及从宗教到世俗的普遍运动),而这种历史观迄今已经被彻底描述,为什么竟然还要谈论"后世俗性"呢?继续坚持一种"怀旧"观——更重要的是这种怀旧观在历史上和经验上都没有正当理由——的风险是什么?为回答这个问题,我们需要看看发生在受拉康影响的批判理论家范围之外的后世俗性争论。拉卡普拉正确地呼吁这些理论家们解释一下他们渴望摒弃因洛克而闻名的"质朴的历史方法"的原因,但是我们也需要看看其他更深入地从事与我们相关的实质性问题的思想家。既然在一篇短文中不可能覆盖当代"后世俗性"话语及其相关问题的大部分领域,

---

① Karl Marx, "On the Jewish Question", in Marx, *Early Writings*, introduction by Lucio Colletti, trans. Rodney Livingstone and others (London: Penguin, 1975), 211—242, especially 237—238.

我在这里将重点放在两位与该术语的出现和与该术语相关的观念有着密切关系的思想家身上,他们是哈贝马斯(1929—)和米尔班克(1952—)。哈贝马斯从一个方面,米尔班克及其同事从另外一个方面,各自使"后世俗"术语传播开来。对后世俗的讨论中,有争议之处再一次是世俗性与宗教的临界区域。世俗哲学家哈贝马斯与"激进的正统"神学家米尔班克恰巧在不同时刻以及完全不同的语境中,共同发现使用"后世俗"很有助益。不过,他们如此做的理由几乎是直接对立的。①

20世纪80年代早期以前,哈贝马斯对宗教并不感兴趣。他不是一个宗教信徒,似乎也不认为宗教会构成社会秩序的一个问题;相反,他坚持马克思主义的(后来是涂尔干式的)立场,即宗教在迄今为止的社会中发挥了合理的作用,但注定要消亡。② 但在80年代和90年代,哈贝马斯对宗教的兴趣增长了。③ 在更近些时候的世纪之交,其著作清晰显示了对相关宗教问题的关注。2001年10月,"9·11"事件发生之后,在接受德国书业和平奖之际,他做了"信仰与知识"的演讲,他的转变才为广大公众熟知。同时,他也刚刚出版了一本关于优生学的书《人性的未来》。他在书中坦承面对基因工程的不安,许多宗教思想家也有这种不安。④ 在讨论优生学时,哈贝马斯提出了"世俗化在我们的后世俗社会中意味着什么"的问题。在回答他自己的问题时,哈贝马斯承认后世俗社会"为了宗教本身,在继续着宗教对神话所做的工作",目的不在于"满怀敌意地接管"宗教,而是在世俗领域内"出于关心,去抵消意义的稀缺资源的潜在的熵"。⑤ 我将哈贝马斯的陈述翻译如下:1.世俗的现代性遭受"意义"缺乏

---

① 我们可以想一下大多数"后世俗"理论家的拉康式话语,拉卡普拉评论到这种话语构成了"后世俗"产生的第三种背景。我的感觉是,拉康式话语没有"激进正统论"话语,更没有哈贝马斯的讨论更广受关注。

② 正是这一原因,马修·斯拜克特在其关于哈贝马斯的思想传记中没有讨论这一主题,参见 Matthew G.Specter, *Jürgen Habermas: An Intellectual Biography*(New York: Cambridge University Press, 2010)。

③ 参见 Jürgen Habermas, *Religion and Rationality: Essays on Reason, God, and Modernity*, ed. Eduardo Mendieta(Cambridge, UK: Cambridge University Press, 2002),该文集包含哈贝马斯在1981—2001年之间所写的与宗教问题相关的论文。

④ Habermas, *The Future of Human Nature*[2001](Cambridge, UK: Polity Press, 2003)(英文版收入了和平奖演说文本)。这之后,哈贝马斯在许多其他著作中进一步讨论了宗教问题。更深入的讨论,可参见 Peter E. Gordon, "What Hope Remains?" [essay reviewing Habermas et al., *An Awareness of What is Missing: Faith and Reason in a Post-secular Age*, trans. Ciaran Cronin (2008)(Cambridge, UK: Polity Press, 2010), and Judith Butler, Jürgen Habermas, Charles Taylor, and Cornel West, *The Power of Religion in the Public Sphere*, ed. Eduardo Mendieta and Jonathan VanAntwerpen, afterword by Craig Calhoun (New York: Columbia University Press, 2011)]; Austin Harrington, "Habermas's Theological Turn?", *Journal for the Theory of Social Behavior* 37, no. 1 (2007), 45—61; and *Discoursing the Post-secular: Essays on the Habermasian Post-secular Turn*, ed. Péter Losonczi and Aakash Singh (Berlin: LIT Verlag, 2010).

⑤ Habermas, *Human Nature*, 103, 114.

的打击;2.宗教有助于弥补这一匮乏。

哈贝马斯写于2008年的《后世俗社会笔记》一文,肯定比作者在某些期刊中所写的任何将"后世俗"推向至高地位的单篇论文贡献更大。在这篇文章中,他试图在更大的历史和社会学框架内定位"后世俗社会"。[①] 哈贝马斯在开篇提出:"'后世俗社会'这一术语只能适用于欧洲社会或者像加拿大、澳大利亚和新西兰这样的国家,在这些社会中,人们的宗教联系在二战后已经稳步或者非常戏剧性地消失了——这些地区见证了如下意识的增长,即它们的公民现在生活在世俗化社会中。"[②]但是这里有些奇怪的是,根据后世俗社会是一个宗教机构和神职人员在其小圈子之外没有权威的理解,很难将哈贝马斯使用的"后世俗"术语与上文第二种世俗性区别开来。哈贝马斯对术语的使用令人疑惑:什么原因导致他用"后世俗"一词来称呼哈贝马斯之前每个人都称为"世俗"的东西?一种假设是,哈贝马斯职业生涯的大部分时间毫无疑问地接受了世俗化命题(即从宗教向世俗的不可避免的进步),他试图通过拓展历史的延续性保留这一命题的片段或记忆;其方式是通过建议一种进一步导向超越世俗性立场的运动,缓和最初的"从宗教到世俗"的叙述。

如果这种假设成立,我们便可以得出结论:哈贝马斯已经抛弃了,或者至少明确限定了他对世俗社会与政治秩序的承诺(即第二种和第三种类型的世俗性,这两种世俗性设想了与严格政教分离相结合的、普遍的宗教不参与或普遍的宗教参与)。虽然近些年哈贝马斯比其职业生涯的大多数时候对宗教更感兴趣,也更加关心对宗教的理解,但他根深蒂固的世俗主义观点没有改变。他显然不再坚持宗教注定会消亡(我们可将这种立场与第二种世俗主义紧密联系在一起),但他没有放弃对宗教中立国家和公共机构的偏爱(第三种世俗性)。特别是(尽管后世俗术语冒着给人留下错误印象的危险),他没有构想那种将会推翻世俗社会实践与制度安排的、向新型社会的过渡。也没有迹象表明,他设想今日第二种意义上的世俗社会(以宗教实践和宗教机构中广泛的不参与为标志)可能会发生改变。

事实上,在使用"后世俗社会"这个标签时,哈贝马斯并非指社会和政治安排中的改变,而是指意识的改变——他认为这种改变正在进行之中。他认为"欧洲公民"正逐步意识到"他们在全球范围内的相对性",这种意识"削弱了可预见的宗教消亡的世俗信念,剥夺了对世界的世俗

---

① Jürgen Habermas,"Notes on Post-secular Society",*New Perspectives Quarterly*,25(2008),17—29;http://www.signandsight.com/features/1714.html(accessed January 7,2012).

② *Ibid.*,17.

理解的一切胜利热情”。[①] 这样,在哈贝马斯的用法中,“后世俗”意味着世俗社会的支持者承认宗教在这里可以继续存在,甚至可能发挥一些积极的作用(如弥补“意义的匮乏”)。虽然哈贝马斯对国家应当保持宗教中立的观念的追求依然存在,但他现在坚持宗教中立的国家需要承认宗教在社会中的在场。与之相应,国家机构与一般意义上的社会应当很愿意参与同宗教社群的互尊互敬的讨论与对话,以便建立一些原则,比如据此“柏林、科隆或法兰克福的土耳其社群”有可能“建立从远处即可看见的清真寺”,而不是被限制在后院的祷告所之中。[②]

但什么才能促成这种后世俗性?几年前神学家大卫·诺瓦克(David Novak)建议用一个更好且更准确的术语“温和的世俗性”(moderate secularity)。[③] 诺瓦克的平淡术语远比“后世俗性”更可取,因而更能打动我。哈贝马斯对后世俗的借用,或许最好被视为世俗哲学家向宗教信徒做出的善意的姿态,他近些年来一直与他们进行严肃的对话,尤其在生命伦理问题上。不过,后世俗性起码在两个方面上是一个具有误导性的危险术语。首先,它倾向于认为“我们”“已经”世俗了。这是非常错误的。我可以斗胆提出,从上面提到的四种意义上来说,任何社会都不曾是世俗的;并且在我写下这些字时,只有少数社会像大部分西欧国家、加拿大、澳大利亚那样是世俗的。[④] 其次,这个术语的动词形式表明,有某种超越或者后于世俗性的东西,能够且应当取代世俗性。哈贝马斯无条件支持这一观点,似乎这一观点才是“后世俗”术语的明确含义。

哈贝马斯是知识分子群体内首位给“后世俗”带来卓著声名的人。不过这一术语此前略早的时候,已经在与约翰·米尔班克有关的所谓“激进正统派”中流行。激进正统派的奠基性著作是米尔班克1990年的《神学与社会理论:超越世俗理性》。米尔班克在该书中谴责了神学直面世俗理性时的“错误的谦恭”。他通过“追溯世俗理性主要形式的谱系,以此方式来揭示建构其逻辑的武断时刻”,旨在证明社会理论的“可疑性”,甚至普遍世俗理性的可疑性。[⑤] 他断言世俗理性的基础是这样一种假定,即“原初的暴力”植根于“无序的冲突,它必须靠稳定与理

---

① *Ibid.*,20;also Hans Joas,“Post-secular Religion? On Jürgen Habermas”,chapter 8 in Joas,*Do We Need Religion? On the Experience of Self-transcendence*,trans.Alex Skinner[2003](Boulder,CO:Paradigm,2008),106.

② Habermas,“Notes”,23.

③ David Novak,“Secularity without Secularism:The Best Political Position for Contemporary Jews”,*The Hedgehog Review*,8,nos.1 and 2(“After Secularization”)(Spring and Summer 2006),108.

④ Cf.Bruno Latour,*We Have Never Been Modern*,trans.Catherine Porter[1991](Cambridge,MA:Harvard University Press,1993).

⑤ John Milbank,*Theology and Social Theory:Beyond Secular Reason*[1990](Oxford:Blackwell,2006),1,3.

性的认同来加以驯服”。米尔班克声称，与世俗理性相反，“基督教……不承认有原初的暴力。它不把无限解释为混沌，而是看成超越任何总体理性有限权力的充满和谐的和平。和平是……和谐相处的差异的社会性……这种基督教逻辑不会被现代世俗理性解构……基督教……是将先验性差异编码为和平”。[①]

我们发现自己与米尔班克一道，明确地处在以信仰为基础的断言范围内，而阿甘本及其同道则绝不会这样。这不仅仅是因为米尔班克经常在学者所负的如下责任上太过轻率，即以能够立足学术圈的证据和论辩支持他们的诉求——虽然他确实过于轻率。[②] 相反，他和他的同事们走得更远，因为“激进正统论”需要对“作为信经的基督教”做出优先承诺(结果通常意味着对英国国教或罗马天主教的官方模式做出承诺)，以此作为其入场券。

米尔班克与两位同事皮克斯托克(Catherine Pickstock)和沃德(Graham Ward)一起编纂的文集《新神学激进正统论》，对激进正统论运动做出了解释。[③] 在文集的导论中，米尔班克、沃德和皮克斯托克声称“世俗主义的逻辑正在崩溃”，因为“其自身缺乏价值，缺乏意义”。他们进一步称“在面对真理的世俗性死亡”时，激进正统论工程“寻求重塑神学真理”。这种正统论意味着“对作为信经的基督教的承诺，以及对其教父背景之典范的承诺”。[④] 与此同时，“后世俗”术语进入激进正统派运动的词库，最明显地体现在一本米尔班克的博士生菲利普·布隆德编辑的文集《哲学与神学之间的后世俗哲学》(1998)中。[⑤] 按照布隆德的理解：

我们生活在一个失败状态的时

---

① *Ibid.*,5—6.

② 参见汉斯·约阿斯对米尔班克1995年以来的工作的尖锐批评，Hans Joas，“Sophisticated Fundamentalism from the Left? On John Milbank”，in Joas，*Do We Need Religion?*，65—80。约阿斯写道：“(米尔班克的)观点存在严重缺陷……(他)忽略了大部分与他的问题有关的社会学遗产。他……为对社会学上无知的激进修辞打开了大门，使之更难以进入神学家与社会科学家之间卓有成效的对话——无论这些社会科学家们是不是信徒。这种对话……可以是不同终极价值追求之间理性交流的重要蓝本。”(67页)“他似乎假定对‘世俗’制度化的分析以某种方式粉碎了其主张的有效性。”(69页)“当一个人发现经验是如何不能控制他对社会现实的评论时，他对神学吁求的傲慢……就变得显而易见了。”(76页)

③ *Radical Orthodoxy:A New Theology*，ed.John Milbank，Catherine Pickstock，and Graham Ward(London:Routledge，1999).

④ John Milbank, Catherine Pickstock, and Graham Ward, “Introduction: Suspending the Material: The Turn of Radical Orthodoxy”，in *Ibid.*，1—2；see also *The Radical Orthodoxy Reader*，ed.John Milbank and Simon Oliver(London:Routledge，2009).至于断言世俗主义“缺乏价值”，人们注意到了米尔班克学派与哈贝马斯之间的相似性。还需要注意的是，对正统论的追求会导致甚至更为奇怪的相似性——比如，米尔班克与齐泽克之间的相似性，参见 Slavoj Žižek and John Milbank，*The Monstrosity of Christ:Paradox or Dialectic?*，ed.Creston Davis(Cambridge，MA:MIT Press，2009)。然而，考虑到米尔班克自我声称的(但却是非常含混不清的)激进主义、齐泽克挥之不去的正统列宁主义，以及他们共有的思想风格上的武断色彩，这种相似性并非太让人感到吃惊。

⑤ *Post-secular Philosophy:Between Philosophy and Theology*，ed.Phillip Blond(London:Routledge，1998).

> 代。无论在哪里,人们都普遍不再相信有任何可能性,不论是为他们自己、为彼此、还是为这个世界,也不再理解口中的惯用语。他们用“政治”这样的词汇,试图将不能形式化的东西形式化,并在之上建立世俗城市……这些晚期现代派随时随地地提出有关先验的对抗性主张,因为他们必须被看作是不一致的……被如此轻率地断言的世界是怎样的世界啊……最小的共同特征也会经得住考验被看成是人类公民生活的根基……那些陷入这种世界里的人每天总在实践着否定的暴力。①

针对这种“晚期现代性”,布隆德宣称来源于保罗神学的“另一种可能性”:“难道圣保罗没有暗示这一领域(神学领域)呈现在愿意寻找它的那些人眼前吗?”——不过这种寻找需要“一种新的理解力”,上帝或许赋予其“一种没有被其能力所遮蔽的主体性”。② 在布隆德看来,与保罗这一观点相反的是来源于邓斯·司各特的神学,后者被错误地抬高到“比神更高的位置”,因而在“神与他的造物”中分配存在。布隆德认为,这种致命的“神与造物的单义性”标志着“神学本身成为偶像崇拜的时刻”,其立足的基础是“现代偶像崇拜”,我们当前必须要与之作战。③

显然我们在这里已经处于宗教信仰的领域,不过这里所讨论的立场多半是用哲学式的语言表达出来。你要么具有看到真理的眼光,要么缺乏这种眼光。④ 世俗现代性不合逻辑这一假定的事实就是真理的一部分。知道的人自然会知道,不知道的人则不会知道。“后世俗”这一术语在此扮演着它自己特殊的角色。米尔班克学派只是对研究世俗社会的基础与现实不感兴趣。它“总是早已知道”世俗社会是不合理的,注定要被“另外一些”依旧极其模糊的“其他东西”取代。这种处境下,“后世俗”这一术语扮演的角色,类似于20世纪七八十年代受到围攻的马克思主义者所使用的“晚期资本主义”这一术语。在这两个例子中,目的都在于说明令人憎恨的现实(资本主义、世俗主义)已经奄奄一息。⑤ 如果(对资本主义或世俗主义的)批评能够在某种程度上让读者接受一种源自现实即将崩溃这一观

---

① Phillip Blond,“Theology before Philosophy”,in *Ibid.*,1—2.

② *Ibid.*,2.

③ *Ibid.*,3,4.

④ 加尔文曾有力地表达过保罗的这一立场,他声称保罗的意思并非是上帝在创世工作中的自我显现不过如此,可以被缺乏我们所受到的启蒙的人所理解。我们的启蒙来自“上帝的内在启示”这一信仰。参见 John Calvin,*Institutes of the Christian Religion*,trans.Henry Beveridge(Peabody,MA:Hendrickson,2008),book Ⅰ,chapter 5,section 14,p.25.

⑤ 米尔班克自己提到了“晚期资本主义”,参见 *Theology and Social Theory*,156。正如约阿斯挖苦地写道,他或许是共产主义崩溃后还这么做的最后几个作者之一。参见 Joas,“On John Milbank”,76。

念的术语,那么说服游戏或许已经在胜利的中途。

我们这些学者很难否认,现代社会面对着许多尚未解决的问题。我们也对如下假设抱有兴趣,即认为某些这样的问题源自人们的价值观,而不仅仅来自物质生活条件(如是否有卫生保健、儿童的零花钱、良好的教育,以及所有人都容易获得的社会安全)。但这些问题需要经验上(而非自我参照)的研究。拉卡普拉凭借历史研究与写作的优良传统,在《历史及其限度:人类、动物与暴力》中提出一种来自经验的观点,即如果脱离对具体事实与语境的研究,理论就会有沦为理论主义的风险;也就是说,理论会沦为一种理论(或伪理论)话语,使自己推卸那种以恰当的方式验证其主张的责任。祈求于某种真言(如"后世俗")以及宣扬正统论(无论是基督教、伊斯兰教、印度教、犹太教、列宁主义抑或其他),对一些人而言或许是宗教信念的令人满意的表达,但是当这些观点强加给那些不相信特定正统论的人时,就会遭到强烈抵制。被抵制的还会有拉卡普拉所注意到的学术中的施事风格,我们在阿甘本、巴迪欧、桑特纳、齐泽克、米尔班克以及其他一些人那里可以看到这种风格。当然,这些作家有时会给我们带来令人震撼的洞见,迫使我们以一种不同的方式审视熟悉的事物,或者观察以前未曾注意过的其他事物。当施事风格试图躲避批判性的检验,危险就会随之而来。

这种看法超越了"激进正统论",也超越了宗教。所有靠当代研究性大学生活的学者,有责任为他们的立场进行辩护,理由是其他学者们能够视之为真正的争论。我发现包括拉卡普拉在其异常清晰和明智的著作中所触及的那些人在内的"后世俗"理论主义者,经常并不履行这一责任。让我感到遗憾的是,拉卡普拉在《历史及其限度:人类、动物与暴力》(若称为《理论及其限度》也许更好)中并未更进一步以一种更具分析性的和更具历史性的方式去探讨"后世俗"。若这么做,既需要分析术语背后各种隐晦的概念,同时也需要努力在一个或多个更为具体的语境中为这些概念定位,以便澄清这一术语及其概念正在发挥或意图发挥的功用。不过我得首先承认,一位作者在任何单一著作中所能完成的东西都有限度。就我本人而言,感谢拉卡普拉将我的注意力吸引到在打开该书之前我所知甚少的主题上来。由于宗教在当代世界扮演着各种重要而又相互冲突的角色,因此这个主题显然需要我们继续予以批判性关注。

译者简介:张文涛,中国社会科学院世界历史研究所副研究员。

校者简介:张旭鹏,中国社会科学院世界历史研究所副研究员。

史学史与史学理论

历史书写的欧洲传统：圣维克多的休与历史发展观念①

□理查德·威廉·索森(Southern,Richard W.) 文 李腾 译

摘　要:在本篇讲演中,索森归纳了“普世历史”(universal history)这一最具特色和重要性的基督教史学概念的演变。奥古斯丁的世界六阶段论所奠定的基础为比德进一步纳入到历史发展框架当中,并建立了每个阶段的根本特征。这种历史模式得以在中世纪盛期盛行,主要归功于圣维克多的休(Hugh of St.Victor)。他的系统神学著作奠基于历史脉络之上,建立了历史发展的理念,并为未来接纳技术上的革新做好了准备。在发展的普世历史方面,哈维堡的安瑟姆(Anselm of Havelberg)和弗莱辛的奥托(Otto of Freising)成为了休思想遗产的继承者。普世历史和历史发展的概念在12世纪正式得到确立,并在未来的数个世纪里统治着欧洲的历史思想和历史书写。

关键词:普世历史;圣维克多的休;历史发展;中世纪基督教史学

Abstract: In this speech, R. W. Southern interpreted the development of the idea of “universal history”, one of the most featured and significant Christian historical idea. The six stages established by Augustine had been more fully embedded into the historical framework by Bede, and Bede authorized fundamental features for each stage. The re-prevalence of this historical pattern mainly attributed to the works of Hugh of St. Victor. His masterpiece regarding systematic theology based on the historical context. Hugh perfected the idea of historical development and mentally prepared for the technology innovation in the future. Among twelfth-century writers, only Anselm of Havelberg and Otto of Freising could be viewed in some degree as Hugh's

---

① 本文译自 Southern, Richard W., “Presidential Address: Aspects of the European Tradition of Historical Writing: 2. Hugh of St. Victor and the Idea of Historical Development”, *Transactions of the Royal Historical Society* (fifth series) 21 (1971): pp.159—179。巴黎耶稣会—塞夫勒中心学院(Les facultés jésuites de Paris-entre Sèvres)的谢华博士和暨南大学历史系博士生张楠曾阅读过译本草稿,并提出了中肯的修改意见,在此谨表谢忱。

successors. The ideas of universal history and historical development had been established in the twelfth century, and dominated European historical thought and historical writing for several centuries.

Keywords: Universal History, Hugh of St. Victor, Historical Development, Christian Historiography in the Middle Ages

一

一年之前,我曾利用主席讲演的机会考察了从艾因哈德的《查理大帝传》到蒙茅斯的杰弗里的《不列颠诸王纪》这三百年间历史书写的古典范式。在这些规则下进行的历史书写有许多优点,其所强调的东西往往是正确的,或至少具有启发性,但是其从未超越现实世界的不确定性。蒙茅斯的杰弗里是一个遵循旧规则的历史学家,但由于他如此完美地继承了过去的传统,以至于除了在罗曼传奇方面,这一史学书写传统后继乏人。对于我们来说也是如此,现在是时候让我们重新面对现实了。

希望大家特别注意的是,从年代上来说,今天所讨论的历史思想和书写阶段与上面所勾勒的传统具有紧密的联系。但是,它们的源头大相径庭,从而导致了全然不同的结果。它并非是以一种宏大的风格来处理宏大的主题,而是采取了科学研究的形式去探究所有主题中最大的一个。毫无疑问,这个主题就是普世历史(universal history)。我们主要关注的作者们都生活在 12 世纪,但是为了正确地理解他们,有必要追溯他们所承继的思想体系,并推进到这一精妙阐述体系建立和最终衰落的时刻。

普世历史的知识背景并不是古代学派的修辞所提供的,而是基督教带给西方世界的创世、堕落和救赎的框架。这一宇宙论产生出了一种新的历史观,从而成为基督教对古代学术宝库最重要的知识贡献。在古代异教徒世界中——有点儿与我们现在的状况类似——从来没有一幅关于人类历史从起源到终结的清晰明确的图景;但是到 4 世纪后期,基督教学者在清晰界定的年代中,创造出了一种简洁的新宇宙观,并从精神实质的永恒世界中脱颖而出。这种历史观最大的特点就是它的清晰性。人类生活的最早时刻就像昨天发生的事情那样清楚明确,而此后几乎每一个世纪都有相当准确可查的事实。虽然对于最早的历史事件究竟发生在五千年前还是六千年前,或者世界是否会在一百年或两百年还是一千年后终结等问题上仍有争议,但在一般的时间尺度上却没有疑义。公元 1000 年的时候,没有多少人会想到世界还会继续存在一千年,甚至完全没有人会想到世界会继续存在两千年。对他们而言,终结就在眼前,如开始时那样清晰,历史就是这个紧凑而简明世界的故事,整个大势可以被完全清晰地掌握。

这种必然性是欧洲知识发展的一个

重要现象。若干科学证据和批判学术的研究表明,中世纪所继承的历史观是中世纪思想体系中最难以撼动的部分。它借着一场思想革命来到人间,并在最后的生命岁月中最为强大。在长达一千五百年的生命中,这种历史观给予了人们面对外部世界的信心。也许我受到了历史学家臆想的影响,但是我情不自禁地想到,这种历史图景的清晰性正是科学思想发展的重要工具。无尽的时间、泛滥无涯的循环以及难以想象的深刻变化,这些复杂的东西都被排除了,思想就可以集中在能够予以系统性编排的清晰事件上。没有必要绞尽脑汁地在昏暗的灯光下探究过去那些不确定的事情。历史是整体统一的,人们意识到在他们所知的当中,没有什么是模糊不清的。

然而,在这个整体性框架里,中世纪早期——主要是从圣奥古斯丁那里——继承了一个初步的历史发展观念。本文并不深入探讨奥古斯丁历史观念的复杂程度,但很容易界定他对中世纪历史思想的主要贡献。在《天主之城》的最后一句话及其著作的许多地方,他以最简洁的轮廓概述了普世历史的主要阶段:

> 如同创世有六日,因此在历史中也有六个时代:第一个是从亚当到洪水;第二个是从洪水到亚伯拉罕;剩下的三个时期(如同《马太福音》中所写到的)是从亚伯拉罕到大卫、从大卫到巴比伦之囚,以及从巴比伦之囚到基督的诞生。其后便是第六个时代,那个时候人类的思想将会在天主的肖像中重建,就像是创世之时人类按着天主的肖像所创造那样。这就是我们现在生活的时代。①

这一脉络性框架由于被反复引用已经变得耳熟能详,再次对其进行分析似乎显得有些多余;但是,如果不对这一文献及其主要特征进行一个简要分析的话,可能会导致我们无法理解这一系统的后续发展。首先,我们必须认识到这段引文是建立在对《创世纪》第一章的大胆解释上。创世的六日预示着历史的六个阶段,而第七天的安息则对应着历史尽头之外的永生。奥古斯丁的历史观是从圣经真理的神秘深度中产生出来的非凡想象力的飞跃。《创世纪》的第一章是整个历史进程的线索;而《马太福音》中的族谱则是第三阶段到第六阶段的明确界限。因此历史时期的主要划分便被标注出来,而一个模糊的普世发展轮廓就随之映入了眼帘。但是,奥古斯丁对于"发展"没有多少兴趣。对他而言,真正重要的历史划分是第五和第六阶段的交叉点;在那个时候,历史的清水将变为救赎的美酒。② 除

① 参见 *De Civitate Dei*, xxii, 30。关于七阶段论划分的早期历史,参见 R.Schmidt,"Aetates Mundi: die Weltalter als Gliederungsprinzip der Geschichte", *Zeitschrift für Kirchengeschichte* 67(1955—1956), pp.288—317。

② 此处指耶稣在加纳婚宴上所行的第一个神迹,参见《若望福音》2:1—11。——译者注

了这种划分之外,其他的历史还是在神圣力量干预下所划分的人类罪恶的喧嚣。

建立历史六阶段正式特征的任务留给了比德(Bede),他是一个在思想上更局限却更为科学化的历史学家,还将一些自主发展的因素引入了这个框架。比德不仅是最为专业的编年史家,更是中世纪早期最富有想象力的历史学家;同时,他对普世历史框架也进行了最严肃的思考。他接受了奥古斯丁在创世六日和历史六阶段之间建立的联系。然后,他对于创世六日进行了更艰深的考察,将历史每个阶段的发展与创世活动联系在了一起。比如,创世的第一天创造了光,然后将光与黑暗分开,最终以黑夜的到来为终结;因此历史的第一个阶段就以造人为开端,之后就是将好人同坏人分开,最后以普世的大洪水所造成的破坏为结尾。比德在六个阶段中都采用了这种注解方式,因此,每一个阶段都获得了一个独特的动力,形式相似但结果各有不同:在每个阶段的开始都有一种重建的行为,之后便是不同的发展导致普遍灾难的时期,这又为下一次新的重建做好了准备。我认为,在赋予每一个时代以开端、增长和破坏的节奏,以及包含着新开端的预期方面,比德的思想都非常具有原创性。这种节奏与黑格尔的历史辩证法有一些模糊的相似性,而这种相似性更因被比德将历史阶段与人类生命七阶段联系起来而得以加强。第一个阶段是婴儿时期,这是在大洪水之前超出记忆范围的时期;第二个阶段是孩童时期,即在亚伯拉罕之前人类语言刚出现的时候;第三个阶段是少年时期,这是繁育期,亦即列祖时代的开始;第四个阶段是成年期,人类有能力通过王权进行统治;第五个阶段是老年期,痛苦在逐渐增长;第六个阶段则是衰老期,在这个时期,人们走向老迈并预示着永恒安息的临近。①

比德忠于奥古斯丁的教导,并不想给第六阶段一个精确的形态,然而他在《默示录》的七封印中找到了新的发展线索,后世的思想家也将会对之进一步阐述。《默示录》是一个历史学家所能找到的最为危险的高峰;在此后的日子里,我可能会找个时间去讲述一些攀登这座高峰失败后造成的知识上的灾难。就现在而言,记住一点就够了:在比德的眼中,《默示录》为那些基督教历史上未知的世纪直到他的时代提供了一种认知模式,尽管这些模式都是晦涩和不完整的。

比德将历史带入了这样一个维度,历史不仅仅被视为不同时代在自身发展之外的延续,同时也被看作一种从一个时代到另一个时代的生物学过程。在这个总体框架内,他建立了远胜于前代学者的年

---

① 关于比德对普世历史的思考,参见 *Bedae Opera de Temporibus*, ed. C. W. Jones(Medieval Academy of America, 1943), pp.201—202,303,307—315(=*De Temporum Ratione 10*;*De Temporibus 16*;*Epistola ad Pleguinam*)。琼斯(Jones)教授对于比德的文献使用方法做出了富有启发性的思考,参见其序言中的介绍,pp.130—139。

代学,并开启了对于未来探究的道路(无论是好是坏),从而引导了此后中世纪时期的历史思想。

二

在比德去世之后的四个世纪里——这一时期古典模式统治着历史书写——没有一场思想运动改变过比德所建立的模式。虽然这一时期有许多智慧且辛勤的编年记作者和编订者,但是我没有发现他们中有任何人提出了关于普世历史运动的新思想。历史和其他许多探索领域一样,直到12世纪早期才出现了那些超越奥古斯丁和比德的思想。然而,即使做出了这样的表述,我还是要谨防说得太多。12世纪的思想气氛在整体上对历史学并不有利。实际上这种氛围更适宜于系统化(systematization),而且这种氛围是由一种对于历史思索怀有敌意的方法所形成的。这一方法基于一种假设,亦即时间、地点和历史环境都可以在对人类和宇宙本质的探索中被忽略。对于这些系统化者(systematizer)而言,一切都变得更加简单了。这意味着,他可以将一个非常棘手的复杂问题从他业已十分困难的任务中排除出去。他可以将不同时代、不同文化背景的文本放在一起,并以之为材料构建真理的大厦:这些文本的历史背景是无关紧要的。如果没有这种对于历史无视的普遍态度,12、13世纪在神学、法律和科学上的总结性成果就不会出现。因此,这几个世纪在其获取知识的路径上是相当"非历史"的。[①]

然而,在这个伟大的系统化时期之初,有一个人却极为与众不同。虽然他大致上也属于系统化者,但却有着历史学家的直觉,并且认为这些意识与经院神学家的特质可以兼容。他就是圣维克多的休(Hugh of St. Victor),12世纪所有伟大人物星空中最黯淡的一位。

我们对于他的个人生活几乎一无所知。他可能来自于益普尔斯(Ypres)地区,但也可能来自萨克森。[②] 我们唯一确知的是,他是巴黎圣维克多奥古斯丁修道院的一名教士,于1141年去世。在他去世之前的二十余年里,他所书写的一系列作品对此后数个世纪的众多思想分支都产生了一些影响。他几乎与阿伯拉尔(Peter Abelard)、沙特尔的蒂埃里(Thierry of Chartres)以及康克斯的威廉姆(William of Conches)处于同一时代。但是,与这些熠熠生辉的名字相比,休却是一个相对默默无闻的人。和许多同时代人一样,他是

---

① 一些不同的看法,参见下列作者的许多启发性观点:M.-D. Chenu,"Conscience de l' histoire et the´ologie au XIIe sie`cle",*Archives d' histoire doctrinale et littéraire du Moyen Age* 21(1954),pp.107—133[available in English in M.-D. Chenu, *Nature, Man and Society in the Twelfth Century*(English translation, Chicago, 1968),pp.162—201]。

② 关于该证据的研究,参见 R. Baron, *Etudes sur Hugues de St-Victor*(Paris, 1963),pp.9—30.[英语学界最新关于休的研究,参见 Paul Rorem, *Hugh of Saint Victor*, Oxford University Press, 2009。——译者注]

一位著名的教师;[①]但是他的名字并没有与任何伟大的原创思想联系在一起,也没有为经院方法的重大发展做出贡献,或为学院的课程引入新的材料。他的写作几乎在每个方面都与同时代人的知识不同——无论是在圣经诠释、系统神学、个人宗教体验或者自由艺术上——但是又很难说他有着特殊的位置或在某个方面有深远的影响。这种思想上坚定的清晰并不容易温暖跨越了八个世纪的心灵。在我对他认识清楚之前,我只看到了一群卓越的创新者和勇敢的思想者当中站着一位单调而可敬的人物。然后,在经过一些沮丧和无聊之后,休独特个性的轮廓最终开始显现。当你最终发现这个在巨星掩映下的人物居然是一位历史学家的时候,会感到惊讶吗?或者虽然在表面上看来休的作品中几乎没有什么历史内容,但那个温和而相契的灵魂在许多作品中都持续地展现着一种历史观,你会为此感到惊讶吗?

为了证明圣维克多的休确实是一位应当入选我们协会的合适候选人,我必须先得承认一种困难。虽然他曾经写过一部历史著作,但我并非以这部著作为基础来证明他是一位具有原创性的历史思想家。他的历史思想并非来自他的历史书写,而是来自他的神学写作和圣经注释,还来自他在自由艺术方面的教学。如果我们想要理解他的思想就必须转入以上领域。但在此之前,我们应当认识到,他还有一个天然的优点。对于历史学家而言,最基本的要求就是要对遥远过去的状况有着非凡的领悟力。他那些伟大的同时代人不是缺乏这种力量就是轻视这种力量,而圣维克多的休则表明在这一方面他有着极高的造诣。他告诉我们,当他自己还是个学生的时候,他就经常用鹅卵石摆成各种形状,在广场和其他地方走平行四边形以使自己掌握几何定理的真理;他会在木架上拴上琴弦以测试音乐声调的学说;他还会花费整夜的时间记录下他所观测到的星辰。[②]这些习惯虽然未必能够表明他具有极高的数学天赋,但是表明了他对在具体条件下追求普遍定律实现的渴望,这非常有助于历史想象力的增长。正是由于这种能力,使他日后尝试给予神学辩论中的文本以历史背景,并将其最重要的一部神学著作奠基于一个历史框架之上。在中世纪的神学家中,几乎只有他一个人赋予了历史如此高的重要性。

一个典型事例说明了他对历史的偏爱,这就是他关于忏悔圣事的讨论。12世纪的神学家们发现,很难论证教徒每年至少向神父告解一次的责任。首先是一

---

① 后来成为威斯敏斯特修道院院长的达勒姆的劳伦斯,对他所执教的学校有很信实的描述,参见 B. Bischoff, *Mittelalterliche Studien*, 2(Stuttgart, 1967), pp.182—187。

② Hugh of St. Victor, *Didascalicon*, Ⅵ, iii, *De historia*, ed. C. H. Buttimer(Washington, DC, 1939);哲罗姆·泰勒(Jerome Taylor)的翻译(Columbia University Press, 1961)中有许多非常有价值的注释。

些平信徒和神职人员非常反对这一做法，其次也因为没有明确的文本可以作为这种规定的基础。在这个问题上，圣经文本和教父著作都没有定论；而且这一规训的起源也无法追溯到一个合法的文本上。随着时间发展，各种线索嵌入到一个整合的系统，从而形成了一个始终如一的结果，但是圣维克多的休却提出了一个相当原创的观点。[①] 这个观点应当受到更多的重视。他将这些没有定论的圣经文本安排到一个似是而非的历史顺序当中，而且他试图说明在一些明显有漏洞的地方，如果考虑到具体的历史背景就可以使问题迎刃而解。因此，最为简单的“你们的罪被赦免了”属于最早时候基督个人所施展的神迹；其后的“领受圣神吧：无论你们赦了谁的罪，他们的罪就被赦了”就到了有必要在基督个人行为基础上建立制度的时候了；而最后圣雅各伯的警句“相互忏悔你们的罪过”则是由于信仰者逐渐松懈，需要寻求一些针对他们灵魂的药，因此宗徒们就有必要制定一套规训的制度。虽然这种安排看起来有些天真，但是休处理文本的方式却非常具有智慧和想象力：这是对他的名言“在沉思历史时，我们寻求时间、地点和事件的完美统一”的绝佳注脚。[②]

在很大程度上，休主要的系统神学著作《论圣事》(*De Sacramentis*)构建于历史脉络之上。他的一生几乎都在为这部著作做准备，这些准备可以追溯到一系列的草稿中。他对历史的倾斜并非偶然：这是长期酝酿、深思熟虑的决定。就我所知，除此之外再没有一部重要的经院神学作品在结构上受到了历史发展如此深刻的影响。休的著作可以视为第一部，也可能是最后一部在中世纪时期的神学讨论中以发展为中心的作品。他将自己的作品奠基于人类历史所划分的三个阶段上，即人类堕落之后不断寻求天主的过程。堕落使人类完全地迷失了方向，身体变得虚弱且意志变得软弱，从而使人与天主分离。在这种情况下，人们要做的第一件事就是通过他们的道德、心灵和生理上所经历的瓦解崩溃的体验，来探究自身软弱的程度；从这些经验中，他们就会渴望并寻求救世主。因此，第一阶段的人类历史由从人类的堕落到亚伯拉罕时代的两千多年所组成，天主站在一旁像医生一样等待着呼唤，人类则逐渐认识到他们是多么软弱并开始寻求天主的救助。历史的第一阶段是自然法阶段，人类借着理性和经验之光四处摸索，寻找救治他们疾病的良方。在这个寻求救治的阶段，出现了许多先民们的圣事，他们通过外在礼品的奉献和牺牲以使上主满意而除免罪孽。这些祭祀是通往救赎的第一步，祭祀为上主所

① *De Sacramentis*, Ⅱ,14,i(PL 176,551—552)。在这个主题中，我们更能瞥见超越学校围墙的困惑与论争。如休曾经写道：“当我们对人们说，他们应该忏悔自己曾经做过的错事，他们会对我们说：‘给我一个权威。’”(*Quando dicimus hominibus …ut confiteantur mala quae fecerunt, dicunt nobis, “Date auctoritatem.”*)这一时期的许多作品都在试图解决满足这一需要的困难。

② *De Meditatione*, c.3[*Hugues de St. Victor: Six Opuscules Spirituels*, ed. R. Baron(Paris, 1969), p.48].

接受就成为对创造者和救赎者信仰的标志。然而，救赎人类还需要更为强大的奉献。义人像散落在世界的麦粒；他们没有共同的生活法则，没有从属的团体；他们各自为战，对于未来基督的来临一无所知。他们需要来自专门的团体和更多的知识和力量。这些将在第二阶段到来。

第二阶段萌芽于亚伯拉罕时代，而满全于摩西时代。这一时代是律法时代，天主积极地介入到人类历史当中，将正直者或其中的一大部分划分出来，形成了一个可见的群体，并在他自己和他的选民之间建立了一个权威而复杂的圣事合一体系。在这一阶段，对于人类进一步的指引采取了将真理符号化的形式，因为他们还不足以承受全部的启示。这一时期的圣事虽然仍是外在的，但是相比前一阶段更为个人化，与每个人的生活也更加紧密相联；并且，现在的圣事明确地指向了对弥赛亚的信仰，虽然当时的人们仍不清楚救世主的形体和救赎的运作方式。现在所需要的是更多的谦卑和更为强烈的个人奉献而非知识。这些都将在第三阶段到来。

第三阶段以基督的诞生拉开帷幕。在这个时期，恩典取代了律法，圣事不再以影子（如同第一阶段）或真理的形象（如第二阶段）来表达，呈现的是真理的实质本身。与天主之间的内在关系取代了此前时代的外在联系；对于灵魂疾病的拯救加强了此前时代关于解决愚昧手段的寻求；圣神的默感取代了此前人类对上主诫命的单纯服从。这些都是最后一个将要持续到终结的时代的特征。①

即使这个概述如此简略，我们仍可以看出其中动态的历史观，人类和天主的协作产生的运动，从创世后的最初阶段直到我们生活的这个时代，都在持续地向前推进着。虽然休用来建构历史模型的材料与基督教的历史同样古老，但休的历史思想中人类从原始阶段到完全发展的状态中所隐含的运动意识却与奥古斯丁和比德的思想非常不同。

我们在阅读他的信仰演变形式的时候，不能不想起纽曼在1845年出版的《论基督教教义的发展》。这部著作在很多问题的处理上与休的思想如出一辙，并采用了相似的历史想象。纽曼写作时正是进化思想甚嚣尘上之际，而且他的著作在这场运动——它在许多方面地改变了西方思想——早期历史上也占据了一定的地位。② 但是休的思想却与他的时代格格不入，并随着时间推移而逐渐湮没。

休对于最早和最不精确时期宗教信仰和实践的同情，引起了阿伯拉尔的强烈

---

① 描绘休的历史观念的主要文献包括 *De Sacramentis*，Ⅰ，1，iii；Ⅰ，3，iii；Ⅰ，8，iii，xi；Ⅰ，10，iv，vi-vii；Ⅰ，11，i-ii；Ⅰ，12，i，iii，vi（PL 176，187—364）；*De Sacramentis legis naturalis et scriptae Dialogus*（*Ibid.*，17—42）；*De varietate mundi*，ii-iii（*Ibid.*，716—30）.同时参见 *Summa Sententiarum*，Ⅳ，i-ii；Ⅴ，i（*Ibid.*，117—120，127—128）。在达拉姆的劳伦斯关于休的讲座报告中也能找到相同的观点，参见 Bodleian Library，MS.Laud misc.277。

② 关于纽曼理念发展的背景，参见 O.Chadwick，*From Bossuet to Newman*：*The Idea of Doctrinal Development*（Cambridge，1957）。

敌意。尽管(或者因为)他自己所声称的失常,阿伯拉尔迅速跳到别人的偏差之处,并且谴责休的观点属于那些远离了教会信仰的人。① 休认为,那些人们对基督一无所知时所做的最早的祭献是为天主所悦纳的;而阿伯拉尔反驳说,信仰形式的一致性要求从最开始的时候就应当有对于基督降生、受难和复活的明确宣认。休将他的思考呈现于圣伯尔纳德面前并获得了他的首肯,这可能由于他的态度更为接近教父,也可能因为这种思想是"非阿伯拉尔式的"。② 这里我们要简单地强调一下,休具有更强的历史辩论意识。他指出,阿伯拉尔的观点既可能指在基督之前只有很少的人得救,或者许多人得到了一些特别的启示;而这些假设在他看来都与常识相违背。③ 同时,他还指出从福音的记载中可以清楚地看到,就算是宗徒和伯多禄自己都在基督生活期间无法经过阿伯拉尔的考验。无论其神学上的价值如何,这种对于历史现实的诉求在 12 世纪和 13 世纪的辩论中着实极为罕见。

历史发展的关键因素深刻地影响了休的神学,同时也深刻影响了他的灵性写作。与新兴的经院神学家不同,休在本质上是一个实践宗教生活的神学家。他思想中的精粹是那些描述思想从可见之事到不可见之因,从不可见之因到不可见之实质,直到关于天主的知识。休这样描述了这一发展的早期阶段:

> 人类的思想被浸没在无知的黑暗中,无法浮现在真理之光中,除非物质实体拉住他的手,像引导盲人一样将他带入他所无法看见之物的沉思冥想之中。④

一个人对于真理最早的认知源于物质存在;然后理性发挥作用,并将人类的知识扩展到不可见之事。天主则对于这一活动予以回应,并以启示补充理性,按照人们归向他的程度向人们显现自己,对于那些最靠近他的人施与最多,而对最远离他的人施与最少。个人归向天主的历程就是人类在历史中归向天主的精确对应,就像是人类从物质层面开始一样——人类在历史中迈出的第一步是出于物质需要的压力和自然的刺激。就像是天主

① 阿伯拉尔对休的批判(这一点不会弄错)主要在《基督教神学》中(*Theologia Christiana*, PL 188, 1285)[ed. E. M. Buytaert, *Opera theologica*, 2(CCCM 12, 1969)]。他没有提及休的名字,但是将这些学说的来源归于一位在法国的教师,"他在每一个人面前的表现,就如同他是唯一的神学导师一样"。(*qui se quasi singularem divinae paginae magistrum omnibus praefert*)在阿伯拉尔的 *Problemata Heloissae*(*Ibid.*, 698)中,阿伯拉尔关于在自然法状态下的救赎观点实际上与休的观点非常相似,但是他仍然坚持基督教教义的特别显现是救赎的必要条件。休寻求圣伯尔纳德的帮助,可在圣伯尔纳德的回信中得知:*Tractatus de Baptismo aliisque quaestionibus*, 3(PL 182, 1038—1046)。

② 圣伯尔纳德(Bernard of Clairvaux)是 12 世纪上半叶最具影响力的神学家和熙笃会隐修院院长,与阿伯拉尔在若干神学问题上发生过长期激烈的冲突。——译者注

③ 休的论证主旨在为圣伯尔纳德所归纳,并认为他几乎并没有添加什么(PL 182, 1038—1039)。

④ *Expositio in Hierarchiam coelestem*, Ⅱ, Ⅰ(PL 175, 948).

根据人类与他的距离远近向个人施与他的启示，所以神圣启示就在历史中随着人类逐渐接近天主全部启示显现的时间而变得越发明显。个人以按照他们的理解能力呈现的人物和象征来准备迎接真理的全部光辉，因此在历史中，象征和圣事是随着真理的显现过程而有所适应和提炼的。在历史中的教育过程和人的生命阶段是重合的。

除此之外，无论是在宗教上的增长或在世俗上的增长是一样的。休曾经写过一部关于自由艺术的手册。这是一部非常保守的作品，只有一点除外：此前从未出现过一部著作，在一个广阔的历史进程中对艺术的兴起做出了如此完整、清晰和哲学性的阐释。休借以写作的史实并不新鲜。他从4世纪到10世纪的一系列作者那里——主要是优西比乌斯、伊西多尔和欧塞尔的莱米基乌斯①——收集了大量关于学问各种分支起源的神话、传说和学术性猜测。这些作品汇聚在一起形成了巨大的信息库。虽然其中大部分记录是错误的，还有一些简直是异想天开，所有的知识都存在误解，但无论如何这是一个伟大探寻的开端。主要的误读就在于他们认些艺术和科学上的分支学科都是由一系列英雄或超人"发明"出来的观念。被分解的古典神话成为支持这一理念的事实；并且，由于这些是考古学兴起之前学者们唯一能够使用的材料，一直到18世纪都是学术界常用的库存。像其他许多人一样，圣维克多的休接受了这些"事实"，并基于这些记载建立了他对于各种学科起源的考察。即使以这些没有前途的材料进行工作，他仍然锤炼出了关于世俗知识发展的哲学，这与他的宗教发展哲学并驾齐驱。

有证据表明，休在一生中对于这一问题进行了大量思考，且有时会改正一些思想上的细节。比如，发明了天文学的琐罗亚斯德（Zoroaster）是诺亚的儿子闪（Shem）的另一个名字；是否正是这个人将自由七艺的大纲刻在了铜柱砖石上以防备天下火狱和另一次洪水的可能。②这些问题太深，我不会尝试在今天去解决它们。无论如何，我们不能去圣维克多的休那里寻求答案。我们在他那里所找到的是他对于人类世俗发展的记载，这些记载本身比他所依据的材料要好得多。

他将人类学问的进步视作堕落的灾

① Eusebius-Hieronymus, *Chronica*, ed. R. Helm (Berlin, 1956) (see esp. annals for 1684, 1637, 1569, 1471, 693 BC); Isidorus, *Etymologiae sive Origines*, ed. W. M. Lindsay (Oxford, 1911) (see esp. Ⅰ, 3, iv; Ⅱ, 2, i; Ⅱ, 24, iv–v, vii; Ⅲ, 2, i; 10, i; 16, i; 25, i; Ⅳ, 3, i); Remigius, *Commentum in Martianum Capellam*, ed. C. E. Lutz (2 vols., Leiden, 1962—1965) (see esp. 1, 145, 175; 2, 3, 12—13, 15—16, 26, 179—180).

② 关于休在这一点上的犹疑，参见 D. van den Eynde, *Essai sur la succession et la date des e´crits de Hugues de St-ictor* (Rome, 1960), pp. 41—42。

难之后走向回归这个故事的另一面。[①]就像是信仰和圣事是为了救治人类对天主的疏离,艺术和科学则是为了救治人类本质力量和尊严的瓦解。在这两个领域都需要一种长期的历史过程,以此找到并完善后续阶段疾病的对症之药。如我们所看到的,那种由人类堕落所引起的超性之恶就是人对于天主的疏离,而对此的救治则要依赖信仰和圣事的增长。本性之恶则是无知、意志软弱以及身体的虚弱。对于这些邪恶,恢复的工具是哲学、伦理和技术。休是这样描述人类的回归进程:

> 遗忘的混乱压倒了人类的思想;人们深深地沉陷到无知当中,无法忆起他们的原点。然而,永恒之火的火花在他们心中,借着这个光,如同暗夜中的火花,他们能够寻求他们所失去的……他们开始通过对智慧的学习来摆脱邪恶的折磨。从此,就有理论的学问照亮了无知,有了伦理以强化道德,还有机械之艺缓解人类的病弱。[②]

整个的重建不可能像人类的精神复归那样如此清晰地分出不同阶段,但是也有着类似的模式。第一个阶段是人类由于偶然的实验而蹒跚向前:

> 在有语法之前,人们就开始写作和说话了;在有辩证法之前,人们就能辨别真理与虚妄;在有修辞之前,就有了律法;人类在有了算术之前,就有了数字;在有音乐之前,人类就开始了歌唱;在几何学之前,人类就测量了土地;人类在天文学出现之前,就已经开始观察星辰和季节。[③]

理性扮演的角色是将这些混乱的实践经验进行组织,从而使之变得井井有条,形成有序的科学;除去了那些有害的或多余的东西,并为人们由于偶然和自然冲动所发展出来的习惯赋予理性的形式。通过这种方式,艺术开始重新创造原本存于人类本性中的完美。

所有的艺术都经历了相同的成长阶段,而且其发展都与人类精神本性的复归有着相同的时间模式。基本上来说,第一阶段是在亚伯拉罕之前的人类,属于试验阶段。理性系统开始的阶段对应于亚伯

---

① *Didascalicon*, I, i: Naturae nostrae dignitas...reparatur per doctrinam, ut nostram agnoscimus naturam, et ut discamus extra non quaerere quod in nobis possumus invenire[“我们人性的尊严……通过学习而恢复,因此我们能够认出我们的本性,并学会不去向外寻求我们在自己内可以找到的本性。”]关于人类本性观点的进一步讨论,参见 R.W.Southern, *Medieval Humanism and Other Studies*(Oxford, 1970), pp.29—60。

② *Epitome Dindimi in Philosophiam*, in *Opera propaedeutica Hugonis de S.Victore*, ed.R.Baron(Paris, 1966), p.193.[这里所翻译的“机械之艺”,索森所用英文为“mechanical arts”(拉丁文为 *Artes Mechanicae*),在中古时期常常与自由艺术相对应,就是指日常生活中的一些技能,常被贬低为不适宜于自由人的身份或具有“奴隶性”的技术。在休的著作中,机械之艺包括:缝纫、医学、建筑、征战、航海、舞台表演和冶金。——译者注]

③ *Didascalicon*, I, xli.

拉罕的后裔进入埃及时期。因此,发展的脉络是非常清晰的:艺术从埃及开始诞生。语法在奥西里斯(伊西斯的丈夫)时代首次被创造出来;也是在这一时期,在最后一次也是最完美的一次思想飞行中,巴门尼德坐在他的岩石上发现了辩证法。① 艺术从埃及传播到了希腊,然后传给了罗马。当人类历史的第三阶段以基督的诞生拉开帷幕之时,这些艺术在其要素上都达到了完美;它们准备在真理全部展现的第三个和最后一个阶段扮演好自己的角色。

在这个故事中,休最具原创性的观察是他看到了物质需要在推进人类上升中的作用。这种需要迫使人们去寻求针对他们虚弱病症的治疗方法。最初级的需要就是理性最早的训练场,而人类思维的科学(逻辑)则是最后才被发现的。② 因为自然使人们没有什么可以遮风挡雨,而理性则首先使人类发明了衣服。因为从自然角度来说,人类没有什么保卫手段,理性就不得不发明出防御和军队的知识以填补人类自身的缺乏。这是所有历史发展归纳入一个单一模式的又一例证:人类出于外在的需要,而向内工作;以最为明显的物质事物开始,向着思想和精神的真理迈进。这种对于物质实体重要性的重视,解释了休的思想体系中另外一个重要特点。在他之前,许多人曾经探讨过哲学的分类,但是他似乎是第一个将机械艺术当作自由艺术一样放置在同一水平上的,并且以同样的彻底性对之进行分析。③ 这是非常重要的一步。这种将机械艺术放置在与自由艺术同样的水平上,在人类尊严的复归中将它们视为平等的部分,与古代学术传统是相悖的。其暗含着一种虽然是隐晦或不成熟的承认,也即对于西欧文明一种新特点的承认(一些人可能会认为是最主要的特点)——这就是对技术变革的接受能力。在其《研读论》(*Didascalicon*)中,圣维克多的休表达了使这种接受成为可能的精神状态。

三

圣维克多的休的历史观的显著特点在于,其在生命的每个部分中都包含着普遍的向上运动。虽然他没有说过与奥古斯丁相悖的话,但是,这种上升运动的一致性,在这个运动中天主与人类的合作,单线程将人类最早的努力带向最终的结果,以及一般历史运动和个人灵魂朝向天主运动之间的紧密联系,这些特色自然都并非是受到奥古斯丁的影响。它们的原创性就在于从给出的历史背景中产生对

---

① *Ibid.*,II,xi.关于巴门尼德传奇的起源,参见 R.Klibansky,“The Rock of Parmenides”,*MARS* 1(1943),pp.178—186.

② *Didascalicon*,I,xii,此处他反对奥塞尔的雷米吉乌斯(Remigius of Auxerre)关于语法是人类最早的艺术的说法[*Commentum in Martianum Capellam*,ed.C.E.Lutz(2 vols.,Leiden,1962—1965),2,p.3]。

③ 机械艺术和自由艺术一样,是匠人对于自然的模仿(*opera artificis imitantis*),因此他们用来发展人类的理性(see *Didascalicon*,I,x)。休在雷米吉乌斯那里找到了思想根源,op.cit.,1,p.208;2,pp.299,302—303。

于人的观点，这也就是在12世纪和13世纪科学运动背后的推动力。

在这个程度上，圣维克多的休就成了新时代的先知。他曾经预想的比上面所论述的还要多。他想要将历史变为他的时代其他学科一样的系统研究。如果他的这个目标达成了的话，历史学可能会有助于软化经院神学的轮廓。但是他失败了，而且这种失败可能是无法避免的。我们可以从他的编年记中看到导致失败的一个原因。① 在这部作品中，休试图创作出一部简单易记的普世历史教科书。它不像其他的编年史，并不想成为一部各种事件的记录汇总。如果可以的话，我认为它更像一部专为历史学家所用的手册。像他思考其他任何事情一样，休在思考历史的时候也非常具有系统性。在分析他的创作的时候，休将之分成四个因素：时间、地点、人物和事件。② 很明显，在这样一种混合中，事件是一种无法预知的古怪因素。其他的三项可以按照年代、地理和统治者列表的形式进行系统化处理，因此就能够在休的编年记中找到自己的位置——题目就成了《历史三要素之书，亦即人物、地点和时间》（*Liber de tribus maximis circumstantiis gestorum, id est personis, locis, temporibus*）。如同他在前言中所解释的那样，他的意图是想让初学者记住这些构成历史环境的基本要素，就如同他们记诵其他学科的大纲一样。③ 因此，休的编年记是一部教学法的作品，但是却很难说取得了重大成功。④ 虽然在法国北部的一些学校中存有一些手稿，但是它们在教育上却并无什么影响——历史学直到19世纪仍然像是众学科之间的一块抹布。原因显而易见：虽然历史中的一些普遍性问题有其重要性，但是却不能为严格

① 这部编年记从未完整地付梓，因此很难对其进行详细的研究。福奈特教授（A. Vernet）友善地向我表达了他的看法。经过对手稿至为详细的研究，他对于这部作品的真实性有所怀疑。很明显，手稿中所添加的一些内容不可能是休自己创造的。但无论如何，我仍然认为这部作品在整体上应当被视为圣维克多的休的作品。作品的前言参见 by W.M.Green in *Speculum 18* (1943)，pp.484—493，一些统治者的列表参见 MGH, SS 14, pp.88—97。关于作品的主要内容，有一些便于使用的介绍，参见 Green, op.cit., pp.492—493, D.van den Eynde, op.cit., pp.90—92, and in R.Baron, "La chronique de Hugues de S.-Victor", *Studia Gratiana* 12(1967), pp.167—180。

② *Didascalicon*, Ⅵ, iii.

③ Sunt quaedam fundamenta scientiae, quae si memoriae firmiter impressa fuerint, facile cetera omnia patescunt. Haec tibi in subiecta pagina eo ordine disposita praescribemus quo ipsa volumus animo tuo per memoriam inseri, ut quicquid postea superedificaverimus solidum esse possit［"一门学问有一定的基础，如果能将这些内容深深地印刻在记忆里，就能使其他的东西变得清晰。我们将为你们把这些写下来，因为我们想让你们把这些内容刻在自己的记忆里，这样我们后续奠基于其上的任何知识也都会非常牢固。"］*Praef.*, ed. Green, op.cit., pp.490—491. 在当时的悔罪书文学中，我们可以发现一个与休在其编年记中的方法非常有趣的对应："罪人的状况（circumstantiae peccatorum）。"在这一时期的道德神学上，与休的编年记中的历史状况（circumstantiae gestorum）很相似。参见 J.Grundel, Die Lehre von den Umständen der menschlichen Handlung in Mittelalter(Beiträge zur *Geschichte der Philosophie des Mittelalter* 39, 1963).

④ Green, op.cit., 列举了16份手稿，几乎全部来源于法国北部。

的经院神学讨论提供素材。休的历史思考缺乏赖以支撑的史实。如果没有史实的支撑，就不可能超越休已经到达的系统解释领域。结果就是，在历史学家中并没有圣维克多的休这一"学派"。

在休的学生中，只有圣维克多的理查德（Richard of St. Victor）接受了休的历史观念并尝试去填补休的编年记中的实质。他的《摘录书》（*Liber Exceptionum*）是基于休的编年史创作的，并取得了巨大成功。[①] 但是他的成功只凸显了休在将历史学术研究通俗化中失败的原因。理查德并非为学者们写作；他在为布道者（就我们所能判断的而言）以及那些需要关于旧约历史寓意解经纲要和小部分古代世俗历史主要特征史实的人写作方面取得了最大成功。他指向了两个在中世纪后期有最大成功前景的领域：一个是知识学问的百科全书，另一个就是可以用在讲道中的故事集成。然而从概况上来看，只有几个作者填补了休所留下的空白；而直到数个世纪之后的18世纪50年代开始才有学深似海的历史编纂，将世界历史中的社会、政治、宗教和思想统统划入到一个清晰的年代学和地理学框架中，而这正是休当年所寻求的。

12世纪的作者中，我认为大概只有两个人可以在一定程度上称为休在历史观念上的继承者：哈维堡的安瑟姆（Anselm of Havelberg）和弗莱辛的奥托（Otto of Freising）。他们都来自德意志，于圣维克多的休在世期间在法国学习（休自己可能也是这样）；[②]而且他们都在历史中找到了应对紧迫个人问题的答案。

关于哈维堡的安瑟姆的问题比较简单。他同休一样，是奥古斯丁会规教士，亦即在12世纪广为传播的新修会的一员。这些新修会的出现自然受到了大量的批评：

> （人们问）为什么在教会中会出现如此多的新奇事物？为什么在教会中出现了如此多的新修会？为什么基督的教会使自己变得如此可鄙？显示出如此多的种类、屈服于如此多的新生事物、为如此多的新规则不安，以至于几乎每年修订时都会挤满各种新的习惯。[③]

安瑟姆在圣维克多的休那里找到了这些问题的答案。[④] 休展示了教会的信仰和圣事是怎样从人类历史的最早时期

---

① Richard of St. Victor, *Liber Exceptionum*, ed. J. Chatillon (Paris, 1958)。编者列举了大约170份现存手稿，并探讨了它们的影响和作用（pp.81—86）。关于圣维克多的理查德在其他作品中所受休的历史观念影响，参见 *Opuscules Théologiques*, ed. J. Ribaillier (Paris, 1967), pp.237—241, 256—280 (PL 196, 995—1010)。

② 指三个人都可能是出身德意志而求学于法国地区。——译者注

③ Anselm of Havelberg, *Dialogi*, I, ed. G. Salet (*Sources Chrétiennes* 118, 1966), p.34 (PL 188, 1141).

④ 我没有发现《对话录》在遣词造句上对于圣维克多的休的相关表述有所依赖，但是一些部分体现了对休关于宗教发展观点的主要线索的吸收和改造。[*Dialogi*, I, i-iv, op. cit., pp.48—50 (PL 188, 1145—1146)]

通过实验、理性和神圣天意的组合发展而来的。哈维堡的安瑟姆将这一进程扩大到整个教会体系，并将这个故事一直延续到他自己的时代。在他看来，教会历史的每个方面都可以视为革新的故事。新的修行方式、新的诫命、新的指引、新的禁忌、新的崇拜形式，都是每一个时代的特点。这些多样性和变化不仅不是堕落和混乱的象征，反而是教会增长所必需的工具。安瑟姆关注着他那个时代的宗教变化，尤其是他自己修会中的革新，当他看到在整个历史进程中有一个相似的模式在运行时就更为安心。他以更为鲜活的兴趣探索了历史变化的迂回曲折，因为过去的多样性提供了一种理解和捍卫当下的方式。他是在自身和环境需要之下扩展历史理解的典型。他曾经到访君士坦丁堡，并且非常高兴地看到希腊、亚美尼亚和叙利亚的僧侣们都持与天主教会相同的信仰，虽然他们在习俗、服装、食物、日课以及圣咏吟唱等方面有所差异。他尤其同情盟约之外那些尚未开化者的祭献，因为这些人强化了安瑟姆对自身修会考察所得出的观点。约伯在律法时代属于外邦人。如果他在律法之外的祭献为天主所悦纳的话，那么除了圣本笃的追随者，圣奥古斯丁的追随者自然也能在教会里占有一席之地。因此，他引出了他伟大的结论：

> 灵性恩典的外在形式需要随着时代的变迁而不断变化，以将相同的真理阐述得更为完整……这种多样性源于人类自身各种的软弱，且这些软弱之处总是在不同的时代里不断流转变迁。①

这个结论基本上与休是一致的，但在视野上更为完整，在年代范围上也更为广阔。安瑟姆比休更为自由地扩大了每一历史时期内多样性的益处，而且出于他自己的困境，他不得不给出一个通过多样性来实现成长的故事，并以之作为当时的参考；而休则没有遭遇到这种状况。结果是，安瑟姆具有了休所缺乏的那一点热情和想象力：

> 在教会的历史进程中，教会不可能是单一或始终如一的，而是要经历许多不同的阶段……而且，随着教会经历这些阶段，前后相继直到今日，就像是鹰一样在力量上被一再更新，并且一直更新下去。②

普世历史的整个进程会给予这种来自变化和多样性的恩典最为热情的接受，或最为幸福的维护。

我所提到的另一位12世纪的作者弗莱辛的奥托与哈维堡的安瑟姆没有太多共同之处，除了当圣维克多的休在其学识和声望都达到鼎盛的时期，他们两人都是在法国北部学习的德国学生。而且，奥托

---

① Op.cit.,p.116(PL 188,1160).

② *Dialogi*, Ⅰ,i-iv,pp.64—66(PL 188,1148—1149).

也有手头上棘手的问题。奥托与皇室家族关系密切,并且明确地、注定将在帝国内担任要职。但是,他也受到了奥古斯丁悲观主义历史观的影响,尤其是在帝国所扮演的角色方面。在双城这一对永恒的敌人之间应当立于何处呢?——一个是暂时的,另一个是永恒的;一个是尘世的,另一个是天国的;一个属于此世,而另一个则是由天国的流亡者所组成。开始时,奥托陷入了巨大的困惑当中。在其最早的作品中,他时常会将帝国比作当代巴比伦,并且充满自信地期待着帝国与其过去的一切共同灭亡。① 而在其他的一些地方,他又将帝国作为一种在教会中经由上主所圣化的力量;当他进行这样表述的时候,他倾向于不再将这个故事视为双城,而是视为一座混合的城、独一的教会。② 随着时间推进,他愈发倾向于将帝国视为一种和平的工具——属于天主之城。这一观点随着他的侄子弗雷德里希一世在1152年即位得到了极大的加强,这位新皇帝许诺结束过去的混乱并开创新的和平时期。奥托开始不再将历史视为一出悲剧,而看作一个欢欣的故事。③ 正是在这种精神下,他于1157年开始写作弗雷德里希的传记。

这就是奥托历史思想的背景,其产生、形成了两大类历史作品:一类是历史的全部,一类是关于弗雷德里希。但这两者都与帝国在世界上的位置息息相关。我们在这里只讨论这个主题的一小部分。像圣维克多的休一样,奥托也对学问如何从人类最早时期成长起来的过程很感兴趣,而且他还注意到这一过程与帝国的发展之间有很奇异的联系。奥托在尤西比乌斯那里找到了脉络,但是他将之扩大,并一直延伸到自己的时代。尤西比乌斯看到,古代帝国的相继是从东方开始,随后逐渐推向西方。而到了奥托的时代,这种继承又向西推进了一步:巴比伦、希腊、罗马以及现在的德意志。就知识方面而言,学者们也基本上公认这样一条相似但并非完全相同的路线:从巴比伦起源,之后传播到埃及,又从埃及到希腊,从希腊到罗马,最后又从罗马到了法兰西和西班牙:

> (他写道)要注意到全部的人类力量和知识都开始于东方而终结于西方,因此就是通过这种方式,万事万物的可变性和弱点就暴露无疑。④

奥托给我们列出了一份此前世代取得古代哲学家和诗人桂冠的莫名其妙的

① Otto, bishop of Freising, *Chronica sive Historia de duabus Civitatibus*, ed. A. Hofmeister, MGH, SRG (1912), pp.7, 67—68, 285 [there is an English translation, The Two Cities, trans. C.C. Mierow (New York, 1928)].

② *Ibid.*, p.309.

③ *Gesta Frederici*, ed. G. Waitz, *MGH*, *SRG* (1912), p.65 [there is an English translation, *The Deeds of Frederick Barbarossa*, trans. C.C. Mierow (New York, 1953)]。与其早期观点对比,cf. *Chronica*, p.7。

④ *Chronica*, p.8.

名单。他们是图尔的贝雷佳(Berengar of Tours)、洛滕巴赫的曼尼戈德(Manegold of Lautenbach)和里昂的安瑟姆(Anselm of Laon)。① 这是一个十分奇怪的名单,但是由于曾经出现在奥托此前更为悲观主义的作品中,其可能想要显示随着帝国和学问的一路向西,这两者都逐渐衰落,直到最后的衰老。

在论及帝国运动与艺术的联系上,奥托也并非是一个乐观主义者。但是在他之后做出相同联系的人一般都极富乐观精神。在这个世纪末,法兰西诸王的仰慕者很高兴看到对法兰克王国的兴起追溯到他们对于学问的热爱。通过对这一历史联系的观察,亚历山大·奈奎阿姆(Alexander Nequam)得出了关于统治的自明之理:

> 一个王国的荣耀,随着对自由艺术的研究繁盛而不断增长。敌人如何才能战胜一个掌握了这些学问的王国呢?那些追随着微妙本质的奇巧之人进入了自然的胸怀,将不会被他们敌人的诡计所击败。②

这一信条在最近几年收到了一些不吉的弦外之音,但是在其最原初的意义上对于学者非常具有抚慰作用;而且,就像其他植根于12世纪的伟大思想一样,它也在18世纪得到了最为自信的表达:

> 在欢乐的气候中,无暇宝座……
> 人们将为另一黄金时代高唱颂歌。
> 崛起的艺术与帝国,
> 美好而伟大的激动人心的史诗般怒火,
> 最智慧的头脑和最高贵的心……
> 未来的诗人将歌唱。
>
> 帝国的进程向着西方;
> 最初的四场表演已经谢幕,
> 第五场将使整部大剧终场;
> 时间最高贵的子嗣就是最后一位。③

伟大的贝克莱在1730年前后写下这首诗。另一幕已经被加入了这部戏剧,但是仍有相同的帝国模式:巴比伦、希腊、罗马、德国——现在就是第五幕美国了,这也是最后一幕。

12世纪宏大的历史视野又在这个世界上继续了数个世纪。但是一直到后期,主要是1550年到1750年,随着学术积累和考证的伟大努力,使得那些从创世之日开始的统治、学问和宗教全面而显然不可动摇的记录重新成为可能。对解开这一学术问题错综复杂之处——牛顿认为这些非常值得他去注意——需要另一次讲演和另一位主席。我将仅仅提及故事中

---

① *Ibid.*, p.227.

② Alexander Nequam, *De Naturis Rerum*, ed.T.Wright(RS, 1863), p.398.

③ Bishop Berkeley, *Verses on the Prospect of Planting Arts and Learning in America*.

的几个片段。

我经常参考一部卷帙浩繁的作品，其中包含着由圣维克多的休所概述的历史发展，且这一历史发展由其后继者扩大，并得到了一个最终和(看起来似乎是)永久的呈现。这就是1736年到1750年在伦敦出版的8卷对开本《普世历史》(*Universal History*)，是牛津和剑桥的学者共同合作为伦敦一家出版社所完成的。① 这是一项极为昂贵的工作，配有大量的大纲、地图和表格；但是其却流通甚广——因为其确实总结了数个世纪的学术。作者们避免任何形式的夸大推测，他们严厉批评“犹太拉比们的臆想与欺骗”，而且冷静地看待基督教编年史家们似是而非的推断。他们仍然讲述那个天文学是由塞特的儿子们创立的古老故事，那些人将他们的发明写在柱子或砖石上以抵御未来的火灾或洪水；然而，这些历史学家们仔细地研究了他们的资料，然后承认圣经中并没有多少关于这一历史时期的记载。② 他们所使用的材料与12世纪的史学家是一样的，但是他们的学识与批判的敏锐度大大增强了。这套作品处处都诉诸理性，并保证学术以沉稳的威严进行讲述。人们常常因为语气口吻而被劝服。圣维克多的休关于人类历史一个确定和系统化历史的梦想，最终在普世历史观最后的伟大作品中实现了，这一历史观从4世纪以来就主导着欧洲。

在《普世历史》出版的几年里，整个体系就躺在了废墟里。从这个体系的核心历史梗概而言，确实是一去不复返了。但是，在这些废墟之中仍然有一些理念值得被挖掘出来。在我看来，这其中应当包括圣维克多的休关于人类历史发展的叙述；而且，我认为，我们这个时代已经被进化的洪流所淹没了，如果我们忽视了一些人在时代主流对面的呼声，我们将会失去很多东西。

译者简介：李腾，英国利物浦大学历史博士学位候选人。

① *An Universal History from the earliest Time to the Present*, *compiled from Original Authors*, *and illustrated with Maps*, *Cuts*, *Notes*, *Chronological and other Tables*(8 vols., London; J.Batley and others, 1736—1750)。这一工程最早是由研究阿拉伯文化的学者乔治·塞尔[George Sale(1697—1736，精通若干近东古代和现代语言，收集了大量土耳其文、阿拉伯文、波斯文手稿，曾经将《古兰经》翻译为英文并校订过《新约》阿拉伯文文本。——译者注)]所发起，其后由主要来自牛津和剑桥的“诸多饱学之士”继续。这部书最终并未全部完成。在法国有一部与之相似的作品，但在学术上更为谨慎，参见Dom Augustin Calmet, *Histoire Universelle*, *sacrée et profane*, *depuis le commencement du monde jusq ú à nos jours*(8 vols., Strasbourg, 1735—1747)。

② 观察18世纪的学者如何处理圣维克多的休在六个世纪之前用过的材料非常有趣：他们拥有了更多的资料和更多的证据，并拥有了更大的自由去批评他们的前辈。但是他们的观点却没有很大的变化，比如1, pp.81(on Seth), 117(on Shem), 122—123(on Nimrod), 218(on Egypt), 2, p.222(on the astrology of the Chaldaeans)。这些学者们比伏尔泰更加博学，在一定程度上也更为理性。伏尔泰的《风俗论》(*Essai sur les moeurs et l' esprit des Nations*, 1756)是对从尤西比乌斯时代以来主导欧洲历史思想的整个历史体系造成的第一次真正的破坏性打击。伏尔泰对于整个学问大厦的质疑恰巧击中了要害。

史学史与史学理论

观念的力量

□安东尼·格拉夫敦(Anthony Grafton) 文 黎云意 译

1939年的严秋,奥登(W.H.Auden)离开英国来到美国,他坐在曼哈顿的四十二街上苦思冥想:“那些聪明的希望吐出这个卑下虚伪的十年。”①那时他看到共产主义者和法西斯主义者在西班牙内战中表现得同样不可靠,双方独裁者谈论着“陈词滥调”,而这些对几千年前的古希腊历史学家“流亡的修昔底德”来说实在最熟悉不过了。奥登告诫自己的读者“世上没有国家这东西,也无一人孤独地存在”,并叮嘱他们“我们必须相爱或者死去”。政治观念似乎只是一个可以容纳数百万人的坟墓。

尽管奥登的消极政治观代表着他那一代大部分人的想法,不过他也承认观念能控制和改变个人的所思所想。虽然共产主义有所削弱,但它将权力和一致性作为政治纲领的思想仍源于马克思和恩格斯的理论。纳粹的罪行则更多直接来源于早几代德国人的思想观念,历史学家可以追溯出那些曾陷害他们的事实:“精湛的学问能够揭示出全部的伤害,从路德直到如今,把文化逼得疯狂。”奥登还辨析出“巨大的心象”造就了“精神变态的神”。作为诗人,奥登是敏锐的,他关于纳粹的独特观点可看作是德国知识传统的顶峰——他们偏离了16世纪早期马丁·路德的思想,缺乏理性,更多地投身于盟军宣传而不是历史研究。奥登对思想程式的看法,比如强迫建立一个血统纯正并附带建于东方的人力储备库的德国,这些所谓纳粹建国的基本原则,在过去的二十年已被历史研究证实。

西方知识分子在20世纪三四十年代臻于成熟,他们反对野蛮地对待一系列问题。其中一部分人就像奥登早年以为的那样,面对20世纪30年代的经济危机得出了资本主义将会灭亡的结论,并宣称自己坚持马克思主义或另一种版本的马克思主义;另外一部分人则恐慌于斯大林对老布

---

① 引用诗句出自奥登的《1939年9月1日》一诗,翻译参阅约瑟夫·布罗茨基:《文明的孩子》,刘文飞译,北京:中央编译出版社,2007年。下文出现的该诗翻译皆参考此书。——译者注

尔什维克竞争对手的大清洗以及乌克兰饥荒的消息,或多或少地都投身于排斥对自由民主做出承诺的马克思主义。一些人认为法西斯主义式新能源和新社会秩序可以拯救西方世界。另有一些人对观念的特定程式辩护,声称他们能提供过去和未来社会以及历史的关键。还有一部分人,如乔治·奥威尔则提出另一种想法:自由思想是最关键的。普通人要从“散发着臭味的所谓的正统观念”(smelly little orthodoxies)中获取保护并对其绝对认同。对这些所有人而言,观念关乎存在。

不过,当时大部分历史学家排斥观念在历史上具有重要作用的观点。当时最有影响力的历史学家,比如罗纳德·赛姆(Ronald Syme)当年彻底改革了罗马历史的研究状况;又如里维斯·纳米尔(Lewis Namier)对18世纪英国政治的研究也做了同样的革新,他坚持认为在日复一日促进政局形成的斗争中,观念只是微不足道的一部分。当时观念史学家数量很少,甚至是其中一部分人,如剑桥学者希伯特·巴特菲尔德(Herbert Butterfield)也认为政治史塑造了他所研究学科的核心;而年轻学者像克里斯多夫·希尔(Christopher Hill)则从马克思主义传统中形成自己的方法论,他认为不是观念创造,而是作为基础的生产关系对社会和历史的形态起着决定作用。正如我们将会看到在这一章,在法国、美国和德国,学者们已经在研究工作中制定出写作观念史(history of ideas)的新途径,他们这些新的研究模式后来逐渐成为专业历史实践的一部分。

观念:范围和类别

观念的本质和重要性,就像观念这个术语本身,自古以来一直饱受争议。柏拉图第一个对此概念进行论述,他认为观念是指事物所代表意义的完全实例化。观念超越时空而存在,它被看作“高等存在”的造物主将物质世界带给人类并使之运行的一种模式。对柏拉图而言,观念先于世界上创造的任何东西,如果没有它们,世界就不复存在。柏拉图曾一度以一种更为熟识的感受珍视观念中的信仰,他相信一个足够公正和明智的统治者可以将他的这种观点运用到国家治理和司法实践中,因此他到西西里岛对锡拉丘兹的暴君狄俄尼索斯二世这样建言。

相比之下,柏拉图最具天赋的学生亚里士多德并不同意观念是真实存在的,他强调了四个反对理由,并认为这些理由能解释从海星到国家的任何事物。这位经验主义者从对海星到宪法进行的集中研究和细致分析中认为,凡是没有进入头脑的事物都不存在。亚里士多德对一个观念即可影响世界的观点大泼冷水,师生间的这场分歧只是西方关于观念这一概念漫长争论的一个开始;随后涉及中世纪经院哲学家托马斯·阿奎那(Thomas Aquinas)、奥卡姆的威廉(William of Occam)、早期现代哲学改革者勒内·笛卡尔(René Descartes)以及许多近世的思想家如约翰·洛克(John Locke)和查尔斯·桑德斯·皮尔斯(Charles Saunders Peirce),他们都在继续争论是否所有的观念都源于经验,或者人们在接触外界之前是否已心存观念,并用其指导自己理解各类现象。① 这些类似的辩论一部分受启发于伊斯兰世界中由古代叙利亚语翻译成阿拉伯语的希腊哲学文本。而东亚自有传统,对核心概念的论证与西方大相径庭;在某些情况下,这些概念植根于儒家等经典作品。数千年以来东亚还形成了另外一种影响世界的新视角,比如维系亚洲与西方人的佛教。如何不歪曲它们本来面目地翻译这些作品,成为理性的历史学家们所面临的巨大挑战。②

哲学领域对历史上的观念有着多种多样的见解,这些观念涉及从一些复合概念比如自然和文化,再到政治观念如独立、自由和言论等庞大的范围。它们还包括将次级观念进行复杂组合而形成的如宪政这个概念,又或者是一些表现性基础构造如原子概念,还包括等级系统、历史理论、不言而喻的假设以及大众幻想等概念。不仅如此,几乎所有的存在都会变成一种观念,就像作者与艺术家、电影制作人和音乐家改变着客体、个人、社区以及各类运动。例如,古代的斯巴达是一座以战士的勇气和实力而闻名的希腊城市,由写作者掌握着政治和对年轻人实行特有教育。斯巴达人凭借自身特点形成观念,并成为后来许多有关理想社会的想象原型。同样,伦敦东区和纽约下东区这两个社区吸引着一代又一代的移民,通常从贫穷和与当地人的文化差异中能感受到随时而变的不同观念:对已逝过往的怀念拉近了家庭和互相扶持的邻里关系,这对贫困和苦闷的生活无疑是一种补偿。其他一些城市,如奥斯曼时代的巴黎、1900 年左右的维也纳、1920 年左右的莫斯科和柏林,对普通市民的生活记录要比对他们非凡文化创造力的记录少得多——画家和艺术商小圈子、作家、音乐家以及杰出的表演者,观念以一种提喻式的姿态部分代表了整个城市。这些观念具有重要意义。现在,作为世界上最强大经济共同体的欧洲已开始作为一种观念存在,这种观念包含了跨世纪人口迁移、战争、历史写作与改写、对物质世界中银行和货币的明晰化,以及二战后几十年的政治状况。

换言之,观念就像千奇百怪的蝴蝶,历史学家们专注于分析它们并探知其复杂性。在任何情况下,一个观念源于人们对纳入特定场所和环境的想法。虽然人们也会改变自己的观点,就像柏拉图在他最庞杂的著作《理想国》中阐述的那样——他探讨了在一个理想社会中,那些

---

① Donald Kelley, *The Descent of Ideas: The History of Intellectual History* (Aldershot: Ashgate, 2002).

② 参阅 Joseph Levenson, *Confucian China and its Modern Fate: A Trilogy* (Berkeley and Los Angeles: University of California Press, 1968); Frederick W. Mote, *Intellectual Foundations of China* (New York: Knopf, 1971); Benjamin I. Schwartz, *The World of Thought in Ancient China* (Cambridge, Mass.: Belknap Press of Harvard University Press, 1985)。

各具智慧和美德的男女,这些人被柏拉图称为守护者(guardians),他们规范和保护其他人群。柏拉图在著作中还阐述了长久以来被称为“洞穴比喻”(the allegory of the cave)的观点:他认为人们之所以对事物产生错觉,是因为他们生活在黑暗而致幻的囹圄之中。这一生动描述暗示了只有哲学家可以到洞穴外寻得真理和看透世界的本质。但是,哲学家们获得这种发现真理的优势是以否定普通人为代价的。另外,苏格拉底在其著作中分析了两个在平凡世界中苦于生计的哲学家,他们的职责是运用自己的知识建立更好的社会。那么柏拉图是否认为社会将重塑世界?或者他是否得出哲学只和理想社会有关的结论?苏格拉底是否真的关心个人的道德自治?又或者作为苏格拉底论点的延伸——可能成为柏拉图著作中的一部分,长期以来,在他大量的不同时期不同内容的著作中是否能反映一些关乎其生活和思想的事实?柏拉图的观念是否受他两次在锡拉丘兹帮助狄俄尼索斯二世失败的旅行经验影响?

如前例所示,即使历史学家经历着观念生成的过程,他们也面临诸多难题。观念本身虽然体现了某种形式的文本,但这类文本却需要被解释。在一些情况下,比如当我们试图解释弗里德里希·尼采(Friedrich Nietzsche)的思想时,历史学家必须辨析并剥离出那些讽刺或挖苦意味的内容,而不是故意忽略它们。在另一些情形下,例如俄罗斯的农业学家特罗菲姆·李森科(Trofim Lysenko),他驳斥遗传学,迫害学术观相左的生物学家,使自己成为苏联生命科学领域的主流。为研究这类不可思议的观念,历史学家需要慎重以待地进行基本想象,并相信作者完全有理由这么做。动机之谜也同样难解。对事实的鉴别,是理智的还是个人的,是传记性的还是集体性的?这种甄别形成特定观念的文本,并有助于解释观念为何产生与被信奉的原因。有时从留存下来的个人文献中能看到个体因受政治事件或抗争活动的影响而形成或改变他们的观点,但有时这些保存下来的文献却没有透露任何可识别的外部刺激。观念的形成方式并没有唯一的假设,历史学家会公平对待可能遇到的各类情况。

时间中的观念:延续与演变

一旦观念出现在文本、图像、建筑、歌曲、电影或其他媒介中,它们就会影响世界,而且会经由认可它们的群体或机构传达给组织成员。观念通过一些权威群体和机构变成一种标准,它们甚至一代代延续了几个世纪。虽然这些观念以此方式成功地在新环境得以继续发展,但由于新概念和新技术会掩盖于原有的观念之上,新旧观念之间往往存在矛盾和分歧。例如,在莎士比亚的《威尼斯商人》一剧中,罗伦佐(Lorenzo)对杰西卡(Jessica)这样说道:

月光多么恬静地睡在山波上!

我们就在这儿坐下,让音乐的声音悄

悄送进我们耳边:柔和的静寂和夜色,是最足以衬托出音乐的甜美的。坐下来,杰西卡。瞧,天宇中嵌满了多少灿烂的金钹,你所看见的每一颗微小的天体,在转动的时候都会发出天使般的歌声,永远应和着嫩眼的天婴的妙唱。在永生的灵魂里也有一种这样的音乐,可是当他套上这一具泥土制成的俗恶易朽的皮囊以后,我们便再也听不见了。①

莎士比亚在文本中不仅将夜空描绘成一颗璀璨的星球,是在“天宇”中的“金钹”,而且还体现了一种复杂而壮观的天体机制:罗伦佐将星星描绘成转动之时伴随着一种和谐而微妙的音乐,凡人无法耳闻这种声音,这些星星吸引着“嫩眼的天婴”并使之伴随左右。

莎士比亚以一般作者惯用的手法在一定程度上解释和暗示了他内心所想,而且他希望他的观众也能意识到这种观念。在莎士比亚的想象中,宇宙呈球形并有边界。根据古代那些创造出强大的解释天体运动模型的权威们,如柏拉图、欧多克索斯(Eudoxus)以及亚里士多德,莎士比亚看到恒星和行星犹如被镶嵌在表面透明的水晶天球里,这些行星完美地绕其中心匀速转动。此外,天球的大小也与另一种简明的比值有关,就像在一根绑紧的弦上以八度音、五度音和四度音创造一段音乐一样。因此,行星在运行中产生音乐:所谓“天体音乐”(harmony of the spheres)。②

这种古代的宇宙观被公认为真理,成为天文学和宇宙学的标准教科书,传授于学校间,并体现在许多艺术和文学作品之中。莎士比亚完全持有这种观念,但他并不是从希腊思想家创造的原始文本中获得这种知识,而是从后来由基督徒写的著作,如中世纪时期萨克罗博斯克的约翰(John of Sacrobosco)所著的《天球论》(*Sphere*)一书中获得知识,莎士比亚可能是在斯特拉特福(Stratford)文法学校学习时接触到此书。尽管如此,莎士比亚对宇宙的认识最初仍堪称经典。柏拉图、欧多克索斯,抑或是活跃于2世纪的古代最伟大的天文学家托勒密,如果他们活过来看看这部《威尼斯商人》,他们或许就会看到天空就像罗伦佐所描述的那样,并与这种天体音乐产生共鸣。因此,在某种意义上,文本传达着一种永恒的观念:人们的生存能力、认知方式、翻译语言和文化可以传递给任何人。③

---

① 参考朱生豪翻译的《威尼斯商人》,南京:译林出版社,2013年。——译者注

② S.K.Heninger, Jr., *Touches of Sweet Harmony: Pythagorean Cosmology and Renaissance Poetics* (San Marino, Calif.: Huntington Library, 1974); Christiane Joost-Gaugier, *Pythagoras and Renaissance Europe: Finding Heaven* (Cambridge: Cambridge University Press, 2009).

③ 关于莎士比亚的经典研究,请参阅 T.W.Baldwin, *William Shakspere's Small Latine & Lesse Greeke*, 2 vols. (Urbana, Ill.: University of Illinois Press, 1944)。

然而，罗伦佐的观念中还包含着托勒密尚未认识到的重要元素：虽然他和杰西卡不能听到天体和天使发出的和谐之声，但“天婴”(cherubin)却可以。从3世纪到5世纪，柏拉图的那些哲学家继承者们在其创立的雅典学院中，从他和亚里士多德的著作中建立起更复杂和系统性的宇宙图像。和柏拉图一样，继承者中的许多人认为宇宙是由天体和陆地生物组成，他们竭尽所能地辨别并算出它们在天上的位置。许多基督教思想家将柏拉图式传统中的“超人”角色和犹太教、基督教经文中的天使形象进行类比，得出新柏拉图学派对宇宙的认知与他们一致的结论。但在6世纪，一个无名的基督徒写了一系列论文抨击将九大天使和人间教堂的等级秩序并列起来的划分，他在其出色的论文中描述了希腊人圣狄奥尼修斯[St Dionysius，抑或是圣丹尼斯(St Denis)]与《新约》中所述的那位圣保罗相遇的事迹，他们在整个中世纪时期的东西方基督教教堂中都享受巨大的威望。即使是宗教改革之后，不少排斥传统天主教教义的英国神学家仍继续赞成这类文本才是真实的，他们还描述了天堂中天使的构成情况，并将其描绘成一个军事化等级管理的地方。在这点上，托勒密、柏拉图和亚里士多德可能无法理解罗伦佐向杰西卡描述天使时所表达的那种神学系统。然而，伟大的清教徒诗人弥尔顿却对此论述充满认同和兴趣。这些错综复杂的观念，其要素如引擎中的嵌齿和车轮一般流畅而精确地协同共进，随着时间的推移负载上新的元素，而这不仅仅是对原有观念的替换，更可能是一种隐蔽。①

直到最后，观念产生嬗变，特别是当它们长期在新问题和新文献的影响之下，其中原本细小的裂缝开始扩大，直到这种分裂最终威胁到整个观念系统的稳定。莎士比亚对宇宙秩序的核心观念无疑是假定存在一种完美的水晶固体球般的“天球”，它们按规律做圆周运动。然而远在古代，天文学家就已从地球上发现行星并非匀速转动而是角速度有规律地增快或减缓；而且它们的运动存有间隔，行星(尽管不是太阳和月球)在恢复正常运动之前会经历停止、逆行、再停止的过程。导致天体绕其中心无规则运动的唯一原因可以这样解释：因为其中嵌套着两个或多个不同规模的天球，并带动着太阳、月亮和其他行星合成运动。即使行星绕其中心匀速运动形成了行星运动系统，但它们的实际路径和速度却并非如罗伦佐所述的那样拥有音乐规律。

更糟的是，托勒密发现的最准确的天体运动模式是：实际上每颗行星的圆心不仅绕其中心均衡旋转，而且还围绕与之间隔距离的一种托勒密自己想象出来的天

---

① 参阅 Feisal G. Mohamed, *In the Anteroom of Divinity: The Reformation of the Angels from Colet to Milton* (Toronto: University of Toronto Press, 2008)。

体运行轨道（equant）旋转——尽管这与已奠定基础的天体系统原理相矛盾。近古时期，伊斯兰世界的天文学家们再次对此矛盾提出反驳。尼古拉·哥白尼（Nicolaus Copernicus）在16世纪的头十年中致力于论文《天文领域的革命》（*On the Revolutions of the Celestial Spheres*）的写作，这篇文章是对固有所持的天文学基本原理的最深刻反叛，并激发他通过自己的努力去改革天文学的动力（虽然最后哥白尼发现他并不能完全避免使用他反对的那些方法①）。

等到1596年或1597年《威尼斯商人》首演之时，已有无数英国人读过哥白尼的著作，有不少人能像那不勒斯的哲学家布鲁诺（Bruno）那样叙述其中的内容。英格兰以外的天文学家如第谷·布拉赫（Tycho Brahe）认为可能应该摒弃天球系统（celestial spheres），但其他人如年轻的约翰尼斯·开普勒（Johannes Kepler）仍然希望使天球及其音乐这种观念适应新的天文学领域。莎士比亚的观众很有可能知道罗伦佐的天体模式是古老的，但没有人能猜到是来源于多遥远、和谐、有序的世界。即便约翰·多恩（John Donne）抱怨着"火元素被完全熄灭"了，但莎士比亚还是完美引出了一种浩瀚无垠宇宙的观念。② 这段引文的第十二行，莎士比亚让罗伦佐将古代和中世纪、异教徒和基督教徒元素做了一个绝妙的拼接。每一个历史学家对观念都该从其组成部分的每一个方面进行探源。

观念之史

尽管追踪探析观念史困难重重，但几百年来学者们始终坚持进行研究。早在古代，学者们便编制出不同哲学流派的谱系，试图重现那些成员的生活、他们与自己老师的关系，有时甚至保存下他们教学的残篇。比如那些关于正统哲学是否已在希腊形成、是否确如其名（在希腊哲学的含义为"爱智慧"）；又或者在古代近东地区，埃及和巴比伦这些古老国度，他们的祭司是否以学问和睿智而闻名等激烈的辩论。在1世纪，神父们研究古籍经典，试图展示近东地区和希腊地区的古人也喜欢《旧约全书》和《新约全书》中蕴含的真理。他们中不止一人引用阿帕米亚的新柏拉图学派学者努墨尼奥斯（Numenius）的提问："柏拉图不就是说希腊语的摩西吗？"

文艺复兴时期博学的人文主义者试图将一些古代哲学流派进行分类，每一个流派都有它自己独特的原则和方法，并以

---

① Thomas S.Kuhn, *The Copernican Revolution: Planetary Astronomy in the Development of Western Thought* (Cambridge, Mass.: Harvard University Press, 1966); Michael Hoskin, *The History of Astronomy: A Very Short Introduction* (Oxford: Oxford University Press, 2003).

② Alexandre Koyré, *From the Closed World to the Infinite Universe* (Baltimore: Johns Hopkins University Press, 1957); Mordechai Feingold, "Giordano Bruno in England, Revisited", *Huntington Library Quarterly*, 67/3 (2004), 329—346.

这些方法探究特定时空中知识的发展情况。比如在17世纪和18世纪,哲学家弗朗西斯·培根(Francis Bacon)倡导了一场对自然哲学的激进改革。又如科学家伊萨克·牛顿(Isaac Newton)也将学术史(history of learning)作为学术研究的一个核心主题。在18世纪最初的十年里,詹巴迪斯塔·维柯(Giambattista Vico)认为,古代异教徒生活的世界比他那个时代更久远;他追溯了大洪水后生还的他们关于自然环境中宇宙和神灵的观念。18世纪的哲学家掌握和发展了诸如此类的所有研究方法。①

现代意义上的观念史在19世纪真正成型,是一种博学式的探究和书写各类观念间的联系以及研究它们对个人和社会的影响。历史学家和分属克利俄女神(Clio)②所司学科领域的其他思想家一样,每个研究机构和大学都以哥特式的石碑来证明自己的观念是忠于古老祖先的。世上的一切,从自然到社会,随着时间推移和复杂演进而最终形成,观念必须服从这个一般法则。在自由的乐观主义盛行时期,人们认为西方科学将很快就能解开物质宇宙和生物世界之谜,西方的技术和力量也将平息并教化全球。总之,观念在历史中总是发挥着积极作用。伯瑞(J.B.Bury),这位古典学家和拜占庭文化研究者,在1902年成为剑桥大学历史学钦定讲座教授,这种专业学者模式是19世纪德国的大学首创的。伯瑞在他的任职演讲中明确表明,他认为历史是一门科学而不是一种艺术,是围绕政治展开的高技术性工作;他也认为历史学家需要描绘观念发展的历史。1920年,他出版了一本有关观念发展的庞大历史著作,提出了一种在他那个时代很普遍的概念,即人类文明从原始之初发展起来,并将持续不断在无限的未来得到发展。从古希腊出发,伯瑞还追溯了多条观念发展路径;他认为一种完全正统的进步理念已经成型。并不欣赏伯瑞的历史学家查尔斯·比尔德(Charles Beard),在1932年将伯瑞的著作展现给美国公众。他作为一个激进派和局外人,强烈批评传统的掩盖利益、经济和政治秘辛的政治史;比尔德认为在实质上这导致了"开国元勋"创建了美国宪法以及1914年西方强权进攻德国和奥地利。然而,比尔德又热情地赞同伯瑞关于思想史的观点:各种观念,其中包括他所说的最强大的观念——技术在人类发展进程中发挥着核心作用。

最初,历史学家就观念方法存在各种分歧。创办期刊《观念史》(*Journal of the History of Ideas*)的美国哲学家洛夫乔伊(A.O.Lovejoy)认为,某些复杂的"单元观念"(unit-ideas)或者简单概念的复杂集合主导着西方的传统(但他没有明确论述

① Kelley, *Descent of Ideas*.

② 希腊神话中九位缪斯女神之一的克利俄女神,司掌历史和英雄诗。——译者注

是否也主导非西方的传统)。与伯瑞和比尔德一样,洛夫乔伊同意时间变迁使这些观点形成一种单一、连贯而具权威性的形式。在其极具影响力的著作《存在巨链》(*The Great Chain of Being*)中,洛夫乔伊论述了他所以为的有关宇宙的最基本的传统观念:任何事物存在于一个无差异且不能上升下降的层次结构中。观念史所面临的首要任务是,追溯观念长期演变的过程,展现这些观念是如何演变成一种明确的形式。当然,其他的任务同样重要或更为重要。历史学家必须说明"单元观念"是如何被哲学家率先制定(洛夫乔伊本身就是一位哲学家),如何体现在文艺作品、布道词以及针对非文学大众的其他形式的通俗文学之中,还必须追溯内部矛盾和新信息不断瓦解观念最初一致性这类不可避免的过程。①

在19世纪及20世纪早期,这种观念的进程通过被世俗分解逐渐具体化,有时会被描述成无关当地政治和知识状况而几乎独立于时空的存在。这解释了伯瑞对观念史进程的理解如何与某些人如罗吉尔·培根(Roger Bacon)进行辩论,并对此得出如其前人般无比激进的结论。这些学者并不受技术和实用限制,自由自在地从事纯粹思考工作。相比之下,其他人则坚持于探寻一种机制去解释观念的构成与留存。史学思想史的先驱罗伯特·弗林特(Robert Flint)提出了思想家总是为了应对他们的周遭环境而建构论点的假设,他的这种假设认为基于历史和政治情状的观念史拥有丰富的语境叙述,而这是当时观念史所共有的特点。

在20世纪上半叶,观念史逐渐转变成一项庞大的学术工作,发展出多种研究方向。观念史在变得更为专门化的同时,研究也开始更多地立足于时间和空间。学者们研究知识和文学运动的发展,如浪漫主义运动。他们还探究过去知识分子所未知或不太为人所知的地方和社会,比如关于中国知识分子在汉朝时期接触越南以及在清朝时期接触欧洲的方式,还有欧洲知识分子发现美洲并重新接触非洲、印度和现代早期中国的方式。② 他们就主导着特定时期思想的观念问题进行了讨论,如欧洲启蒙运动。在20世纪30年代,法国历史学家保罗·哈泽德(Paul Hazard)和德国哲学家恩斯特·卡西尔(Ernst Cassirer)认为欧洲启蒙运动的影响代表着一种对早期欧洲传统思想的突破,这是一种新经验以及世俗方式的胜利。与此同时,美国历史学家卡尔·贝克尔(Carl Becker)坚称启蒙运动的启蒙者

① Daniel Wilson, *Arthur O.Lovejoy and the Quest for Intelligibility*(Chapel Hill, NC: University of North Carolina Press, 1980); Anthony Grafton, "The History of Ideas: Precept and Practice, 1950—2000 and Beyond", *Journal of the History of Ideas*, 67/1(Jan. 2006), 1—32.

② 参阅 Edward H.Schafer, *The Vermilion Bird: T' ang Images of the South*(Berkeley and Los Angeles: University of California Press, 1967); John Elliott, *The Old World and the New*, 1492—1650(Cambridge: Cambridge University Press, 1970)。

们实际上是以一种世俗的方式重现了中世纪经院哲学全部的神学思想,这种思想被包括自然科学和社会世界的一种知识系统信仰推动着。

不过,评估问题仍旧紧迫:历史学家是根据什么来决定哪些观念值得研究的?观念的解析问题同样困扰着学者们。另外,如何解释为什么某些观念被发展了而有些却没有?为什么大文化气候和较小观念系统被改变了?就像法国思想家米歇尔·福柯于1987年论述的那样,他认为解决此类问题的标准方法需要借助于:"'概念'于我而言太过奇妙,比如势力、危机、顿悟、兴趣点等等,在我看来这些实用概念毫无作用"。为了解释为什么个别思想家,比如约翰·洛克认为他自己阅读前人著作并受其"影响"一样,福柯本身无疑是思想史的影响之源,在此情形下,他指出最初占星学概念的"星力"(influence)一词并没有描绘出可帮助历史学家理解为何一个作者会再次描述的机制,而只是再次简单谎称具有解释性价值的事实。

福柯还利用很多时新的解释方式旁敲侧击那些传统模式:每当显著突变时,历史学家就会通过研究观念的外部环境来解释它们,从社会经济的巨变到无法解释的文化转型。福柯认为:"当人遇到困难,人是从哪个是语句本身,哪个是其表象分析出发的。因此,面对变化、矛盾、无条理的情况,人们依赖于社会条件、心态、世界观等等观念去解决问题。"在20世纪30年代,学者们试图阐述17世纪的新科学;它依赖于新实验法并影响着资本主义的兴起,还创造了一种持有经验主义世界观的新阶级,即中产阶级。虽然其中一些独特的结构最终成为社会史和政治史的新的研究工作,并揭示出早期欧洲现代社会与旧社会秩序和传统是紧密联系在一起。资产阶级革命没有引发,也几乎不可能引发新的实证科学。

同样有问题的是,福柯没有提及很多建构,其他学者则尽量反转因果关系的箭头。德国社会学家马克斯·韦伯在其一战后发表的著作《新教伦理与资本主义精神》中提出,16世纪形成的新教中,特别是加尔文宗为资本主义的兴起提供了重要支持。虽然确实既不是马丁·路德也不是约翰·加尔文热爱利欲或批准了按利息借款等基本的资本主义实践,但他们已经雄辩地指出世界上每个人的工作由他们的神分配而成为一种职业,并且他们的信仰已被视为新基督教堂中的权威。他们重新评估职业,包括工匠和商人的工作,为世俗引出了一种新价值。路德和加尔文讨厌奢侈和无节制,同时又鼓励商人不要挥霍而是投资于自己的生意。

韦伯持有的"入世苦行"(Inner worldly asceticism)信念成为荷兰、英国、新英格兰殖民地经济霸权崛起的动力,更重要的是这种观念激发新教徒意识到他们居住在一个没有天使和其他神灵而"幻灭"的物质性现代世界之中。由于宗教观念塑造人们行为和感知的能力,才得以创造一个不再需要引用解释宗教类别的世界。这种精致而自相矛盾的论点由韦伯同时代的厄恩斯特·特洛尔奇(Ernst Troeltsch)和英国历史学家托尼(R. H. Tawney)各自发展,但在多方面都不具有说服性。如果细心阅读多种文献资源就能发现,韦伯混合了后期文本和早期学说,但一种更精确的经济史却破坏了他的资本主义扩张式地理学和年代学说。最引人注意的是,学者们意识到,在16到17世纪以及19到20世纪这两个时间段中,文化发展的单箭头并非指向世俗主义,实际上,17世纪和20世纪都终结于一个强大的宗派忠诚时期。这不仅可以从最初印刷在活页侧边的世界末日预言和末日将临网(RaptureReady.com)反映出,而且从这两个时期宗教差异所造成的冲突中也能论证这个观点。①

实践中的观念史:政治与科学

最终,长久的研究脉络开始成型,虽然有时还需要基于一些特殊机构。在1800年左右,历史学在德国和法国成为一个学术科目,历史研究者们都认为他们的中心任务是追溯国家历史。利奥波德·冯·兰克(Leopold von Ranke),这位最具影响力的第一代历史学家,告诉他的学生"国家是上帝的意志"。米歇莱特(Michelet)虽然不同意上帝这种说法,但同意国家在历史上起着核心作用。麦考利(Macaulay)也持相同观点,他对光荣革命的生动且戏剧性的叙述,描绘了17世纪中叶封建英国如何在一个世纪内变成现代帝国的中心。即使是那些对档案文献最执着的学生,也赞同政治思想对政策形成和洞察制度发展都起了一定作用。

从18世纪开始,政治观念不仅作为政治变革的一种响应,同时也激励着它们的形成。从洛克和卢梭的政治观中可以看出,他们都宣称从1776年的美国革命和1789年的法国革命中找到了对欺压人民的君主国的批判基础,而且表达了以新社会和政府形式取代旧形式的政治思想。具有影响力的学者费祺斯(J. N. Figgis)、牛津学者卡莱尔(the Carlyles at Oxford)以及柏林的弗里德里希·迈内克(Friedrich Meinecke),都专注于政治思想发展的研究,并鼓励年轻学者以他们为榜样。

最初,对这项研究的方法并没有一致性共识。不同类型的学者,不管是传统政治理论教师如乔治·萨拜恩(George Sabine),还是德国人列奥·斯特劳斯(Leo Strauss)——他流亡到美国并成为极具影响力的老师,他们都认同政治理论是一种伟大的传统。那些最高水平的思想家,从柏拉图到迈蒙尼德到马基雅维利再到后来者,都跨越时空地论述彼此(斯

① Robert Green (ed.), *Protestantism, Capitalism, and Social Science: The Weber Thesis Controversy* (Lexington, Mass.: Heath, 1973).

特劳斯还认为,更具争议性的是如果这些学者隐藏自己的观点则会激怒公众)。这些人显然认为过去的政治思想与当代问题和争议相关联。其他人虽然同意这种观点,却追求另外的历史研究脉络。其中有些学者认为过去的政治思想持续危害着当代世界,如以色列学者塔尔蒙(J.L. Talmon)认为启蒙运动的政治社会理论改革最重要的是造成20世纪共产主义和法西斯这两种社会改革的极权主义模式出现。其他学者,如牛津学者和公共知识分子以赛亚·伯林(Isaiah Berlin),则探寻那些目前被忽视或遗忘的人物,比如那些19世纪俄罗斯自由主义政治思想家以及被柏林称为"反启蒙运动"的保守派学者们;他认为对这些人物思想的研究可以为解决现代困境提供一些模式。

两位在英语世界流亡的迈内克的学生,他们勾勒出20世纪五六十年代哪些元素最终成为这一研究领域的核心方法。汉斯·巴伦(Hans Baron)把自己沉浸在1400年间佛罗伦萨人文主义者的著作中,他认为他们以世俗形式明确表达了一种现代共和党的政治社会思想。更为重要的是,巴伦还提出一种通过引用文本来解释文艺复兴成就的理论。他指出这是一种思想巨变,是思想家对政治社会变革的一种回应。佛罗伦萨人成功地抵抗了雄心勃勃的米兰公爵强佳雷阿佐·维斯康提(Giangaleazzo Visconti)的控制,这激励了他们在西塞罗和其他古人的作品中探寻一种共和思想以实现目的。另一位佛罗伦萨研究专家菲力克斯·吉伯特(Felix Gilbert)则对最具争议性的早期现代政治思想家马基雅维利的作品进行了解析;为理解马基雅维利著作中的独特性,吉伯特梳理了佛罗伦萨的政治档案,比如他在领主宫(Palazzo della Signoria)举行的秘书委员会会议的记录中重建起实际掌权的城市精英们的常规言词,并论述了在会议中哪些人的言论通常被记录下来。从他人在会议中赞成与反对马基雅维利的情况几乎相差不多来看,他作为一个人文主义者,不仅是一个独立而深邃的思想家,而且也是佛罗伦萨丰富画卷中一位独特的人物。①

20世纪50年代及之后的时期,新一代的剑桥学者明确表示这种方法可应用到其他时间和空间研究上。彼得·拉斯利特(Peter Laslett)认为洛克的《政府论(下篇)》(*Second Treatise of Government*)是对废黜危机(the Exclusion Crisis)的回应而不是对1688年光荣革命的响应,而且洛克在他的《政府论(上篇)》(*First Treatise*)中已严谨地对君权神授理论家罗伯特·费尔默(Robert Filmer)的理论做出了反驳。约翰·波考克(John Pocock)再建了两种相互对立的理解英国史的方式,

① Hans Baron, *The Crisis of the Early Italian Renaissance* (Princeton: Princeton University Press, 1955; new edn. 1966); Felix Gilbert, *Machiavelli and Guicciardini* (Princeton: Princeton University Press, 1965).

即一般法学家认为宪法自古以来业已存在,而受文艺复兴时期人文主义影响的考古学家们则将中世纪英国社会看作一个独特的、有别于过去和之后的封建国家;而且这种观念上的对立对17、18世纪的政治辩论有着深远的影响。①

其中最有影响力的学者昆廷·斯金纳(Quentin Skinner)认为,对政治文本的语境分析能够使之产生一种新颖而严密的含义。通过重建已知的某个作者有关政治论证的语言,并通过梳理他所持有的特有观点即他的"表达意图"(intention in utterance),历史学家们即可展示对作者和读者而言这个文本意味着什么。在很多情况下,就像拉斯利特(Laslett)所认为的那样,经典作品的作者不会意识到翻译者没有基于当地背景去解释观点,即便是最伟大和最原始的作品,比如马基雅维利的《论李维》和霍布斯的《利维坦》,只有当还原他们的语言和历史背景后才能真正理解其意义。② 随着时间的推移,一种独特的剑桥学派成型,其中每个成员都追求不同的分析脉络:波考克强调不同语言存在于各类文化及思想家接纳它们的方式中;斯金纳则继续强调话语形成中的当地政治环境;伊斯特凡·洪特(Istvan Hont)、斯蒂芬·科里尼(Stefan Collini)、埃玛·罗斯柴尔德(Emma Rothschild)以及其他许多研究政治史、社会史、经济史的学者,在之后的研究中都运用了相似的方法。

虽然斯金纳和波考克都吸收了巴伦早期作品中的思想,但波考克的早期现代共和主义观点在许多重要方面都与斯金纳的不同。波考克认为在由萨沃纳罗拉(Savonarola)和15世纪佛罗伦萨其他人倡导的共和党思想中存在着强大的启示录式元素,这种元素后来重现于17世纪的英格兰和美国。而对这一观点斯金纳并不认同。然而这种变化是存在于准绳之内的。斯金纳和其他学者发展的语境分析法激发了许多专著、版本和译本的出现,政治思想史仍然是观念史中最强大的创新领域。剑桥学派的创造者们继续为此贡献着新的研究,并看着他们的观点受到一代又一代年轻学者的支持或挑战。剑桥出版社将这些方法集结成册,即"语境中的观念丛书"(*Ideas in Context*)。这套高效的书籍包括从耶稣会政治理论到1840年代柏林音乐观等超过150项创新性的语境研究。

就其权威和连续性而言,剑桥学派并非完全独立于其他形式的学术,它的发展说明了以自有方式研究观念的力量是可

---

① J.G.A.Pocock, *The Ancient Constitution and the Feudal Law: A Study of English Historical Thought in the Seventeenth Century* (Cambridge: Cambridge University Press, 1957).

② Quentin Skinner, "Meaning and Understanding in the History of Ideas", *History & Theory*, 8/1(1969), 3—53—a programmatic article.关于斯金纳的后期研究请参阅他的 *The Foundations of Modern Political Thought*, 2 vols.(Cambridge: Cambridge University Press, 1978)。

行的。20世纪头十年间,汉堡学者阿比·沃伯格(Aby Warburg)创造了一种新的跨学科方式研究艺术史和文化史。这种方式强调对存在几千年的图像、文本、跨学科的语言、文化和宗教边界进行研究。他和他的学生弗里茨·萨克斯尔(Fritz Saxl)、埃德加·温德(Edgar Wind)以及欧文·潘诺夫斯基(Erwin Panofsky)一起,最终创造了一个独特的文库以支持这些研究。这个文库在20世纪30年代从德国搬到英国,至今仍是伦敦跨学科研究和教学的中心。伦敦沃伯格学会(London Warburg Institute)的大多数成员以研究兴趣远离政治而闻名,比如研究前现代生活中占星术和预言的作用。沃伯格和其他人,比如宗教史学生鲍勃·斯克莱布诺(Bob Scribner)和保罗·赞贝利(Paola Zambell),自然哲学史学家洛林·达斯顿(Lorraine Daston)、凯瑟琳·帕克(Katherine Park),在近期一直持续做着开创性的工作。①

虽然沃伯格学会的核心是强调经典文本永恒的重要性并用教育系统和奖学金来保护它们。但在20世纪七八十年代,斯金纳、安东尼·派格登(Anthony Pagden)以及其他剑桥学派的学者都积极与沃伯格学会的查尔斯·施密特(Charles Schmitt)合作。斯金纳最初与福柯一样轻蔑于旧文本制约着新文本的观点,认为关于语言和争论的古老传统以及现在所面临的争论成为作者笔下散漫语境中的一部分。他在关于霍布斯的书中关注霍布斯曾经所持有的政治理论的核心观点。斯金纳在还是于剑桥大学读书时掌握了正统的古典修辞学,接触到希腊历史学家修昔底德,并将其著作翻译成英文。派格登则对古代文本和类别进行开创性研究,认为这对早期现代欧洲的形成及其在新大陆建立帝国政权具有影响。换言之,剑桥学派的繁荣是因为它的研究边界是流动的,要比他们所提出的研究方法更具变动性。②

换句话说,政治思想史是多条研究和融合脉络的节点,由此产生了一个新的分支学科。在同一时期,观念史的另一个领域科学史成为一门学科,并有了自己的研究机构、出版物和学术会议。与政治思想史一样,科学史之于科学是根深蒂固的,它从18、19世纪的天文学家和医疗工作者中发展起来;这些科学家中的许多人往往受益于古典教育,仍然对古代、中世纪以及所涉学科的早期现代历史感兴趣。与早先几十年的政治思想史一样,科学史的研究有好几条途径,这一领域最负盛名

① 参阅 Carlo Ginzburg,"From Aby Warburg to E.H.Gombrich:A Problem of Method",in *Clues,Myths and the Historical Paradigm*,trans.John Tedeschi and Anne Tedeschi(Baltimore:Johns Hopkins University Press,1989)。

② Quentin Skinner,*Reason and Rhetoric in the Philosophy of Hobbes*(Cambridge:Cambridge University Press,1996);Anthony Pagden,*The Fall of Natural Man:The American Indian and the Origins of Comparative Ethnology*(Cambridge:Cambridge University Press,1982).

的学者如克里斯蒂安·弗里希(Christian Frisch)、海伯格(J.Heiberg)和德雷尔(J.I.E.Dreyer)都强调文本和问题的标准,他们对古代和之后时期主要版本的原始文献的研究至今仍具有价值。然而那些撰写历史的人往往倾向于塑造他们过时且好辩的形象。这些研究科学史的学者常常探寻早期阶段现代科学起源的问题,因此安德·迪克森·怀特(Andrew Dickson White)严密地辩解科学始终在日复一日、年复一年地使自己摆脱"神学"而抗争着。后代学者可能会持相反的观点,他们坚持科学实际上是从中世纪的经院神学中发展起来;这种观点的支持者一直更愿意思考有关地球而不是更迭着的宇宙的各种荒诞的可能性。

在20世纪上半叶,科学史产生了三大研究转向。第一个转向由学者奥斯瑞恩·诺格巴尔(Austrian O.Neugebauer)带头倡导,他在20世纪20年代的哥廷根(Göttingen)经历了数学和物理学的革命,并由于纳粹的上台而移民美国继续自己的学术生涯。诺格巴尔认为天文学史和数学史是一种体现精确技术的观念集合,只要学者愿意掌握这些技术,通过最初的实践就可以理解它们的发展。他证明了这两种技术和概念已经产生了几千年,因此他将科学史定义为一种体现跨越文化边界研究的事业。诺格巴尔明确表示科学史学家不能把注意力转向仍隶属于现代科学一部分的主题和学科。像占星术和炼金术这类"惨淡学科"(miserable subjects)的实践者们也在研究着自然世界及其实践方式,而这两者也是科学史的组成部分。

第二个转向由非凡的社会学家罗伯特·默顿(Robert Merton)发起,他在自己的博士论文中就已着手研究17世纪英国的新科学是如何形成的问题。通过大量文献研究,默顿认为从清教徒的宗教信仰到实际军事需求,各种不同的语境对科学家的研究兴趣发挥了非常重要的作用。久而久之,默顿将其研究扩展至后期科学和更现代的学科中。根据行为模式,比如首创性的声誉对科学家的研究工作而言是最主要的补偿,他们会优先探究某些特定事实或规则。由此,默顿开始制定社会规则以规训科学实践的系统,这首先在西方形成并逐步蔓延至全球。关于科学史,默顿已清楚地表明,观念史不仅嵌入科学研究文本和争论之中,而且也已进入到科学史研究体系之内。

最后,在20世纪五六十年代,英国历史学家希伯特·巴特菲尔德(Herbert Butterfield)以及从美国科学家变成科学史家和科学哲学家的托马斯·库恩(Thomas Kuhn)提出了一个疑问,这个问题也困扰着一代代早期学者们,即观念实际上是如何改变的?例如,最初是哥白尼的日心说,然后是不同情况下近代科学的变化,库恩认为关于自然的强有力的观念并非如已被否定的现有理论中的原理一样是逐渐转变的,而是以迅猛的速度突然改变的。实际上,从另一方面看,这种迅速的转变也是由于这些学者们难以理解前辈的信仰和方法。库恩还认为存在一种“范式”或一组准则规训着科学实践,直到这种实践变得不稳定,需要被更改。库恩的这一观点可适用于整个人文学科范围,他还试图从这一精细的争论中揭示那些包含巨变的价值观和信仰等诸多因素,实际上与那些没有导致衰落和改变的现有范式同等重要。①

科学史根据这些基本原则建立起庞大的结构。研究东亚科学史的专家李约瑟(Joseph Needham),这位开创性的剑桥学者,组织学者撰写有关中国科学史和文明的多卷本著作;其中本杰明·艾尔曼(Benjamin Elman)和其他学者也重建了几千年来中国历史上探索自然和技术创造的方式,还重构了东亚自成一脉的药物治疗的原理,揭示出在19世纪末的帝国主义时期,亚洲城市接触到欧洲理解身体的方式时所产生的观念变化。那些“惨淡学科”的学生们,如威廉·纽曼(William Newman)、劳伦斯·普林西比(Lawrence Principe)和泰拉·努梅代尔(Tara Nummedal),认为炼金术没有有效的技术内容,因而只是不合时代的错误假设。实际上,早期现代“化学家”在开发卓有成效的技术以促进和分析金属晶体的发展形成,尽管他们中的一些人向王室虚假承诺可以将普通金属变成黄金,且不止一人在他们的赞助者建立于宫廷内的实验室中付出失败的代价。那些对科学变革及其模式感兴趣的学者进一步在细节上说明了日常生活中科学工作与他们所考察的概念之间的关系。彼得·伽里森(Peter Galison)和其他学者理清了在近代因无法找到一个共同贸易空间的信息,不同科学家之间多长时间中断一次交流的问题。运用从文化交流中分析得出的术语,伽里森表明,那些有着不同基础思维的知识分子和商人群体是如何通过建立“交易区域”、使用“代理人”以及“洋泾浜语言”交流观念的。这类作为客观性本身的核心观点,已被证明是相对近期历史演进的产物。

凭借丰饶的研究领域以及研究其他思想史的方法与模式资源,科学史产生了一种特别重要的结论,即展现了观念史家将自己对知识的研究与次级概念结构结合起来,探究这些观念被采纳和保留的机制,并教育下一代对庞大理论进行证实或证伪的实践。科学史家证明了现代大学制度显然是永恒性的,例如学术研讨会和博士论文都有其自身的历史,它们与自然科学、学术、研究、教学等观念关系密切,并在现代思想家及他们所持有的观念上打下烙印。② 与政治思想史家们一样,科学史家们提供了学者们所感兴趣的不同

① 参阅 Helge Kragh, *An Introduction to the Historiography of Science*(Cambridge:Cambridge University Press,1987)。

② 参阅 William Clark, *Academic Charisma and the Origins of the Research University*(Chicago:University of Chicago Press,2006)。

问题的模型,比如人文主义的发展和人文主义学术的模型,并已经被应用到超出自然研究史的范围之外。

一种题材研究的转向:书籍与读者的历史

如我们所见,最初观念史学家们争论于观念在何种程度上创造了历史的问题。一个观念是如何改变个人的感受与行为的? 自20世纪30年代以来,一种新的学术研究方式试图提供一种答案。其中尤为特别且极富创造力的是书籍史。欧洲历史上有两个重大事件,16世纪的新教改革和1789年的法国大革命。这两个事件的倡导者所宣扬的观念被一种新观念所挑战,一方面是上帝和人类关系的观念,另一方面是社会与国家的观念。每次革命都由受过高等教育的男性领导,他们引用权威文献,一种是《圣经》,另外一种则是一些激进政治理论的经典文本和现代著作。有影响力的法国学者吕西安·费弗尔(Lucien Febvre)提出了一个衡量文本影响力的方法。费弗尔调查了法国城市亚眠(Amiens)中私人图书馆的藏书,他的研究反映出权势家庭将阅读书籍作为发展自己想法的关键,也反映出了他们所生活时代的大体的"精神气候"。丹尼尔·莫尔内(Daniel Mornet)则运用相同的文献信息,详细研究了大部分18世纪启蒙运动的知识分子是如何阅读的。①

第二次世界大战之后,这种书籍史研究得到发展。费弗尔和他的学生亨利·让·马尔坦(Henri-Jean Martin)认为,印刷是一种为给定文本增加副本的方式,而抄写员抄书这类出版方式不可能从根本上加快观念对1450年以后欧洲的影响。费弗尔和其他研究者们组织了一些大规模的集体研究并受启发于一些个体研究,他们将出版的世界作为历史研究的核心对象。罗杰·查提尔(Roger Chartier)和彼得·伯克(Peter Burke)开始通过使用统计学方法以找出实际上哪些书最广为传播。在20世纪80到90年代这段时间内,他们壮大了书籍史研究者的队伍,通过借鉴人类学和文学理论,将作家和读者如何使用和重构文本作为一种新目标。与此同时,唐纳德·麦肯齐(Donald McKenzie)、罗伯特·达恩顿(Robert Darnton)、大卫·迈克特里科(David McKitterick)和其他学者重建了早期印刷厂的实际操作情状;达恩顿、詹姆斯·雷文(James Raven)以及其他学者通过挖掘档案,追踪书籍向读者传播新讯息,发现那些有时被扭曲的情况通常是由于审查而被歪曲的。虽然近世的一些作品往往被认为是18世纪大受欢迎的典范,但也表明在很大程度上,那些被遗忘的文本——乌托邦式新社

---

① 参阅 Elizabeth L.Eisenstein, *The Printing Revolution in Early Modern Europe* (2nd edn. Cambridge: Cambridge University Press, 2005)。

会秩序倡议书、色情小说、关于当时统治者与他们仆人间的风流韵事等,才是实际上最畅销的。其中一些开明思想,事实上是以这类通俗方式传达至公众的,因为这些趣事更能娱乐大众。与伏尔泰和卢梭的观点相比,这些书籍史研究学者认为,诽谤皇室情妇和部长们的记述会驱散法国君主神圣的气质并促进邪恶的滋生,而这将成为一旦发生重大变革时政治生活的表征。洛夫乔伊认为,哲学文本中的高级观念在进入新媒体后会变得通俗化;而书籍史学家们则致力于为商业利益和意识形态、审查和作者意图等所有组成部分绘制出复杂的形貌。①

统计学丰富了书籍史的研究内容,显示出书籍被印刷或出售的数量,是估计书籍影响力的合理性基础,但却不是分析文本实际上被哪些人阅读的依据。在1979年,意大利文化史学家卡洛·金兹伯格(Carlo Ginzburg)认为,宗教裁判所处理不同政见者弗留利(Friulian)的磨坊主多米尼可·斯堪的利亚(Domenico Scandella)或麦诺奇奥(Menocchio)的丰富记录中,显示了他拥有和阅读书籍的情况。更加值得一提的是,通过比较那些书籍和麦诺奇奥对所做的摘要,金兹伯格重构了这位磨坊主富有想象力的阅读方式;他分析认为,这反映出麦诺奇奥充满古代农民唯物主义文化的思想。在之后的二十年里,学者们发现了意外的线索:读者经验的来源包括从边页注释到给出版商的信件等多种途径。越来越多的思想史学家,包括文学家威廉·谢尔曼(William Sherman)和科学史学家詹姆斯·西科德(James Secord),现在都采纳书籍史和阅读史的观点。学者们利用当时倡导者的教育情况、图书馆、作为学者和作家的实践以及同一时代人们对自己工作的感受、后来读者等信息,将这些分析嵌入丰富的历史背景之中。

将这些新方法纳入传统方法之中,这些观念史学家发现自己与传统的竞争对手越发接近。兴盛于19世纪的文化史,通常对直接研究观念兴趣缺乏,它的重要性超过从教育形式和文学体系中传播观念的文化制度,而存在于所有有组织的社会之中,如那些逐渐出现在现代城市中电影院、歌剧院、歌舞厅和咖啡馆。观念史学家接纳了文化史学家的方法,例如思想史学家保罗·格伦德勒(Paul Grendler)、罗伯特·布莱克(Robert Black)、马丁·杰伊(Martin Jay)以及苏珊娜·马尔尚(Suzanne Marchand)重建了教育和学术体系,从15、16世纪意大利的学院和大学到19、20世纪德国的大学、实验室和博物馆,他们塑造了在其中从事研究工作的知识分子们。其他人则将注意力转向存在于一定时间和空间里的文学系统,再建了

---

① 参阅Robert Darnton, *The Forbidden Best-sellers of Pre-revolutionary France*(New York:Norton,1995);Robert Darnton, *The Devil in the Holy Water or the Art of Slander from Louis XIV to Napoleon*(Philadelphia:University of Pennsylvania Press,2010)。

以文学家领军的职业以及助长或抑制其创造性工作所使用的力量。根据罗伯特·达恩顿、伊恩·麦克莱恩(Ian Maclean)、詹姆斯·雷文(James Raven)以及菲利普·沃勒(Philip Waller)根据丰富的文献研究,他们从出版商记录、书籍审查文件、文学杂志中那些所面对政治、社会和意识形态压力的作者们这些文献中提出观点,认为这些材料能够帮助他们判断和理解从政治小册子到小说任何形式的写作形式的发展状况。

跨 界

这些研究方式不仅抛弃了以往的观念研究,而且基于娱乐风俗和文化活动以调和创作者与读者之间的关系,使学者对世界史中许多方面有了新的认识。在某种程度上来说,前现代世界中的观念史学家们一直尝试着进行一些跨文化式的学术研究,如皮埃尔·拜尔(Christopher Bayly)在关于本书所提内容的章节中勾起了一种渴望。又如没有人比诺格巴尔和他的后继者们对古希腊神话的独特性和创造性破坏得更多了,他们从细节上追溯了希腊化科学如何从近东及希腊本源发展起来。而被正式奉为古典传统研究中心的沃伯格学会,一直致力于研究古代近东文明的重要作用、西方文化传统中的伊斯兰教和犹太教、从咒语到对陌生人的态度这类特定文化形态中产生的惊人方式,其影响横跨整个印度大陆直至英格兰。近年来沃伯格学会的学者们又将自己的兴趣扩展至中国。

此外,最近的当代治学方法已经开始向以有效的文化跨界方法追踪学者所研究的观念转移。例如在本杰明·艾尔曼(Benjamin Elman)和贝斯·贝瑞(Beth Berry)撰写的创造性新书中,指出了教育、学术、出版形式对塑造前现代中国和日本知识分子们的思想观念起了很大作用。乔治·萨利巴(George Saliba)的重要研究是利用新方法探究手稿中的前现代科学本质和思想自由;这扩展了我们对伊斯兰天文学的理解,也对早期现代西方的自然研究产生了深远的影响,并且这些研究成为欧洲和美国思想史学家争相效仿的模板。① 关于书籍史中的新学问,中国或以色列学者可能与美国或英国的学者一样进行着研究,然而其成果很可能是用英语发表的,这样就可以传达至更广泛的读者中。

像观念本身,多少年来历史学家们对其研究的数量不断增多,方法也变得多样化,但依旧保留着最初的深度和连贯性。观念史这项始于哲学家的研究工作,多年来定位于一个较高的抽象层次,始终没有放弃关注正式概念和对象。然而,学者们

---

① Benjamin A.Elman, *On their Own Terms: Science in China, 1550—1900* (Cambridge, Mass.: Harvard University Press, 2005); Mary Elizabeth Berry, *Japan in Print: Information and Nation in the Early Modern Period* (Berkeley and Los Angeles: University of California Press, 2006); George Saliba, *Islamic Science and the Making of the European Renaissance* (Cambridge, Mass.: MIT Press, 2007).

将研究确立于重建丰富的文本之上，并使之与图像、习俗史话、传播和关注方式相联系。21世纪伊始，观念史成为历史学的一个强大的分支学科，充分体现了跨学科研究工作的价值。回顾20世纪30年代，观念史研究者们可以看到，当时的马克思主义者和共产主义者都在对解释和预测的统一系统的承诺中举例说明，观念的力量改变着人类以及历史学家们。

译者简介：黎云意，上海师范大学人文与传播学院都市文化专业研究生。

史学史
与
史学理论

基督教历史阐释学的先行者

——论早期基督徒提阿菲罗斯的史学阐释理论①

□肖 超

摘 要:“安提阿的提阿菲罗斯”在《致奥托莱库斯》(*To Autolycus*)中建构起了一整套将历史隐含“意义”带离历史叙事“言语”的历史阐释理论,使得历史不仅被理解为“字面言辞”或“事实所是”,更加被理解为“真理意是”。他开创性地以历史阐释来教诱受众走向“千真万确”的基督教“真理”,为陷入困境的西方史学开辟出了一条新路,也为原本拒斥史学的早期基督教思想找到了将历史学征为己用的可能。并且,他还首次编撰出了一部富有基督特色的编年史。因此,提阿菲罗斯无疑是基督教历史阐释学的先行者。

关键词:基督教史学;提阿菲罗斯;致奥托莱库斯;早期基督教;历史阐释学

---

① 近现代西方学者对提阿菲罗斯及《致奥托莱库斯》的研究,已经相当丰富而深入。如 Robert M.Grant 就曾颇详尽地以专题形式梳理过提氏《致奥托莱库斯》一书在西方的文本流传历史,可参阅:Robert M.Grant,“The Textual Tradition of Theophilus of Antioch”,*Vigiliae Christianae*,Vol.6,No.3(Jul.,1952),pp.146—159。在 1970 年牛津大学出版社刊行的《致奥托莱库斯》希腊文英文对照译本中,除讨论提氏个人的经历与观点之外,Robert M.Grant 又细致梳理了《致奥托莱库斯》各种版本在西方编辑发行的学术历史,可参阅:Theophilus of Antioch,*Ad Autolygum*(*To Autolycus*),Text and Translation by Robert M.Grant,Great Britain,Oxford:Oxford University Press,1970,pp.ix—xxv。新近 Rogers Rick 出版的《提阿菲罗斯:一位 2 世纪主教的生平与思想》,则是近来关于提阿菲罗斯较为详博的一本专著,可参阅:Rogers,Rick,*Theophilus of Antioch:The Life and Thought of A Second-century Bishop*,USA,Lanham,Maryland:Lexington Books,2000。而我国学界对提阿菲罗斯的研究尚处于起步阶段。尤其在史学领域内,对这位“似乎是旧约教会最早的基督教史学家”(*The Ante-Nicene Fathers:Volume II,Fathers of the Second Century:Hermas,Tatian,Theophilus,Athenagoras,and Clement of Alexandtia*,edited by Rev.Alexander Roberts,Sir James Donaldson & Arthur Cleveland Coxe,USA,New York:Cosimo,Inc.2007,p.87)的研究,目前基本上还是空白。但值得欣喜的是,《致奥托莱库斯》的中文译本已经出版,收录在“两希文明哲学经典译丛”《致希腊人书》一书中,可供研究者参考,参见[古罗马]塔提安等:《致希腊人书》,腾琪、魏红亮译,中国社会科学出版社 2009 年。笔者早前曾对这位提阿菲罗斯的历史阐释理论有初步涉及,参阅拙文:《提阿菲罗斯在〈致奥托莱库斯〉中的史学阐释理论体系》,《世界宗教研究》2012 年第 4 期,第 108—116 页,本文系在此文基础上的进一步深入。

Abstract: Theophilus of Antioch, in his To Autolycus, established a historical hermeneutic theory where the hidden historical meanings departed from the historical narratives. History is thereupon understood more as pointing to truths than literally or factually. Theophilus is the first one who resorts to the historical hermeneutics to lead the followers to the Christian truths, thus opening a new path for the western historiography that has been trapped in a dilemma and making it possible for early Christianity that used to reject historiography to employ historiography. Moreover, Theophilus is also the first one who presents a chronology with Christian characteristics. He is undoubtedly a pioneer of Christian Historical Hermeneutics.

Keywords: Christian Historiography, Theophilus, To Autolycus, Early Christianity, Historical Hermeneutics.

在《真理与方法》的"导言"中,伽达默尔开宗明义地将阐释学定义为某种"理解和对所理解东西的正确解释的现象",并指出"阐释学……在对传承物的理解中,不仅文本被理解,而且见解也被获得,真理也被认识了";同时他认为,西方"自古以来,就存在一种神学的阐释学和一种法学的阐释学"。① 如果我们今日去研究某位名为"安提阿的提阿菲罗斯"(Theophilus of Antioch)②的早期基督徒,就会发现前述这种理解文本、获得见解并进而认识真理的"阐释学现象",早在基督教勃兴时便已在西方历史学领域内发生。因为,正是这位提阿菲罗斯,于其传世之作《致奥托莱库斯》(*To Autolycus*)中,诚如他本人对受众所言"我将用一些你读过的历史书籍……来向你阐明真理"

① 参见 Hans-Georg Gadamer, *Hermeneutik I: Wahrheit und Methode*, Tübingen, J.C.B.Mohr(Paul Siebeck), 1986, p.1。中文译文参见[德]伽达默尔:《真理与方法 I》(修订译本),洪汉鼎译,北京:商务印书馆,2007 年,第 3 页。

② 关于提阿菲罗斯的生平我们所知甚少,根据他曾在《致奥托莱库斯》第 2 卷第 24 章中提到"那称作底格里斯河与幼发拉底河的两条河,环绕着我们所生活的地方"(参阅 Theophilus of Antioch, *Ad Autolygum*[*To Autolycus*], Text and Translation by Robert M.Grant, Great Britain, Oxford: Oxford University Press, 1970, pp.65, 67),可推测出他所生活的地方应在两河流域范围之内;并且,他还在该书第 3 卷第 28 章中提到了罗马皇帝马可·奥勒留的驾崩(参阅同上, p.143),故他至少生活到了 180 年之后;另外,根据攸西比乌斯在《教会史》中的记载,这位"著名的提阿菲罗斯"是安提阿教会中"自使徒以来的第六任主教"(参阅 Eusebius, *The Ecclesiastical History*, Volume I, with an English Translation by Kirsopp Lake, Cambridge, Massachusetts: Harvard University Press, reprinted 1998, p.373)。并且攸西比乌斯还指出,提阿菲罗斯就任安提阿主教的时间是在马可·奥勒留当政的第八年,也就是在 168 年左右。至于提阿菲罗斯的著述,攸西比乌斯在其《教会史》中记载了这位主教"有一本名为《驳赫尔默格内斯的异端邪说》(*Against the Heresy of Hermogenes*)存世",此外还有"反驳马西昂的著作"(参阅同上, p.385)。流传至今的则主要是在《教会史》中所描述的另外"三卷关于基本要道的作品"(参阅同上, p.385)。在其中第二卷第一章,提阿菲罗斯直接表明了是写给"我的好朋友奥托莱库斯"的,因此后世西方学者一般将这三卷作品合称为《致奥托莱库斯》(*To Autolycus*)。

的那样,[①]初步建构起一种通过解读传统历史文本来引导受众去领悟基督教"真理"的史学阐释路径;并且他还结合自己的历史阐释理论,首次[②]为基督教编撰出一部自《创世纪》直到罗马皇帝马可·奥勒留[③]驾崩的编年史。故而,他当之无愧地称得上是早期基督教的历史阐释学先行者。

那么,这位提阿菲罗斯的历史阐释学理论究竟怎样呢?本文就尝试着对该问题加以探讨,寄望借此更深入地理解这位目前尚不太为我们所关注的早期基督教史学家的先驱意义。

提阿菲罗斯史学阐释理论的前语境

事先阐明某种新兴理论在思想承递中的前语境,将使我们对于精神传承物——该理论本身——的理解更加深入。在如下对提阿菲罗斯史学理论两方面思想语境的简要梳理中,我们就试图使自己处在某种理解提氏史学理论"为什么"的语境中,去获得某些关于它"是什么"的前理解。

1.传统希腊罗马史学思想的困境

发展到基督教兴起的公元前后,"真实"已经成为历史学的首要标准。[④] 那位被誉为"修昔底德以后最伟大的希腊史家"[⑤]的波里比乌斯就曾认为:"如果历史被剥夺了她的真实,那么就只剩下一个无用的传说。"[⑥]西塞罗更是明言:"在历史中,评价一切的标准就是真实。"[⑦]但同时,那些被公认为"历史"的著述,却也被批评为充满了"不真实"。西塞罗就指出包括史学之父希罗多德等人的诸多著作中,"充斥着难以计数的不可置信的传说"[⑧];并且,史学作者们自己也越来越感到了追求真实的困难,如普鲁塔克就坦承:"通过历史追溯并发现任何事物的真

---

① Theophilus of Antioch, *Ad Autolygum*(*To Autolycus*), p.23.

② 爱尔兰教会历史学家詹姆斯·厄谢尔(James Ussher,1581—1656)就曾将提阿菲罗斯称为尝试从《圣经》来推算出整个世界纪年的"第一位基督徒作者",参阅:James Ussher, *Annals of the World: James Ussher's Classic Survey of World History*, revised and updated by Larry and Marion Pierce, Master Books, Inc., P.O.Box 726, Green Forest, Printed in the USA, 2003, p.8。

③ 马可·奥勒留(公元121—180年),全名为马可·奥勒留·安东尼·奥古斯都(Marcus Aurelius Antoninus Augustus),于公元161年至180年在位。

④ 关于西方古典(传统)史学的"求真"精神,如下文字颇值参阅张广智等:《西方史学史》(第三版),上海:复旦大学出版社,2010年,第10—67页。

⑤ 参见[美]汤普森:《历史著作史》上卷(第一分册),谢德风译,北京:商务印书馆,1996年,第74页。

⑥ Polybius, *The Histories*, Volume I, With an English Translation by W. R. PATON, Cambridge, Massachusetts: Harvard University Press, Reprinted 1998, pp.35—37.

⑦ Cicero, "De Legibus"(the Laws), in *Cicero XVI*, with an English Translation by Clinton Walker Keyes, Cambridge, Massachusetts: Harvard University Press, reprinted 1994, p.301.

⑧ Cicero, "De Legibus"(the Laws), in *Cicero XVI*, p.301.

实性是非常困难的。”[①]

事实上,传统史学这种追求真实而不可得的坦塔罗斯(Tantalus)困境,[②]一早就由传统历史写作者们那种以“自我”来佐证“真实”的思维路径所决定。希罗多德曾将其作品标榜为“都是我个人亲自观察、判断和探索的结果”;[③]修昔底德也宣称其撰述“部分是我的亲自参与,部分是我从其他人那里得来的信息,并尽我所能地进行了确证”[④]。可是,这种叙事者自我的单方面自信,未必能获得并未在场的读者们的相信,更不意味着借此就可以达到“真实”。尤其在公元前后那种断言“历史包含了对实际事实的阐释”[⑤]的时代大趋势下,此种路径更是充满局限性。一方面,为了让读者确信其叙事的主观见证,作者就必须坚持“自我”;另一方面,为了使读者信服其阐释的客观评判,作者又不得不摒弃“自我”。古罗马史家萨鲁斯特(Sallust)就此喟叹说:“我认为撰写历史是一项最难的工作。首先,你要保证你的叙述与措辞和你所记载的行为是完全的一致;其次,当你对其他人的缺点加以批评时,绝大多数的读者会认为你是出于蓄意中伤和嫉妒。”[⑥]塔西佗也抱怨说那种让“自我”畅所欲言,“依照自我意愿去感知,并能根据自我感觉去述说”的机会,终究是“太少了”。[⑦] 的确,以“真实”为首要标准的传统史学,在当时已然于读者而言满纸荒唐,于作者而言则满腹辛酸。以至于,“在帝制时代,真实性成了形式上的要求,史家们都肯定它,但这种肯定仅仅是一种陈词滥调罢了”。[⑧]

2.提阿菲罗斯史学阐释理论的三个主要思想渊源:隐喻解经法、约瑟夫的撰史以及早期基督徒与史学的关联

早期基督教神学家们深信,除了《圣经》的字面意义之外,他们还能够诉诸

---

① 转引自[美]凯利:《多面的历史:从希罗多德到赫尔德的历史》,陈恒、宋立宏译,北京:生活·读书·新知三联书店,2003年,第79页。

② 坦塔罗斯(Tantalus):希腊神话中主神宙斯之子,因虚荣心作祟而对诸神作恶,被神祇们打入地狱里备受折磨。其中有一惩罚就是他站在一池深水中间,可他只要想喝水,池水就立即从身旁流走;同时他身后岸上有果树结满果实,弯垂在他的额前,但等他想要摘取充饥时,就会有大风将果实吹向空中。

③ 希罗多德:《历史》,王以铸译,北京:商务印书馆,2005年,第151页。

④ Thucydides, *History of the Peloponnesian War*, Books I and II, with an English Translation by Charles Forster Smith, Cambridge, Massachusetts: Harvard University Press, reprinted 1999, p.39.

⑤ Quintilian, *The Orator's Education*, Books 1—2, Edited and Translated by Donald A. Russell, Cambridge, Massachusetts: Harvard University Press, reprinted 2001, p.281.

⑥ Sallust, "The War with Catiline", in *Sallust*, with an English Translation by J. C. Rolfe, Cambridge, Massachusetts: Harvard University Press, reprinted 2000, p.7.

⑦ Tacitus, "The Histories", in *Tacitus* II, with an English Translation by Clifford H. Moore, Cambridge, Massachusetts: Harvard University Press, reprinted 1996, p.5.

⑧ [美]凯利:《多面的历史:从希罗多德到赫尔德的历史》,第120页。

"隐喻解经法"[①]来解读出更为深奥的真理。保罗就曾以"这都是隐喻(allegory)"[②]的方式,向受众们讲解《旧约》。而这种解经法原先是由犹太教解经师斐洛系统性加以理论建构的。[③] 在斐洛那里,"整部律法书就像一个生灵,文字规章是这个生灵的躯体,它的灵魂则是文字背后无形的智慧"。[④] 故而斐洛告诫读者,不要停留在"字面上与明显的"[⑤]意思,而应该"去进行隐喻的阐释,并且认识到:文字对于神谕而言仅仅就像是阴影对于实体,其中显现出来的更高价值才是真实的与实存的事物"[⑥]。因而《圣经》在斐洛的隐喻阐释下就具备了两重意思:其一是"字面意思",其二则是"隐喻意思";并且,隐喻意思还有着"显现出来的更高价值"。及至基督教发展到尤西比乌斯的时代,隐喻解经法就已被信徒们作为"传统的操练"[⑦],许多早期基督徒都借此去找寻文字中"永古隐藏不言的奥秘"[⑧]。而就本文所探讨的提阿菲罗斯来说,隐喻解经法则为他提供了一种让"历史"挣脱其文本字面而奔向某个全新处所的可能。[⑨]

提阿菲罗斯的另一个重要思想源泉,也就是他在《致奥托莱库斯》中多次提及与引征[⑩]的犹太教史学家约瑟夫。在约

① "隐喻"(allegorical)一词源自于古希腊文的词汇 *allēgoria*,随后在柏拉图与亚里士多德的时代里被用于指称名为 *huponoia* 的实践活动;而 *huponoia* 是与动词 *huponoein* 相对应的一个名词,其字面意思就是"深入地看穿、领悟"(to see under,to understand under),也就是辨析出隐藏在话语直白(表面)意义背后的深层次含蕴"。参阅:Brisson,Luc.*How philosophers saved myths:allegorical interpretation and classical mythology*,Chicago:University of Chicago Press,2004.p.32。而"隐喻解经法"(The allegorical interpretation of Scripture)则是在巴勒斯坦的犹太拉比学校里实行的一种特殊的阐释方法,这种方法也被《新约》的写作者用于对《旧约》的阐释。参阅:*The Concise Oxford Dictionary of the Christian Church*,Ed.Elizabeth A.Livingstone,Oxford:Oxford University Press,1977,p.15。

② 中文译文可参阅《圣经·新约·加拉太书》(新标准修订版,简化字和合本,2007 年)第 4 章,第 24 节。

③ 当然,在斐洛之前,以"隐喻"来阐释经典的做法就已然行之有日。有海外学者指出:"'隐喻'一词的第一次出现,是在公元前 3 世纪斯多亚派的克里尼雪斯(Kleanthes,英译为 Clenathes)的著作中。其他的希腊思想家曾经把隐喻阐释法用于荷马史诗,将荷马的诸神处理成道德行为和非道德行为的象征。人们也已注意到,隐喻阐释法在斐洛时代以前的亚历山大里亚已存在了。"参阅[英]威廉逊:《希腊化世界中的犹太人:斐洛思想引论》,许开来、林庆华译,北京:华夏出版社,2007 年,第 154、155 页。

④ Philo,"On the Contemplative Life",in *Philo*,Volume IX,with an English translation by F.H.Colson,Cambridge,Harvard University Press,reprinted 1995,p.161.

⑤ Philo,"On the Confusion of Tongues",in *Philo*,Volume IV,with an English translation by F.H.Colson & G.H.Whitaker,Cambridge,Harvard University Press,reprinted 1995,p.113.

⑥ Philo,"On the Confusion of Tongues",in *Philo*,Volume IV,p.115.

⑦ Eusebius,*The Ecclesiastical History*,Volume I,p.155.

⑧ 《圣经·新约·罗马书》第 16 章,第 25 节。

⑨ 关于隐喻解经法对早期基督教史学的影响,可参见拙文:《略论"隐喻解经法"对早期基督教史学思想的建构》,《史学理论研究》2011 年第 2 期,第 33—43 页。

⑩ 关于提阿菲罗斯对约瑟夫的提及,可以参阅:Theophilus of Antioch,*Ad Autolygum*(*To Autolycus*),p.133。另根据 Robert M.Grant 所翻译的牛津版《致奥托莱库斯》(*To Autolycus*),提阿菲罗斯至少有七处文字是以约瑟夫的《驳阿皮翁》(*Against Apion*)为渊源或与之类似的,参阅:*Ad Autolygum*(*To Autolycus*),p.152。

瑟夫看来，人类发展历史的主要规律就是"遵从上帝意愿"[①]；而其他异教历史作者的错谬就在于他们对此茫然不知，"没有揭示出真理"[②]。并且，约瑟夫是从"起初，上帝创造天地"[③]来开始其历史叙事的，他可以说建构起了一种以《圣经》中"创世纪"作为人类历史总开端的史学观念。尤其值得注意的是，约瑟夫还以其自身的遭遇，为后人树立了一种通过基于"神意"的历史写作来向政治接近的典范。根据其《犹太战记》所载，约瑟夫凭借向韦斯巴芗[④]将军讲述"您与您的儿子将当上皇帝"[⑤]的神性预言，方才死里逃生。此后他一直托庇于韦斯巴芗及其儿子提图斯[⑥]与图密善[⑦]，生活优渥地潜心于历史著述。

理解提阿菲罗斯，还应该注意早期基督徒与历史学之间以下三方面的关联：第一，早期基督教对于传统史学采取了一种既拒斥又保留的模棱两可的态度：如保罗就把过往史家依据"人类的传统和尘世的原理"所做的阐释直接斥为"妄言"，要求信众们远离。[⑧] 但对涉及古犹太历史的先知叙事，耶稣本人还是采取了"我来不是要废掉，乃是要成全"[⑨]的保留态度。第二，早期基督徒已经通过写作历史来传播信仰，其著述经常呈送给异教的政治与智识精英。被称为"真正的历史学家"[⑩]路加所撰的《路加福音》与《使徒行传》，就都是献给提阿菲罗斯[⑪]——这位在现实中有较高官阶[⑫]的"大人"，以此来使他"知道所学之道是确实的"[⑬]。而且，早期基督徒的历史写作还反映了他们接近既有政权的态度。如《路加福音》就记载了耶稣对帝政当局征税的认同，"恺撒的物当给恺撒，神的物当归给神"[⑭]；《使徒行传》则描述了保罗将罗马皇帝视为能还他

---

① Josephus, *Jewish Antiquities*, (books I-III), with an English translation by H.ST.J.Thackeray, Cambridge, Massachusetts: Harvard University Press, reprinted 1998, p.9.

② Josephus, *Josephus I: the life, Against Apion*, with an English translation by H.ST.J.Thackeray, Cambridge, Massachusetts: Harvard University Press, reprinted 1997, p.173.

③ Josephus, *Jewish Antiquities*, (books I-III), p.15.

④ Titus Flavius Vespasianus，英译：Vispasian，约 9—79 年。

⑤ Josephus, *The Jewish War*(books III-IV), p.117。

⑥ Titus Flavius Vespasianus，约 39—81 年，一般称为提图斯(Titus)。

⑦ Titus Flavius Domitianus，约 51—96 年，一般称为图密善(Domitian)。

⑧ 《圣经·新约·歌罗西书》第 2 章，第 8 节。

⑨ 《圣经·新约·马太福音》第 5 章，第 17 节。

⑩ [美]梅琴：《新约文献与历史导论》，杨华明译，上海：上海人民出版社，2008 年，第 171 页。

⑪ 参阅《圣经·新约·路加福音》，第 1 章第 1 节；以及《圣经·新约·使徒行传》第 1 章，第 1 节。

⑫ 关于提阿非罗斯的这一段考证，参阅[美]梅琴：《新约文献与历史导论》，第 168 页。

⑬ 《圣经·新约·路加福音》第 1 章，第 1—4 节。

⑭ 《圣经·新约·路加福音》第 20 章，第 25 节。

公义的仲裁者，“……我要上告于恺撒”[1]。第三，早期基督教由于其发源于犹太教，很自然地将《旧约》叙事作为自身的古老历史，并认为自身的历史要比其他异教历史更为古老与可信。如早期罗马教父克莱门特就将《旧约》的记载作为“古人的例子”加以采信。[2] 再比如殉道者查士丁[3]也在其《对希腊人的劝导》中，鼓励读者们追寻先知摩西的犹太教古代史，并指出摩西的历史“远远比其他任何的异教历史都更为古老”[4]。

至此，我们基本展现了提阿菲罗斯成为一个史学阐释理论建构者，在其思想传承上的一些前语境。随后，我们将着重探讨提阿菲罗斯究竟建构了怎样的阐释路径，他又从历史文本中阐明了什么“真理”？而对这些疑问的探询，都将有赖于提阿菲罗斯自己的文本世界。

提阿菲罗斯的史学阐释理论

如其题名所示，《致奥托莱库斯》的受众，首先就是像奥托莱库斯这样“读过大量书籍”[5]的异教智识人群，于是同样博览群书的提阿菲罗斯就相应采取了一种“我将用一些你读过的历史书籍……来向你阐明真理”[6]的阐释路径。正是在这个过程中，原先倾向于强调天堂信仰而摒弃尘世知识的新兴基督教，首次主动地进入了被称为“历史学”的智识领域。基督教通过提阿菲罗斯，开始以一种历史学阐释者的眼光来看待“历史”，开始基于基督教信仰来对过往的历史文本加以评判与阐发。当然，这并不意味他们认同那些传统历史撰述者对历史的见解。刚好相反，正是在对传统历史文本中观点的理解中，早期基督教的历史阐释学真正建构起了属于自己的“真理”。

1. 提阿菲罗斯史学阐释的理论前提：“真实”向“真理”的转换

相比前述传统希腊罗马史学因为追求“真实”而遭遇到的困境，提阿菲罗斯对“真理”的追寻可谓另辟了一条蹊径。提阿菲罗斯自己在评说异教传统历史的写作者时就说：“他们的作品中不存在丝毫的真理（希腊文：ἀληθείας）。即便有某些真实的（希腊文：ἀληθές）东西已经

---

[1] 《圣经·新约·使徒行传》第25章，第10、11节。

[2] Clement, "First letter of Clement", in *The Apostolic Fathers* (*Volume I*), edited and translated by Bart D. Ehrman, Cambridge, Massachusetts: Harvard University Press, reprinted 2005, p.43. 该文件又被称为《克莱门特致哥林多教会的第一封信》(*First letter of Clement to the corinthians*)，西方学界普遍认为其作者是早期罗马教父克莱门特（活跃于1世纪左右），但对此也有不少争议，相关内容可参阅上述 *The Apostolic Fathers* (*Volume I*), pp.18—33。

[3] Justin Martry，约100—约165年，一般称为“殉道者查士丁”。

[4] Saint Justin Martyr, "Exhortation to the Greeks", in *the Fathers of the Church*, translated by Thomas B. Falls, D. D. copyright 1948 by the Catholic University of America Press, Inc, First paperback reprint 2008, p.388.

[5] Theophilus of Antioch, *Ad Autolygum* (*To Autolycus*), p.105.

[6] Ibid., p.23.

被他们宣示,它也是掺杂着谬误的。”①从中我们可以清晰地看到,以古希腊语写作的提阿菲罗斯,对于“真理”与“真实”这两个在史学领域中差异很大的概念,有意识地适用了一组古希腊语词汇形式:“ἀλήθεια”(名词)和“ἀληθές”(形容词)。而这组词汇在古希腊语中有着既能指称“真理(的)”又能指称“真实(的)”的双关意蕴。正是利用这种双关,提阿菲罗斯就将“真实”在其史学阐释理论中转换为了“真理”。这或许在思想实质上看似突兀,但在作为形式的语言②上还是被建构得颇为自然。

事实上,早期基督教作者们在使用“ἀλήθεια”“ἀληθές”时,不仅没有涉及过对任何史学文本的阐释,并且对其中的“真理(的)”与“真实(的)”意蕴也有着泾渭之隔。以《圣经·新约》为例,“ἀλήθεια”“ἀληθές”在作为“真理/真实”与“真理的/真实的”③的意义时,大致可区分为如下两种语境:第一,当“ἀλήθεια”“ἀληθές”作“真理”“真理的”含义时,一般是指具有基督教神圣性质的某种绝对、终极的“真理(的)”,它只和具有神性的上帝、耶稣等有关。比如《约翰福音》中就说“恩典和真理(ἀλήθεια)都是由耶稣基督来的”④;并记载了耶稣自己所说的“我就是道路、真理(ἀλήθεια)、生命”⑤。再比如《约翰二书》中写道:“恩惠、怜悯、平安从父神和他儿子基督耶稣,在真理(ἀληθεία)和爱心上必常与我们同在!”⑥第二,当“ἀλήθεια”“ἀληθές”作“真实”“真实的”的意思时,则基本指某种与人间事实相符合一致的真相与情况,主要与平常的人类相关联。比如《马可福音》讲述某位患病女子偷偷触摸耶稣的衣裳来治愈病症,被发现后向耶稣坦白的事件时,就采用了“……将实情(ἀλήθειαν)全告诉他”⑦的行文。再比如在《约翰福音》中,针对某个撒玛利亚妇人关于她丈夫情况的陈述,耶稣所下的断言:“……你这话是真实的(ἀληθές)。”⑧因此可见,在早期基督教思想中,“ἀλήθεια”“ἀληθές”在指称“真理(的)”时主要关联神性,意涵“真实(的)”时则基本牵涉人事。

---

① Theophilus of Antioch, *Ad Autolygum*(*To Autolycus*), p.47.

② 参阅[瑞士]费尔迪南·德·索绪尔\沙·巴利,阿·薛施蔼\阿·里德林格合作编印:《普通语言学教程》,高名凯译,岑麒祥,叶蜚声校注,北京:商务印书馆,2009年,第169页。

③ 当然,它们还有诸如“诚挚”“真诚”等其他意思,但这不在本文讨论范围内。

④ *The New Testament in Greek*, edited by F.H.A.Scrivener, published in the USA by Cambridge University Press, New York, 2010, p.233.中文译文参照:《圣经·新约·约翰福音》(新标准修订版,简化字和合本)第1章,第17节。

⑤ 同上, p.279.第14章,第6节。

⑥ 同上, p.596.第3章。

⑦ 同上, p.99.第5章,第33节。

⑧ 同上, p.241.第4章,第18节。

回到西塞罗所言:"在历史中,评价一切的标准就是真实(古拉丁文:*veritatem*;现代英译:truth)。"①在此语境中的"真实",指的也是判断史学叙事是否与人事相一致的"真相""事实"等意蕴,尤其这种"真实"还是注重人类事业而抵制神话传说的。这从西塞罗随后对希罗多德等人作品中充斥荒诞"传说"(古拉丁文:*fabulae*;现代英译:fabulous tales)②的批驳中就能感知。然而传统史学思想中此种关注人事忽视神迹的"真实",又符合早期基督教思想中对希腊语词"ἀλήθεια""ἀληθές"中关涉人事的"真实"意涵。因此,当日后提阿菲罗斯宣称"我将用一些你读过的历史书籍……来向你阐明真理(古希腊文:ἀληθές;现代英译:truth)"时,③正是利用了早期基督教思想以"ἀλήθεια""ἀληθές"等语词来双关"真实"与"真理"的特点,将异教传统史学中强调的人事"真实"巧妙地推向了基督教信仰所宣扬的神性"真理"。这使得原本注重于记叙"人类的功业"④或者"自城奠基以来罗马人民的功绩"⑤等人类事业的传统希腊罗马史学,被引入了一个向来只要求信众关注神圣奇迹——"你们要纪念他(上帝)奇妙的作为和他的奇事,并他口中的判语"⑥——的新兴基督教信仰领域。并且,这种理论还为受众预设了一个内在的理论前提:在历史文本的人事"真实"中隐含了某种神性"真理",而这种"真理"恰恰要依靠该理论去加以阐明。

2.通向"真理"的路径:提阿菲罗斯的史学阐释理论

当然,如果认为提阿菲罗斯只是凑巧利用了"ἀλήθεια""ἀληθές"等语词的双关,那么,我们对其史学阐释理论的理解将未免失之浅显。实际上,提阿菲罗斯更肇创了一个较为完备的、关于"谁""如何"在"怎样的历史真实"中去阐明"何种真理"的理论体系。

在《致奥托莱库斯》的第1卷第1章中,提阿菲罗斯就已然以一句简洁的话语表明了他的核心理念:"那些喜爱真理(古希腊文:ἀληθείας;现代英译:truth)的人,丝毫不会去关注那被污染过的言辞,而只会去审视隐藏在言语之后的事实,去检视这些事实'是何所是'(what it is)以及'是何意是'(what it means)。"⑦

① Cicero, "De Legibus" (the Laws), in *Cicero XVI*, with an English Translation by Clinton Walker Keyes, Cambridge, Massachusetts: Harvard University Press, reprinted 1994, p.301.

② Ibid.

③ Theophilus of Antioch, *Ad Autolygum* (*To Autolycus*), p.23.

④ 希罗多德:《希罗多德历史》,第1页。

⑤ Livy, *History of Rome*, with an English Translation by B.O.Foster. Cambridge, Massachusetts: Harvard University Press, 1998, p.3.

⑥ 《圣经·旧约·历代志上》第16章,第12节。

⑦ Theophilus of Antioch, *Ad Autolygum* (*To Autolycus*), p.3.

这句关乎"真理""言辞""事实"的话语，在根本处就揭示了提阿菲罗斯史学阐释理论的两项基本意蕴。第一，提阿菲罗斯建构其阐释理论的动机与核心意义就在于"真理"。第二，提阿菲罗斯阐释理论的主体是某种"喜爱真理的人"；并且他还大致概括了该主体去阐释"真理"的方法——即某种递进并且二分性质的阐释层路径。首先，文本将被区分为"被污染过的"与未被污染过的言辞；随后，那些未被污染过的言辞，又将被区分为言语本身与"言语之后的事实"；最后，那些言语之后的事实，还将被区分为"所是"与"意是"两者。简言之，提阿菲罗斯已经为那些"喜爱真理的人"，准备好了一整套如何在历史文本中去阐明"真理"的理论。

(1)提阿菲罗斯的"真理"及其对史学阐释主体的建构

西方史学自诞生以来就承载了一种"观察、判断和探索"[①]的探询使命，希冀于历史中找寻到终极之道。但发展至提阿菲罗斯处，前述使命已然隐没，取而代之的是要在历史中宣讲已存的"真理"。他自信已经找到了终极的"真理"，因而要求读者不必再艰辛求索，只需要衷心喜爱。

那么，提阿菲罗斯所言的"真理"又是什么呢？纵观提阿菲罗斯3卷本的《至奥托莱库斯》，在其第1卷中，提阿菲罗斯主要就是向受众阐明基督教的上帝信仰。他指出上帝"是宇宙的创造者与制作者……他是万能的"[②]。因此，他劝谕其读者们信奉上帝："我劝告你敬畏与信从他。"[③]在第2卷中，提阿菲罗斯则将《圣经·创世纪》中的传说记载[④]都阐释成已经揭示了真理的真实历史事实，对此他明确指出："这本书(即《创世记》)本身题为'世界的起源'，那些渴慕知识的人能从中获得最为精准的记叙。"[⑤]及至第3卷，提阿菲罗斯更批驳异教史家完全是出于虚荣来写作，"因为那些历史家喜欢为了虚荣而写下大量的书籍，有些书是关于诸神与战争或者编年史"[⑥]；这些异教史学作者"实在既不知晓真理，也不引导他人了解真理"[⑦]。因此，提阿菲罗斯决定自己来编写历史，"在上帝的帮助下，向你更为准确地展示历史年代顺序"[⑧]。他依照《旧约》中《出埃及记》《士师记》《列王记》等篇章，并参照其他部分异教人士的

---

① 希罗多德：《希罗多德历史》，第151页。

② Theophilus of Antioch, *Ad Autolygum*(*To Autolycus*), p.7.

③ Ibid., p.21.

④ Ibid., pp.45—83.

⑤ Ibid., p.73.

⑥ Ibid., p.101.

⑦ Ibid., p.103.

⑧ Ibid., p.121.

历史记载,[①]首次完整地编撰出一部从上帝创造世界到罗马皇帝马可·奥勒留驾崩,“累积共计五千六百九十五年左右”[②]的“真实历史记叙”[③]。

故而,透过提阿菲罗斯自己的文字,我们清楚知道,其孜孜不倦要教诲读者的所谓“真理”,就是他所信仰的基督教上帝信仰与教义。同时他在基督教内开风气之先地将《旧约》传说建构成“真实”的人类历史起源,推演出了一整部他自称的“真实历史记叙”。如前所述,传统希腊罗马史学由于其写作者仅以“自我”来佐证著述的“真实”,而遭逢了巨大的信任危机。因为这种思路并不能达至普遍认可的客观真实。[④] 而当提阿菲罗斯将历史学有意识地从“真实”引向“真理”,并将该“真理”解释成基督教上帝信仰及其教义时,他就为困囿重重的西方史学引入了一位权威远在作者“自我”主体之上的拯救者——上帝。

提阿菲罗斯首先指出,一般人由于被蒙蔽而不能见到并相信上帝:“人啊,因你的不虔敬使你处于黑暗之中,所以你不能见到上帝。”[⑤]随后,提阿菲罗斯解释了基督徒之所以能够感受与信仰上帝,乃是由于上帝两方面的“作品”。其一是所有的物质世界:“天堂是他的作品,大地是他的创造……上帝的伟大能够通过他的作品被知晓与理解。”[⑥]其二则是基督教先知们借由上帝圣灵所“预言”的、关于人类历史的书面文字,并且这也是提阿菲罗斯他自己皈依基督教的缘由:“我遭遇了圣先知的神圣经文,圣先知已借着上帝的灵预言了那已经、正在和将要应验的过去、现在与未来的诸般事件。”[⑦]也正是在对上述第二方面的阐释中,提阿菲罗斯就将先知们的“预言”叙事建构为了“历史写作”的重要标准。他对此明言:“那些历史编撰者,应当不仅能讲述出过去与现在的事件,还应当能预言宣告将要来临到世上的事。”[⑧]基于这种思路,神意“预言”就构成了基督教与异教在历史书写上的关键区别,并成为基督教史学叙事能够揭示“真理”的缘由:“通过比较我们所说与他

---

① 在这里,提阿菲罗斯还告诉我们他参考了“侍从者克里希鲁斯(Chryserus the nomenclator)”所编写的罗马历史记录。他告诉读者:“如果有人想了解他们(指罗马重要政治人物及其编年日期),可以在侍从者克里希鲁斯所编撰的记录中查证。”见 Theophilus of Antioch,*Ad Autolygum*(*To Autolycus*),p.141.

② Theophilus of Antioch,*Ad Autolygum*(*To Autolycus*),p.145.

③ Ibid.,p.147.

④ 关于历史中客观事实与“普遍性认可与接受”之间关系的较深入论述,可以参见陈新:《历史中的普遍与特殊:基于内容与形式的分析》,《天津社会科学》2012 年第 2 期。

⑤ Theophilus of Antioch,*Ad Autolygum*(*To Autolycus*),p.5.

⑥ Ibid.,p.7.

⑦ Ibid.

⑧ Ibid.,p.83.

人所说的不同,你就可以发现真理。"[①]此外,提阿菲罗斯还将先知们的传说言辞升华为附有上帝智慧的历史叙事:"他们(先知们)值得成为上帝的工具,并且接纳从上帝而来的智慧,通过这智慧他们讲述了世界的被创造以及其他一切事情。"[②]

于是在前述这种理论推导下,基督教史学中的历史阐释(撰述)主体就摆脱了原本在传统史学中饱受诟病的个人"自我",而被置换成毋庸置疑的"上帝"代言者:"上帝……降临到先知,而且借他们的口述说了世界的被创造与剩余的一切。"[③]比如摩西就被他建构成了一位"上帝"的代笔人:"上帝的圣言就像借着一件工具一样地借着他(摩西)说:'起初,上帝创造天地。'"[④]可见,提阿菲罗斯正是凭借对"真理"而非"真实"的强调,使得其历史阐释主体获得了"上帝"附体的权能,利用"不要怀疑,只要相信"[⑤]的基督教信仰特征来放逐了早先史家的自我主体意识。

进一步思考,提阿菲罗斯这种在史学阐释中引入"真理"并将上帝附身于阐释主体的理论建构,实际上还实现了如下两个主要功能:

首先,提阿菲罗斯党同伐异地建构了某种身份认同。恰好是在他自己放弃异教信仰转而皈依基督教的经验中,提阿菲罗斯深刻体会到了"历史",尤其是基督教那种"预言"性历史的巨大作用。[⑥]所以,他很自然地将历史阐释当作一件能够揭示"真理"的工具,尤其是将先知"预言"叙事建构为基督教史学与异教史学之间的关键区别。[⑦]这意味着,能否在历史中认识与阐释"真理",尤其是能否在历史中揭示与信仰先知预言,就构成了基督徒与异教徒的重要区分标准。而这也暗合了提阿菲罗斯对"基督徒"的身份认定,因为在提阿菲罗斯这里,基督徒是"一个为上帝所爱的名字,并希望能为上帝所用"[⑧],而异教徒则"不能为上帝所用"[⑨]。显然,在历史中去阐释上帝信仰,本身就被他理解成了"为上帝所用"的一个具体方式。也因此,提阿菲罗斯才会预设一个名为"喜爱真理的人"的共同体,使得他的史学阐释在甄别基督徒与异教徒的同时,又能够向那些异教徒展现出一种开放

---

① Theophilus of Antioch, *Ad Autolygum* (*To Autolycus*), p.83.

② Ibid., p.39.

③ Ibid., p.41.

④ Ibid.

⑤ Ibid., p.19.

⑥ Ibid., p.7.

⑦ Ibid., p.83.

⑧ Ibid., p.3.

⑨ Ibid.

的姿态。

其次，提阿菲罗斯还以“信心”为号召，阻断人们对阐释主体叙事“真实”的质疑，转而强调对主体所阐释“真理”的信从，从而建构起阐释主体在史学领域中的权威。对于这个名为“喜爱真理的人”的共同体，提阿菲罗斯还赋予了一种以信仰为基石的凝聚力，因为他认为“喜爱真理”的最简单方法莫过于放下探询转而断然相信。因此，提阿菲罗斯才会以身作则地要求其受众，“我不再疑惑而只是相信，顺从于上帝，如你愿意，你也必然顺从并信仰于上帝”。[①] 也唯有如此，提阿菲罗斯才能在其历史阐释理论中预建起一种阐释者的权威感：他自命已然是一位已经知道目的地的向导，将带领着茫然无知的游客共同走向“真理”。联想近代以商谈理论著称的哲学家哈贝马斯所言“语言活动”总是以“隐性的共识为基础”的，[②]我们也能够观察到提阿菲罗斯在试图与异教徒之间达成某种理解时，创造性地将基督教“真理”引入历史学作为双方的共识基础，又进而将上帝神意附着在基督教史学阐释主体一方（他自己就是“在上帝的帮助之下”[③]），并辅以“信心”来号召双方凝聚到一个由“喜爱真理的人”所组成的共同体。在这样的一些商谈前理解的构建里，他也为自己找寻到了一种以神性“真理”来凌驾于人类“真实”的权威慰藉。

当然，提阿菲罗斯并没有仅仅停留在以信仰来规定共识的层面，而是富有理论技巧地展开了对历史语言本身，尤其是奥托莱库斯等读者惯常所阅读的异教历史文本的解读。也只有这样，我们才能说他构建了属于历史学的阐释理论，而并非在进行单纯的布道传教。那么，提阿菲罗斯究竟是怎样来解读历史文本，又是如何在“历史”中阐明“真理”的呢？

（2）提阿菲罗斯史学阐释的层状路径及其对文本客体的解读

提阿菲罗斯之所以对早期基督教史学至关重要，就在于他建立了一整套带领“意义”脱离于“言语”的文本阐释体系，帮助早期基督教将历史语言中的具体人类“真实”留给文本本身，将抽象的神性“真理”带到受众们的面前。而这套阐释理论体系，依据他自己的话语，可大致区分为如下三层的层状阐释路径：

关于第一层区分，可以回到提阿菲罗斯在《致奥托莱库斯》中的开篇语：“流利的演说与悦耳的措辞，会产生快乐与虚荣所孜孜以求的赞美。而那些喜爱真理的人，丝毫不会去关注这被污染过的言辞。”[④]我们知道，在柏拉图的《申辩篇》

① Theophilus of Antioch, *Ad Autolygum*（*To Autolycus*）, p.19.

② ［德］哈贝马斯：《理论与实践》，郭官义、李黎译，第2版，北京：社会科学与文献出版社，2010年，第14页。

③ Theophilus of Antioch, *Ad Autolygum*（*To Autolycus*）, p.121.

④ Ibid., p.3.

中，苏格拉底也是将演讲家们“矫揉造作的话语”定义为“连篇的假话”，并标榜“我不会像他们那样流利地使用语言和精心修饰词句”，所以讲的“全部是真话”。[1] 可见，提阿菲罗斯承袭了柏拉图与苏格拉底对流利与文饰言辞的断然否定。只不过，在苏格拉底那儿是将“流利地使用语言和精心修饰词句”视为“非真实”；而在提阿菲罗斯这里，则演进为将“流利的演说与悦耳的措辞”视为“非真理”。也由此，提阿菲罗斯就首先将诸多异教史学著作都阐释成虚荣心的产物，[2] 并认为大量古代史家包括希罗多德与修昔底德所写作的历史叙事，基本上都是“毫无益处与极不虔敬”的。[3] 当然，这种判断作者是否“虚荣”以及言辞是否“被污染”的区分标准，多少显得主观与随意。但对于当时饱受西方传统智识界攻讦的新兴基督教思想而言，提阿菲罗斯毕竟在西方智识的重要源头处找寻到了一把锋利的剃刀，可以言之有据地将那些违背与攻击基督教信仰的史学叙事，首先就以“被污染过”以及“非真理”的解释来予以剔除。

提阿菲罗斯的第二层区分，则渊源于前所提及的“隐喻解经法”[4]。斐洛在隐喻解经法中将《圣经》区分为“字面”与“隐喻”两层意思，并认为“隐喻意思”有着“显现出来的更高价值”。[5] 而提阿菲罗斯的第二层区分就展现了对其的承袭，他将历史文本也类似地区分为“言语”本身述说的“字面事实”以及“隐藏在言语之后的”[6]“字后事实”。这显然有着两方面的深意：一方面，通过对“字面事实”的剥离，使得传统历史叙事被转换为类似于隐喻解经法中“字面意思”的等价物，因而它们并不具备什么重大的价值。提阿菲罗斯由此轻蔑地反问希罗多德、修昔底德、色诺芬（Xenophon）等传统史家“可曾揭示了什么重大的信息呢”[7]？并进而斥责他们“徒劳无功、毫无意义”[8]。在他的这种区分下，前述史家们所讲叙的那些大

---

① ［古希腊］柏拉图：《柏拉图全集·第1卷》之“申辩篇”，王晓朝译，北京：人民出版社，2002年，第2页。

② Theophilus of Antioch, *Ad Autolygum*（*To Autolycus*）, p.101.

③ Ibid., p.103.

④ 尽管提阿菲罗斯并没有在其文本中直接点明这种释经方法，但我们根据优西比乌斯可以知道，早期犹太教徒们已经大量使用这种释经方法，“他们用隐喻来研习圣典，来阐述他们本民族的哲学”（Eusebius, *The Ecclesiastical History*, Volume I, pp.149—151）。而且发展到优西比乌斯所处的3到4世纪，隐喻解经法也仍然是基督徒阐释《圣经》的主流方法，“我们今天仍然遵照惯例来……研读神圣的话语”（同上，p.155）。因此可以推知，对于提阿菲罗斯这位自称是因为接触了希腊文《圣经》后才皈依基督教的信徒（Theophilus of Antioch, *Ad Autolygum*［*To Autolycus*］, p.19），他应该是熟知当时所流行的这种《圣经》阐释方法的。

⑤ Philo, “On the Confusion of Tongues”, in *Philo*, Volume IV, p.115.

⑥ Theophilus of Antioch, *Ad Autolygum*（*To Autolycus*）, p.3.

⑦ Ibid., p.139.

⑧ Ibid.

流士的事迹,或者雅典人与斯巴达人的战争,又或者伯罗奔尼撒战争的历史……①都只不过是些无足轻重的"字面事实",不值得重视。另一方面,通过对所谓"字后事实"的区分与标举,提阿菲罗斯就能够将基督教那种"上帝通过圣言创造一切"②的创世纪历史观以及记载了"(许多神圣先知)和谐一致的不可胜数的陈述"③的《圣经》,引入传统的历史学领域之中,并赋予它们远高于其他异教历史叙事的权威。因此,提阿菲罗斯才得以自信满满地宣称:"我们圣书的古老与真实,超越了希腊人、埃及人与其他任何的历史学家。"④概言之,区分并高举所谓的"字后事实",其实质就是要尊崇《圣经》中所记载的自上帝创世以来的诸多传说叙事,并认为这类叙事凌驾于统摄了其他异教史学百家争鸣的记叙。

作为"一位先驱者"⑤,提阿菲罗斯的第三层区分则是在言语叙述的事实中去区分"'是何所是'以及'是何意是'"。⑥提阿菲罗斯并非不知道传统史学中用"自我"来见证真实的方法,他自己就曾强调过:"写作者应该对其所断言的事件亲眼见证,或者向那些亲眼所见的人准确求证。"⑦也正因为明乎此,他才会有意地去解构与贬斥异教史学所强调的"真实",利用"所是"与"意是"来对异教历史叙事加以辨析。其立意,就是要诱导那些熟读异教历史书籍的智识分子,放下传统思想中对文本叙事中真实性"所是"的执迷,转而悟求文本中蕴含的真理性"意是",最终亦步亦趋地听信他"准确地讲述所有真理"⑧。而他这种基于真理性"意是"来阐释异教历史著述的做法,就突破了原有隐喻解经法仅仅阐释《圣经》等教内经典的局限,创新地将异教史学文本也纳入了基督徒的视野;并使他能够在理论层面上将异教历史叙事中指向"真实"的"所是",依附于指向基督教"真理"的"意是"。从而,所有与基督教信仰相冲突的异教历史文本叙事,即便它们有可能记载的是真实的事实,也依然可以被解读为与真理相悖的歪理邪说。

在此,我们还可以举出提阿菲罗斯阐释传统史学文本的一个实例来加深认识。在《致奥托莱库斯》的第3卷第5章中,提阿菲罗斯向奥托莱库斯发问:"历史学家

① Theophilus of Antioch, *Ad Autolygum* (*To Autolycus*), p.139.

② Ibid., p.39.

③ Ibid., p.87.

④ Ibid., p.139.

⑤ Robert M.Grant, "Theophilus of Antioch to Autolycus", *The Harvard Theological Review*, Vol. 40, No. 4 (Oct., 1947), Published by: Cambridge University Press on behalf of the Harvard Divinity School, p.256.

⑥ Theophilus of Antioch, *Ad Autolygum* (*To Autolycus*), p.3.

⑦ Ibid., p.101.

⑧ Ibid., p.135.

希罗多德不是还叙述说,冈比斯(Cambyses)[①]杀死哈尔帕哥斯(Harpagus)的子女后,将他们烧熟,在他们的父亲面前摆成了一道宴席?"[②]而对于希罗多德在其《历史》中的这段食人事件的记载,[③]提阿菲罗斯就解释为希罗多德是在教唆人们去食人,他对此惊叹说:"啊!这些传布不信神言论的人,竟然描述了——毋宁说是向世人灌输了——这样的(食人)行为!"[④]他还痛责所有记载了"吞噬人肉"的作者们,认为"正是这些人散布歪理邪说,让世界充满了不虔敬"[⑤]。很明显,提阿菲罗斯在此能够发出这种斥责,完全有赖于他自己建构的"所是"与"意是"理论。因为在传统史学观念看来,历史以"真实"为目的,故希罗多德才会毫不避忌地写下关于"食人"的历史叙事。而对提阿菲罗斯所建构的早期基督教史学观念来说,"食人"显然有悖于基督教信仰及教义这一"真理"前提。因此,"描述"食人就被他视为"灌输"食人的大逆不道之事。

值得注意的是,提阿菲罗斯对"所是"与"意是"的区分,又至少在两方面被他加以运用:一方面,他的"所是"可以指称《圣经》中众多先知的叙事,而这时的"意是"则相应就是基督教信仰与教义。比如在他看来,"圣先知预言了万事万物"的叙事"所是",就证明并揭示了"基督徒是持守真理"的蕴含"意是"。[⑥]另一方面,他的"所是"又可以指称异教史学的文本叙事,而此时的"意是"则多半被建构为异教作者不虔敬甚至邪恶的意图。比如上述希罗多德关于食人记载的例子。应该承认,当提阿菲罗斯在新的史学阐释领域中建构起某种类似于"字面意思"与"隐喻意思"的"所是"与"意是"时,他既突破了隐喻解经法囿于教内经典的局限,但也同时在新领域中产生了新的局限。这主要就表现在上述"所是"与"意是"对教内经典与异教文本两方面的模糊适用,以及他对"意是"较为武断与随意的解释。曾有现代西方学者批评他"有些不够系统"[⑦],那么这种模糊与随意也多少印证了此类指责。

提阿菲罗斯的编年史撰述

我们看到,在提阿菲罗斯的史学阐释理论中,并不是历史开辟了通向真理的道路,而是对历史的阐释达成了一条接近真理的路径。同时这也使他自己深信历史具有揭示真理的功用,顺理成章地提阿菲

---

① 按:有如此行径的并非冈比斯,而是美地亚国王阿司杜阿该斯。见希罗多德:《历史》,第61、62页。

② Theophilus of Antioch, *Ad Autolygum* (*To Autolycus*), p.105.

③ 该故事叙事参见:希罗多德:《希罗多德历史》上册,第55—63页。

④ Theophilus of Antioch, *Ad Autolygum* (*To Autolycus*), p.105.

⑤ Ibid., p.105.

⑥ Ibid., p.83.

⑦ Robert M. Grant, "Theophilus of Antioch to Autolycus", p.228.

罗斯就不满足于仅仅从他人所写的历史中去阐明真理,而更乐意去将那些他在其他人撰写的历史中所阐明的真理以自己的历史语言叙述出来。这就促成了他作为一个早期基督徒在史学领域中所完成的创举:他编撰了一部属于他自己的编年史,去“准确地讲述所有真理”①。

基于前述对提阿菲罗斯层状史学阐释理论的分析,我们并不难想见这部编年历史的模样,而且这种想象也的确被提阿菲罗斯自己的文字所证实,那就是他的编年史很鲜明地展现了如下三个特点:一是这部历史是朴直无华的。二是这部历史直接地规定了它的“字后事实”。就如提阿菲罗斯自己所言:“事实上,世界是被创造出来的,而且是由万物的创造者上帝所统治的。”②三是这部历史也被作者自己部分总结出了它的“意是”——“从所有这些年代编撰和叙述来看,这些预言作品的古老以及我们教义的神圣是显而易见的。我们这种教义与这些作品都不是新近才有的,也并非像有人假设的那样是虚妄和臆想的。它们的确要更为古老并更值得相信”③。

在此,我们可以对提阿菲罗斯的编年史作品加以更深入的阐明。因为如果以现时代的视域去考察他的编年史,我们不仅会发现该编年史正是在后世柯林武德所总结的“神意”与“普遍”这两个极具基督教史学特色的方面,④为当时庞大的罗马帝国建构起了一种源于“神意”并能够“普遍”适用于其所有臣民的历史身份认同;甚至,我们还能依照他自己的理论在其文字字面之后咀嚼出某种“意是”——向罗马政治接近的意味。

首先,在编年史的开端也即世界史的起源问题上,提阿菲罗斯就认为唯有《圣经》中那种“起初,上帝创造天地”的历史才是“神圣的历史”。⑤ 对比西塞罗在回顾罗马起源时的感伤,“罗马的历史实际上是模糊不清的”,⑥我们就能体会到提阿菲罗斯这部编年史对于罗马的积极意义。因为这种以神意为开端,又以罗马皇帝为结尾的编年史编排,不单为皇帝们争取到一个与神相提并论的崇高位置;还使得原本相对短暂而且起源模糊的罗马历

① Theophilus of Antioch, *Ad Autolygum*(*To Autolycus*), p.135.

② Ibid., p.141.

③ Ibid.

④ 尽管说柯林武德在其行文中并没有提到提阿菲罗斯,但这也正表明了柯林武德该种总结性理论的某种相对广泛的适用性。参阅:R.G.Collingwood, *The Idea of History*, edited with an introduction by Jan Van Der Dussen, revised edition, with lectures 1926—1928, Oxford: Oxford University Press, 1993, p.49.中文译文引自[英]柯林武德:《历史的观念》,何兆武、张文杰译,北京:商务印书馆,2004年,第89、90页。

⑤ Theophilus of Antioch, *Ad Autolygum*(*To Autolycus*), p.59.

⑥ Cicero, *Cicero XVI*, *De Re Publica*, *De Legibus*, With an English Translation by Clinton Walker Keyes, Cambridge, Massachusetts: Harvard University Press, 1994, p.141.

史,被合并到一个更加悠久并且开端更为清晰的时间框架之中,能够在所谓的古老性与真实性上去被阐释成"超越了希腊人、埃及人和任何其他的历史学家"①所叙述的其他民族历史。

其次,提阿菲罗斯还建构起某种适应罗马帝政的普遍的世界历史观念。他在《致奥托莱库斯书》的第2卷第32章中,详细地讲述了人类是如何逐渐分散的,"起初阿拉伯半岛和迦勒底的土地虽然只有很少的人,但在他们的语言分歧之后,他们就在整个地球上逐渐开始增多并且四处繁衍",②借此将各民族发展史都囊括到一个源于共同祖先的普遍历史进程中。故而他猛烈地抨击了以往历史家们将笔触局限于本民族伟人或者本国家对外战事的历史叙事模式。在他看来,"希罗多德、修昔底德、色诺芬,还有大多数其他历史学家"都只不过讲述了"大流士、居鲁士、野蛮人的国王……或者讲述泰米斯托克列斯和伯罗奔尼撒战争的历史"③;而这些在普遍历史中根本不值一提,对此的史学记载也只不过是"徒劳无功、毫无意义"④。应该指出,提阿菲罗斯这种普遍的世界史观,无疑顺应了当时人们将罗马帝国等同于普世帝国的主流政治观念。尤其他对过往各民族之间纷争的历史意义的贬抑,更契合了罗马努力消融其治下各民族间矛盾的政治需要。尤其值得玩味的是,虽然对于其他民族伟人的重要性加以贬斥,提阿菲罗斯自己却又将罗马皇帝维鲁斯的驾崩作为其编年史的结尾,从中我们不难感受到他那向罗马统治者接近的史学编撰意识。

从以上的探讨中我们可以看到,提阿菲罗斯的整个编年史框架是适应罗马统治需要的,它凸显了罗马政治在整个基督教史学编年体系中的重要性。沃格林曾精辟地认为"罗马帝国只是人们聚集在一起,但是并没有成为一个民族",全有赖于基督教为罗马"创造了一个新的社群本质"⑤。而提阿菲罗斯的基督教编年史创举,为在广袤罗马疆域内各个原本历史彼此歧异甚或敌意的民族,提供了一种新的基督教徒的世界历史观。他为罗马帝国的臣民建构起了一个以远古神意为起点,进而发展向普世罗马帝国的宏伟历史框架。

至此,通过对其历史阐释理论体系及其编年史框架的剖析,我们基本厘清了这位"试图去阐明基督教关于上帝、创世以

---

① Theophilus of Antioch, *Ad Autolygum* (*To Autolycus*), p.139.

② Ibid., p.129.

③ Ibid., p.139.

④ Ibid.

⑤ [美]沃格林:《政治观念史稿,第1卷:希腊化、罗马和早期基督教》,谢华育译,上海:华东师范大学出版社,2007年,第191页。

及人类历史的叙述是真实准确的"[①]早期基督徒,是如何一层又一层地将文本"所是"引入了那个他命名为"意是"的领域。他以其巧妙的历史阐释理论,使得历史学不仅被作为"字面言辞",也不仅被作为"事实所是",更加被作为"真理意是"。此中极为深刻的意蕴就是:凭借对终极"真理"的追求与阐释,提阿菲罗斯消解了传统史学追求"真实"而不得的困窘,开始引领受众转而走向"千真万确"的所谓"真理",也即基督教信仰与教义那里。而且,他还首次为基督教编撰了一部属于其自己的编年史。一方面,他开启了一种以叙事真实来服务于信仰真理的尝试;而另一方面,他也明确了某些日后基督教史学的特征以及其向现实政治接近的基调。

当然,提阿菲罗斯的史学阐释理论体系(包括他由此所发展的编年史体系),并非全然完美无缺。这或许是由于他的理论出发点,就是试图以历史阐释去沟通两个原本抵触甚至敌视的共同体:其一是汇聚了强调信仰而摒弃知识的先知们的早期基督教共同体,"这些希伯来人中的先知,他们是些不识字的牧羊人并且从未受过教育"[②];而另一则是充满了奥托莱库斯这种"读过大量书籍"[③]的异教智识者的共同体。因此,他常常要在信仰与智识之间两难地奔走,这自然或多或少地削弱了他理论上的纯粹与一贯。但作为一个早期基督徒,他首先还是担当了以基督教信仰为根本并利用自身学养智识来回击异教攻讦甚至污蔑的使命。比如他对希罗多德食人叙事的过度阐释,其根源还在于"众多不虔敬的唇枪舌剑,都在错误地指责我们这些被称为基督徒的人……诬陷我们吃人肉"[④]。而这种使命,才是他利用历史阐释来"为上帝所用"的最深层动因。黑格尔曾在论及犹太圣经阐释者斐洛时认为,"历史上的传说和叙述,在他(斐洛)眼睛里都失去了直接的现实意义,他甚至从字句里找出一种神秘的、寓言式的意义加到历史上去"[⑤];并认为人们在这种思想路径下将能够"从历史里面解释出深刻的思想"[⑥]。黑格尔的此番评价,无疑也适合于提阿菲罗斯。而且,斐洛那些传世的浩繁著述,[⑦]毕竟主要面向于神学阐释而非历史阐释。而提阿菲罗

① Carl CurrySource,"The Theogony of Theophilus",*Vigiliae Christianae*,Vol.42,No.4(Dec,1988),p.318.

② Theophilus of Antioch,*Ad Autolygum*(*To Autolycus*),p.87.

③ Ibid.,p.105.

④ Ibid.

⑤ [德]黑格尔:《哲学史讲演录》第三卷,贺麟、王太庆译,北京:商务印书馆,1997年,第162页。

⑥ 同上,第163页。

⑦ 斐洛作品流传至今的依旧详赡,仅以哈佛"洛布"(Loeb)版的《斐洛》而言就达十卷之多(共计有34篇文章,另附2篇答问)。其传世文章列表可参阅:"List of Philo's Works",in *Philo*,Volume I,with an English translation by F.H.Colson and G.H.Whitaker,Cambridge:Harvard University Press,reprinted 1991,p.xxxv.

斯则是真正于历史学领域中建构起了对于历史文本中“言辞”“所是”“意是”加以区分的理论体系,并以基督教信仰来展开了对历史中“真理意是”的追寻。他还特地为此编撰出一部以新兴基督教信仰为依归的编年史。所有这些,都使得他既为业已陷入困境的西方史学开辟出了一条新路,也为原本拒斥史学的早期基督教思想找到了将历史学征为己用的可能。因此,提阿非罗斯显然为早期基督教建构起了一条以历史学来通往基督教“真理”的阐释路径,这也就是他先驱意义的大宗所在。

作者简介:肖超,复旦大学历史学博士,现为复旦大学法学院博士后研究人员。

专题研究

古代人与古代经济①

□芬 利(M.I.Finley) 文 陈思伟 译

1742年,亚当·斯密的导师、格拉斯哥大学哲学教授弗朗西斯·哈奇森出版了以拉丁语写成的《道德哲学简论》。五年后当勉强答应出版该书英文版时,他才发现"翻译工作势在必行"。在第三卷"经济学与政治学原理"的前三章中,作者分别论述婚姻的缔结与终止、父母子女的责任与义务、主仆关系等问题,却矢口不谈政治学。然而,在第二卷"自然法则原理"中,才出现了有关财产、继承、契约、商品货币的价值、战争准则等内容的叙述。显然,在哈奇森看来,第二卷的内容不属于"经济学"范畴。

哈奇森这样安排既非粗心也非有悖常理,他不过是在坚持一种延续两千多年的传统,虽然到他所处的时代这一传统已行将终结。现代"经济学"(economics)一词源于古希腊语,它由表示"家事"的词语 oikos 和语义复杂的表意词根 nem 合成,nem 在此表示"管理、支配、组织"之义。哈奇森所代表传统的模板是公元前4世纪中叶雅典人色诺芬

---

① 本文选自英籍美国学者 M.I.芬利的代表作《古代经济》(M.I.Finley, *The Ancient Economy*, London: The Hogarth Press, 1985, Chapter 1 "The Ancient and Their Economy", pp.17—34)。该书结合人类学和社会学研究方法,重新诠释古代经济,对古代经济的研究具有深远影响。自1973年初版以来,学者们积极学习借鉴该书所提供的研究方法与理论,涌现出大量评论该书的文章。仅在1973、1974年,英语世界关于芬利《古代经济》的评论文章就达13篇。而且,《古代经济》相继被译为多国语言,意大利文(1974)、法文(1975)、德文(1975)等译本相继出版。就英文版本而言,除1973年University of California Press 的初版外,还有1985年由伦敦 The Hogarth Press 出版的第2版及1999年University of California Press 出版的由 Ian Morris 作序的第3版。值得注意的是,在第2版中芬利更新注释和参考书目,还在最后增加一章"余论"("Further Thought"),对发行十年来相关的批判做出回应,并对古代经济范式的主要论点进行了提炼。关于芬利古代经济模式的发展历程、贡献及近年来对该模式的批判,可参阅陈思伟:《芬利范式及其批评者》,《西南大学学报》2013年第3期。本译文是《古代经济》一书的第一章,也是该著作具有提纲挈领性质的序言部分。在"古代人与古代经济"中,芬利从"经济"一词的意义演进历程入手,指出古代经济不同于现代资本主义经济,因此不能采用现代经济学数量方法进行研究。然后,他从时空两个纬度对"古代经济"进行限定,指出因为社会结构与社会观念的不同,在《古代经济》一书中的"古代经济"专门指从公元前1000年至公元500年的古希腊罗马经济。——译者注

所作的《家政论》(*Oikonomikos*)。该书以苏格拉底式对话形式为一位乡绅提供家庭管理方面的指导。全书开篇以较长的篇幅介绍应该如何正当地生活及正确使用财富;接着作者论及美德、家长应具备的领导素质及如何训练和管理奴隶;此外他还讨论妻子的美德及丈夫应如何训练妻子;在文章主体部分则讨论农业耕作问题(只是用浅显的语言介绍,并不涉及任何专门技艺知识)。从本质上讲,这是一部伦理学著作。在《道德哲学简介》关于"经济"的部分中,哈奇森谈论婚姻、父母与子女、主仆问题,这表明他对色诺芬的思路是熟悉的。在专为大学生所写的前言中,他指出认真研读该书将"有助于年轻人更易领会古今大家如柏拉图、亚里士多德、色诺芬、西塞罗、格劳秀斯、坎伯兰、普芬道夫、哈灵顿①等人令人称羡的著作"。接着,他很礼貌地向读者致歉,请求宽恕他"不合时宜且不必要的工作",因为他不过只是为读者提供一个参考,"让你能直接地感触到名家的思想……因为如果你手头没有我所征引的著作,本书对你将毫无用处。在相关章节的索引中可轻易查寻到名人名言"。

然而,我们并不总能为这些传统找到对应的位置。例如,哈奇森关于婚姻缔结与终止的概念是基督教式的(虽然受自由主义和自然神论的影响,但不涉及圣礼仪式),这与希腊罗马人的观念存在重大差异。他也无法找到一个与他试图定义的关键词"oeconomics"意义完全等同的古代词汇,即"处理家庭事务的权利与义务"②。没有一个希腊语或拉丁语词汇能表达现代寻常意义的"家庭",正如人们会说的"我将与家人共度圣诞节"中的"家庭"。拉丁语的familia有着更广泛的含义:或指所有处于家长(paterfamilias)权威之下的家庭成员,不论是自由人还是非自由人;或指拥有共同祖先的子孙后代;或指个人所有的财产;或简单指个人所有的奴仆(因此familia Caesaris由所有为皇帝服务的奴隶或获释奴组成,但不包括皇帝的妻儿)。而希腊语中的oikos有强烈的财产意味,并不只局限于现代意义家庭的特定概念。家长(paterfamilias)不

---

① 格劳秀斯(Hugo Grotius,1583—1645),荷兰哲学家、法学家,古典自然法学派主要代表之一,世界近代国际的奠基人,其主要代表作有《论海上自由》(*Mare Liberum*,1609)、《论战争与和平之法则》(*De jure belli ac pacis*,1625)等。坎伯兰(Richard Cumberland,1631—1718)英国哲学家,历任彼特伯勒主教(Bishop of Peterborough),主要著作有《论自然法》(*De legibus naturae*,1672)、《论犹太度量衡的复兴》(*An Essay towards the Recovery of the Jewish Measures and Weights*,1686);他倡导利他主义,反对霍布斯自私自利的伦理观。普芬道夫(Samuel von Puffendorf,1632—1694),德国法学家、政治哲学家、经济学家、历史学家,其主要代表作有《论自然法和万民法》(*De jure naturae et gentium*,1672)、《人和公民的义务》(*De officio hominis et civis juxta legem natralem libri duo*,1673),他被认为是"自格劳秀斯所开始的近代自然法传统的构建者与系统化者"。哈灵顿(James Harrington,1611—1677),英国资产阶级革命时期的政治思想家、共和主义的积极支持者,其代表作为《大洋国》(*Oceana*,1656)。——译者注

② Francis Hutcheson, *Moral Philosophy*, 3rd ed., Glawgow 1764, p.274.

是指生身父亲,而是指家庭中的权威者。罗马法中规定家长权威由三种因素构成,笔者将其概括为三个部分,即:potestas,对子女(包括继子)及其后代和奴隶的权利;manus,对妻子及子孙的妻子的权利;dominium,对家庭财产的权利。①

家长权威的三分方式是农民家庭生活的真实写照。它既涉及家庭人员管理,也涉及财产控制。虽然在抽象智力训练中,人们或许会区分经济、私人和社会行为,但现实生活中没有人会明确区分这些差异。《家政论》所论虽远高于普通农民家庭水平,但色诺芬仍以这种三分方式来构建全文。这种分类方式一直是欧洲社会的基础,直至18世纪(在相当多的领域甚至延续更晚)。

英语中没有哪个词汇能表达父权(patria potestas)之义,但德语的Hausgewalt与其义大体相当。在18世纪familie一词通行之前,德语一直缺乏能表达狭义"家庭"的词汇。德语中的"Wirtschaft"一词的演进历程与"economics"相近。② 正是因为如此,有一部著作被现代研究者巧妙地贴上了"家政管理文献"(Hausvaterliteratur)的标签。③ 阅读沃尔夫·荷尔曼哈特·冯·霍亨博格于1682年出版的《好奇的农夫或高雅的乡村生活》(*Georgica curiosa oder Adeliges Land-und Feldleben*)时,会发现他在前言中所用的oeconomia一词虽然在外延上比色诺芬包含种类更多,更具专业性,但作为讨论主旨的oikos或familia的基本意义仍未发生什么变化。

上述作品实用性强,它们既能给读者农事方面的指导,给予他们伦理及精神的启迪,也能就神人关系的维系给予劝诫。然而,在色诺芬的作品中,找不到只言片语关于经济理论的阐释或经济分析,也鲜见生产效率、理性选择或农产品市场化营销方面的建言。④ 有的罗马农学手册(当然也包括佚失的希腊先行者的作品)确实偶尔会虑及市场化、土地墒情等诸如此类的问题,但其建议绝不会超越基本的常识问题(只要不犯大错或不误导即可)。瓦罗(《农业志》Ⅰ.16.3)的建议无疑具有典型性。他告诉人们,城市周边农场可种植玫瑰和紫罗兰;反之,如果离市场太远,就

---

① 参阅亚里士多德的定义:"我们所谓家务管理就是家长对于妻子和子女以及一般家属的统治。"Aristotle, Politics 1278b37—38。关于今人从人类学的角度对"family"和"household"的讨论,参见D.R.Bender,"A Refinement of the Concept of Household",*American Anthropologist*,69(1967),493—504。

② 参阅O.Brunner,"Das 'ganze Haus' und die alteuropäische Ökonomik", in *Neue Wege der Sozialgeschichte*, Göttingen, 1956, pp.33—61, at p.42。

③ O.Brunner,"Das 'ganze Haus' und die alteuropäische Ökonomik", p.42.

④ 当代的译文容易误导人。最好参阅Budé丛书中由尚特赖纳(P.Chantraine)编辑的*Oikonomikos*, Paris, 1949;同时可参阅笔者对本书的书评,*Classical Philology*,46(1951),pp.252—253。

不宜种植。①熊彼德认为:“好收成导致粮价下降不过是门外汉也熟知的常识。显然,这类知识是前科学的。如果古人著作中诸如此类的言论也被当作人类的发明创造,这未免太荒谬可笑了。”他接着评论说,与其他科学一样,在经济学中,“只有通过所承载的理论架构,并当这一结构为大众所熟知时,对基本事实的陈述才具有重要意义”。②“家政管理”并未承载这样的理论架构,因此就经济分析史或经济理论史而言,它不可能产生太大影响。弗朗西斯·哈奇森的“经济学”当然就无法与24年后亚当·斯密的《国富论》相提并论了。

从词汇学的角度看,oikonomia 的变化之路并非发端于它字面意义的改变,而是随着人们将它延伸到各种组织和管理之中开始的。在色诺芬之后,德摩斯提尼的一位政敌嘲笑他“不善管理(oikonomiai),一事无成,对城邦毫无用处”。两个世纪后,希腊历史学家波利比乌斯再次重复了这样的比喻。③当拉丁语沿袭其义后,昆体良(Quintilian)扩展了其使用范围,将它用于表示组织或构思诗歌或雄辩著作。④直至1736年,弗朗科斯·魁奈在《动物管理之物质分析》(*Essai physique l' economie animale*)中仍用其义。正是这位魁奈,1758年出版了《经济表》(*Tableau economique*)一书,其与《国富论》一起被视为现代经济学的奠基之作。

随着收入在国家事务中占据的地位日渐重要,偶尔将 oikonomia 用来表示管理国家的公共收支也就不足为奇了。伪亚里士多德《家政论》第二章开篇记载,希腊人曾最初尝试使用这一意义。但值得注意的是,这一小段记述不但内容相当老套、乏善可陈,而且在现存古典著作中也仅出现过一次。显然,最先经常谈论“政治经济学”(l' economie politique)的是法国人。但在1750年之前,即便法国人也通常只强调政治而非经济。此后,涌现出一大批贸易、货币、国民收入、经济政策方面的专著。18世纪下半叶,“政治经济学”最终获得了人们熟悉的、特定的意义,即关于国民财富的科学。economics 一词是19世纪后期创造出来的,直至1890年阿尔弗雷德·马歇尔《经济学原理》第一卷出版,它才在该领域中获得了应有的位置。

马歇尔这本书的书名无法译为希腊语或拉丁语。该书中的基本术语如劳动力、生产、资金、投资、收入、流通、需求、企业、效用等也无法翻译,至少不能以抽象

---

① 参阅 G.Mickwitz,“Economic Rationalism in Graeco-Roman Agriculture”, *English Historical Review*, 52(1937), pp.577—589。

② E.B.Schumpeter ed., *History of Economic Analysis*, New York, 1954, pp.9, 54.

③ 分别参见 Dinarchus, I..97; Polybius IV.26.6。

④ Quintilian I.8.9; III.3.9.

的形式运用于经济分析。[①] 强调这一点并不是说古人都如莫里哀笔下的茹尔丹大人(M.Jourdain)那样,在谈话中引用其自己都不知所云的诗句。事实上,古人确实缺乏“经济”的概念,他们更没有认识到集合起来称为“经济”的那些概念性要素。的确,古代人不仅种植稼穑、经营贸易、加工产品、挖山掘矿、征收赋税、铸钱造币、借贷生息、赚取利润、亏损破产,而且在谈话和著作中他们也讨论经济活动。然而,他们从不曾在概念上将所有这些活动组合起来形成一个整体,成为帕森斯(结构功能主义)术语中的“可区分的社会亚系统”[②]。因此,亚里士多德虽有编撰各门类知识专著的计划,但唯独不见“经济学”[③]。多年来,人们常抱怨古代“经济”著作数量稀少、质量平庸,这是因为他们从根本上误解了这些作品的写作目的。[④]

有必要提出疑问:这仅仅是一种巧合,是智力的不足,是狭义观念史的一个难题,还是古代社会结构的结果?下面将通过两则具体实例重新考量这个问题。大卫·休谟是一位广泛深入研读过古代作家作品的历史学家。他曾断言说:“就我记忆所及,没有哪位古代作家说过,城市发展是手工业增长的结果。据称繁荣的商业,主要也不过是人们交换能适应不同土壤和气候条件的土特产而已。”[⑤]但他的这一论断往往被人们所忽视。近年来,经济史家埃德加·沙林将近代周期性危机与古代的危机进行了比较研究,得出的结论是,近代的危机是“理性过程中的理性波动”(我不赞成该论断),而古代的危机是自然灾害、神灵报复及政治纷争所造成的。[⑥] 这是分析中唯一的差异(或错

---

① 早在 1893 年,卡尔·布彻尔就已经做出了类似的评论,可参见:Karl Bücher, *Die Entstehung der Volkswirtschaft*, 5th ed., Tübingen, 1906, p.114。

② 参见 Talcott Parsons and Neil J.Smelser, *Economy and Society*, London, 1956。

③ 参阅 M.I.Finley, “Aristotle and Economic Analysis”, *Past and Present*, no.47, 1970, 3—25。

④ 古代缺乏经济的概念,这与奥斯汀和维达尔·那奎特的观点不谋而合。“因为对古希腊人来说,现代意义上的经济从来都不是一个独立的范畴,所以不可能指望在希腊古典作家的作品中找到任何真正的经济思想和经济分析。被人们贴上经济分析标签的结果往往不过是关于经济活动常识性的观察,甚至与严格意义的经济分析没有些许联系……对古希腊的史学家而言,并无经济史一说,只有政治史。”参见 M.M.Autstin and P.Vidal-Naquet, *Economic and Social History of Ancient Greece: An Introduction*, London, 1986, pp.9—10。该书最初于 1972 年以法文写成(*Economies et societes en Grece ancienne*, Paris, 1972)。1977 年英译本面世。近四十年来芬利的观点一直被奉为古代经济史研究的正统理论。但是,值得注意的是,近年来,学者们力图走出芬利模式,重新从现代经济学的角度研究古代经济,其中影响最大的当数沙伊德尔、莫里斯、萨勒等编撰的《剑桥古希腊罗马经济史》(W.Scheidel, I.Morris, R.Saller eds., *Cambridge Economic History of Greaco-Rome World*, Cambridge, 2007)。——译者注

⑤ David Hume, “Of the Populousness of Ancient Nations”, in his *Essays*, London, World's Classical ed., 1903, p.415.中文译本可参见休谟:《休谟经济论文选》,陈玮译,北京:商务印书馆,2009 年,第 98—169 页。引文见第 133 页。为行文一致,略有改动。

⑥ Edgar Salin, “Der ‘Sozialismus’ in Hellas”, in *Bilder und Studien aus drei Jahrtausenden—Eberhard Guilein zum Slebzigaten Geburtstag*, Munich and Leipzlg, 1923, pp.15—59.

误),还是两者在实践中本身存在本质差别,需要我们进一步探究。

现代经济学家虽然往往不能就经济的准确概念达成完全一致,但除个别细枝末节外,几乎没有人会对笔者下面所引述的这段艾里希·诺尔相关评论有太大疑义:"如果把经济系统当作由相互依存的市场组成的庞大集合体,那么经济研究的中心问题就是解释交换发生的,或者更确切地说,解释价格是如何形成的。"[①](当然,"市场"一词是运用其抽象意义;不得不再次强调,就这个意义而言,无法将其译为希腊语或拉丁语)但是假设一个社会不是通过"相互依存的市场组成的庞大集合体"满足物质需求而组织起来,又会如何?那么就不可能揭示或发现经济活动的规律(如果可能,可采取统计均一性原则);没有这些规律,就不可能形成"经济"的概念,经济分析更无从谈起。[②]

1772年彼得·韦里伯爵在《政治经济学沉思录》(*Meditazioni sull' economia politica*)序言中写道:"虽然人们一直在苦苦找寻恰当的方法及理论,使其(政治经济学)成为一门科学,但在我看来,时至今日,政治经济学才真正成为科学。"[③]然而笔者认为,作为一种工作假说,在古代社会,这一时刻从未出现,经济并没有成为一门科学,因为古人并无相互依存的市场集合体构成的经济系统。前面举证的休谟和沙林的论述表明,经济学的缺失并非由于智力不足,而是制度造成的。古代社会没有商业周期,没有因工业而发展的城市,没有"外贸积聚的财富"(此处借用了托马斯·孟一篇专论的题目,其副标题为"外贸平衡是财政的天条"。该文是受1620至1624年经济萧条所激发而作,属于经济分析的早期著作之一[④])。

有人会提出异议,认为笔者太过武断,仅将经济学局限于分析资本主义体系。他们认为非资本主义或前资本主义社会人们也在进行经济活动,不管古人是否对经济的概念进行过界定,但那时确实存在经济规律和规则,甚至古人也有一定程度的预见性。除对"武断"一词有保留意见外,笔者完全赞同他们的观点。现代人完全可以研究古代经济,提出古人从未思考过的问题。有人认为本文引言太长,讨论语汇沿革占据太多篇幅,这是因为研究方法是最基本的问题。当代人对经济学术语和概念太过于熟悉,甚至外行也能

① Eric Roll, *A History of Economic Thought*, rev.ed., London, 1945, p.373.诺尔并未引入"资源稀缺"的因素,但这对我的观点没有太大影响。

② 在芬利看来,市场是当代资本主义经济的核心,没有市场就没有经济,也就没有经济分析。——译者注

③ 引自 E.Cannan, *A Review of Economic Theory*, London, 1929, p.42.

④ 参阅 M.Blaug, "Economic Theory and Economic History in Great Britain, 1650—1776", *Past and Present*, no.28, 1964, pp.111—116.专论的题目为《英国得自对外贸易的财富》。关于托玛斯·孟贸易平衡原则的介绍,还可参阅托玛斯·孟、尼古拉斯·巴尔本、达德利·诺思:《贸易论》,顾为群、刘漠云、陈国雄、吴衡康译,北京:商务印书馆,2009年,第3、40页。——译者注

对阿尔弗雷德·马歇尔或保罗·塞缪尔森的"原理"略知一二。但这些术语和概念可能会将我们引入歧路,得出错误的解释。例如,从地区层面看,在相当长的时期内,希腊罗马世界的工资率与利息率相对稳定(尽管也会因政治冲突和军事征服而产生巨大波动),谈论"劳动力市场"或"资本市场"就会歪曲当时的经济环境。[①] 同样原因,套用任何一种现代投资模式都不是研究古代社会的首选之策。

在这些稳定的利率中,包括了海事贷款。[②] 海事贷款是现存最早的保险形式,其历史至少可追溯到公元前5世纪后期。虽然围绕这种保险形式制定了数量可观的法律条文,但没有迹象可以证明古人有保险精算的概念。[③] 这是希腊人缺乏数量意识的有力证据,也增加了量化古代经济数据的难度,对此历史学家常有怨言。即便古代著述家保存下为数不多的数据,也先天不足,令人生疑。这些数据可能不过是他们的猜测,或者正是因为情况特殊才使该数据保留至今,对此我们并不总能辨别清楚。例如,在长达一个世纪的时间里,共有5组不同时期的地产数据,其中至少一组地产数据描述粗略,艰涩难懂。以此分析古典雅典土地占有形式,只能得到令人沮丧的结论。同样,关于罗马地产的准确数据也相当匮乏。[④]

修昔底德(7.27.5)提到,伯罗奔尼撒战争最后阶段2万多名奴隶逃离阿提卡。他所提供的数据可信吗?难道修昔底德专门雇佣一批人,十年如一日地驻守在阿提卡与玻奥提亚边界逐个盘查统计?这并非是一个无聊的问题,因为当代不少著作将此作为一个严谨数据反复征引,并作为计算的依据和得出结论的基础。其文中相关内容也表明,修昔底德认为这对雅典的确是一记沉重打击。以此为据,现代史家力图证明2万人在奴隶总人数中所占比例。当然,修昔底德不曾这样做,他不可能知道逃亡者的准确数字,其他任何雅典人也不可能知道。2万人不过是修

① 关于罗马工资标准的材料比希腊更稀少,但可肯定的是,是惯例而非市场供求起决定作用。参阅 M.H.Crawford, *Roman Republic Coinage*, 2 vols., Cambridge, 1966, Chap.II.6。

② 关于海事贷款定义,参见陈思伟:《古希腊海事贷款高利率成因》,《古代文明》2008年第4期;《古希腊海上贸易融资形式》,《大连海事大学学报》2008年第5期。还可参见禹钟华:《金融简史》(古代部分),北京:中国金融出版社,2011年,第86—87页。——译者注

③ 保险精算是依据经济学的基本原理和知识,利用现代数学方法,对各种保险经济活动的未来财务风险进行分性、估价和管理的一门综合性的应用科学,如研究保险事故的出险规律、保险事故损失额的分布规律、保险人承担风险的平均损失及其分布规律、保险费率和责任准备金、保险公司偿付能力等保险具体问题。但在海事贷款中,债权方是否完全缺乏风险评估、对分布规律是否有分析等问题还存争议。在科恩看来,对债务人信誉的分析、对风险的预估,这些在海事贷款中都不过是寻常性事务。参见 E.E.Cohen, *Athenian Economy and Society: A Banking Perspective*, Princeton, 2002, pp.111—189。——译者注

④ 在另一部著作中,芬利强调古代社会缺乏"一系列的……有效的资料,可以将其作为考查客观变化或长效稳定机制规律的依据"(M.I.Finley, *Ancient History: Evidence and Models*, pp.27—46, quotation at p.45)。因此,芬利认为,研究古代经济不能采用计量方法,而只能应用构建研究模式的方法。——译者注

昔底德的猜测。我们只能寄望这是一个有一定依据、相对准确的揣测。同样,公元前72年由斯巴达克带领进军罗马的12万武装奴隶的准确性也值得怀疑。①

但是,抱怨无济于事。在一篇关于经济计量史抑或称为"新经济史"研究方法的纲领性评论中,福格尔指出,即便在现代经济史研究中,"我们所能掌握的数据也往往达不到标准计量分析程序的最低要求,这是不争的事实。在此情况下,成功与否的关键取决于分析者使用的方法,在于是否有能力将这些数据合理使用,以获取最大效用。换句话说,取决于能否用掌握的有限数据成功解决问题"。② 古代经济史受到的限制更多,因为没有哪位古代经济史家掌握的材料可与福格尔研究19世纪铁路对经济重要性的材料相提并论。但他仍然以反事实假设开始其研究,假定如果没有发明铁路,运河运量将会增长到何种程度。然而有时乍一看,发现使用反事实的方法组织古代经济数据也不易付诸实践。

也得注意另一种危险的苗头。古代史家难免受当下流行的数字崇拜感染。甚至在无法确认证据的准确性或错误理解数据蕴含意义时,他们就贸然宣布通过定量研究所得到的结论。其实,研究模式和行为方式才是探究此类历史问题的关键。怀特海德曾说过:"离开预定的研究模式,数量根本不能说明任何问题。"③数据确能揭示并阐释某一模式,但经济生活中许多层面是无法付诸计量的。④

当已经成功收集到一组足以说明问题的数据,并认为理性是影响古人选择和决策的重要构成要素时,新的问题可能会随之出现。"毕竟,任何社会都不是存在于无所不在的统计资料之中。"⑤即便今天也非如此,古代社会更非如此。关键不是设计出一种全新的复合方法(鉴于有限的材料,必然仍会过于简单),而是要提出恰当的问题。必须强调的是,千万不要把收罗到的一二则奇闻逸事当作是言之凿凿的证据。

对古人而言,数量观的缺失与经济分析的缺乏一样,都不能单纯从学理上加以阐释。一个出现过阿波罗尼乌斯那样专门讨论圆锥曲线理论学者的社会,⑥应该具备绰绰有余的数学知识探讨"通过数据量化政府行为合理与否"的艺术,但事实

---

① Appian, *Civil War* I.14.117.

② R.J.Fogel, "The New Economic History, Its Findings and Methods", *Economic History Review*, 2nd ser., 19(1966), pp.642—656, at pp.652—653.

③ A.N.Whitehead, *Modes of Thought*, New York, 1938, p.195.引自 Barrington Moore, Jr., *Social Origins of Dictatorship and Democracy*, Penguin ed., 1969, p.520 note 15。

④ N.Georgescu-Roegen, *Analytical Economics*(Cambridge, Mass., 1966) p.275.

⑤ J.Stengers, "L' historien devant l' abondance statistique", *Revue de l' Institut de Sociologie*, 1970, pp.427—458, at p.450.

⑥ 即佩尔格的阿波罗尼乌斯(Appollonius of Perge)。——译者注

却恰恰相反。直至17世纪,英国人和荷兰人才将这门艺术称作“政治算术”。1698年,查理·戴文南爵士在《论公共收入》中将其定义为“统计学”,这一称呼持续至今。[①] 古代世界并不是完全没有记载政府事务的数据。战争爆发(伯罗奔尼撒战争)之前,修昔底德(2.13.3—8)记载了雅典可以使用的重装步兵、骑兵、战船及现金储备的具体数据。这些数据并非臆断,因为几乎所有古代城邦都会编制战斗人员名册;至少一些城邦,尤其是实行专制政体的城邦会进行人口登记以征收赋税,同时出于增加公共收入(或者皇室收入)的目的也会收集其他相关信息。[②] 然而,以数量为据的推论不只是计数和记录,两者存在重大差别。以数量为据的推论隐含着事物相互关系和发展趋势的概念,如果未能体现这种关系和趋势,推导得出的结论就存在严重局限性。同样,需注意的是,在古代社会,一旦即刻目标已实现,所有数据将弃而不用,不再保存。因此,除特殊情况外,不管在公共领域抑或私人领域,古人都几乎不会保存较长时段的系列数据。没有系列数据,就没有以数量为据的推论,也就没有统计学。譬如,修昔底德就无法提供伯罗奔尼撒战争期间连续不断的人员配置情况的数据。

上面所谈并非标新立异。早在1831年,李嘉图租佃理论盛行一时,成为人们广泛接受的理论时,理查德·琼斯提出质疑,认为这不过是“自耕农的租佃”。后来的历史研究证明,李嘉图的理论确实有误。[③] 近年来,将市场分析方法运用于古代世界的做法受到了马克斯·韦伯及其在古史学界坚定的信奉者哈斯布鲁克的强烈批判。如今,卡尔·波兰尼亦扛起了批判的旗帜。但是,这些批判收效甚微。[④] 当下英语世界关于古希腊经济史权威著作的索引中,既无“household”也无“oikos”。[⑤] 约翰·希克斯勋爵所构建的模式将城邦时代经济称为“商品经济发展的第一个阶段”,这一模式的前提是“除非有丰厚的收益,否则贸易(橄榄油与谷物的互换)不可能发生”。[⑥] 一位古史学家指出,早在公元前6世纪庇西特拉图僭政时,雅典就曾有“将政府资金投入到农业”还是“投入到商业”的争论。[⑦] 不管是明确提出还是暗含所指,都是以一个假定

---

① 引自 H.Westergaard, *Contribution to the History of Statistics*, London, 1932, p.40。

② 参阅 P.Vidal-Naquet, *Le bordereau d' ensemencement dans l' Égypte ptolémaique*, Brussels, 1967。

③ Richard Jones, *An Essay on the Distribution of Wealth*, London, 1831.

④ 阅读 E.Lepore、W.Johannowsky 及其他研究西地中海希腊人的专家在 *Dialoghi di Archeologia* (1969) 31—82;175—212 中的讨论是很有启发性的。

⑤ 例如 H.Michell, *The Economics of Ancient Greece*, 2nd ed., Cambridge, 1957。可与 C.Mossé, *The Ancient World at Work*, trans.Janet Lloyd, London, 1969 对照。

⑥ John Hicks, *A Theory of Economic History*, Oxford, 1969, pp.42—43,斜体部分为芬利所加。

⑦ A.French, *The Growth of the Athenian Economy*, London, 1964, p.54.

为前提,即任何形态的社会都存在一系列亘古不变的规律,而这些规律可用于客观分析社会经济。① 如果能证明这一前提在古代社会是无效的,那么随之而来的一切结论,不管是对经济行为还是价值导向的分析,都无疑是错误的。因此,不妨舍弃固有观念,找寻一些能适应古代经济的概念与研究模式,虽然它们并不一定(或不一定必须)能解释现代经济。②

首先,要界定本书所指的"古代"。如果在19世纪,完全没有必要多此一举。因为自文艺复兴时代起,欧洲历史就被划分为古代、中世纪和现代三个发展阶段,这种历史分期被人们广泛接受。但本世纪(20世纪)人们从认识论、心理学及政治学等角度对这种历史分期提出挑战和质疑。然而在充分探讨各种特例与难题后,最终得出的一致看法仍认为,"历史阶段的划分不是取决于人们普遍接受的史料证据,而是取决于你如何规定它"。③ 当抛弃基于价值判断的概念如"黑暗中世纪",并认识到中国和印度也有不能忽视的历史时,人们才意识到欧洲文明只不过是一段独特的历史,只能当作一门特殊科目加以研究。④ 其次,即便是对欧洲历史发展稍有了解的人都会注意到,传统分期的不同阶段在本质上是有差异的(不管不同阶段间的具体差异是什么)。⑤ 最后,可考的历史与史前史分属两个不同的探究领域,人类学家研究无文字可考的社会和新石器时代定居点等皆属于另一个"时代"。

但随着苏美尔、巴比伦、亚述、赫梯、迦南、希伯来、腓尼基、埃及、波斯等文明的研究不断扩展和深入,研究"古代历史"时将这些地位重要、具有开创意义的文明排除在外是否恰当?有人认为,这些文明处于亚非两洲,不属于欧洲文化的范畴,因此可以排除在外,但这并不是一个令人信服的理由。也有人认为上述文明所使用的语言大多不属于印欧语系(赫梯人与波斯人属于这一语系),这样的理由同样不具说服力。另一方面,有人强调希

① N.Georgescu-Roegen, *Analytical Economics*, p.111.

② 芬利使用马克斯·韦伯的经济人与社会人的概念,将古希腊的人称为社会人。所谓经济人(希腊语:*homooeconomicus*),即假定人思考和行为都是目标理性的,唯一试图获得的经济好处就是物质性补偿的最大化。西方古典经济学中的"经济人"假设认为人具有完全的理性,可以做出让自己利益最大化的选择。社会人与"自然人"相对,在社会学中指具有自然和社会双重属性的完整意义上的人。通过社会化,使自然人在适应社会环境、参与社会生活、学习社会规范、履行社会角色的过程中逐渐认识自我,并获得社会的认可,取得社会成员的资格。梅奥说过:"人是独特的社会动物,只有把自己完全投入到集体之中才能实现彻底的'自由'。"这一对词汇常用作经济学和某些心理学分析的基本假设。但是这种二分方式受到了修正和质疑。如1978年诺贝尔经济学奖得主西蒙就曾修正这一假设,提出了"有限理性"概念,认为人是介于完全理性与非理性之间的"有限理性"状态。——译者注

③ G.H.Nadel, "Periodization", in *International Encyclopedia of the Social Sciences II*, 1968, pp.581—5, at p.581.

④ 参阅 A.F.Wright and D.Bodde in *Generalization in the Writing of History*, ed., L.Gottschalk, Chicago, 1963, pp.36—65.

⑤ E.Panofsky, *Meaning in the Visual Arts*, Penguin ed., 1970, p.26 note3.

腊罗马世界对近东文化的借鉴或强调它们在经济、文化上的相互交流，所以可以将其包括在内，但这种说法也未免牵强。在分析英国工业革命爆发的原因时，不能因为英国伟吉伍德(Wedgwood)蓝陶具有与中国瓷器相同的外形特征，而将中国因素作为分析导致工业革命爆发不可或缺的关键原因。最重要的是，这两种文明(或文化中心)在几乎所有方面都是异质的，它们的社会结构不同、权利结构相异(内部和外部都一样)、权利结构与宗教的关系有别、文人能否作为社会关键人物出现有别等。几乎可以肯定的是，任何一种近东语言都不可能翻译“freedom”、希腊语的“eleutheria”、拉丁语的“libertas”或“free man”，同样的情况也存在于希伯来语或其他远东语言中。①

近东经济由庞大的宫廷体系或神庙体系所掌控，它们拥有大部分耕地，垄断着所有的“工业生产”及对外贸易(并非仅仅是与外国的，还包括邦内城际间的贸易)。国家的经济、军事、政治、宗教生活皆由唯一但复杂的官僚机构管理，并将所有臣民编户在册。从广义上讲，笔者能想到的描述这种管理方式的最佳词汇是“配给制”。在亚历山大征服西亚及其后罗马将近东大部分纳入帝国版图之前，所有这一切都与希腊罗马世界无关。此后，才应密切关注近东社会。否则，如果文中的“古代”将两个世界都包括其中，那讨论的主题将不只一个，而不得不采取两套毫无关联的体系，并采用不同的概念和研究模式。鉴于此，将近东地区排除在外并非笔者的个人臆断。坦白地讲，除了传统和习惯外，为保留“古代”的标签找出其他理由将比较困难。

本文不希望将上面所论的问题简单化。近东地区也存在私有土地，由小农独立经营；城镇也有“独立的”手工业者和小商贩。虽然现存有限史料不足以对其量化，但笔者相信，还不可能将之提升到经济形态的主体地位。从本质上看，希腊罗马世界的经济是一种私人占有制，不管是小农养家糊口的几亩地、元老和皇帝占有的大地产，还是私人经营的贸易活动或作坊，都是如此。两个地区都存在次要的、非典型的、边缘化的种群。例如，游牧民族曾长期威胁着居住在美索不达米亚、埃及等河谷地区的居民，有时也会威胁到叙利亚沿海地区的腓尼基人；当然斯巴达对希腊地区也曾有侵扰。此外，弗里吉亚人、米底人和波斯人与巴比伦人或埃及人也属于不同种族。罗马帝国政府与此前的托勒密及法老埃及一样，最终走向了专制和官僚化。但是，应该关注的是占支配地位的经济类型及典型的行为方式。

当然，希腊罗马世界是一个难以捉摸

① J.Gernet and J.P.Vernant, “L’évolution des idées en Chine et en Grèce du VIe au IIe siècle avant notre ère”, *Bulletin de l’Association Guillaume Budé*, 1964, 308—325.

的抽象概念，只有放在特定时空范围中才具有实在意义。从时间概念看，本书所讨论的是发生于公元前1000年至公元500年之间的历史。[1] 从空间概念看，最初它只限于巴尔干半岛的一隅和土耳其爱琴海沿岸的几个据点。逐渐地，向周边地区渐次扩展，到公元117年图拉真去世时，罗马帝国西起大西洋，东到里海，地跨近3000英里；北起不列颠和莱茵河，南及撒哈拉、波斯湾，绵延大约1500英里（这还不包括不列颠在内）。此时整个罗马帝国版图大约为175万平方英里，大约是如今美国版图的一半。

这一数据令人印象深刻，但只有更深入地观察才能理解人类活动的规模。吉本敏锐地认识到，在帝国鼎盛时期，罗马的军队也不及路易十四时期，虽然"他的王国只限于罗马帝国的一个行省"[2]。军队当然不是衡量人口总数的唯一指标：在脚注中，吉本补充说"必须记住法国仍觉得那是他们的非凡成就"。然而，研究证明，罗马帝国不管付出多大代价都不可能达到这样的程度。可以推断，公元前后，希腊罗马世界拥有的人口大致与如今英国或意大利相当，多达五千万至六千万，不会超过加利福尼亚州人口的三倍。[3] 这些人口分布不均，不但地区间数量差异大，而且城乡人口密度也不同。一方面，在五六个行政中心，如罗马、亚历山大里亚、迦太基等城市里，人口集中，拥挤不堪；另一方面，许多城市（尤其是东部城市）却不足10万人，还有无数称为"城市"的小镇。不应忘记，极盛之时，以武力著称的斯巴达成年男性公民人数从未超过9000，而且在其历史进程的大部分时期还不足此数。

影响人口分布的诸因素中，有一点值得特别关注。作为常识我们知道，在其历史发展的大部分时间里，希腊罗马世界是由地中海联系在一起，罗马人将其称为mare nostrum，即"我们的海"。历史上相继出现的所有中心城市，如雅典、叙拉古、昔兰尼、罗马、亚历山大里亚、安条克、君士坦丁堡等，都离海岸不远，不过几英里。在相当长的时间里，这一狭窄地域之外为文明的边缘地带，人们从那里获取皮毛、食物、金属、奴隶，抢夺战利品，驻扎军队，但这些地区是蛮族人而非希腊罗马人的居住地。柏拉图（Phaedo 109B）写道："我们居住的地区只是大地的一小部分，从费西斯河（位于黑海东岸）到赫拉克勒斯柱（直布罗陀海峡）之间，我们临海而居，如同蚂蚁和青蛙围绕着一口池塘。"

---

① 我这样处理并非是起始两个时间有重大历史事件的发生。公元前1000年标志着希腊"黑暗时代"的开端，我认为荷马史诗所反映的就是黑暗时代的希腊。

② E.Gibbon, *The Decline and Fall of the Roman Empire*, ed.J.B.Bury, London, 1900, I.p.18.

③ 关于古代人口最基本的著作仍是 Julius Beloch, *Die Bevölkenrung der griechisch-römischen Welt*, Leipzig, 1886。

地中海地区是一个单一的"气候区"①,冬季多雨,夏季干旱。其土壤贫瘠,大多数地区以旱地农业为主。这与以灌溉农业为基础的古代近东经济差异明显。地中海地区适宜人居,人们习惯过户外生活;沿海平原和内陆高原的土壤肥沃,适宜稼穑生产,尤其盛产葡萄、橄榄,人们以谷物为主食,辅以菜蔬水果;也不乏草地,养殖绵羊、猪、山羊等小家畜,但总体上不适合养牛。人们广泛种植橄榄,以其为原料生产食用油、制作肥皂、用作照明,橄榄是地中海式生活的必要纽带。橄榄树耐旱且不费劳费时,即便在夏季漫长的暑旱中也长得郁郁葱葱;但橄榄初果时间长,一般要经过十年至十二年才会结果。因其结果周期长,要求人们过定居生活,所以从总体上看地中海地区不适合游牧民族生活居住。

另一方面,一般而言,不管种植橄榄还是经营旱地农业,都不需要复杂的社会组织,这与尼罗河、底格里斯河与幼发拉底河、印度河及黄河等大河流域文明正好相反。那些地方灌溉农业发达,能生产更多粮食,人口密度大。1世纪时,埃及,作为罗马帝国灌溉农业最发达的地区,除亚历山大里亚城外,人口多达750万,②这是目前所能掌握的较准确的古代人口材料之一。其代价是,一旦中央权力机构解体,丰沃的河谷就会荒废;一旦自然或人为灾害结束,古老灌区的农业又会迅速恢复。

当然,希腊内陆地区、意大利中部和北部、土耳其中部等地也有人居住,但离海有一定距离,从海上输入所需物品并非易事。然而这里谈到的地中海轴心区仍可适用于这一千五百年中的前八百年。之后情况开始发生显著变化,希腊罗马世界大规模地向内陆(尤其是北部)地区扩展,最终将法国、比利时、不列颠、中欧直至多瑙河河谷地区完全纳入其中。但学者们对希腊罗马世界扩散的重要性似乎重视不够。两个简单的事实值得注意:其一,北部行省不再属于地中海式气候且土地更肥沃;其二,部分地区地处内陆,无法利用地中海之便,受陆路运费高昂之苦,与外界沟通不能顺畅进行。但这种情况下,宜航的内河航道(但小亚细亚、希腊、意大利大部、尼罗河之外的非洲根本没有宜航河流)如罗纳河、索恩河、莱茵河、多瑙河、波河等以及许多二级河道(尤其高卢地区),被充分利用,在运输方面发挥着积极作用。

迄今为止,就地中海轴心区和气候区而言,笔者认为区域差异变化并不明显。下面将探讨这个话题,当然讨论仍然只是初步的。各个地区土地贫瘠与否,种植作物有无差别,或者地下是否埋藏重要矿产

---

① F.Braudel, *The Mediterranean and the Mediterranean World in the Age of Phillip II*, trans. S. Reynolds, vol. 1, London, 1872, part I.

② Josephus, *Jewish War*, II.285.

资源等问题显而易见，无需证明。各地区社会结构、土地占有方式及劳动制度等问题，却值得一提。最终，整个世界被罗马人纳入统一的帝国体制之中，但各地区的历史发展历程不尽相同。罗马人不能也不愿将这种差异清除殆尽。罗马的特殊地位及意大利享有土地免税权就是明证。同样，埃及和东方行省实行佃农制，但意大利和西西里流行奴隶制农庄，此为另一例证。无需再做过多举证，在关于戴克里先新税制的基础性研究中，安德烈·迪里已经对此进行了总结。他写道，这一体制"极度复杂"，因为"帝国不同地区人们采用不同税收形式"。① 造成这一局面并非因为皇帝的反复无常，而是为了让税制更卓有成效，能征收到帝国所需的赋税。为此，拟订税制时不得不承认历史造成的既成事实，正视土地管理体制上的千差万别。

既然这样，研究"古代经济"是否仍具合理性？是否仍采用把近东古老社会排除的办法，将"古代经济"排除在外，否则整个体系将崩溃？最近，沃尔班克步罗斯托夫采夫之后尘，将1世纪的罗马帝国当作"一个单一的经济单元"，这个经济单元"通过各种初级产品与工业制成品的频繁交换联系在一起，交换的四种基本商品包括谷物、酒、油及奴隶"②。他特别指出，高卢的工业品"迅速成为世界市场极具竞争力的产品"，"埃及的金属器皿在各地都广有销路，在南俄和印度也有相关文物的出土"。③ 罗斯托夫采夫也说过类似的话："工业制成品，不是奢侈品而是日常用品的交换极其活跃。"④

这些描述都太含混不清，因为进行这样的概括迫切需要更精细的定量研究和构建更完善的研究模式。在瑞典哥特兰岛一块面积大约为400平方米的区域内发现了39块名为西吉拉塔（terra sigillata）的陶器碎片散落四周，最终结果证明，这些陶片出自同一个陶缸。据此，威勒（Wheeler）告诫说，对待出土文物要持审慎态度。⑤ 大约400年左右，家境殷实的昔兰尼主教塞尼西乌斯（Synesius）给他远在亚历山大里亚城的弟兄写信，叫他从一位正在那里销售货物的雅典人手中买三套夏天穿的便袍。他接着写到，去年他弟兄曾从此人手里为他购得一些鞋子。塞尼西乌斯告诉弟兄他动作要快，否则优质产品就会售罄。这就是两则货物在"世界市场"上"畅销"的事例。⑥ 援引上述事例并非讽刺他人，也不想印证古代贸易

① André Déléage, "La capitation du Bas-Empire", *Annales d l' Est*, no.14(1945), p.254.

② F.W.Walbank, *The Awful Revolution: The Decline of the Roman Empire in the West*, Liverpool, 1969, p.20, 31.

③ F.W.Walbank, *The Awful Revolution*, p.28, 26.

④ M.Restovtzeff, *The Social and Economic History of the Roman Empire*, Oxford: Clarendon Press, 1957, p.69.

⑤ M.Wheeler, *Rome beyond the Empire Frontiers*, Penguin ed., 1955, p.109.

⑥ 参阅 J.Rougé, *Recherches sur l' organisation du commerce maritime en Méditerranée sous l' empire romain*, Paris, 1966, pp.415—417。

都处于如此低的水平；只是想说明，当运用“交换频繁”“极其活跃”“发掘的例证”等歧义术语时，应力求给予更详尽的描述，给予更多的定性解释，如有可能亦可有定量阐释。① 帝国首都罗马城全靠从西西里、西班牙、北非及埃及输入粮食。362年至363年安条克大饥馑爆发时，朱利安皇帝曾强行干预，要求从叙利亚北部两个地区输入粮食，其中一个地区离安条克不过50英里，另一处也不到100英里。②

“世界市场”“单一的经济单元”等概念必须要包括比长距离货物交换更丰富的内涵，只有这样这些概念才有意义。否则，中国、印度尼西亚、马来半岛、印度也处于同一经济单元中，也可称为世界市场。必须要证明，在广阔区域内，人们的经济行为和应对措施存在连锁反应，其中包括处于支配性的经济部门如食物与金属价格等。但上述任何一个市场都不能达到或具备这种连锁反应，所以艾里克·诺尔只是将它们称为“互补性市场的大型混合体”③。一位著名经济地理学家指出，“区域贸易或长途贸易不会干扰农业社会以家庭经济为单位的生存基础。现代主要等级在社会中所起的作用是通过最大程度的劳动分工和不再满足家庭日常用品的自给自足为标准来判断的”。但古代却无法对上述两因素做出充分预判。④

显然，现在笔者将扬弃前面所批判的概念和方法。因为不管是人们时常举出的几则孤证，例如，（高卢地区）终结意大利北部阿雷佐镇（Arezzo）短时期垄断西吉拉塔陶的生产，还是大规模战争与奴隶价格之间存在的某些关联，都不足以支撑他们构建的理论大厦。笔者认为，本书仍以“古代经济”命名的理由在于，在最后几个世纪，古代世界同处于单一的政治单元之中，有着共同的文化心理架构。笔者希望在下面的章节中展现上述关联性对叙述经济的作用。

译者简介：陈思伟，首都师范大学在读博士生，长江师范学院历史文化与民族学院讲师。主要研究方向为西方古典文明。

---

① 这里可以看到芬利对于定量研究的矛盾心理。其实，在资料丰富集中的情况下，芬利并不反对，甚至提倡采用计量研究方法。他建议古史研究应该“从当下主要依靠个别的孤立的文献材料转向依靠跨时段的可以系统分析的资料；应该从个别文本字面的考证中解放出来，尝试‘准统计学’（quasi-）或‘类统计学’（pseudo-statistical）的研究手段”。参见 M.I.Finley, *Ancient History: Evidence and Models*, pp.44—45。——译者注

② Julian, *Misopogon* 368^{c}—369^{d}.

③ F.M.Heilchelheim, “On Ancient Price Trends from the Early First Millennium B.C.to Heraclius I”, *Finanzachiv*, 15(1955), pp.498—511.

④ B.J.L.Berry, *Geography of Market Centers and Retail Distribution*, Englewood Cliff, N.J., 1967, p.106.

专题研究

后期埃及的外国硬币

□雷娜特·米勒-沃勒曼（Renate Müller-Wollermann）① 文 娄 滔等 译 王海利 校

摘　要：长期以来，后期埃及的外国硬币一直被简单地视为用来支付雇佣兵报酬的小银块。作者认为这些硬币的作用远不止如此，它们不仅仅作为金属块使用，而且还是第一批古埃及硬币的模型。通过对硬币贮藏地的考古分析及其硬币功能的分析，作者认为埃及本国人使用硬币不是最早开始于第30王朝，而是远远早于这一时期；在早期阶段，古希腊四德拉克马银币在埃及是作为货币使用的；埃及人本国铸币的源发是试验性的，而且源自雅典四德拉克马银币。因此，钱币学中广泛流行的钱币是出于确立合法性而被发明的这一假说，就埃及的相关情况来看尚需进一步的探讨。

关键词：后期埃及；外国硬币；功能

Abstract: Foreign coins in Late Period Egypt have long been considered simply as pieces of silver, useful in paying foreign mercenaries. The author suggests that they were much more than this. They were used not only as lumps of metal, but also as a model for the first Egyptian coins. This article, through the analysis of the evidence of coin hoards and the function of coins, concludes that the inner-Egyptian use of coins did not first start in the Thirtieth Dynasty, but much earlier; in the early stages, Greek tetradrachms were used as coins in Egypt; the origins of an indigenous Egyptian mintage are tentative and oriented towards Athenian tetradrachms. The hypothesis, widely spread in numismatic literature, that coinage was invented for the reason of legitimacy can be disputed with regard to Egypt.

Keywords: late Egypt, foreign coins, function

---

① 作者雷娜特·米勒-沃勒曼（Renate Müller-Wollermann），德国图宾根大学埃及学研究员。

导 言

长期以来,后期埃及的外国硬币一直被简单地视为用来支付雇佣兵报酬的小银块。其实它们的作用远不止如此,这些硬币不仅仅充当金属块使用,而且还是第一批古埃及硬币的模型。

自公元前6世纪起,外国硬币开始在埃及出现。据本人考察,相关文献中提到了超过80种法老历史时期埋藏的钱币出土点和贮藏点。"提及"并不代表"公开",①实际上,还有更多钱币可能已经被发现并转卖了,流入到各个博物馆以及私人收藏家手中,而这部分钱币却从未公之于众。那些公开发表的相关信息常常出现在埃及学者十分陌生的一些期刊、目录簿和小册子上。

所有出土藏品的年代难以确定,我所说的"年代测定"指的是它们被埋入地下的时间。唯一可以确定的标准是"后标准"(post quem)。这些贮藏一定是在其所包含的时代最晚的钱币铸成之后才被埋藏起来的。但之后埋了多长时间?多数情况下,我们只有在获得考古学的相关报告后才可能得知。藏品规模越大就越有助于我们确定其年代,另一方面,研究钱币流通的专家往往不知道这些钱币是什么时候铸造的,而常常是用货币贮藏点作为确定硬币的年代。因此我们正陷入循环论的危险之中。

在这一章,我将专门探讨硬币贮藏地。因为个别的硬币发现地不能提供足够证据,尽管它们之中可能包含曾经被使用过的硬币。② 我将特别探讨出土地点、贮藏地的构成及其功能。

硬币贮藏地的证据

钱币的贮藏地主要位于尼罗河三角洲和孟菲斯地区,但在法尤姆、艾斯尤特和贝尼哈桑也发现了一些钱币贮藏地,特别是稍晚的贮藏地都是在尼罗河三角洲以外的地区发掘出来的。但是,我们对这些钱币的信息常常来源于古董商人,由于他们往往不愿公开其发掘地点,因此他们给出的来源地仅仅是"三角洲",甚至是"埃及"等字样。显然这样的信息用处不大。然而,即使在知道了硬币来源地所在的具体城镇或村庄的情况下,我们还是无法确定准确的出土地点。因为在系统规范的发掘过程中,我们也没有发掘出贮藏地,这也给确定贮藏地的功能带来极大困难。在我看来,每个贮藏地都要单独考虑并区别对待。稍后我们在探讨硬币功用时将会解决这个问题。

---

① 最新发现贮藏地的清单见 M.Thompson, O.Mørkholm and C.M.Kraay, eds.*An Inventory of Greek Coin Hoards*, New York, 1973。(此文引用采用 IGCH 加编号)包含了古风时期和古典时期的31个贮藏地。

② 关于单枚钱币发现的解释,参见 R.Reece,"The interpretation of site finds-A review", in: C.E.King and D.G.Wigg eds.*Coin Finds and Coin Use in the Roman World. The Thirteenth Oxford Symposium on Coinage and Monetary History 25—27.3.1993. A NATO Advanced Research Workshop*, Berlin, 1996, pp.341—355,尤其参见第341页上的标准列表。

藏品的构成随时间而改变。绝大多数钱币来自古希腊;[①]即使在波斯统治时期,波斯钱币也很稀少。到目前为止,银币的数量远远多于金币,几乎没有小面额的钱币。早期的藏品主要来自色雷斯—马其顿地区,这个地区获取银矿十分便利。大约自公元前480年起,雅典的钱币渐渐占据主导。本文将在后面探讨这个现象。这些藏品不仅包含硬币,偶尔也会有碎银、银锭和其他一些银质器物例如银盘,[②]而后期的藏品通常只包含银币。

如上所述,这些贮藏点和钱币的功能很难确定。[③] 在更早的文献中,它们被解读成银匠的贮藏。[④] 以下事实似乎为这种假说提供了证据:孟菲斯[⑤]普塔神圣地发现的两处贮藏和诺克拉蒂斯一个工匠区[⑥]发现的一处贮藏。然而与假说相矛盾的是,这批藏品中银币极少,藏品本身及其周围也都没有发现用以打制银币的工具,而且诸如神庙或大墓地的地下室这样的发掘地点也与假说不符。再者,钱币收藏专家已经普遍抛弃了将钱币当作工匠个人收藏这种解释。因此,硬币是供人使用的这个结论就变得显而易见了。

这个假说也可以得到文献的支持。公元前5世纪末的古埃及纸草文献中曾提到古希腊金币,即古希腊四德拉克马银币;有时它们被特别写为"sttrn Wjnn",意即"爱奥尼亚的金币"。大流士二世统治的第十四年,它们第一次出现在世俗体的陶片上,也就是公元前410年;是从哈加绿洲南边邻近杜什的艾因迈拉维尔发现。[⑦] 公元前414年,同一地点出土的陶片上还没有提及希腊金币。然而,公元前410年以后,它们就经常出现了。而且根据主题来看,它们发生了转变:众多古希腊金币被记载成许多银质的dbn,而后又再度变成了许多金币。因此,参考的重点是金币而非银质的dbn。没有人会认为艾因迈拉维尔这个偏远的村庄是外国雇佣兵和外国商人的集聚地,所以,有人推断希腊银币在尼罗河谷的使用时间更早。

---

① 参见 M.Price and N.Waggoner, *Archaic Greek Coins. The Asyut Hoard*, London, 1975, 第14—16页。

② 参见例子 IGCH 1636, 1647, 1649。当然,没有钱币的贮藏地也存在,只是本章中未对此加以讨论,可参见 J.H.Kroll, "A small find of silver bullion from Egypt", *American Journal of Numismatics*, 13(2001), pp.4—7;以及 P.Vargyas, "Monetary hoards in the Egyptian Museum", in: M.Eldamaty and M.Trad eds. *Egyptian Museum Collections around the World*, vol. II, Cairo, 2002, pp.1183—1194。

③ 关于钱币贮藏地的不同功能,参见 Hellenic Ministry of Culture—Numismatic Museum, Athens ed. *Coins and Numismatics*, Athens, 1996, pp.91—92。

④ Vargyas, "Monetary hoards in the Egyptian Museum", in: Eldamaty and Trad eds. *Egyptian Museum Collections around the World*, vol.II, p.1185, n.8.

⑤ IGCH 1636 和 1660。

⑥ IGCH 1647。

⑦ M.Chauveau, "Une oasis égyptienne au temps des Perses", *Egypte Afrique & Orient*, 9(1998), pp.21—26;特别是第25页。以及 M.Chauveau, "La première mention du statère d'argent en Égypte", *Transeuphratène*, 20(2000), pp.137—143。

事实上,它们可以在同时期的埃雷风坦尼的阿拉姆语文献中被找到。然而,同时期各地的世俗体文本是将来自普塔神宝库的银子作为参照标准的。因此,硬币应该是拿来使用的,但并不是唯一的支付媒介。

关于将硬币作为货币使用的更进一步证据是公元前4世纪的贮藏地。在这一时期,越来越多的藏品仅仅包含雅典四德拉克马银币。事实上,这些银币数目达上千枚之多。其中有相当一部分是新近铸造的,尚没有磨损的痕迹;只有极少硬币上有一些为了检验银质而造成的切痕。在这一类型中最著名的藏品之一是来自泰勒玛舒塔的6000多枚硬币,①这些硬币是神庙的一笔捐赠。另一批是来自法尤姆地区的347枚硬币,②这批硬币现在被保存在密歇根。让人困惑的不仅是这些相同硬币的数量众多,更令人费解的是另外两个事实:第一是那些在巴勒斯坦、叙利亚、腓尼基仿制而成的雅典四德拉克马银币很著名。③ 更有趣的第二个事实是,几枚在埃及发现的硬币模具正是雅典四德拉克马银币的形状。④ 由于这些硬币模具被无意从雅典带到埃及的可能性极小,所以可信的结论就是这些雅典银币是在埃及重铸的,⑤而且是相当大程度上的重新改铸,因为法尤姆地区的藏品钱币展现了几种有细微差别的硬币模型。然而,问题在于确定这些被重铸的硬币的年代。虽然关于硬币年代存在这样的共识,即真正刻着雅典娜正面双眼的古希腊四德拉克马银币是公元前5世纪左右的,而那些刻着侧面眼睛的则是公元前4世纪左右的。这些仿制品是否依照同样的样式仍然还不确定。现在,在这些数目巨大的古希腊四德拉克马银币中,哪些是原初的雅典银币,哪些是复制的,这个问题就变得更难解答了。它们在地中海地区被发现,静静地躺在博物馆中,没人知道任何出土地点的信息。

有人猜测这些埃及人的复制品可以追溯到第三十王朝。无论如何,它们的铸造似乎早于下面即将展示的这批硬币。除了第五枚硬币,其余硬币的年代仍不清楚:

(1)一枚重0.64克青铜制的雅典硬

---

① IGCH 1649。

② 尚未公开发表。《希腊钱币贮藏地编目》(IGCH)中未编入,但可以参考T.V.Buttrey,"Pharaonic imitations of Athenian tetradrachms",in:T.Hackens and R.Weiller eds.*Actes du 9ème Congrès International de Numismatique Berne, Septembre 1979*, Louven-la-Neuve/Luxembourg,1982,pp.137—140,另可参考插图21。

③ 参见例子同上书,第138页。

④ C.C.Vermeule,*Some Notes on Ancient Dies and Coining Methods*(London,1954),pp.2—10;S.Aspropoulos,"Coin dies in the Graeco-Roman Museum, Alexandria, Egypt",*Minerva*,1(1990),p.29.

⑤ 参见T.V.Buttrey的简短而具有开创性的文章"Seldom what they seem—The case of the Athenian tetradrachm",in:W. Heckel and R.Sullivan eds.*Ancient Coins of the Graeco-Roman World*, The Nickle Numismatic Papers, Waterloo Ont.,1984,pp.292—294。

币仿制品；然而，雅典族徽 Alpha、Theta、Epsilon 被 Nun、Alpha、Ypsilon 所取代，代表诺克拉蒂斯（Naukratis）这个地方（图 1）。[①]只有一个种类可知。

（2）在索伊斯发现的一枚德拉特玛里庸（tritemorion）银币（图 2），[②]重 0.56 克。它是古希腊四德拉克玛银币的1/32。上面的猫头鹰，Alpha、Theta、Epsilon 的铭文，橄榄枝的符号 nb.w HD，代替了代表雅典的首字母缩写词。

（3）雅典风格的碎银币，但上面刻有古埃及圣书体文字 w#H（图3）。[③] 其中五个类型可知，它们可能全部来自西西里的一处贮藏地。

（4）唯一一枚正面刻有雅典娜头像的银币；背面是两只鹰构成的古埃及圣书体文字 nfr 和 nb（图 4）。[④] 当然，这些符号到底是不是圣书体文字仍然有很大疑问。

（5）一枚泰奥斯统治时期的金质雅典仿币（图 5）。[⑤] 我们再次见到猫头鹰，但是 Tau、Alpha、Omega 取代了 Alpha、Theta 和 Epsilon 代表泰奥斯。另外，一株纸草取代了橄榄枝。有人可能会说这枚硬币发现于孟菲斯，而且是独一无二的。

（6）这种硬币的数量要大得多，已经发现的有 80 种左右，但其标志有细微区别（图 6）。[⑥] 这种金币上刻有 nb.w nfr，意思是“好的黄金”。这种硬币似乎也是铸造于第三十王朝，也许刚好在亚历山大大帝到来之前。无论如何，这是古埃及人第一次摆脱希腊人的印记，创造出了全新的东西。

（7）这个最后的、独立的铸币是由波斯国王和省长们在波斯第二次统治埃及期间铸造的（图 7）。这仅仅是一些样本。硬币在叙利亚被发现，上面有阿拉姆语铭文。除此之外，还有在伊拉克和叙利亚发现的阿塔塞克西斯三世时期刻有世俗体文字的硬币，但是在孟菲斯铸造的。[⑦]

---

① 参见 E. T. Newell, Miscellanea Numismatica: Cyrene to India. *Numismatic Notes and Monographs*, 82, New York, 1938, pp.60—62，编号 35，插图 IV。进一步可参考 P.G.van Alfen，“The ‘owls’ from the 1989 Syria hoard, with a review of Pre-Macedonian coinage in Egypt”，*American Journal of Numismatics*, 14(2002), pp.21—22。

② G.Goyon，“La plus ancienne(?) monnaie frappée en Égypte: un *tritemorion*”，*Bulletin de l' Institut Français d' Archéologie Orientale*, 87(1987)，第 219—223 页以及插图 XLIII 后。

③ 参见 van Alfen, *American Journal of Numismatics*, 14(2002)，第 20 页以及参考资料。

④ 参见 G.K.Jenkins，“Greek coins recently acquired by the British Museum”，*Numismatic Chronicle*, 6, series 15(1955), p.148，以及图 XIII B。进一步可参见 van Alfen, *American Journal of Numismatics*, 14(2002), pp.23—24。

⑤ IGCH 1658.

⑥ A.O.Bolshakov，“The earliest known gold pharaonic coin”，*Revue d' Égyptologie*, 43(1992), pp.3—9.

⑦ 参见 S.P.Vleeming, *Some Coins of Artaxerxes and Other Short Texts in the Demotic Script Found on Various Objects and Gathered from Many Publications*, Studia Demotica V(Leuven, 2001), pp.1—4，插图 1。关于叙利亚的贮藏地的出版物，参见 M.Price，“More from Memphis and the Syria 1989 hoard”, in: M.Price, A.Burnett and R.Bland eds. *Essays in Honour of Robert Carson and Kenneth Jenkins*, London, 1993, pp.31—35，插图 IX—X。

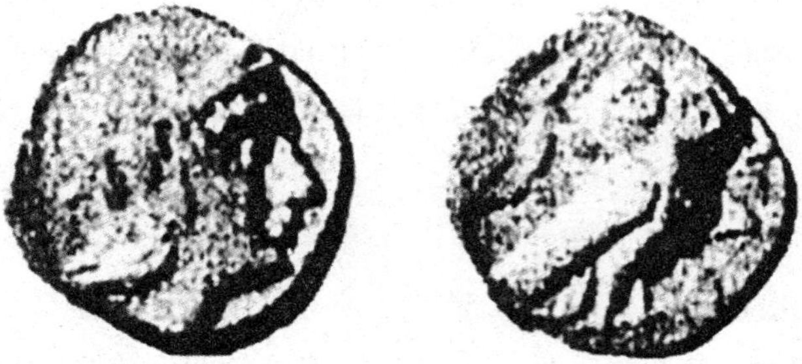

图 1 一枚重 0.64 克青铜制的雅典硬币仿制品

（图片来自 E.T.Newell,*Miscellanea Numismatica*:*Cyrene to India*,Numismatic Notes and Monographys,82New York,1938,插图 IV 编号 35）

图 2 一枚发现于索伊斯的德拉特玛里庸银币

（图片来自 G.Goyon,"La plus ancienne(?)monnaire frappe en Egypte:un tritemorion",*Bulletin de l' Institut Fancais d' Archeologie* Orientale,87,1987,插图 XLIII）

图 3 雅典类型的银币，上面带有古埃及圣书体文字 w#H

（图片来自 Newell,*Miscellanea Nmismatica*,插图 III 编号 33）

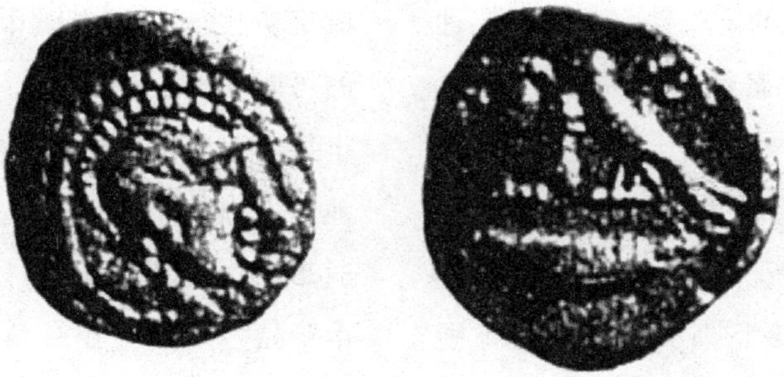

图 4　带有雅典娜头像的一枚银币，背面上的两只鹰形成古埃及圣书体文字 nfr，nb

（图片来自 G.K.Jenkins，“Greek coins recently acquired by the British Museum”，*Numismatic Chronicles*，6，series 15，1995，插图 XIII B）

图 5　一枚泰奥斯统治时期的金质雅典仿币

（图片来自 Jenkins，Numismatic Chronicle，6，series 15，1995，插图 XIII A）

图 6　第三十王朝的带有 nb.w nfr（“好的黄金”）铭文的金币

（图片来自 A.O.Bolshakov，“The earliest known gold Pharaonic coin”，*Revue d' Egyptologie*，43，1992，第 8 页）

一方面，本国的硬币铭文削弱了那种硬币是为了支付雇佣兵工资的假说。[①]另一方面，埃及之外的出土地点又支持这一假说。然而到目前为止，上述德拉特玛里庸银币被用来酬付雇佣兵仍然太少了。这一事实也使基奈特斯关于埃及本土硬币的铸制早于仿制雅典银币的假说站不住脚。[②] 所有这些突出的进步都被亚历山大和托勒密以及他们带来的钱币中断了。

硬币的功用

以上是法老时期埃及本国和外国货币的现象。现在，让我们回过头去思考一下，外国货币如何进入埃及，它们带来了什么？很长时间内，人们一直猜测它们是通过贸易来到埃及的。它们的源地是埃及或直接或间接的贸易伙伴。大家都知道雅典一直购买埃及粮食，但是其他地方就不那么为人所熟知了，比如利西亚南部的法赛利斯，这个地方因为没有腹地，也稀缺粮食。而且，法赛利斯位于希腊到埃及的路线上，塞浦路斯的情况也一样。如果我们看看这些硬币上的面额，那么，此类硬币是用来进行大规模物品交易这一点是清楚的，而不是用于士兵和商人的小额交易。而且，这些硬币用作雇佣兵薪酬的可能性极小。自第二十六王朝起，外国士兵才拥进埃及，可是他们通常得到了土地作为酬劳，而且和家人住在一起。他们遍布全国，向南远及努比亚，但是早期硬币藏品主要集中在三角洲地区。如果雇佣兵确实以钱为薪酬，他们可能就携款离开埃及了。

另一个有争论的问题是那些把硬币集在一起的收藏者。难道他们是带着藏品而来的古希腊商人？还是一直收集硬币的埃及人？答案不易给出，而且很可能取决于每一枚钱币的功用。泰勒玛舒塔的藏品——给迦南神庙的捐赠——也许是被虔诚的人们募集起来的。一个腓尼基人的石棺中发现的规模相对较小的藏品的钱币，[③]可能是由墓主收集的。

这些用以许愿的贮藏暂且不论，问题变成了埃及人用这些硬币做什么？在第一次波斯统治时期，他们可能用这个作为给波斯王的献礼，因为那必须是银子。据希罗多德记载，献礼数目高达 700 塔兰特。[④] 然而，这次献礼的总数似乎远远少于粮食出口产出的利润。其余的硬币也许被熔化，然后制成银盘和敬献给埃及神庙的塑像。无论如何，数量巨大的银币仍

---

① 这是 F.K.Kienitz 的解释，参见 *Die politische Geschichte Ägyptens vom7. bis zum 4. Jahrhundert vor der Zeitwende*, Berlin, 1953, pp.117—118.

② Kienitz, *Die politische Geschichte Ägyptens*, p.118.

③ C.W.King, “On a mummy’s treasures recently discovered in the Delta”, *Cambridge Antiquarian Communications*, 4, 1876—1880(出版于 1881 年), pp.385—390；未收录入 IGCH 中。

④ III, 91.实际上这个数量还更少，因为利比亚、昔兰和巴尔卡等地也必须提供同等数额。

图 7　发现于伊拉克、叙利亚，铸造于孟菲斯的阿塔塞克西斯三世统治时期的硬币

（图片来自 M.Price，A Burnett and R.Bland 编辑：*Essays in Honour of Robert Carson and Kenneth Jenkins*，London，1993，插图 X）

然为国家所有，不曾为个人所有。在任何情况下，如此大规模的贮藏对个人来说都太过于富有。如果个人拥有它们，那这个人将是亿万富翁。个人偶尔才有机会获得一枚硬币，世俗体文本就为此提供了证据。但是，轻便的埃及银币说明小额交易是存在的。

对于埃及自己铸制的硬币，我们需要给出不同的解释。也许他们是为了酬劳的安全而铸。伪亚里士多德文本中讲述了在第三十王朝塔泰奥斯统治下发生在巴勒斯坦的战争，也提及需要银子去资助战争。① 由于他的部队来自不同国家这一现实，诸如雅典银币一样的国际通用的货币很方便。那时他们致力于铸造与雅典银币相似但又属于埃及人的钱币。考虑到那些有细微差别的银币模具，铸币规模达百万枚以上。这样一笔数目巨大的钱币不可能仅仅被雇佣兵或商人使用，本地人肯定也使用。

结　论

从以上这些现象来看，我们能得出下面几点结论：

（1）埃及本国人使用硬币不是最早开始于第三十王朝，而是远远早于这一时期。

（2）在早期阶段，古希腊四德拉克玛

① II，25：B.A.van Groningen and A.Wartelle，*Aristotle.Économique*，Paris，1968，p.26.

银币在埃及是作为货币使用的。

(3)埃及人本国铸币的源发是试验性的,而且源自雅典四德拉克玛银币。就埃及的相关情况来看,在钱币学中①广泛流行的钱币是由于确立合法性而被发明的这一假说,尚需进一步探讨。

译自:库苏里斯、马格利弗拉斯编辑的《跨越边界:古代地中海世界的国际关系、宗教与文化交往》(P.Kousoulis and K. Magliveras, *Moving Across Borders: Foreign Relations, Religion and Cultural Interactions in the Ancient Mediterranean*, Orientalia Lovaniensia Analecta 159, Leuven-Paris-Dudley, MA, 2007),第 317—326 页。

译(校)者简介:王海利,北京师范大学历史学院教授。研究方向为世界古典文明史,专攻埃及学。

---

① 参见 C.Howgego, *Ancient History from Coins*, London, 1995,第 43 页之后,第 63 页之后。

专题研究

古代埃及文献《能言善辩的农民》创作的年代[①]

□王海利

《能言善辩的农民》是古代埃及一篇重要的历史文献，它对研究当时埃及的政治、经济、文化、宗教和法律等方面的问题具有重要的价值。一定历史时期的文献作品是一定历史时期社会生活的反映，即文献作品创作的年代通常与作品所描写和反映的时代背景是一致的。根据这一特点，《能言善辩的农民》这篇文献创作的年代应该是作品所反映的第一中间期赫拉克利奥坡里斯王国时期。这种观点迷惑了埃及学家们长达百年之久。其实，最新的相关研究证明，《能言善辩的农民》创作的年代并不是第一中间期（约B.C.2160—B.C.2055），而是其后的中王国时代（约B.C.2055—B.C.1650）。中国学界由于条件所限，对该文献的认识则相对滞后，故写成此文以期引起国内学界的重视。

从文献本身内容来看，《能言善辩的农民》整个故事围绕着赫拉克利奥坡里斯（当时的都城）这一地点发生、发展。来自"盐地"的农民胡恩因普，在去往赫拉克利奥坡里斯的途中遭到小官僚奈姆提·奈赫特的抢劫，为了索回财物，"决定去赫拉克利奥坡里斯，向长官麦如之子廉西申诉"。[②] 由此看来，文献以赫拉克利奥坡里斯为背景。

能为该文献断代提供线索的是，文献中提到"在公正的上下埃及之王——奈布考拉统治时期，农民走向了申诉之路"[③]。由此可见，弄清楚奈布考拉国王属于古埃及历史上什么时期的哪位国王，是我们对该文献进行断代的关键。

一般来讲，古代埃及国王通常有五个名字[④]（当然，并不是每位国王都拥有五个名字），每个名字前面分别拥有一

① 本文系国家社会科学基金后期资助项目"古代埃及文献《能言善辩的农民》研究"（批准号为09FSS001）的阶段性成果。

② 王海利：《古代埃及文献〈能言善辩的农民〉研究》，东北师范大学博士学位论文，2002年，第29页。

③ 同上，第31页。

④ 关于古埃及国王的名字和头衔，参见 James P. Alan, *Middle Egyptian: An Introduction to the Language and Culture of Hieroglyphs*, Cambridge University Press, 2010, pp.66—68.

个头衔。古埃及国王的第四和第五个名字一般都写在一个椭圆形的圈子里,埃及学上称为"王名环"。其中第四个名字是国王的王位名,最早开始出现于古王国第五王朝时期,后来逐渐成为古埃及国王五个名字中最重要的一个。中王国时代以来,古埃及文献中提到国王名字时一般只使用王位名。王位名的前面常常放上奈舒·比提(nsw bity)这一头衔。"奈舒"和"比提"都是对古埃及国王的称呼,"奈舒"尤其指上埃及的统治者,"比提"尤其指下埃及的统治者,两者结合起来强调国王是上下埃及整个国家的统治者。

我们来看一下文献《能言善辩的农民》中提到的"奈布考拉"这位国王。根据这一名字前面拥有奈舒·比提这一头衔,因此,我们可以判断奈布考拉这一名字使用的是古埃及国王名字中的第四个名字,即国王的王位名。那么,奈布考拉究竟是古埃及历史上哪位国王呢?

问题仍旧不好解决,因为在古埃及历史上不止一位国王拥有这一名字,这给我们的判断带来了很大的困难。学术界对此也产生了不同的观点。美国埃及学者约翰·威尔逊(John Wilson)认为,该文献中提到的国王奈布考拉,就是位于赫拉克利奥坡里斯的第九/十王朝的国王奈布考拉·海提三世(Nebkaure Khety III)。① 另一名美国学者辛普森(W.K.Simpson)认为是第九/十王朝(赫拉克利奥坡里斯王国)的国王奈布考拉·阿赫托伊(Nebkaure Akhtoy)。② 英国埃及学者帕金森(Richard Parkinson)对该问题的观点很含蓄,他只是认为文献中提到的是赫拉克利奥坡里斯王国时期的一位国王。③ 福斯特(John Foster)同样认为是赫拉克利奥坡里斯王国时期第十王朝的国王奈布考拉·海提三世。④ 国内埃及学者刘文鹏先生认为,"很可能是第九王朝的第四位国王尼布卡拉·阿赫托伊二世"。⑤ 新近出版的《牛津古代埃及史》中认为是奈布考拉·海提二世,因为该书附录中列出了赫拉克利奥坡里斯王国时期三个叫海提的古埃及国王,分别是海提·麦利布拉(Khety Meryibra)、海提·奈布考拉(Khety Nebkaure)、海提·瓦赫卡拉(Khety Wahkara)。⑥ 法国埃及学者格里姆尔(Nicholas Grimal)在《古代埃及史》

---

① John Wilson, "The Protest of the Eloquent Peasant", in J.B.Pritchard(edited), *Ancient Near Eastern Texts: Relating to the Old Testament*, Princeton, 1955, p.407.

② W.K.Simpson, *The Literature of Ancient Egypt*, New Heaven and London, 1972, p.35.

③ R.B.Parkinson, *The Tale of Sinuhe and Other Ancient Egyptian Poems*, Oxford, 1997, p.77.

④ John Foster, "Wordplay in the Eloquent Peasant: The Eight Complaint", in *Bulletin of the Egyptological Seminar*, 10(1989/90), p.69.

⑤ 刘文鹏:《古代埃及史》,北京:商务印书馆,2000年,第271—272页。

⑥ Ian Shaw(edited), *The Oxford History of Ancient Egypt*, Oxford, 2000, p.480.

中认为也是奈布考拉·海提二世。①

奈布考拉具体是指古埃及历史上哪位国王，虽然学者们的意见不甚一致，但在大体时间范围上讲则是第九/十王朝，即赫拉克利奥坡里斯王国时期的某一位国王。

判断奈布考拉是古埃及历史上的哪位国王为什么如此困难呢？原因在于古埃及历史上的第九/十王朝正属于古埃及历史上统一王国分裂、贵族割据，全国陷入混乱状态，被学者们称为古埃及历史上"黑暗时代"的第一中间期。学者们把这段时期的历史归纳为："软弱的中央行政机关，半自治的行省，敌对的王朝，国内的战争，低洪水的水位，饥馑，降低的艺术标准……颠倒的社会病态。"②

关于第九/十王朝的情况，我们了解得不甚清楚。古代埃及祭司兼历史学家马涅托(Manetho)认为，"第九王朝由赫拉克利奥坡里斯的19王组成，统治了四百零九年"③(此据阿夫利坎努斯的摘记，而优塞比乌斯记为四王统治了一百年)；"第十王朝由赫拉克利奥坡里斯的19个王组成，统治了一百八十五年"④。但是，在这两个王朝的残片中仅仅保留了第九王朝的第一王的名字。⑤

根据对该文献内容、历史背景以及文献中提到的国王名字的分析，我们认为该文献反映了古代埃及历史上第一中间期的赫拉克利奥坡里斯王国时期的事情。德国埃及学者布伦纳⑥和国内埃及学者周启迪先生也曾持该观点。⑦ 这一判断迷惑了国内外埃及学者们数十年之久。那么，《能言善辩的农民》的创作年代果真是第一中间期吗？

最早对该文献创作年代提出疑议的是德国埃及学者费希特(Gerhard Fecht)，他对该文献进行全面而深入的研究后，意识到了该文献中使用的韵律特征，而这种特征正是中王国时代特有的。但是，他对这篇文献创作的年代还是采取了折中主义的态度，认为该文献原文可能创作于第十二王朝之前。⑧

20世纪八九十年代，两位西方埃及学者贝尔莱维(O.D.Berlev)和维尔努斯(Pascal Vernus)，对《能言善辩的农民》的

---

① Nicolas Grimal, trans.by Ian Shaw, *A History of Ancient Egypt*, Cambridge, 1992, p.148.

② D.B.Spanel, "The First Intermediate Period through the Early Eighteenth Dynasty", in G. Robin (edited), *Beyond the Pyramid*, Emory University Museum of Art and Archaeology, Atlanta, 1990, p.18.

③ Manetho, *Aegyptiaca*, with an English translation by W.G.Waddell, Harvard University Press, London, 1964, p.61.

④ Manetho, *Aegyptiaca*, with an English translation by W.G.Waddell, p.63.

⑤ 事实上，马涅托的记载并不确切。从第九王朝的麦利布拉·阿赫托伊一世开始，至第十王朝末为止的两个王朝共计18王，统治了一百二十年，大约在公元前2160—公元前2040年间。参见刘文鹏：《古代埃及史》，第271页。

⑥ H.Brunner, *Alt á gyptische Weisheit*, Zürich und München, 1988, S.359.

⑦ 参见周启迪：《古代埃及史》，北京：北京师范大学出版社，1994年，第161页。

⑧ Wolfgang Helck und Eberhard Otto, *Lexikon der Ägyptologie*, Band I, Wiesbaden, 1975, S.638—651.

年代问题进行了深入研究。贝尔莱维从文献中出现的廉西的头衔 imi-r pr wr 入手,指出这一头衔只是到了第十二王朝的晚期才开始出现。① 维尔努斯则对文献的语言特点进行了研究,指出文献中所使用的动词体系的特征反映它是中王国时代的作品。②

下面我们不妨来察看一下 imi-r pr wr 这一头衔的有关详细情况。在古埃及语中 imi-r 是“监工、监督”③的意思,通常后面接上具体的职务名称。例如,imi-r kat 是“工程监工”的意思;imi-r mvo 是“将军”的意思,直译为“军队的监督”;imi-r pr 则是“管家”的意思。④

imi-r pr wr 在古埃及语中直译为“大房子的监督”。笔者把这一头衔翻译为“长官”。与 imi-r pr wr 相类似的另一个头衔为 imi-r pr nsw,这个头衔在古埃及语中直译为“宫廷的监督”;该头衔的使用一般局限于古王国时代。英国埃及学者伽丁内尔(Alan Gardiner)指出,imi-r pr wr 这个头衔是中王国时代出现的,拥有者属于国王直属之下的高级官员之一。⑤ 另一名英国埃及学者帕金森也指出,imi-r pr wr 头衔在赫拉克利奥坡里斯王国时期一般是世袭的。⑥

近年来,西方埃及学者阿尔诺德(Felix Arnold)对该文献中出现的 imi-r pr wr 这一头衔进行了深入研究。他指出在中王国时代,最早使用该头衔的是一个叫赫鲁(Erw)的官员。该官员在阿拜多斯(Abydos)地区树立了四个碑柱,其中一个碑柱上拥有头衔 imi-r pr wr m ta r dr=f,在古埃及语中直译为“整个土地上的大房子监督”。该官员生活的年代则是中王国时代国王塞索斯特里斯一世(Senwosret I)统治的第九年。⑦

阿尔诺德还根据埃及利斯特(Lisht)地区出土的几个高级官员的碑柱及雕刻进行证实。他认为直到塞索斯特里斯一世统治时期,才最早开始出现imi-r pr wr

---

① Oleg D.Berlev,“The Date of the Eloquent Peasant”,in Jürgen Osing und Günter Dreyer(Hrsg),*Form und Mass:Festschrift für Gerhard Fecht*,Ägypten und Altes Testament 12,Wiesbaden,1987,S.78—83.

② Pascal Vernus,“La date du Paysan Eloquent”,in Sarah Israelit—Groll(edited),*Studies in Egyptology Presented to Miriam Lichtheim*,Vol.II,Jerusalem,1990,pp.1033—1047.

③ R.O.Faulkner,*A Concise Dictionary of Middle Egyptian*,Oxford,1988,p.18.

④ 关于 *imi-r* 与其他职务组合而成的头衔,参见 A.H.Gardiner,*Ancient Egyptian Onomastica*,Oxford,1947,Vol.I,pp.24 *—27 *。相关头衔的具体职务与所管理的工作,参见 Wolfram Grajetzki,*Court Officials of the Egyptian Middle Kingdom*,London,2009,p.71.

⑤ A.H.Gardiner,*Ancient Egyptian Onomastica*,Vol.I,p.45 *.

⑥ R.B.Parkinson,*The Tale of Sinuhe and Other Ancient Egyptian Poems*,p.76.

⑦ Felix Arnold,“The High Stewards of the Early Middle Kingdom”,*Göttinger Miszellen Beitr á ge zur á gyptologischen Diskussion*,122(1991),S.9.

这一头衔。[①] 他为贝尔莱维的观点无疑提供了一个旁证。

笔者认为该文献中提供的古埃及人崇拜哈瑞沙夫神的背景，也为我们对该文献断代提供了一定的线索。在农民前来向廉西进行第四次申诉时，文献中叙述了这样一个情节：

> 农民发现廉西正要走出哈瑞沙夫神庙的庙门口。农民连忙说："受到表扬的人，你刚从哈瑞沙夫神庙走出来，愿哈瑞沙夫神将你赞赏。"[②]

哈瑞沙夫神(Herishef)是古埃及历史上一个比较古老的神，其崇拜地主要在赫拉克利奥坡里斯地区。埃及考古学家在该地区发现了崇拜哈瑞沙夫神的神庙遗址。1891年瑞士埃及学者纳维勒尔(Edouard Naville)、1904年英国埃及学者皮特里(Flinders Petrie)先后在此进行了发掘。[③] 学者们认为该神庙遗址所属年代可以确定为第十二王朝。[④] 鉴于赫拉克利奥坡里斯地区的哈瑞沙夫神崇拜与《能言善辩的农民》中所述"廉西正要走出哈瑞沙夫神庙"情节恰相呼应，我认为，考古证据也支持该文献的创作年代正是中王国时代的第十二王朝。

总之，以目前所见文献和考古证据而言，《能言善辩的农民》创作于中王国时代第十二王朝，而不是第一中间期。该文献反映了中王国第十二王朝时期政治和社会的黑暗，但作者并没有直接描述其生活时代的社会黑暗，而是借古讽今，以其生活以前的时代(即第一中间期的赫拉克利奥坡里斯王国)为背景来暗示作者所处的当时的社会现实。更进一步说，作者以一个局外人的身份，从一个旁观者的角度来描述和揭露社会的现实状况。对《能言善辩的农民》这篇重要历史文献的创作年代从第一中间期到中王国时代转变的认识，是国际埃及学研究的一大进展，为我们正确而全面认识古代埃及中王国时代的历史与社会提供了难得的文献证据，随着对这篇文献全面而深入的研究，必将大大深化对古埃及中王国时代历史的认识。

另外，我们也发现一个新的问题，有待于学界进一步研究。中王国时代第十二王朝历史上有一位叫努布考拉(Nubkaura)[⑤]的国王，与《能言善辩的农民》中出现的

---

① Felix Arnold, "The High Stewards of the Early Middle Kingdom", *Göttinger Miszellen Beitr ἀ ge zur ἀ gyptologischen Diskussion*, 122(1991), S.14.

② 王海利:《古代埃及文献〈能言善辩的农民〉研究》，第35页。

③ Kathryn Bard, *Encyclopedia of the Archaeology of Ancient Egypt*, London and New York, 1999, p.442.

④ George Hart, *A Dictionary of Egyptian Gods and Goddesses*, London and New York, 1986, p.86.

⑤ 努布考拉(Nubkaura)，即第十二王朝国王阿蒙尼姆赫特二世(Amenemhat II)的王位名。该国王在位时间约为公元前1911—公元前1877年。

国王奈布考拉(Nebkaura)名字非常接近。那么,《能言善辩的农民》的作者在创作时是否故意采用了谐音的方法,亦即该文献是否创作于第十二王朝努布考拉国王统治时期来暗示当时社会的现实,是一个十分值得思考的问题,尚有待国内外埃及学界更深入、更充分的探讨。

作者简介:王海利,北京师范大学历史学院教授。研究方向为世界古典文明史,专攻埃及学。

专题研究

地中海世界的『古代晚期』

——概念的想象及内涵

□焦汉丰

摘　要:“古代晚期”是20世纪兴起的历史分期术语,最早起源于艺术史领域,亨利·皮雷纳、亨利·马儒等中世纪学者的研究为“古代晚期”的兴起打下了基础,彼得·布朗的研究真正使其成为一个专业学术领域,近年来专业学者的努力使“古代晚期”的研究逐渐壮大和成熟。学者们认为罗马帝国晚期和中世纪并不存在历史断裂,他们强调“古代晚期”是一个重要的转型时期。在这个时期,社会各方面发生了变化,很多重要的中世纪文化和制度逐渐成形,但所有变化都是渐进的,并没有发生什么剧变。

关键词:古代晚期;转化;衰落

Abstract: In to Autolycus, Theophilus of Antioch constructed a theory of historical hermeneutics, which separated the implicit “meaning” of history from historical narrative “words”, making history not only be understood as a “literal language “or “fact is”, but also be understood as “truth means”. By applying historical hermeneutics creatively, He led people to the “absolutely true” Christian “truth”, opening a new pathway for the western historiography in trouble, and making it possible for the early Christian thoughts which had rejected historiography before to use historiography to serve their own purposes, he also wrote a chronicle with significant characteristics of Christianity. Therefore, undoubtedly, Theophilus was a forerunner of historical hermeneutics.

Keyword: Christian historiography; Theophilus; to Autolycus; early Christianity; historical hermeneutics.

“古代晚期”,指古典时代向中世纪过渡的一个时期,时间大致是250年到800年间,即从罗马帝国开始衰落到拜占庭、伊斯兰、中世纪欧洲社会形成的这段时间。20世纪初奥地利艺术史家阿洛斯·李格尔(Alois Riegl, 1858—1905)首先使用这一术语(Spätantike/late antiquity),而历史学家布朗(Peter Brown, 1935—　)的著作使之流行。提倡古代晚期的学者强调晚期罗马帝国和早期中世纪之间的历史连续性,他们认为古代晚期是一个重要的转型时期,罗马帝国并没有完全消失,中世纪文化根植于传统的罗马文化,中世纪文化的种子已经在基督教帝国里萌芽并且在后来的拜占庭帝国和西欧诸王国中持续生长,包括宗教、经济、政治和文化等社会各方面的变化都是一个渐进的过程,这个转变过程持续了几个世纪。同时东哥特人、西哥特人和法兰克人等日尔曼民族以罗马帝国的继承者自居,都认为是自己保存了罗马的各种传统。"古代晚期"这个术语强调的是古典文化与中世纪文化之间的连续性,"早期中世纪"强调的是中世纪文化与古典文化的历史分裂,而"民族大迁徙"(Migration Period/Barbarian Invasions/Völkerwanderung)则强调的是这一时期的文化更替。

"古代晚期"的时间范畴——是转型而不是断裂

历史学家一般用"古代晚期"来描述从古典时期到中世纪的过渡时期,主要地域范围包括地中海世界和中东地区,关于这段时期的起止时间范围目前仍有争议。

历史学家彼得·布朗在《古代晚期的世界》一书的标题中,把时间范围限定为150年到750年。在这本书的前言中,200年至700年则成了古代晚期的起止时间。他提到:"古代晚期的范围从200年持续到700年,这是一个有别于古典文明的独特时期,这个时期的一系列变革决定了之后西欧文明的演变进程。"[①]而在彼得·布朗主编的《解读古代晚期》(*Interpreting Late Antiquity*)[②]论文集中,古代晚期的时间范围被定为250年至800年,他认为这个时间段最具独特性。

在艾弗尔·卡梅隆(Averil Cameron,1940—)的《古代晚期的地中海世界》[③]一书中,古代晚期的时间范围是395年至600年;在艾弗尔·卡梅隆、布莱恩·沃德-帕金斯(Bryan Ward-Perkins)和迈克尔·惠特比(Michael Whitby)主编的《剑桥古代史:古代晚期、帝国和继承者》(第14卷)[④]一书中,起止时间是425年到600年;在琼斯(A.H.M.Jones,1904—1970)的《晚期罗马帝国》(*The Late Roman Empire*, A. D. *284—602*: *A Social, Economic and Administrative Survey*)中,是284年至600年。

大体上讲,可以说古代晚期开始于罗

---

① Peter Brown, *The World of Late Antiquity, A.D. 150—750*, London: Thames and Hudson, 1993, p.7.

② G.W.Bowersock, Peter Brown, Oleg Grabar, eds., *Interpreting Late Antiquity: Essays on the Postclassical World*, Harvard University, 2001.

③ Averil Cameron, *The Mediterranean World in Late Antiquity, A.D.395—600*, New York: Routledge, 1993.

④ Averil Cameron, Bryan Ward-Perkins, and Michael Whitby, eds., *Cambridge Ancient History, Late Antiquity: Empire and Successors, A.D.425—600*, Volume XIV, Cambridge University Press, 2000.

马帝国的3世纪危机(235—284),结束于希拉克略(Heraclius)对东罗马帝国的重组和7世纪穆斯林的入侵。在这个时期,地中海世界在经济、社会、政治、文化和宗教等方面发生了一系列变化,古代晚期见证了基督教对异教的胜利、西部帝国的分崩离析、一系列蛮族王国在欧洲兴起和伊斯兰教在阿拉伯半岛崛起。原本相对统一的地中海世界因为宗教和文化的差异(主要是宗教差异)分裂成几个独立的区域,包括西部的拉丁世界、东部的拜占庭世界和伊斯兰世界,这种划分一直持续到了今天,很多重要的文化和制度也是在这个时期逐渐成形。

西欧社会在这个时期人口渐减,生产技术和生活水准下降,被文艺复兴之后直至现在的学者视为社会崩溃的典型例子。由于这些衰退,再加上受到爱德华·吉本观点的影响,很多学者认为这段时期是黄金时代之后的衰落期。但目前有很多学者提出了相反的观点,彼得·布朗就认为古代晚期是有着巨大文化革新的转型时期,并不是所谓的黑暗时代,各种变化对当时的人们影响很小。他在书中提到:"那些我们视之为危机的各种转变,比如城市的变化、公共灾难和宗教思想的变化,也许在当时的人眼中并不是什么大不了的事情,但我们却将它们贴上了衰弱的标签。"①

概念的起源与沿革——从艺术史到专门史

"Spätantike"这个术语最早由奥地利艺术史学家阿洛斯·李格尔在20世纪初的代表性著作《罗马晚期的工艺美术》(*Spatromische Kunstindustrie*,1901)②中提出,字面意思是"古代晚期"。当时这个德语术语更多地是被用在艺术史领域,强调晚期罗马帝国一种鲜明的艺术文化,并不涉及政治史领域。1926年,这个术语出现在《古代晚期和科普特纺织业》(*late antique and Coptic textiles*)③一书中。而到了20世纪五六十年代,更多的德国古典和中世纪学者开始在著作中使用"古代晚期"这个术语,如海因里希·费希特劳(Heinrich Fichtenau)、海因里希·丹能鲍尔(Heinrich Dannenbauer)、埃里克·奥尔巴赫(Eric Auerbach)、汉斯-约阿希姆·狄斯奈尔(Hans-Joachim Diesner)和卡尔·弗里德里希·斯特罗赫克尔(Karl Friedrich Stroheker)等,④其中埃里克·奥尔巴赫的著作《文学语言及其在古代晚期和中世纪早期的世俗化》(*Literary Language and Its Public in Late Latin Antiquity and in the Middle Ages*)在1965年被

① Peter Brown, *The Making of Late Antiquity*, Harvard University Press, 1993, pp.2—3.

② Edward James, "The Rise and Function of the Concept 'Late Antiquity'", *Journal of Late Antiquity*, Volume 1, Number 1, Spring 2008, p.20.中译本见李格尔:《罗马晚期的工艺美术》,陈平译,北京:北京大学出版社,2010年。

③ Ibid.p.21.

④ Ibid.

译成英文。

在英语世界,除了埃里克·奥尔巴赫的译著外,保尔·弗里德兰德(Paul Friedlaender)在《古代晚期的纺织业》(*late antique textiles*,1945)一书中第一次使用了这个术语。1962年,萨姆伯斯基(Shmuel Sambursky)出版了《古代晚期的物质世界》(*The Physical World of Late Antiquity*)。随后在1971年,彼得·布朗的开创性作品《古代晚期的世界》(*The World of Late Antiquity*,*1971*)出版,彼得·布朗以艺术和文化领域作为切入点为我们呈现了古代晚期的地中海世界。虽然彼得·布朗不是最早提出这一概念的人,但绝对是这个领域的权威学者。在《古代晚期的世界》中,他把自己的工作定义为"一位描述古代晚期的历史学家"。他也许是第一个把古代晚期作为自己学术领域的学者,并且在这本书中提出了与吉本相反的观点:吉本认为古代晚期的文化是陈旧和僵硬的,而布朗则认为这是一个充满革新的时期。他的这部作品可以说是古代晚期这一学术领域诞生的宣言书。他在1988年出版的作品《古代晚期的形成》(*The Making of Late Antiquity*)中,也提出了关于这一时期西方文化的新观点。①在法语世界,亨利·马儒(Henri-Irenee Marrou,1904—1977)作为20世纪法国史学界的权威人物,古代晚期是其主要的研究领域之一。马儒特别重视古代晚期的文化遗产,他认为"衰弱"这个词不适合用来描述古代晚期的艺术和文化;并在《是罗马的衰落还是古代晚期》(*Roman Decadence or Late Antiquity*?,1977)一书中提出,古代晚期是另外一种古代、另外一种文明,不能用古典时代的审美标准来批判古代晚期的艺术价值和文化价值。②

在20世纪50年代以前,古代晚期的学术研究大都是中世纪学者、教会史学者和拜占庭学者的领域。正如李隆国所提到的:

> 有三大群体比较关注这段历史,一是中世纪考古学家,分别从墓葬考古和聚落考古,揭示中世纪早期的"死"与"生"两重世界;一是专门研究基督教会早期史的"教父学家";一是关注社会转型和过渡的马克思主义史学家们。尤其是后者,秉持历史进步的观念,努力挖掘中世纪早期的积极方面,强有力地推动了古代晚期研究的兴起,从而最终将这个"黑暗时代"的最后落脚之处变成了"漫长的黎明"。③

特别是最近半个世纪,经过专业学者们的努力,原本萦绕早期学者的问题得到了解决,古代晚期这个概念在地理、年代、

① Glen W.Bowersock,"The Vanishing Paradigm of the Fall of Rome",*Bulletin of the American Academy of Arts and Science*, Vol.49,No.8(May,1996),pp.29—43.

② Edward James,"The Rise and Function of the Concept 'Late Antiquity'",p.23.

③ 李隆国:《古代晚期研究的兴起》,《光明日报》2011年12月22日。

学科范围和研究思路上逐渐变得清晰起来，古代晚期的学术研究也日渐成熟。

在研究思路方面，早期的传统史学强调历史分期的精确性和政治事件的重要性，传统的史学家通常利用标志性的事件和年代来进行历史分期，如376年、410年和476年，[①]但这强行割裂了古代和中世纪的联系。而古代晚期这个概念则从此束缚中解脱出来，使基于历史事件的分期变得没有意义。古代晚期的学者们通常强调历史的持续性，这种持续性向前可以追溯到图拉真时期，往后直到伊斯兰早期，而诸如3世纪危机、蛮族入侵、西部帝国的崩溃以及540年左右的大瘟疫等灾难都不足以造成社会的突变；他们认为罗马帝国晚期和中世纪早期的社会不是完全断裂的，从戴克里先对帝国的重组开始到中世纪早期，中世纪文化的种子已经在基督教帝国中生长了，并且在后来的拜占庭帝国中持续成长，直至最后伊斯兰文明的出现。另外，那些在西部帝国故土上的日耳曼部落如东哥特人、西哥特人，也把自己看成是罗马传统的继承人。相较于罗马的"衰落"和"灭亡"，古代晚期的学者们更喜欢用"转变"(Transformation)这个词，这可以从彼得·布朗主编的那部《古典遗产的转变》(*The Transformation of the Classical Heritage*)[②]丛书的名字，以及由欧洲科学基础工程(European Science Foundation Project)主持的"罗马世界的转变"丛书的名字中看出。[③]

从地域范围来看，关于这个时期，早期的历史学家通常把研究范围局限在西部，他们认为西部才是重要的地区，西部的衰落是这个时期一切事件的触发点，也因此影响了东部以及整个帝国。古代晚期的研究则突破了地域的限制，虽然东西部的确存在文化和语言方面的差异，但整个地中海世界还是应该被当作一个统一的文化整体来研究，之前学者们关注较少的东部得到了关注；相关主题的研究范围也得到了大大扩展，他们认为单一的皇帝、士兵、蛮族和税吏的形象并不能全面反映当时的真实情况，僧侣和女性等主题都有助于加强我们对这个时期的理解。彼得·布朗也承认自己更加关注东部地区，他强调古代晚期结束于阿拔斯王朝的哈伦·拉希德(Harun al-Rashid)统治时期，而不是加洛林王朝的查理曼大帝(Charlemagne)时期，不列颠、高卢和莱茵地区则不在他的研究范围内。[④] 在他主编的"古典遗产的转变"丛书中，大多数主题涉及的是帝国东部和宗教领域，而传统的西部和政治领域则受到了冷落。在

---

① 376年西哥特人渡过多瑙河。378年阿德里亚堡战役，罗马惨败，皇帝瓦伦斯战死。410年，阿拉里克率西哥特军攻占并洗劫罗马。476年奥多亚克废黜罗慕路斯·奥古斯都。

② Peter Brown, ed., *The Transformation of the Classical Heritage*, University of California Press, Ltd., 1993.

③ Walter Pohl, Helmut Reimitz, eds., *The Transformation of the Roman World*, Brill Academic Publishers, 1998.

④ Peter Brown, *The World of Late Antiquity, A.D. 150—750*, p.9.

另外一部他所主编的《古代晚期:后古典世界导论》中,也有同样热衷于东部和精神领域的倾向。①

关于这个时期,还有另外几个分期术语:"中世纪早期"和"拜占庭早期"这两个术语强调了该时期与古典时期的断裂;而另一个术语"移民时期"更倾向于强调两个时期历史的连续性,西部帝国的崩溃与中世纪之间并不存在所谓的历史断裂。②

转型之表现

1.基督教帝国和异教思想

古代晚期最重要的转变之一是阿伯拉罕宗教的形成和演化,其中包括基督教、拉比犹太教和伊斯兰教,皮雷纳认为随后阿拉伯的入侵标志着古代晚期的终结和中世纪的开始。③ 另外,彼得·布朗的大多数作品都涉及古代晚期的宗教和精神领域,在他主编的"古典遗产的转变"丛书中,④44 本作品中有 32 本涉及宗教和精神领域,充分说明了这一时期宗教生活和冲突的重要性。但这也引起了卡梅隆的担忧,他认为古代晚期这个学术领域有过分强调宗教的倾向。⑤

宗教领域最重要的变化开始于基督教的合法化,虽然伽勒里乌斯在 311 年就颁布过对基督教的宽容法令,但对基督教最有意义的里程碑是君士坦丁对基督教态度的转化。通常认为他是受拉克坦提乌斯(Lactantius)和尤西比乌斯(Eusebius)的影响。最早是在 312 年,在与马克森提乌斯(Maxentius)进行米尔维安桥战役中,君士坦丁第一次使用了基督教象征的 P 形十字图案(拉布兰十字)。虽然君士坦丁的宗教虔诚值得怀疑,但君士坦丁和他东部的同盟者李锡尼乌斯(Licinius)在 313 年颁布了米兰敕令,从此使基督教合法化。之后虽有支持异教的尤利安、信奉阿里乌的君士坦提乌斯二世(Constantius Ⅱ)和瓦伦斯(Valens),但帝国的基督教化已不可逆转。而在狄奥多西(Theodosius Ⅰ)统治时期,狂热的基督徒摧毁了德尔菲的阿波罗神庙、罗马的维斯塔神庙、亚历山大里亚的塞拉皮昂等具有代表性的异教神庙,并于 391 年颁布《狄奥多西敕令》,取缔异教崇拜,把基督教定为国教,这通常标志着古典罗马世界的终结,彼得·布朗把这一转变称为"圣灵在风中沙沙作响"。⑥ 艾弗尔·卡梅隆认为,在古代晚期的社会中,基督教是最

① Glen W.Bowersock, Peter Brown, Oleg Grabar, eds., *Late Antiquity: A Guide to the Postclassical World*, Harvard University Press, 1999.

② Peter Heather, *The Fall of the Roman Empire: A New History of Rome and the Barbarians*, OUP, 2010.

③ Peter Brown, *Society and the Holy in Late Antiquity*, University of California Press, 1982, p.63.

④ Peter Brown, ed., *The Transformation of the Classical Heritage*.

⑤ Averil Cameron, *The Mediterranean World in Late Antiquity, A.D.395—600*, p.6.

⑥ Peter Brown, *Authority and the Sacred: Aspects of the Christianization of the Roman world*, Cambridge University Press, 1995.

具活力的因素;而帝国的全面基督教化,其中包括信仰、艺术、建筑和组织上的基督教化,是古代晚期最重要的特征。[①] 通过讲道、传教、个人接触和团体会议,基督教因素在当时的个人生活中变得越来越重要,在有教堂分布的城市中这种情况更加明显;基督教社区高度的组织性发挥了巨大的作用,异教因素则继续活跃在乡村。

在古代晚期,很多虔诚的基督徒极力避开罪恶的尘世生活,因此到了3世纪,基督教修道主义开始在埃及的荒漠中兴起,信徒们开始践行一套苦行戒律——限制自己的饮食,穿最简单的衣物并节制自己的欲望。这种运动独立于主教和教会的权威之外,在当时取得了很大的成功,其中产生的隐修制度成了8世纪后教会生活的准则。当时的修道主义有很大影响力,不过并不是古代晚期唯一的基督教运动。还有著名的"食草者"运动,[②]产生了一些只以野草为食的苦行者甚至有人把自己限制在固定的狭小区域长达几年甚至几十年,比如著名的安条克的圣西门柱头修士(Saint Simeon Stylites),他在50英尺高的石柱上生活了将近四十年。此外,还有著名的"圣愚(holy fool)"运动。当时很多人故意行事古怪,时常半裸或者全裸着到处游荡,口中念念有词,他们认为自己受到上帝的感召,因此有能力告知世人所不知道的真理,比较著名的有埃及的伊西多拉,目前天主教和东正教都有以她名字命名的节日。彼得·布朗认为这个时期是被各种圣人主导的时代,是宗教史中一个独特的阶段。与以巨大神庙为代表的古典时代和以哥特式教堂为代表的中世纪不同,古代晚期通常被贴上了圣人和苦行者的标签。[③] 而在《拉丁基督教中圣人崇拜的兴起及其作用》(*The Cult Of The Saints: Its Rise and Function in Latin Christianity*)[④]一书中,彼得·布朗则详细论述了古代晚期兴起的圣人崇拜。他对此运用了独特的研究手段,把重点放在对墓地、神庙和遗迹的详细描写上,使古代晚期的圣人崇拜具体化和形象化。他认为这些元素具有重要作用,在古代晚期推动了基督教的广泛传播。此外,布朗认为圣人崇拜不是"中世纪式"的宗教运动,而是古典世界价值观的产物;圣人是当时上层精英的"精神伙伴"和"保护人",充当了凡人与上帝之间的沟通者和中间人,而这类似于罗马社会传统的"保护人"角色。

7世纪初期阿伯拉罕宗教的另外一支——伊斯兰教在阿拉伯半岛兴起,很快走上了对外征服的道路,并且在哈里发欧麦尔(Umer)统治时期开始入侵拜占庭和

---

① Averil Cameron, *The Mediterranean World in Late Antiquity, A.D.395—600*, p.57.

② Peter Brown, *Society and the Holy in Late Antiquity*.

③ Ibid., p.151.

④ Peter Brown, *The Cult Of The Saints: Its Rise and Function in Latin Christianity*, The University of Chicago Press, 1981.

萨珊波斯，最后在卡迪西亚（Qadisiyah）战役中摧毁了萨珊王朝，使拜占庭永远失去了埃及和叙利亚，并且在倭马亚王朝和阿拔斯王朝前期继续保持对拜占庭的攻势。彼得·布朗认为伊斯兰文明的出现破坏了地中海世界古代文明的连续性，所造成的影响比蛮族入侵更为深远。① 皮雷纳也认为穆斯林的入侵改变了文明的格局，而之前的日耳曼入侵者则没有做到这点。②

古代晚期也见证了罗马多神教的衰落，异教受一系列法令的限制而逐渐走向没落：格拉提安（Gratian）下令搬走元老院中的胜利女神祭坛成了标志性事件；皇帝们在一些有影响力的基督教神学家的鼓动下，逐步取缔了异教。彼得·布朗认为这个时期的政治史和宗教史密切相关，从君士坦丁到狄奥多西二世，皇帝们的宗教态度在异教的衰落中起了重要的作用，一系列反异教法令熄灭了异教最后的反抗之火。③ 但卡梅隆认为在5世纪之前，基督教相较于异教并没有决定的优势，就连狄奥多西的法令也没有达到其预期目的；直到5世纪，才出现大规模修建教堂的趋势。④ 另外，古代晚期也是充满宗教活力和灵性的时期，在这时期出现了新的宗教哲学和教派的融合，比如新柏拉图主义、基督教的诺斯替主义（Gnosticism）和多纳图主义（Donatism），以及迦勒底星相学（Chaldaean oracles）的复兴；也出现了诸如赫耳墨斯神智学（Hermeticism）的新思想。

随着基督教社团在4世纪的合法化，俗人和独身僧侣之间的区别越来越明显。传统的罗马社会强调权力、个人野心、婚姻和血缘关系；基督教神职人员认为自己不同于传统的异教罗马人，提倡独身。但是和后来教会严格的独身制度又不同，古代晚期的独身制度强调的是婚后节制欲望，这后来成为城市神职人员的必要规范。独身的神职人员逐渐成为与城市贵族有相同声誉的精英集团，在城市衰退和中央政府影响力减退的情况下，神职人员扮演了地方政府的角色，在管理城市、修复城墙等活动中起了不小的作用。

2.帝国政治上的变化

古代晚期是一个大规模的政治转型和社会生活变迁时期。3世纪的罗马精英，一方面深受政府重税的压迫；另一方面，因为传统的晋升体系（cursus honorum），他们必须承担公共娱乐活动的巨大开支，因此处在破产边缘。此时强行世袭的地方行政职务对他们来说已经是个负担，他们发现要继续生存下去，必须把自己地方管理

---

① Peter Brown, *Society and the Holy in Late Antiquity*, p.65.

② Ibid., p.68.

③ Averil Cameron, Peter Garnsey, eds., *Cambridge Ancient History. Volume XIII: The Late Empire, A.D. 337—425*, Cambridge University Press, 1998, p.633.

④ Averil Cameron, *The Mediterranean World in Late Antiquity, A.D. 395—600*, p.13.

者的角色与皇帝特使的角色相结合,让自己能够参与中央政府的运行。自从君士坦丁在君士坦丁堡建立新政府以来,古代晚期的上层阶级通常可分为两部分:一是接近皇帝,能够参与中央政府管理的贵族,这其中与皇帝本人关系越近身份就越高贵,他们通常会被授予神圣的头衔。二是传统的贵族阶层,他们通常出身名门,受过古典教育并且可以出任地方长官,但这在当时已不是成功之路,他们通常被排挤出中央政府,罗马传统的晋升体系也随之消亡。

古代晚期的政府行政机构更加官僚化,普通民众很难见到皇帝。在宫廷装饰和礼仪方面,罗马借鉴了波斯的制度,共和国时期罗马元老和骑士在公共场合所穿的紫边托迦长袍被废弃,取而代之的是镶嵌着珠宝的丝绸礼服。① 皇帝不再是太阳神的化身,而是上帝在人间的象征和代表。那个时代的另一个标志是帝国宫廷侍臣的出现,这些官员通常站在皇帝座位的旁边,在当时是正式官职,他们的地位高于地方官员和中央各部门的大臣,能够参与帝国的政治、军事、城市等领域的管理,与帝国初期奥古斯都身旁那群非正式的顾问完全不同。

在当时,新都城②和王宫成为帝国的中心,原来的那些古老机构逐渐衰落;元老院名存实亡,不再有任何明确的职能,也不再是一个政治团体,更多的只是一个上层社会团体,成为帝国新贵族的集聚中心;原来的执政官、大法官、财务官和检察官等成为荣誉性的头衔,但他们的财务负担却很重,任期内要举行各种耗资庞大的民众活动。在新的等级制度下,帝国的宫廷官员大都有一个对应的头衔,部分可以世袭,等级从高到低分别为 Nobilissimi、Pefectissimi、Clarissimi、Spectabiles、Illustres;③财政大臣、近卫军长官④、军队长官、内务大臣、首都的市政长官和行省总督等也都有相应的头衔,但又不局限于官员,有些行省和地方的贵族也能获得这些头衔。当时中央政府重要的职位大都由和皇帝关系密切的人来担任,特别是敏感的高级军事官员,如 magistri militum、comes、generalissimo⑤ 等皇帝大都会任命自己的亲信。

3.移民时期

古代晚期也是所谓的移民时期(Migration Period),在此期间欧洲发生了大规模的人口流动,帝国内的人口民族成分发生了较大的变化。相对于移民时期

---

① Sabine G.MacCormack, *Art and Ceremony in Late Antiquity*, University of California Press, 1993.

② 在帝国晚期,东部的君士坦丁堡、塞萨洛尼基(Thessalonica)和尼科米迪亚(Nicomedia),西部的拉文纳(Ravenna)、特里尔(Trier)和梅迪奥拉奴姆(Mediolanum),在不同皇帝统治时期成为政府机构所在地,而罗马城则不再具有政治重要性。

③ 分别可译为"最高贵的""最完美的""最有名的""尊敬的""杰出的"。

④ 从312年君士坦丁解散近卫军起,近卫军长官不再是军事职务,而是最高行政长官。

⑤ 分别可译为"军事大臣""伙伴""大统帅"。

这个术语,蛮族入侵(Barbarian Invasions)也许更为人所熟知。这次持续几个世纪的移民对欧洲文明产生了深远的影响。

移民时期大致可以分为两个阶段:第一阶段从300年持续到500年,其中的详细情况大部分出自帝国晚期史学家的记述,但是很难得到考古上的验证。这个阶段的移民使日耳曼人控制了帝国的西部地区。376年,东哥特人在匈奴人的压力下进入罗马帝国境内,与帝国军队发生一系列冲突,皇帝瓦伦斯战死于378年的阿德里亚堡战役。410年,一支以西哥特人为主体并混合了多个哥特部落的群体,在阿拉里克的领导下入侵了意大利,在途中洗劫了罗马城,随后又侵入伊比利亚半岛,建立了一个持续两百多年的西哥特王国。东哥特人也在狄奥多里克的带领下进入并定居意大利。法兰克人在5世纪和平地进入高卢地区,他们作为地方统治者的身份也逐渐被当地的罗马人所认可。在击退了阿拉曼尼人、勃艮第人和西哥特人的入侵之后,新建立的法兰克王国成为后来法兰西和德意志的雏形。而在英吉利海峡对面,随着罗马势力的退出,不列颠出现了第一批盎格鲁—撒克逊定居者。

第二阶段从500年持续到700年,斯拉夫部落开始定居在中东欧地区(特别是东部日耳曼尼亚地区),这些地区也逐渐斯拉夫化。除此之外,阿瓦尔人和伦巴底人也参与了移民的浪潮,并在567年摧毁了格皮德人(Gepid)所建立的王国;随后伦巴底人定居在意大利北部地区,也就是现在的伦巴第地区。保加尔人则在7世纪占领了拜占庭帝国的东巴尔干地区。随着伊斯兰教的崛起,阿拉伯帝国与拜占庭进行了一系列战争,在7世纪晚期和8世纪早期,阿拉伯军队试图通过小亚细亚入侵东南欧地区,但在君士坦丁堡之围(siege of Constantinople)中被拜占庭和保加尔人的联军所击退。此后哈扎尔人(Khazars)也在高加索地区成功地阻击了阿拉伯人。而摩尔人则成功跨过直布罗陀海峡侵入了伊比利亚半岛,在711年结束了西哥特人的统治,最后受阻于732年的图尔战役(Battle of Tours)。到了9世纪,西西里也被阿拉伯人所征服。这些战役,在很大程度上奠定了接下来一千年基督教文明和伊斯兰文明的分界线。

在蛮族入侵的原因研究方面,西方学术界存在着多种观点,诸如气候、农作物和人口的压力,或者匈奴人西迁造成的多尼诺效应(匈奴人入侵直接导致哥特人进入帝国境内,进而又推动其他日耳曼人的迁移)。盖伊·哈尔索尔(Guy Halsall)强调,①考古发现证实了当时的日耳曼人和斯拉夫人大都已进入定居的农业阶段,并在帝国末期介入了帝国政治中,有相当一部分人因为与罗马文明的持续接触而逐渐罗马化;而帝国政府因为兵源的枯竭,对外族雇佣兵的依赖也越来越大,因此帝

① Guy Halsall, *Barbarian migrations and the Roman West, 376—568*, Cambridge University Press, 2008.

国的蛮族化与蛮族的罗马化同时进行着。帝国政府对于边境地区蛮族集团势力的增长起了重要的推动作用，部分蛮族作为罗马的同盟者得到了政府在武器和补给等方面的支持；而罗马政府则将他们视作帝国与敌意部落之间的缓冲区域。但是随着帝国经济的崩溃，原本依赖于罗马援助的部落也受到了不小的打击，同时他们也面临着匈奴西迁的威胁，因此很多部落开始侵入帝国境内。

在影响方面，以前大部分学者视蛮族入侵为灾难性的事件，认为欧洲由此进入长达千年的黑暗中世纪。与此相反，现在的学者开始强调其中的积极影响，认为原先地中海地区那种老化的、颓废的文明被随后更年轻、尚武的日耳曼人文化所取代，[①]因此相对于“入侵”一词，日耳曼和斯拉夫学者更喜欢“移民”(德语 Volkerwanderung)这一术语，以迁移的经历来强调日耳曼人独具的活力。亨利·皮雷纳(Henri Pirenne)在20世纪20年代提出的“皮雷纳理论”(Pirenne Thesis)至今仍然在史学界有着重要的影响。[②] 皮雷纳认为蛮族入侵并没有造成罗马社会的突变，蛮族的目的不在于摧毁罗马的社会制度，而是为了分享罗马的文明成果，因此日耳曼人的欧洲仍然保留了原来罗马的生活方式；蛮族入侵推动了罗马制度的转型，之后的查理曼帝国也是罗马帝国的延续；而阿拉伯人的入侵才真正打断了地中海历史的连续发展进程，伊斯兰对小亚细亚、叙利亚、伊比利亚和北非等地区的征服切断了这些地区与欧洲的经济文化联系，欧洲无法再从这些地区获取各种资源，贸易量急剧下降。

4.衰退中的城市

关于古代晚期城市的研究，考古学的发现补充了文献记载的缺乏。考古学证据显示，[③]在这个时期，很多市民死后被葬在城市内，原来城市的部分土地也被用作农田和园艺业，这些都预示着城市规模缩小了，原来城市的外围区域不再有居民居住，而被当作诸如农业和墓地等用途。

在古代晚期，罗马城人口大幅下降，当时哥特战争对高架水道所造成的破坏是6世纪罗马城人口骤降的主要原因。而君士坦丁堡的人口除了在541年由于大瘟疫的影响骤减外，其他时期基本是稳定的。在古代晚期的大部分西欧，虽然没有出现像罗马城那么剧烈的人口波动，但也出现了人口逐渐下降的趋势，并且大多数人处于维持生存的最低生活水平，长途贸易消失了，很多地方回归到自给自主的状态，商业几乎消失。[④]

同时，以巴尔干和小亚细亚区域为中心的东部帝国继续存在着，关于此时东部

---

① Guy Halsall, *Barbarian migrations and the Roman West, 376—568*.

② Clifford Ando, “Decline, Fall, and Transformation”, *Journal of Late Antiquity*, Volume 1, Number 1, Spring 2008, pp.31—60.

③ Averil Cameron, *The Mediterranean World in Late Antiquity, A.D. 395—600*.

④ Bryan Ward-Perkins, *The Fall of Rome and the End of Civilization*, OUP, 2005.

地区小城市的状况到底如何,历史学家有争议。[①] 但有一点是确定的,就是君士坦丁堡在遭遇大瘟疫之前持续繁荣了很长一段时间。安条克则是在540年和544年遭到科斯洛埃斯一世(Chosroes I)的围攻和洗劫,542年又遭查士丁尼瘟疫的打击,后来又遭遇了一场毁灭性的地震。在伊斯兰入侵后,安条克逐渐衰落了,从此一蹶不振。休·肯尼迪(Hugh Kennedy)认为,安条克要直至969年被拜占庭收复后才开始恢复元气,并且在12世纪重新成为黎凡特地区重要的商业城市。[②] 而亚历山大里亚被穆斯林征服后则完全伊斯兰化了,法蒂玛王朝(Fatimid Caliphate)时开罗开始兴起,亚历山大里亚最终失去了其重要地位。

查士丁尼曾经在伊利里库姆(Illyricum)重建了他的家乡,但这更多是表现他统治权力的一种象征性手段,并不是为了帝国的城市化。在古代晚期的希腊本土,很多城邦如斯巴达、阿哥斯和科林斯则逐渐放弃了原来的大部分城区,居民大都聚居于卫城旁边;当时的科林斯卫城是拜占庭时期希腊城市的典型代表。

在意大利中部和南部地区,罗马大道附近的居民开始撤走,因为在动乱时大道方便了军队和强盗的入侵,大道旁的居民点自然最先遭到劫掠。因此,这些居民开始在交通不便的地区修建居民点,通常围绕着险隘的海角或者城堡而建。克里斯蒂安娜·拉·罗卡(Cristina La Rocca)认为,与此相反,意大利北部的城市却表现得非常顽强,很多城市都存活到中世纪,城墙和街道等的考古发现证明了这种连续性。[③] 与意大利南部相似的人口运动也在巴尔干半岛进行着,那里的居民围绕着卫城居住,有些甚至放弃了原来的城区而另选安全的地点建城。安德鲁·保尔特(Andrew Poulter)认为多瑙河流域的城市在3世纪危机中就开始衰落了,除了黑海沿岸,其他大部分城市都衰退了;而教堂则在一定程度上取代城市扮演了地方管理机构的角色;直到5世纪晚期和6世纪初期,在拜占庭的管理下,才开始复苏。[④] 在西部地中海地区,5至8世纪新建的城市只有四五座,大都由西哥特人所建,比如国王莱奥维希尔德(Leovigild)建的维多利亚;这些城市的建立大都出于军事目的。711年伊斯兰的征服为伊比利亚半岛带来了高度城市化的文明,使得这些城市生存下来,并且经历了中世纪的繁荣。

除此之外,古代晚期的高卢城市也经历了衰退的过程,很多城市退化成以城堡为中心的小聚居点。吉尔·哈里斯(Jill

---

① Averil Cameron, *The Mediterranean World in Late Antiquity, A.D. 395—600*.

② John Rich, ed., *The City in Late Antiquity*, Routledge, 1992, pp.181—197.

③ Ibid., pp.161—180.

④ Ibid., pp.99—135.

Harries)认为,随着罗马政治影响力在高卢的衰退,当地城市人口更加依赖地方的领导人,主教肩负起了领导城市的重任,他们在宗教权力之外又获得了社会经济权力,因此这个时期高卢城市中出现了许多新教堂。[①] 在不列颠,城市衰退的过程更加剧烈。在罗马统治不列颠时期,当地并未实现彻底的罗马化,相对于典型的罗马城市,不列颠的城市具有明显的当地特征,而且罗马在不列颠兴建城市更多的是由于军事目的,而不是经济目的,因此,在古代晚期不列颠的城市比帝国的其他地方衰落得更快,也更早地进入了中世纪。正如理查德·里斯(Richard Reece)所说:“罗马帝国在不列颠的发展中起的作用微不足道,不列颠在一开始接受了罗马的城市,但后来又将它抛弃了。”[②]

5.艺术和文学领域的变化

在前面已经提到,古代晚期这个术语起源于艺术史领域,艺术史家试图用一个适当的术语来描述和定义晚期罗马帝国独特的艺术文化。在古代晚期,罗马艺术风格开始了重大转变,从古典时期理想化的写实主义转变为僵硬和形式化的中世纪艺术形式。与古典艺术不同,古代晚期的艺术不再强调人体美和形体的运动感,而更倾向于注重暗示艺术形象背后的精神存在。除此之外,随着基督教的兴起和西部帝国的崩溃,绘画和独立的人体雕塑这两种艺术形式逐渐衰落,艺术创作者更热衷于马赛克、建筑群和浅浮雕等艺术形式。

从3世纪开始,随着一些如马克西米努斯·达亚(Maximinus Daia)、普罗布斯(Marcus Aurelius Probus)等出身于边境的士兵皇帝的崛起,他们也随之带来了他们家乡地区的艺术风格和影响。艺术家们放弃了古典时期那种能够精确反映人体形态的雕塑,而倾向于一种死板和正面化的描述。这里有一个明显的例子就是四帝共治的组合斑岩雕像,四个皇帝的形体被刻画得呆板和僵硬,他们两人一对互相抱着对方,并且手握剑柄。在这组雕像中,古典艺术的个人主义和自然主义,包括罗马艺术的高度写实主义和希腊艺术的理想主义,都已经不复存在。这个时期,几乎所有的艺术形式都偏离了自然主义,倾向于简单化和抽象化的风格,并且缺乏空间感和层次感,大都只能从正面欣赏,从古典时期的适合“近距离观看(Nahsichtig)”[③]转为“远距离观看(Fernsicht)”。[④]

古代晚期艺术的抽象化特点在这个时代的马赛克艺术中得到了充分体现。虽然在此之前马赛克艺术已经流行了几个世纪,但是为教会服务的艺术家开始使

---

① John Rich, ed., *The City in Late Antiquity*, pp.77—98.

② Ibid., p.143.

③ 李格尔:《罗马晚期的工艺美术》,第20页。

④ 同上,第21页。

用一种新的镶嵌技术，使用一种玫瑰红的镶嵌物，这样在灯光或阳光的照耀下，马赛克表面的釉彩会发出亮光，照亮教堂大殿。这个时期的马赛克与共和时期和帝国早期的马赛克镶嵌画不同，不再反映真实的场景，而更强调作品象征性的意义。在古代晚期，艺术创作与圣经主题的联系越来越密切，艺术受到教会和国家相互作用的影响。随着罗马艺术的逐渐基督化，产生了一系列戏剧性的变化。在早期的艺术形象中，耶稣通常被刻画成"受难的仆人""导师"或者"善良的牧羊人"，就像异教传统中的赫尔墨斯（Hermes）；而在古代晚期，耶稣被赋予罗马精英的形象，他像皇帝一样身披紫袍，手握地球和权杖。

在建筑方面，巴西利卡（Basilica）是古代晚期代表性的建筑，而在过去通常被用作法庭或者皇帝迎接外国使节的地方。4世纪以后，巴西利卡开始被兴建在广场旁，与广场相结合，代替了过去的廊柱，成为传统公共活动的场所。在此时也出现了基督教的巴西利卡，在此类建筑中，原来位于会堂大厅中央为法官和皇帝保留的位置，现在由主教所占据，全能的上帝也代替了皇帝成为会堂的主人。在教会的巴西利卡中，著名的有拉特兰教堂和圣彼得教堂，但都被后来查士丁尼的圣索菲亚教堂超过，圣索菲亚教堂充分展示了拜占庭的帝国力量和建筑风格。当然，此时帝国西部也不乏巨大的新建筑，比如狄奥多里克（Theodoric）在拉文纳（Ravenna）为自己兴建的陵墓以及阿里乌洗礼堂。

关于高级的奢侈艺术，首先是6世纪末期出现的镀金羊皮手抄本；而象牙雕刻通常被用来描述将军的军事胜利，或者用来为教会创造一些典型的宗教形象。

在文学领域，古代晚期的古典希腊和拉丁文学开始衰落，诸如古叙利亚语、亚美尼亚语、阿拉伯语、科普特语、通俗拉丁语以及罗曼语方言开始兴起。这个时期的文风也发生了显著的变化，4世纪和5世纪也是教会文学得到显著发展的时期。这个时期希腊语教会作家有恺撒里昂的优西比乌斯（Eusibius）、恺撒里昂的巴西尔（Basil）、纳西盎的格列高利（Gregory）和金口约翰（John Chrysostom）。而拉丁语教会作家有拉克坦提乌斯（Lactantius）、米兰的安布罗斯（Ambrose）、杰罗姆（Jerome）和希波的圣奥古斯丁（Augustine）。除此之外，古代晚期还是有像阿米亚努斯·马赛林努斯（Ammianus Marcellinus）、维克托（Aurelius victor）、左西莫斯（Zosimus）、尤特洛庇乌斯（Eutropius）和恺撒里昂的普罗科皮乌斯（Procopius）等保持古典史学传统的史学家存在的。

参考文献

1. Ando, Clifford, " Decline, Fall, and Transformation", *Journal of Late Antiquity*, Volume 1, Number 1, Spring 2008, pp. 31—60.

2. Bowersock, Glen W., Brown, Peter and Grabar, Oleg, eds., *Interpreting Late*

Antiquity: *Essays on the Postclassical World*, Harvard University Press, 2001.

3. Bowersock, Glen W., "The Vanishing Paradigm of the Fall of Rome", *Bulletin of the American Academy of Arts and Sciences*, Vol.49, No.8 (May, 1996), pp.29—43.

4. Bowersock, Glen W., Peter Brown, Oleg Grabar, eds., *Late Antiquity*: *A Guide to the Postclassical World*, Harvard University Press, 1999.

5. Bowman Alank, Garnsey Peter, and Cameron Averil, eds., *Cambridge Ancient History. Volume XII*: *The Crisis of Empire*, *A. D. 193—337*, Cambridge University Press, 2005.

6. Brown, Peter, *Authority and the Sacred*: *Aspects of the Christianization of the Roman world*, Cambridge University Press, 1995.

7. Brown Peter, *The Cult of The Saints*: *Its Rise and Function in Latin Christianity*, The University of Chicago Press, 1981.

8. Brown, Peter, *Society and the Holy in Late Antiquity*, University of California Press, Ltd., 1982.

9. Brown, Peter, *The Making of Late Antiquity*, Harvard University Press, Ltd., 1993.

10. Brown, Peter, *The World of Late Antiquity*, *A.D. 150—750*, London: Thames and Hudson, 1993.

11. Cameron, Averil, Bryan Ward-Perkins, and Michael Whitby, eds., *Cambridge Ancient History. Volume XIV*: *Late Antiquity*: *Empire and Successors*, *A.D. 425—600*, Cambridge University Press, 2000.

12. Cameron Averil, Garnsey Peter, eds., *Cambridge Ancient History. Volume XIII*: *The Late Empire*, *A.D. 337—425*, Cambridge University Press, 1998.

13. Cameron, Averil, *Procopius and the Sixth Century*, University of California Press, Ltd., 1996.

14. Cameron, Averil, *The Mediterranean World in Late Antiquity*, *A. D. 395—600*, Routledge, 1993.

15. Cox, Patricia, *Biography in Late Antiquity*: *The Quest for the Holy Man*, University of California Press, Ltd., 1983.

16. Harl, Kenneth, *Civic Coins and Civic Politics in the Roman East*, *A.D. 180—275*, University of California Press, Ltd., 1987.

17. Halsall, Guy, *Barbarian migrations and the Roman West*, *376—568*, Cambridge University Press, 2008.

18. Heather, Peter, *The Fall of the Roman Empire*: *A New History of Rome and the Barbarians*, OUP, 2010.

19. MacCormack, Sabine G., *Art and Ceremony in Late Antiquity*, University of California Press, Ltd., 1993.

20. Marcone, Arnaldo, "A Long Late Antiquity? Considerations on a Controversial Periodization", *Journal of Late Antiquity*,

Volume 1, Number 1, Spring 2008, pp. 4—19.

21. Rich, John, ed., *The City In Late Antiquity*, Routledge, 1992.

22. Salzman, Michele Renee, *On Roman Time: The Codex-Calendar of 354 and the Rhythms of Urban Life in Late Antiquity*, University of California Press, Ltd., 1990.

23. Noble, Thomas and Goffart Walter, *From Roman provinces to Medieval kingdoms*, Routledge, 2006.

24. Ward-Perkins, Bryan, *The Fall of Rome and the End of Civilization*, OUP, 2005.

25. Whittow, M., "Ruling the late Roman and early Byzantine city: a continuous history", *Past and Present*, Vol. 129 (March, 1990).

26.爱德华·吉本:《罗马帝国衰亡史》,黄宜思译,北京:商务印书馆,2002年。

27.安德林·戈德斯沃司:《非常三百年》,郭凯声等译,重庆:重庆出版社,2010年。

28.菲迪南·罗特:《古代世界的终结》,王春侠等译,上海:上海三联书店,2008年。

29.李格尔:《罗马晚期的工艺美术》,陈平译,北京:北京大学出版社,2010年。

30.李隆国:《古代晚期研究的兴起》,《光明日报》2011年12月22日。

31.普洛科皮乌斯:《战争史》,王以铸、崔妙因译,北京:商务印书馆,2010年。

32.沃伦·特里高德:《拜占庭简史》,崔艳红译,上海:上海人民出版社,2008年。

33.雅各布·布克哈特:《君士坦丁大帝时代》,宋立宏等译,上海:上海三联书店,2006年。

34.叶民:《最后的古典》,天津:天津人民出版社,2004年。

35.优西比乌斯:《教会史》,瞿旭译注,北京:生活·读书·新知三联书店,2009年。

36.《古代晚期杂志》(*Journal of Late Antiquity*[*JLA*])。

作者简介:焦汉丰,上海师范大学人文与传播学院世界史专业博士研究生。

专题研究

早期基督教的形成

——以保罗对犹太教律法的论说为中心

□杨 军

摘 要:早期基督教是如何走出犹太教,成为一个独立的世界性宗教的?在这一过程中,使徒保罗发挥了关键的作用,解除了外邦基督徒遵行犹太教律法的义务。然而,保罗对于犹太教律法究竟是什么态度?他相信犹太教是主张凭借遵守律法的行为称义的吗?马丁·路德是这样看犹太教和保罗的,影响着数百年来人们的看法。最近二三十年兴起的"新视角"派提出了不同的观点,引导着人们重新认识早期基督教和犹太教。

关键词:早期基督教;犹太教律法;保罗;福音

Abstract: How did Christianity separate from Judaism and become a universal religion? In this process the apostle Paul played a key part by removing the burden of abiding the Jewish law from Christians. But what was the exact attitude of Paul to the law? Did he believe that Judaism supported that a person could be justified by their act of obeying the law? Martin Luther thought so and had had a great influence for over hundreds of years. In the recent twenty to thirty years, NPP (New Perspective on Paul) raised different viewpoints, forcing a new evaluation for early Christianity and Judaism.

Key words: early Christianity, Judaism, Paul, law

在早期基督教的形成历程中,使徒保罗是一个奠基性、开拓性的人物。某种意义上可以说,没有保罗,就没有基督教。《新约》圣经总计27篇,以保罗名义发表的有13篇;最初基督教是犹太教的一个派别,是使徒保罗不辞辛劳、不遗余力地在外邦人中传教,为建立普世性基督教会做出了巨大贡献;就神学思想而言,保罗决定性地解脱了犹太教律法对早期基督徒的约束,用以基督论为中心的十字架神学取而代之,确立了基督教不同于犹太教的独特个性与品质。

保罗还是一位复杂的人物。在《新约》中,我们读到了他从一个狂热的福音反对者到同样狂热的福音追随者的戏剧性皈依经历;与此同时,他也完成了从犹太教律法的严肃遵从者到实际上的否决者的转变。伴随着保罗个人历史重大转折的是早期基督教个性、特征的初步形成。由于保罗的神学探索的深远历史影响,由于他书信所蕴含的丰富的神学思想和深刻的神学主题,人们对使徒保罗的兴趣长盛不衰,对他的解读也在不断地进行与更新中。其中,律法论可谓是一个核心问题。

保罗对犹太教律法的态度

众所周知,初生时期的基督教与犹太教关系密切,人们常用"女儿宗教"与"母亲宗教"分别指称二者。最初,基督教是犹太教中的一个派别,以犹太教圣经为圣经,主要在巴勒斯坦地区与其他希腊化地区的犹太人中发展信徒。[①] 基督教的特殊之处在于它不像别的派别不是被吸收进主流犹太教就是湮没在历史之中;相反,基督教对自身特征的建构使它超越了犹太教的民族界限,独立地成长为另一种普世性一神论宗教。在这一进程中,早期基督教对犹太教传统律法的态度是新宗教诞生的最重要因素;否决了犹太教律法后,新生的基督教无可挽回地脱离了母亲宗教的怀抱。

在古代世界的各民族中,犹太人首先发展出一神教的观念,将原来的民族神转化为唯一的世界至高神。新的神—人格局为犹太人保留了神的"特选子民"的地位,而遵守神的律法是特选子民的标志和这一地位的保证。犹太人将《摩西五经》视作圣经最重要的部分,它们也被称作"律法书",其中包含了大量有关正当生活和正确祭拜上帝的律法规定。毫无疑问,律法是犹太教的核心所在。然而,能否认为1世纪的犹太教是"律法主义(legalism)"的?这个术语在基督教领域常含贬义,指犹太人相信可以凭借个人遵守律法的行为称义,凭借个人的努力可以赢取上帝的欢心,从而为自己挣得得救的资本。保罗是这么看待律法和犹太教的吗?

在将保罗视为基督教真正创始人[②]的意义上,他的神学思想与耶稣的教导的确很不一样。最大的不同在于,保罗神学以基督论为中心,而福音书中的耶稣在绝大多数情况下并不以基督自居,而且只是很勉强地默认自己是救世主基督。[③] 需要注意的是,保罗之所以高举以耶稣基督的受难与复活为中心的十字架神学,直接针对的正是犹太教的律法。保罗声称新的福音时代已经降临,耶稣基督的追随者可以凭着对福音的信心、依赖称义;福音整体更新了"旧"的律法,它们已经整体失效,基督徒已经不在律法的权柄之下

---

① 罗德尼·斯塔克:《基督教的兴起》,黄剑波、高民贵译,上海:上海古籍出版社,2005年,第1页。

② 汉斯·昆:《基督教大思想家》,包利民译,北京:社会科学文献出版社,2001年,第8页。

③ G.F.穆尔:《基督教简史》,郭舜平等译,北京:商务印书馆,1981年,第8页。

(《罗马书》7:6)。

当然,福音书中的耶稣也批评律法,也提出要更新律法。就这一点来说,保罗追随着耶稣的教导。如果说有什么不同的话,那就是保罗将耶稣关于律法问题的论述加以明确化和具体化了。

在1世纪的罗马世界,犹太人早有了"独居的民族"的名声,无论他们自己还是其他民族都是这么看犹太人的。[①] 犹太教的一神论崇拜不同于罗马、希腊文化中的多神教,不同于中东地区其他亚洲民族的宗教;犹太教视割礼为上帝与本民族立约的证明,而这一礼仪尽管历史悠久且曾在亚非许多民族中实践,但在公元1世纪的罗马世界几乎没有其他民族遵行;守安息日在别的民族看来也很古怪,经济上也不合算,是犹太教的独特规定;至于他们起源于远古时期沙漠生活历史的饮食戒律,在当时的罗马世界也被认为是不可理喻的。包括罗马人在内的其他民族或许有心仪于犹太人的一神教的,然而即使犹太教谨慎地欢迎皈依者,大多数人也会面对他们繁复的律法望而却步。

对于早期基督教的传教活动,犹太教的律法是一个致命的障碍,这可从两个层面分说:首先,在巴勒斯坦之外的希腊化地区,散居的犹太人不同程度地接受了当地的习俗而放松了对律法的遵行。[②] 从严格的律法主义者的角度来看,他们作为犹太教徒尚不合格,让基督福音的宣讲者要求他们严守律法是不合逻辑的。其次,在受到福音吸引的外邦人中,无论吸引他们的是什么,那绝不会是迥异于他们生活习俗的割礼、安息日律法、食品法等深深打上了犹太印记的各种律法。因此,犹太人也好,外邦人也好,要求早期基督教的潜在皈依者遵守律法是不现实的。

然而耶稣的门徒和最早的耶路撒冷教会对皈依者是有此要求的,决定性地改变这一立场并解除皈依者对律法的义务的是使徒保罗。约在48年,保罗在耶路撒冷参加了基督教会的第一次大会,他以自己的传教经验争取放宽了对外邦人皈依者的律法约束。最终达成的妥协是:除了忌食祭偶像的食物、奸淫等数项戒律外,耶路撒冷教会同意外邦人皈依者不必遵守割礼等犹太教律法(《使徒行传》21:25)。[③]

这是保罗的胜利,也是早期基督教确立自身特性的关键一步。有学者评价道,若无这项成就,基督教仍只会是犹太教的一个派别,也许早就消失了,根本不可能成长为世界性大宗教。[④] 保罗总是骄傲地自称为使徒,并不服从由耶稣门徒建立的耶路撒冷教会的权威;他未曾见过耶稣,还曾基于重视律法的正统犹太教立场

---

① Roy A.Rosenberg, *The Concise Guide to Judaism*, New York: Penguin Books USA Ltd., 1991, p.3.

② 塞西尔·罗斯:《简明犹太民族史》,黄福武、王丽丽等译,济南:山东大学出版社,1997年,第164页。

③ 迈格拉思:《基督教概论》,马树林、孙毅译,北京:北京大学出版社,2003年,第250页。

④ 汉斯·昆:《基督教大思想家》,第6—7页。

狂热追索、迫害耶稣信徒,有人认为他是"一个完全未经授权的无资格的人"①;但在归信耶稣基督后,他敢于当面抵挡彼得,直言自己与耶稣的门徒和耶路撒冷的教会并不相干(《加拉太书》2:11,1:16—17,2:6)。显然,保罗与耶稣门徒对许多问题的看法有分歧、有争论,那么,谁更有资格传播耶稣的教诲?具体到律法问题,谁的立场更符合耶稣的教导?耶稣的确说过他不是要废除而是要成全律法(《马太福音》5:17),这是什么意思?他当然不会认为当时的律法遵守状态是圆满的。福音书中,犹太教的撒都该派、法利赛派被描述成虚伪的、伪善的,外表虔诚,内心诡诈,表面上严守律法,实际上没有律法的精神。耶稣门徒和早期教会似乎没能把握导师教诲的实质,仍要求信徒们一板一眼地遵守律法。保罗则将对当时律法遵守状况的不满更向前推进一步,他表明福音也是律法,是更好的律法,它更新了,取代了"旧"的犹太教律法,信福音的人不在"旧"律法的约束之下。(《罗马书》3:27)

在《罗马书》中,保罗详细地解释了他对律法的认识和态度,并解释了新宗教应有"新"律法的原因。保罗曾是一位虔诚的法利赛派,了解并力图严格遵行犹太教律法。他谈到自己时常饱受内心煎熬,觉得心中另有一个律不断驱使他偏离正道,也意识到遵行全部律法是人所无力做到的(《罗马书》7:21—24)。归信基督后,保罗豁然开朗,认信了律法之外的另一种义的存在是比律法更高的义,即道成肉身的耶稣基督在十字架上代人类而死,以此承担了人类的罪。基督的义取代了律法的义,这是福音,信福音的人不在"旧"律法的重负之下。保罗宣告了这个好消息:"人称义是因着信,不在于遵行律法。"(《罗马书》3:28)律法是重要的,但仅限于使人了解罪的存在(《罗马书》7:7);如今,新的福音时代降临了,人不必依靠对律法的谨守以克服罪,因为有了"新律法",因为有了福音所说的耶稣基督的代罪。福音的重要性远远超过了律法的地位,"律法的总结就是基督,使凡信他的都得着义"(《罗马书》10:4)。

保罗还以犹太圣经中的远祖亚伯拉罕为例,说明人的称义不必是因循律法之故。"亚伯拉罕信神,这就算为他的义。"(《罗马书》4:3)亚伯拉罕被神宣布为义人,而他的时代早于摩西数百年,摩西律法不是亚伯拉罕称义的原因;称义发生于亚伯拉罕受割礼前,因此割礼也不是必要的前提。保罗表达了这样的观点:人能否称义与律法没有关系。

一方面,福音的传布有解除犹太教律法对归信者约束的紧迫现实需要,保罗向外邦人传教的经历给了他切身的体验;另一方面,结合个人的感受与传教的经验,保罗意识到一些成为外邦人

---

① 汉斯·克里斯、安·胡弗等:《圣经谜团》,徐筱春译,上海:学林出版社,2006年,第295页。

皈依障碍的律法对于教徒的信仰与得救其实无足轻重。他发展了耶稣关于律法问题的论述,并追随耶稣重点讨论了割礼、安息日规定、食品清洁等仪式性律法,而结论却是用基督的福音取代了全部律法。

对保罗律法论的不同观点

如前所述,对律法问题的态度导致早期基督教与犹太教的分离,保罗用对福音的信仰取代了犹太教律法的地位。但是,福音成为新宗教的旗帜后,律法还有必要存在吗?在保罗看来,犹太教错在哪里?事实上,保罗书信中不仅有对律法的明确拒绝,断言无人可凭律法称义(《罗马书》3:20);他还有信仰"更是坚固律法"而不是"废了律法"的判断(《罗马书》3:31),认为"律法是圣洁的,诫命也是圣洁、公义、良善的"(《罗马书》7:12)。类似看起来自相矛盾的说法,产生了人们对保罗律法论的不同观点。

宗教改革的旗手马丁·路德在保罗的论述中取福音而舍律法,对后世的基督新教乃至新教之外的领域影响很大。"因信称义"的信条将马丁·路德与使徒保罗紧密地联系在一起,几乎可以用它来概括路德神学。在路德看来,称义的途径只有一条:律法与信仰是相对立的。这就是著名的路德式"福音与律法"架构。[①] 与保罗所针对的犹太教律法不同,路德神学的对手是罗马天主教的信仰实践,其所反对的是天主教发展起来的繁复的教义、教礼、教规体系——某种意义上可称之为"天主教律法"。然而,与保罗对犹太教律法的绝望相似,路德仰望得救时也曾有依靠自己"循规守矩"的行为而失败的经历,他最终在保罗书信中找到了解答个人困惑的钥匙。[②] 因信称义说被进一步明晰化。马丁·路德不尽赞同奥古斯汀的解释,不认为人可以借着信获得内在的全面更新,且称义后的人内在地、永恒地拥有义;在他看来,人在有了信后得到的是耶稣基督代罪的义,那是一种"外在的义",而人永远同时"既是罪人又是义人"。[③] 虽然路德在推崇、肯定因信称义的时候贬低、否定的是"天主教律法",但他的学说奠立在对保罗书信的解读基础上,因此,保罗对犹太教律法的论说为路德提供了攻击罗马天主教的依据,而保罗心目中的犹太教完全是"律法中心主义"的——于是,在路德笔下,1 世纪的犹太教确定地成为主张与因信称义相悖的"律法称义"了。

路德式的保罗解读,形成了基督新教的标准版本,直到 20 世纪上半叶一直是

---

① 汉斯·昆:《基督教大思想家》,第 15 页。

② 保罗·阿尔托依兹:《马丁·路德的神学》,段琦、孙善玲译,南京:译林出版社,1998 年,第 228—254 页。

③ 许志伟:《基督教神学思想导论》,北京:中国社会科学出版社,2001 年,第 228—229 页。

占领统治地位的"传统"。[①] 1977年,E.P.桑德斯出版《保罗与巴勒斯坦犹太教》一书,质疑了路德的观点。桑德斯大量采用了包括犹太教材料在内的圣经之外的资料,指出在1世纪犹太教并不主张律法称义;犹太人遵守律法不是为了称义,犹太教也不认为可以凭借对律法的谨守而争到称义、得救的资格。桑德斯发明了"契约律法主义(covenant nomism)"这一广为人知的术语,争辩说犹太人不是把律法看作讨上帝欢心的工具或功德,而是看作上帝与犹太人所订立的契约中犹太人一方应尽的义务。契约是上帝出于爱心、恩典主动发起的,其中,上帝拣选犹太人为他的"特选子民",许诺赐福,犹太人作为立约的另一方则需遵守上帝的律法。在阐述犹太教律法的契约性质基础上,桑德斯说律法不足以使人"进入"契约,然而它是犹太人"留在"契约中的必要条件。[②]

桑德斯动摇了律法与福音相对立的传统架构,引领着20世纪后期至今的保罗再解读。桑德斯的著作出版后,一些与其观点接近的学者提出了自己的看法,或支持、深化、延伸、修订桑德斯的论点,他们被称为"新视角"派。[③] 尽管其中也存在着许多争论,但"新视角"派的一个共同出发点是,否认1世纪时的犹太教是律法中心主义和主张律法称义的。

桑德斯当然没有解决所有的问题。如果马丁·路德看错了犹太教,也看错了保罗,那么正确的保罗形象应该怎样描绘?或者说,保罗是否认为犹太教是律法称义的?如果犹太教不是主张律法称义的,如果犹太教也相信上帝的恩典在先,个人的行为不可能为自己争取获救的资格,那么保罗提出因信称义是要反对什么?

简单地说,对这些问题有两种解答:一是保罗看错了犹太教,没有抓住犹太教的要点,批判的不是犹太教的主流。这种观点不为多数学者认同。[④] 二是保罗正确地把握了当时的犹太教,完全理解犹太教并非主张律法称义。如果是这样,保罗为什么反对律法?前文述及传教的需要,但这一点如果说能够实际上推动着早期基督教会脱离犹太教律法的辖制,它也不足以和从未成为保罗的理由。保罗只能从神学角度构建他的论证。在书信中,保罗没有直接说律法不好,不曾说律法应予以废除;他只是宣告了福音时代的降临,构造了以基督论为中心的福音的内容,强调了福音与称义、得救的关系,当然,也比

---

① An Evening Conversation On Paul with James D.G.Dunn And N.T.Wright, http://www.thepaulpage.com/Comversation.htm/ (2004年10月25日)。

② E.P.Sanders, *Paul and Palestinian Judaism*, Minneapolis, USA: Fortress Press, 1977, p.75, 420, 544.

③ "新视角看保罗"(New Perspective on Paul,简称NPP或NP),由英国新约学者詹姆斯·顿(James Dunn)于1982年在一次讲座中提出——事实上是他讲座的题目。讲座内容于次年发表,并收录于 *Jesus, Paul, and the Law: Studies in Mark and Galatians*, Lousiville: Westminster/John Knox Press, 1990, pp.183—214。

④ N.T.Wright, *The Paul of History and the Apostle of Faith*, Tyndale Bulletin 29, 1978, pp.61—68.

较了福音与律法。他说律法的作用仅在于使人知罪,赎罪的功能则被赋给耶稣基督在十字架上的受难与复活,相信、信靠基督是个人获救的关键。这样看来,保罗是在相对的、比较的而非绝对的意义上贬低律法的。

那么,律法还有存在的必要吗?如前所述,保罗的律法论的确有令人困惑之处,需要人们对此做出解释。桑德斯不认为保罗看错了犹太教,但他说保罗对律法的谈论有随意之嫌,前后并不一致:论及得救的资格时,律法并不包括在内;探讨基督徒的正当生活方式时,则又强调律法的功能和重要性。① 其他学者也讨论了保罗谈及律法时的"情境性",认为保罗的作品都是"用来解决特定环境下的具体问题":面对狭隘的犹太教的律法主义者时,他"在那些想要抬高律法重要性的人面前,不可避免地要贬低律法的重要性"。② 这种观点承认保罗律法论的确有夸大、扭曲犹太教律法的地方。

虽然有着种种困难,但保罗至少在相对意义上贬低了律法。就这一点而言,无论新视角阵营还是反对他们的人基本达成了共识。在保罗为什么批评律法的问题上,学术界则存在着各种不同的解释。新视角的领军人物之一,英国神学家N.T.赖特认为,保罗所反对的不是犹太人的律法,而是犹太人借律法表现出的"民族自义"(national righteousness),是犹太人的狭隘民族主义。③ 这是对桑德斯"契约律法主义"的发展:律法没有拯救功能,做犹太人本身就是保证。根据赖特的解释,尽管犹太教的神是世界神,犹太教也不拒绝外邦人的皈依,可是律法给皈依者设置了一道过高的门槛,带有强烈的犹太民族色彩,在事实上使得皈依者必须先成为犹太人才能被归入神的子民。赖特说保罗更换了"入会"资格——信耶稣基督,而这一点是所有人都能做到的。④ 与赖特的观点近似,另一位新视角派学者詹姆斯·顿说保罗将律法看作犹太人作为契约子民的"徽章",并希望用对基督的信靠替换这一"身份标志"。⑤

在"新视角"派之外,一些学者站到了对立面,但不完全认同路德式传统。有些"新视角"的反对者不认可圣经以外资料的有效性,批评桑德斯等人从历史角度对保罗律法的解说,质疑"契约律法主义":即使承认1世纪的犹太教不主张人可以凭遵守律法的行为称义,视律法为维持契约子民地位所应尽的义务,但人们之

① E.P.Sanders, *Paul and Palestinian Judaism*, Minneapolis, p.43.

② 约翰·德雷恩:《新约概论》,胡青译,北京:北京大学出版社,2005年,第420—421页。

③ N.T.Wright, *The Paul of History and the Apostle of Faith*, pp.61—68.

④ An Evening Conversation On Paul with James D.G.Dunn And N.T.Wright, http://www.thepaulpage.com/Comversation.htm/(2004年10月25日)。

⑤ James Dunn, "Works of the Law and the Curse of the Law(Galatians3, 10—14)", in *New Testament Studies*, 31, 1985, p.258.

所以想成为契约民——无论在“旧约”的犹太教意义上还是在“新约”的基督教意义上——目的还是称义与获救。① 从这种角度看，律法与称义仍然有关联，尽管并非如马丁·路德所相信的那么直接，而保罗所批判的正是这种律法与称义间的关系。

结　语

律法问题是保罗神学的一个重要论题，关涉早期基督教基本品格的塑造。进入20世纪，马丁·路德对保罗律法论的观点受到诸多学者的批评，至今方兴未艾的“新视角”派正是在此基础上形成的。究竟公元1世纪的犹太教是怎样的？它如何看待自己的传统律法？保罗是怎么看待犹太教律法？诸如此类的问题仍在学术界激烈地讨论着。无论如何，有一点是确定无疑的：基督教否定、拒绝了犹太教律法，而保罗在其中发挥了决定性的作用。早期基督教与犹太教的分离由此开始。

作者简介：杨军，上海大学人文学院历史系讲师。

① Jack Hughes, "The New Perspective's View of Paul and the Law", in *The Masters Seminary Journal*, 16/2, Fall 2005, pp.277—292.

专题研究

试析19世纪英国大众阅读的形成

□孙柯君

摘　要：英国是现代书报出版业最发达的国家之一，阅读活动在英国人的日常生活中占有极其重要的位置。英国社会的这种现代特征，其发端则要追溯到18、19世纪之交显现的大众阅读时代。本文试图探讨这个所谓大众阅读时代的兴起及其背后的动因。

关键词：19世纪英国；大众阅读；工业革命；阅读史

Abstract: Britain was one of the most developed country in modern books and publishing industry, reading played an important role in the British daily life. The origin of this cultural feature of modern British society, could date back to the early 19th century when the mass reading began to come into being. This paper trys to explore the causes and effects of advent of the mass reading in Britain.

Keywords: 19th-century Britain, mass reading, industrial revolution, history of reading

英国是现代图书出版和新闻媒体最发达的国家之一，书籍报刊在英国人的日常生活中占有极其重要的位置。甚至在当今图书阅读逐渐快餐化的时代里，英国的图书业仍能保持不断增长的势头。这种情形与19世纪以来英国的书报出版和阅读的发展息息相关。具体说来，约从18末期开始英国出现了一股较为显见的阅读热潮。这股新兴的阅读热潮与工业革命进程几乎同步，可以说是英国现代化进程的重要组成部分。它的出现，像当时其他许多社会进程一样，是各种政治、经济、社会因素辐辏的产物。

有关英国大众阅读史方面的研究，早在20世纪50年代就出现了几本重要的著作。[①] 近三十年来随着西方阅读史研究新范式的兴起，围绕着英国大众阅读的问题，国内外尤

---

① R. K. Webb, *The British Working Class Reader 1790—1848*, London: Allen & Unwin, 1955; Richard Hoggart, *The Uses of Literacy*, London: Chatto & Windus, 1957; Richard Daniel Altick, *The English Common Reader: A Social History of the Mass Reading Public 1800—1900*, Chicago: University of Chicago Press, 1998 (New edition); Raymond Williams, *Culture and Society, 1780—1950*, New York: Columbia University Press, 1958.

其是西方涌现了不少相关的成果。[①] 本文试图在前人研究的基础上，主要结合工业革命以来英国宏观社会文化环境的变迁，粗略探讨19世纪英国大众阅读兴起的客观条件及其基本的模式形态。

一

1476年威廉·卡克斯顿在威斯敏斯特地界架起第一台印刷机，标志着英国步入印刷书的时代。在此后三百年的时间里，英国在文化、教育和公众阅读方面尽管在不断进步，但直至18世纪末英国的阅读活动仅限于有限的阶层，大多数普通人仍然被隔离在阅读生活之外。1547年，温彻斯特的主教史蒂芬·加德纳发现仅有"不足百分之一的臣民"能阅读。[②] 这一数字当然严重低估了当时英国人的阅读水准，但一定程度上反映了阅读在当时仍然是极其稀少的。根据现代历史学者的研究，随着15、16世纪逐渐兴盛的英国商业生活的发展，为了沟通生意、保留交易记录及解释法律文书，要求商人阶层能够掌握英语的读写，一些公会甚至将识字作为准入条件。随着商业社会对文化的需求越来越强，近代早期英国的识字率不断提高，在西欧诸国中居于前列位置。17世纪中叶，较保守的估计识字率是在30%左右，并在之后不断增长。[③] 然而，处于前工业化时代的英国，尚未被纳入商业体系的农村社会仍然占据着主导地位，读写能力或阅读活动对于那里的日常生活无关紧要，识字率仍然十分低下。即便在识字率高的城市或城镇，读物获取的不易也严重阻碍了大众阅读的普及。

---

① David Vincent, *Bread, Knowledge and Freedom: A Study of Nineteenth-Century Working Class Autobiography*, London: Routledge, 1982，通过搜集19世纪142名英国工人的回忆录，详细重构了他们的阅读体验。Jonathan Rose, *The Intellectual Life of the British Working Classes*, New Haven: Yale University Press, 2001，利用新的方法视野和材料，重现了前工业时代的20世纪英国工人阶级的阅读状况。Stephen Colclough, *Consuming Texts: Readers and Reading Communities, 1695—1870*, New York: Palgrave Macmillan, 2007，利用自传、死人日记等材料，以个案分析的方式对17世纪末至19世纪英国读者的阅读反应做出阐释，揭示阅读对读者日常生活的影响。William St Clair, *The Reading Nation in the Romantic Period*, Cambridge: Cambridge University Press, 2004，认为在19世纪初的英国，书价仍是阻碍读者接触新文本的障碍；而19世纪末爆发的阅读潮，并非源于这一时期文豪辈出、新书出版兴盛，而是1774年版权法修正案反对永久性普通法著作权，使大量廉价旧经典书籍井喷的结果；在研究方法上圣克莱尔又将阅读史研究带回最为传统的计量研究领域，利用传统方法做出新的阐释。此外，关乎19世纪阅读史研究的还包括一些重要的书籍、出版史著作，如John Feather, *A History of British Publishing*, London: Routledge, 1988; John Feather, *The Provincial Book Trade in Eighteenth-Century England*, Cambridge: Cambridge University Press, 1985; John Barnard and D.F.McKenzie eds., *The Cambridge History of the Book in Britain*, Vol.4, Cambridge: Cambridge University Press, 2002。国内近代英国阅读史相关研究成果也陆续问世，如杨豫：《英国工业革命与民众文化水平》，《南京大学学报》1994年第4期；陈宇：《近代英国民众文化水平的提升——以阅读状况为视角》，《福建教育学院学报》2010年第1期；孙立田：《工业化以前英国乡村教育初探》，《世界历史》2002年第5期；张鑫：《英国19世纪出版制度、阅读伦理与浪漫主义诗歌创作关系研究》，上海：复旦大学出版社，2012年。这些研究主要侧重于对某一具体方面如日常生活、文化教育水平、思想观念的深入探讨。

② Richard D. Altick, *The English Common Reader: A Social History of the Mass Reading Public 1800—1900*, p.16.

③ 孙立田：《工业化以前英国乡村教育初探》，《世界历史》2002年第5期，第72页。

首先,图书价格高企。

可以说,直至18世纪末期,图书价格对于大多数欲获取读物的识字者来说还是无法逾越的障碍。吉本的《罗马帝国衰亡史》四开本每卷售价21先令,全部六卷本售价6磅6先令。吉本自己因为该书的成功总共得到6000磅的稿酬,而他的书商所获得的利润更是他的10倍。司各特的《玛密恩》售价31先令6便士,《湖上夫人》售价42先令。[①] 而在收入方面,一位子爵的年收入不低于4000英镑,[②]在皇家海军服役的大副每天收入1英镑,尉官一天收入5先令,而船上的木工每个月领2到4英镑的薪水。1757年一本旅游指南上估计,绝大多数英国普通男性每天收入在1先令到2先令6便士之间,女性则在4便士到1先令之间。[③] 或许,书价对于上层阶级来说无足轻重;但对于中层阶级来说,让一位海军中尉花上一周的薪水来购买司各特的一部小说,或是花上一个月的薪水去购买一套《罗马帝国衰亡史》,显然是不可能的事。更不要说下层阶级那些购买力在便士级别的普通民众了。

其次,期刊的获取对普通人来说也殊为不易。

1701年开始的西班牙王位战争不仅让英国的财政支出骤增,而且也面临着国内舆论对战争行动的抨击。对此,1711年议会通过一项针对特定印刷物开征消费税的法案,并在第二年将征税对象的范围扩展到报纸。印花税的开征让当时的报纸期刊价格翻倍,极大地影响了销量。当时的一位工匠这样说道:“告诉你先生,我去公共场所并不是为了喝酒,而是为了新闻。我没有其他途径得到它,我负担不起5便士……”然而读者如果感到报纸价格昂贵,那么在咖啡馆和阅览室里看报也是获得报纸新闻的途径之一,于是这位工匠继续说道:“这就是我的原因,一个唯一去公共场所的原因,在那里我可以听到别人读报纸,并谈论伦敦发生的事情,那是我唯一能够获得新闻的方法。”[④]印花税的征收,不仅能够提高政府的财政收入,而且具有压制舆论的作用;其中最著名的就是约瑟夫·艾迪生的《旁观者报》(*The Spectator*)迫于经济压力而倒闭。[⑤] 而且,法案还规定带有印花的纸张只限于供应伦敦,这极大地阻碍了正开始萌芽的外省报纸的发展。[⑥] 尤其是18世纪末法国大革命的浪潮席卷欧洲之际,为防止革命意

---

① William St Clair, *The Reading Nation in the Romantic Period*, p.598.

② 舒小昀:《18世纪英国社会流动分析》,《史学月刊》2004年02期,第108—115页。

③ William St Clair, *The Reading Nation in the Romantic Period*, pp.477—478.

④ Hannah Barker, *Newspapers, Politics and English Society*, 1695—1855, London: Longman, 2000, p.58.

⑤ George Justice, *The Manufacturers of Literature: Writing and the Literary Marketplace in Eighteenth-Century England*, Newark: University of Delaware Press, p.44.

⑥ Feather, John, *The Provincial Book Trade in Eighteenth-Century England*, Cambridge: Cambridge University Press, 1985, p.18.

识形态的宣传,首相小皮特竭力利用印花税来控制潜在的报纸读者数量,这也造成了不小的反抗。

再次,通过公共机构阅读书籍报刊的机会在19世纪之前也并不便捷。

当时,商业性质的图书馆主要包括流通图书馆和私人开办的图书馆,而前者数量最多。英国的流通图书馆出现于18世纪初,发展到19世纪20年代约有1500所,这些图书馆为读者提供了用更少的花费获取更多书籍的机会。然而,它们在18世纪刚刚出现时却受到书商们集体的压制,书商詹姆斯·莱金顿在其回忆录中提到:"我被告知,当第一家流通图书馆开业后,书商们马上警觉起来,并迅即转变为恐惧,这让他们想到,卖书的生意会被这种图书馆大大损害。"①他们对咖啡馆为读者提供书籍借阅的服务也恨之入骨。1742年,书商们抗议那些"诽谤和低级的东西在那些开咖啡馆的地方流行,他们买进新书……并常常轮流借给那些光顾他们咖啡馆的绅士们"②。图书馆和咖啡馆在最初是作为书商的敌人出现的,书商们并未意识到借阅图书反而对图书销售有促进作用,而只是一味抵制。然而图书馆自身也存在一些问题,早期的图书馆发展十分缓慢,藏书数量有限,会员的准入条件也较为严格,造成了借阅书籍的会员也没有形成规模。这让大多数图书馆仍只是起到读书社团的作用,而并不能发挥后来面向大众读者的公共功能。

综上所述,总体说来,在前工业社会的英国,由于技术条件(纸张制造、印刷技术)、政治条件和社会条件(如识字率以及现实的或心理的需求)等因素,阅读在英国还远未普及。

二

递及19世纪前后,时人的记录似乎突然呈现出一幅截然不同的图景。书商詹姆斯·莱金顿在其回忆录中谈及英国人的阅读状况时说:

> 比较贫穷的农民,甚至是那些大体上最为贫穷的乡巴佬……听着他们的儿子和女儿给他们读传奇故事、浪漫小说等来度过漫长冬夜。而当进入他们的房舍之中时,你会看到《汤姆·琼斯》《罗德里克·兰登传》以及其他一些娱乐书籍,堆满了他们的熏肉架这些地方。如果约翰要带着些钱进城,他得记着别忘了给家里捎本《佩里格林·皮克尔的冒险》。而多莉要到集市上去卖她的鸡蛋时,她被差去买上一本《帕梅拉·安德鲁斯的历史》。简而言之,所有阶层和

① 转引自 Charles Knight, *The Old Printer and the Modern Press*, New York: Cambridge University Press, 2009, p.234。

② Paul Kaufman, "Reading in Eighteenth Century Lichfield", in *The Library*, 1973, p.116.转引自 William St Clair, *The Reading Nation in the Romantic Period*, p.239。

程度的人都在读书。[①]

1858年,作家威尔基·科林斯在《家常话》(*Household Words*)杂志上发表了一篇名为《未知的公众》的论文,他把这个"未知的公众"描述得神秘无比:"每日每夜,这些(读者阅读的)神秘的出版物让我走到哪儿心里都惦记……我离开伦敦走遍英国,这些被忽略的出版物跟随着我。"[②]最后,在他的深入反思和研究后,他宣称发现了一个数量上百万、常常阅读廉价《便士杂志》(*Penny Magazine*)的"未知的公众"(Unknown Public)群体,那些"神秘、叵测的阅读便士小说杂志的广泛读者"。[③] 而这个群体并未被历史学家所注意。科林斯认为可以通过研究这一杂志的编读往来栏目,探究这一群体对文本的反应。对于这些"未知的公众",科林斯也提到了他们的特点:"在文学意义上,他们几乎还没有开始学着阅读……"而这些读者"同那些社会地位和知识在他们之上的读者来说……仍然对于一切都是无知的"。他认为这些读者"在文学上要被教会如何阅读"。[④] 但他也意识到,"英国小说的未来就掌握在这些未知的大众手里,他们正等着有人告诉他们一本书的好坏有何区别"。[⑤]

在这篇文章发表时,英国已是繁荣的维多利亚时代,那么这些读者是否就如科林斯所说是无知而又地位低下的呢?当然不是。学者洛纳·休伊特在她一篇论述19世纪中期的文章中对这些科林斯所说的"未知的公众"进行了一番探析。她发现科林斯在文章里有意将这些神秘的便士刊物描绘成危险而充满诱惑力的读物,试图将这些代表下层阶级的便士读物同狄更斯主办的代表中产阶级读物的《家常话》杂志区分开来;在其充满悬疑小说味的文章里,科林斯实际上主要是为了给《家常话》杂志打广告。[⑥]

尽管是打广告,而且对这个下层的未知读者群体充满傲慢和鄙夷,但科林斯的文章也确实印证了19世纪英国阅读史的重大转变,即大众阅读时代的来临。随着工业革命的阔步前进,不仅形成了庞大富有的资产阶级,人们的经济状况有了极大改善,而且这些新兴的社会阶层在残酷的社会生存和利益博弈中,需要知识和思想为自身提供有力的支撑。大卫·文森特的《面包、知识和自由》中提到,1840年一群工人阶级组织了一个读书会,在他们自己的图书馆里,他们"在角落里搭起书架

---

① 转引自 Richard D. Altick, *The English Common Reader: A Social History of the Mass Reading Public 1800—1900*, p.39。

② Wilkie Collins, "The Unknown Public", in *My Miscellanies*, Vol.1, London: Sampson Low, Son, & Co., 1863, p.170.

③ Wilkie Collins, "The Unknown Public", p.171.

④ Wilkie Collins, "The Unknown Public", pp.189—190.

⑤ Wilkie Collins, "The Unknown Public", p.191.

⑥ Lorna Huett, "Among the Unknown Public: 'Household Words', 'All the Year Round' and the Mass-Market Weekly Periodical in the Mid-Nineteenth Century", in *Victorian Periodicals Review*, Vol.38, No.1 (Spring, 2005), pp.61—82.

以便使它和我们的图书馆显得名副其实。但我们没有书，也没有能去购买。我还记得伊莱贾·赖丁斯最后对我说的话——‘假如我有50磅钱，我将到鲁隆去买一吨书！’那该是一幅多么壮观的景象！”随后他们凑足了钱，“书终于到了。我们每周一便士一便士地捐款，直至其数额又能为我们的图书馆添一些有价值的书，现在终于将这笔钱拿去买书了……”[①]在这些工人阶级的话语中，我们仿佛可以看到他们的双眼对知识的炽热。这种知识的“自助”精神，帮助他们慢慢通过自身的努力一步步进入社会的较高层次，获得社会的承认和尊重。1840年卡莱尔写给约翰·斯特林的信中说：

> 书籍是由殉道者们所作，不只是为了富有的人群，而是为了全体民众。如果我们这样认为，就天生来说，每一个人都有一种去聆听其他智者对他们讲述话语的权利，这是人的权利之一，如果你去否定一个人的这种权利，那么对他来说是一种非常残忍的不公！[②]

旧经典、文选和廉价的报刊，构成了这个新兴的未知群体接触最多的读物。1774年永久著作权利被废除后，各种再版的旧经典和文选、节本等读物开始以低廉的价格涌入市场，其中既包括“年历、地图集、课本、法律书籍、医学书、大学课本、古代经典作家文本的翻译版本以及几乎所有基于文化实践的文本”，[③]也有像笛福的《鲁滨孙漂流记》，斯威夫特的《格列佛游记》，萨缪尔·理查德森、亨利·菲尔丁以及托比亚斯·斯摩莱特的作品等小说。

这些廉价出版物的推出，无疑为下层人的阅读提供了最直接的动能。譬如诗人利·亨特在他的自传中写道：

> 在那个年代，库克版本的英国诗人出现了，我得到了一本斯宾塞的单卷本集子……我是多么喜爱这些小小的包括所有诗人的6便士连刊！我为它们书本的开本而着迷，我为它们用的字体、它们的装帧、它们封套上列着其他诗人的名单而着迷，也为里面柯克的版画而着迷。我不停地一本又一本地买下它们……当我的学校老师折磨我，当我曾经讨厌和憎恨荷马、德摩斯提尼和西塞罗的时候，我会想起那些我口袋里的6便士集子来安慰自己。想着放学后，我要去帕特诺斯特街[④]，去买上另一本英国诗人的集子。[⑤]

---

① 转引自钱乘旦、陈晓律：《在传统与变革之间》，南京：江苏人民出版社，2010年，第333页。

② Richard D. Altick, *The English Common Reader: A Social History of the Mass Reading Public, 1800—1900*, p.5.

③ William St Clair, *The Reading Nation in the Romantic Period*, p.115.

④ 帕特诺斯特街（Paternoster Row）是圣保罗大教堂周围的一块区域。17世纪起印刷商、作者、掮客和书商都云集于此进行有关书籍生意的活动，在第二次世界大战中被德国空军炸毁。

⑤ Leigh Hunt, *The autobiography of Leigh Hunt*, London: Smith, Elder, 1870, pp.69—70.

三

英国大众阅读时代在18、19世纪之交的发端并非偶然的,而是一系列社会发展所带来的结果。首先就是这个时代英国正在发生的深刻的社会变革。

其一是工业革命和市场化的推力。

印刷术在欧洲诞生后,印刷书得益于机器印刷,使得大规模复制文本成为可能。资本也在少数印刷商手中聚集,边际利润递增,形成规模效应。在整个印刷产业中,技术扮演了关键角色。然而,在印刷术出现的最初三百年里,印刷机并没有出现什么革命性的变化。到18世纪中后期,随着西欧"书籍时代"的来临,印刷机技术已落后于时代的需求。因此,在"第一个工业化国家"的英国,印刷机到19世纪初期逐渐开始从手工印刷机向蒸汽动力印刷机转变。

造纸技术的发展也影响到整个出版业。18世纪末,法国《百科全书》的出版让整个欧洲"洛阳纸贵",这让人们意识到造纸技术的落后已经无法正常供应正蓄势待发的图书出版业。18世纪80年代,有关造纸的相关试验已经开始进行。1798年,尼古拉斯·路易斯·罗伯特成功发明了水力造纸机。而到了1807年,两位伦敦文具批发商亨利·弗恩迪尼亚和锡利·弗恩迪尼亚发明了以他们两人姓氏命名的长网造纸机(Fourdrinier)。[①] 在这些新技术下,纸张的供应逐渐能够开始满足市场需求。

当然,这里值得一提的是,尽管印刷技术的变革在推动阅读潮兴起中扮演着重要的角色,在伦敦垄断出版商的影响下,为了保障自身的商业地位,他们具有拒斥技术革新的特征。因此,在首先开展工业革命的英格兰,印刷出版中心伦敦的印刷技术却远远落后于其他欧洲大陆地区。荷兰人在17世纪就已开始使用铸字盘(stereotype plates)来印刷,[②]而直到19世纪初英格兰的盗版商人才开始使用铸字技术来盗印图书。[③] 英国的情况是,阅读潮的出现是与18世纪末到19世纪初的技术变革同时展开的,甚至技术变革发生的确切时间还晚于阅读潮的时间,真正的印刷技术设备更新直至19世纪二三十年代才出现。因此我们也可以认为,来自市场的需求促动了资本对印刷技术的改革;实际情形更多的是,在19世纪的英国,阅读热潮形成的市场需求与印刷技术的变革相互促进,并肩发展。

其二是工业革命时代英国教育水平的普及和提高。

在工业革命的影响下,对知识和教育的需求也随之兴起。有鉴于此,教育机构开始蓬勃发展。主日学校(Sunday School)

---

① John Feather, *A History of British Publishing*, London: Routledge, 1988, p.125.

② William St Clair, *The Reading Nation in the Romantic Period*, p.100.

③ Ibid., p.329.

在18世纪末就出现了,其公认的创始人是罗伯特·雷克斯。这个报纸经营者通过他自己的报纸及关系密切的《绅士杂志》宣传他的主日学校,很快这种学校在英格兰蔓延开来。据估计在1797年全英格兰有1086所这样的学校,并有69000名学生。[①] 类似于主日学校的还有一些协会社团所举办的学校,如"英国和国外学校协会"(the British and Foreign School Society,简称BFSS)以及"全国贫童教育协会"(National Society for Educating the Poor,简称NSEP)大力开办学校。据统计全国贫童教育协会在1813年有230所学校以及40484名学生(包括全日制和主日学生),[②]并且招收一定规模的贫穷学生以便为穷人的孩子提供机会。

在中等教育方面,在16世纪的英格兰,接受从初等到高等的正统教育是贵族上层的特权。但到18世纪,随着中产阶级的兴起,像文法学校一类的中高等教育学校已经在这些阶层得到一定程度的普及。那些想要进入军队成为军官或是有意担任公职,抑或是希望从事职业道路的年轻人,将在中等学校一直待到十六七岁的年龄。

对于那些未在学校完整学习过的进城成年人,他们还有再次接受教育的机会。传播有益知识协会所设立的"技术工人协会"(the Mechanics' Institutes),就是以传授基础科学知识给那些工人为宗旨的。当然它也是功利主义的产物。这些学校是扩大阅读群体的一个因素,除了定期为技术工人开展科学讲座等教育课程外,设立在学校内的图书馆也是读者获取文本的方式之一。同商业图书馆一样,工人们可以付年费来借阅图书。这些收藏在图书馆内的图书,部分来源于学校的经费,但绝大多数是通过接受图书捐赠所得。因此,其图书的种类很繁杂。然而,在这些图书的收藏中,功利主义仍在发挥作用,消遣类的文学读物难得一见。亚当·斯密的《国富论》、吉本的《衰亡史》则是许多技工学校图书馆的馆藏。[③]

尽管在整个19世纪过程中英国各个层次的教育仍存在着种种弊端,但随着教育事业的不断发展,英国人口的识字率在19世纪保持着稳步的增长。[④] 这无疑为大众阅读时代的来临提供了最基础的保障条件。

四

除工业革命之后英国社会变革带来的推力之外,现实的社会与文化或心理需求带来的拉力,也是促成19世纪大众阅读时代形成的重要因素。

第一,日益壮大的工人阶级群体,面

---

① Richard D.Altick, *The English Common Reader: A Social History of the Mass Reading Public, 1800—1900*, p.67.

② R.K.Webb, *The British Working Class Reader 1790—1848*, p.17.

③ William St Clair, *The Reading Nation in the Romantic Period*, pp.260—261.

④ 杨豫:《英国工业革命与民众文化水平》,《南京大学学报》1994年第4期,第92页。

对日新月异的社会和激烈的社会斗争,需要通过阅读不断地提高自身。

在产业革命的浪潮中,大量乡村农民背井离乡来到城市和工厂,他们不仅需要直面更加复杂陌生的社会,还面临着资本剥削所积累的阶级矛盾和斗争;通过知识学习提升自我以应对这些新的变化,是这个人数众多的群体中一些人自觉的选择。早在18世纪末,我们就可以看到一些工人的阅读团体,比如像著名的“伦敦通信协会”(London Corresponding Society,简称LCS,1792年由约翰·福斯特和托马斯·哈代等人创立)以及“宪法信息协会”(Society for Constitutional Information,简称SCI,1780年由约翰·卡特赖特创立)。这些团体的准入条件并不高,像伦敦通信协会仅要求每位会员每周支付1便士作为会费。[①] 在这些以政治改革为目的的社团里,阅读是成员们的主要活动,阅读内容也偏向政治意图;在18世纪末,潘恩的小册子是他们的主要读物之一。

除了这些大型社团,还存在有大量人数较少的阅读小团体。比如在桑德兰的一个六人组成的工人互助社团,他们中包括一位软木塞匠、两位在船坞工作的雕木工、一位制表匠、一位发动机装配工,以及一位为早期照相机修复照片的画匠。这一团体成员基本都是普通的技术工人,他们聚集在一起的目的是共同出资订阅一些刊物和购买书籍,绝大多数读物在各个成员轮流读完后就卖掉来添置新书。[②] 像这样自发的工人小群体有很多,政治意味也很浓厚。特别是在19世纪工人运动十分活跃的情况下,当时呼声正高的议会改革都有他们参与其中。然而这些团体也并不全都阅读政治读物,也会根据个人爱好来选择书籍。像上面所说的六人小团体,他们中的那位照片修复画匠主要搜罗一些旧民谣作品。在这些群体中,文学、政治甚至哲学都是他们探讨的对象。对于他们来说,自发组成这种阅读社团是为了自我提高。作为读者,他们自身的自主性也在发挥作用,对书籍进行选择。不过,我们也会发现,书籍价格仍是制约读者的条件,许多社团并没有固定保有一定的书籍,而是由成员集体出资,在阅读后出售,这是早期以自我教育为目的的读书社团的一个重要特征。[③]

第二,社会的主流当然不是斗争,而是日常的生活。

毋庸置疑的是,工业革命制造了巨额的财富,造就了一批经济较为富裕的阶层——中产阶级,享受闲暇成为这部分人的需求。即使是对最下层的中产阶级来说,都能够找到属于自己的娱乐空间。他们仿效上层阶级,以示自己同工人阶级有

① R.K.Webb, *The British Working Class Reader 1790—1848*, p.38.

② Richard D.Altick, *The English Common Reader: A Social History of the Mass Reading Public, 1800—1900*, pp.205—206.

③ 较早期的如1771年在舍菲尔德建立的舍菲尔德图书社团中就有这样的实践方式,详细可见Stephen Colclough, *Consuming Texts: Readers and Reading Communities, 1695—1870*, pp.93—105。

所区别。到了晚上，他们将家门紧锁，以隔开外界的庸俗和危险，试图找寻有益而无害的娱乐。在静谧的环境下，阅读是他们打发时间的首选活动，家人坐在一起，由其中一人进行大声朗读是经常的场景。作为消遣，这是最符合他们身份的活动，完全具备这个阶层的特点：其一，他们追求体面和文雅；其二，家庭是他们主要的娱乐休闲场所；其三，他们竭力使娱乐富有建设性，使娱乐富有教育意义。①

闲暇对于工人阶级来说则是另一番景象。为了养家糊口，他们无法同自己的家人一起共度一个互相为对方阅读的温情夜晚。恩格斯在《英国的10小时工作制法案》中提到，在法庭上法官对工人的死活是不屑一顾的：

> 有一个特别典型的事件告到财务法庭，而法庭的主张却有利于工厂主。这种判决实际上就是废除了10小时工作制法案，工厂主又成了自己工厂的全权主人。在危机时期，他们可以开工2小时、3小时或者6小时，而在急剧发展的时期则开工13小时到15小时，工厂视察员再也无权过问此事。②

尽管如此，在休息日工人阶级可以做出自己的选择。19世纪60年代的周六半天假开始普及前，星期天是他们阅读的最好时机。他们会阅读一些报纸等较为轻松的读物。这也是为何在19世纪40年代末许多周报和每周刊物在周六发行的原因。③

第三，公共阅读机构和场所的普及，也为大众阅读提供了便利。

图书馆无疑是当时为人们提供阅读机会的重要机制。在19世纪50年代公立图书馆出现前，流通图书馆是最主要的图书借阅场所。流通图书馆最早可以追溯到复辟时代，不过英国第一家真正意义上的流通图书馆是在1725年由爱丁堡的一位假发商阿兰·拉姆塞所开设。而随着18世纪书籍价格的不断增长，到了19世纪初它已经逐渐遍布各个城市的书店中，甚至是制帽商和布店中。18世纪后半叶开始，流通图书馆是大部分公众获取小说的来源，它不仅具有图书租赁这一功能，并且也是公众进行社会活动的场所。④ 流通图书馆主要通过收取会费以及借阅费用营利，我们可以看一下18世纪末一家典型的流通图书馆的收费标准（表1）：

---

① 李宝芳：《维多利亚时期英国中产阶级闲暇生活探析》，《兰州学刊》2010年第4期，第178页。

② 恩格斯：《英国的10小时工作制法案》，《马克思恩格斯全集（第7卷）》，北京：人民出版社，2005年，第284页。

③ Richard D. Altick, *The English Common Reader: A Social History of the Mass Reading Public, 1800—1900*, p.87.

④ Raymond Irwin, *The Heritage of the English Library*, London: George Allen & Unwin, 1964, p.275.

表1 伦敦的密涅瓦流通图书馆19世纪早期的收费情况①

城里借阅18本图书,或在乡下借阅24本图书收费	84先令
城里借阅12本图书,或在乡下借阅18本图书收费	63先令
城里借阅6本图书,或在乡下借阅12本图书收费	42先令
城里借阅4本图书,或在乡下借阅8本图书收费	31.5先令
一次借阅2本图书收费	16先令
非会员,每卷每周收费	对开本书0.5先令;八开本书0.3先令;十二开本书0.25先令;单册剧本,每天0.16先令

密涅瓦流通图书馆是当时伦敦城最大、最著名的流通图书馆,藏书量巨大,新旧图书都能找到,并且新书一直更新。其他图书馆虽没有密涅瓦流通图书馆的规模这么庞大,不过提供的服务大致相同。而且伦敦的流通图书馆一直是城中的著名建筑,密涅瓦流通图书馆和之后的穆迪流通图书馆是维多利亚时代伦敦的一道亮丽风景线。流通图书馆是中下层读者获取读物的最佳场所,毕竟他们无法负担得起动辄就花费他们半个月收入的新书;而在流通图书馆,他们可以以同样的价钱阅读更多的图书。

五

18、19世纪之交,随着英国工业革命的来临,社会发生了天翻地覆的变化,英国在社会文化方面也发生了同步的变革,一个号称大众阅读的社会开始降临。读者们不断地从书籍中汲取营养,不仅促进了读者个体自主意识的不断成长,更极大地提升了英国社会的整体文化水平,为现代工业社会提供了素质不断提高的劳动力。因此可以说,大众阅读时代的来临是英国社会现代化进程十分重要的组成因子。

作者简介:孙柯君,上海师范大学人文与传播学院世界史专业研究生。

① 转引自 William St Clair, *The Reading Nation in the Romantic Period*, p.666。

专题研究

都市空间里的慈善、休闲与身份认同:18、19世纪伦敦的欢娱慈善活动①

□吕晓燕

摘　要:18、19世纪,伦敦的慈善事业相当繁荣。在商品经济发达、城市生活日趋丰富、慈善募捐竞争激烈等多重背景下,慈善机构举办各种休闲娱乐活动来吸引公众参与并募集资金。这些欢娱慈善活动铺设了一个新的都市社会活动空间,促进了中上层社会的互动往来。在18世纪,参加各种欢娱慈善活动一度成了流行的社会风尚。新兴城市社会精英试图在这些场合的互动过程中建立声名,在慈善和休闲等活动中提高身份和地位,从而获得社会认同。因此,作为一种别具意义的社会活动,欢娱慈善活动展现了慈善、休闲与身份认同之间错综复杂的关联,从中可管窥这一时期英国城市社会生活和社会阶层关系的微妙变革。

关键词:18、19世纪;伦敦;慈善;休闲;身份认同

Abstract: In the 18th and 19th centuries, London's philanthropy was prosperous. With the development of commodity economy, the urban social life was plentiful gradually, and the competition of charity fundraising became more intense, the charities hold variety cultural and recreational activities to attract public participation and raise fund. The pleasing charity events created a new urban social space, and promoted the communication between upper and middle classes. In the 18th century, to attend various pleasing charity events became a popular social fashion among upper and middle classes. The emerging urban elites try to build reputation in the process of interaction in these places, and to upgrade the status and social identity through the charity and leisure activities. The pleasing charity events showed complex association among charity, leisure and identity, from which we may know the change of Britain cities social life and social classes' relationship.

---

① 本文系2014年度教育部人文社会科学研究青年基金项目"维多利亚时期英国城市社会救助体系研究"(项目编号:14YJC770021)和江西省社科规划2013年度课题青年项目"18—19世纪英国城市慈善组织研究"(课题编号:13LS13)的阶段性成果。

Key words: 18th－19th centuries, London, charity, leisure, identity

自18世纪开始，伦敦的慈善事业经历了从个人施予到机构运作的转变，涌现了大量慈善机构。在竞争激烈的情况下，各慈善机构纷纷利用慈善音乐会和戏剧演出等新式休闲娱乐活动来吸引公众参与并募集资金。这便是所谓的欢娱慈善。目前慈善史研究对于欢娱慈善活动关注较少，大多视之为募集资金的手段：如大卫·欧文（David Owen）提到晚宴等活动的募款情况；①唐娜·安德鲁（Donna. T. Andrew）指出慈善机构尽量使欢娱慈善的收益大于支出。② 也有学者从不同角度论及，如彼得·波塞（Peter Borsay）认为欢娱慈善之类的公共活动有助于提升集体认同感；③萨拉·劳埃德（Sarah Lloyd）指出，周年庆典和慈善晚宴等活动具有特殊的社会文化含义，力图体现社会中上层的价值观。④ 总体上，关于欢娱慈善的既有研究较为零散，缺乏长时段的整体考察。正如弗兰克·普罗查斯卡（Frank Prochaska）所言："这一仁慈与娱乐的结合是如此深植于英国的共同体生活，以致很大程度上被忽视，认为理所当然，甚至作为受益人的慈善机构也是如此。"⑤在18、19世纪的伦敦，频繁举行的各种欢娱慈善活动构成一种特殊的都市景象。本文试图将欢娱慈善作为一个社会学显微镜，分析欢娱慈善活动从起源到发展的演变；其在仪式表演和场景设计所呈现的价值理念；相随于商品经济发展，新兴城市社会群体在慈善和休闲活动中所展现的社会认同等诉求；以及在此过程中流动和形塑的新型社会结构和社会关系。

从仪式表演到大众狂欢：欢娱慈善活动的起源与发展

17世纪末，伦敦成为欧洲最大的城市，在繁荣的背后也潜伏着各种危机，这促成了慈善活动的兴盛。18世纪初，伦敦出现了仿照股份公司形式，以自由认捐和集体施善为特征的联合慈善组织模式。随着这一模式的盛行，伦敦涌现了大量慈善机构。据桑普森·洛（Sampson Low）统计，在1800年伦敦有197个慈善机构，⑥

---

① David Owen, *English Philanthropy, 1660—1960*, Cambridge: Belknap Press of Harvard University Press, 1964, p.31.

② Donna.T.Andrew, *Philanthropy and Police: London Charity in the Eighteenth Century*, Princeton: Princeton University Press, 1989, p.80.

③ Peter Borsay, *The English Urban Renaissance: Culture and Society in the Provincial Town, 1660—1770*, Oxford: Clarendon Press, 1989, p.297.

④ Sarah Lloyd, "Pleasing Spectacles and Elegant Dinners: Conviviality, Benevolence, and Charity Anniversaries in Eighteenth-Century London)", *The Journal of British Studies*, Vol.41, No.1 (Jan., 2002), p.57.

⑤ Frank Prochaska, *The Voluntary Impulse, Philanthropy in Modern Britain*, London: Faber and Faber Limited, 1988, p.63.

⑥ Sampson Low, *The Charities of London*, London, 1850, p.452.

到1861年增至640个。[①] 由于数量众多，慈善资源呈现市场化流动的态势，慈善机构之间的生存竞争相当激烈。能否筹集足够的资金，关乎慈善机构的兴衰存亡。这一时期，募集资金的方式更为多元化，举办欢娱慈善活动成为一种新型募捐方式。慈善机构将传统庆祝仪式如周年庆典、晚宴，与新式休闲活动如音乐会、戏剧演出等结合起来，形成集慈善、休闲与社交于一体的欢娱慈善活动，借此募集善款并扩大影响。

在18世纪初，伦敦的慈善机构数量较有限，欢娱慈善活动尚处于初兴阶段，主要形式是周年庆典。一些历史学家赋予欢娱慈善过多的创新色彩，但某些活动内容并非是完全崭新的，周年庆典便是中世纪以来行会庆祝的旧俗。晚宴也是同业公会的常规活动之一。18世纪以来，慈善机构对这些传统的社团活动予以精心设计，使之成为展现慈善机构公共形象、吸引公众关注和参与的欢娱慈善活动。

周年庆典包括队列游行、宗教仪式和慈善晚宴等环节，其仪式是经过精心准备的。这是一年之中慈善社团展现自身成就、塑造公共形象的良好机会。这一天，慈善机构的理事和成员身着具有协会标志的正装，按等级排成队列，前往教堂参加宗教仪式。队列游行一般按照既定路线，通常途经市内各个繁华地段，沿途伴以棍棒仪仗、摇铃作响、缎带飘扬和乐队演奏等。在规模浩大和秩序井然的基础上，慈善机构往往采用各种方式来壮大声势，吸引公众注意。

在18世纪早期，“伦敦慈善学校”(London Charity School)的周年庆典最为典型和壮观。当天，伦敦慈善学校几千个穿着制服的孩童排成队列，整齐有序地穿过街道，分别从两个方向汇聚于教堂，举行宗教仪式。[②] 伦敦慈善学校绵延几英里的队伍极为壮观，引人驻足。类似的活动虽然规模大小不一，但这些仪式都是精心安排的公共展示，意在展现成就，迎合公众心理，由此吸引捐助。在18世纪早期，英国社会相信充足的劳动力是国家强盛的前提。这一时期，救助贫民孩童，将其转变为有用的劳动力是时人捐助慈善的重要动机。对捐助者而言，这样的宏大场面是令人愉悦的，这些孩童代表了他们所期许的未来的劳力、战士和殖民者，是国家强盛的潜在力量。而这些孩童一改以往脏乱粗鲁的形象，变得整洁有序、礼貌谦恭，展现了慈善机构的工作成就。下层的顺从与国家的强盛正是中上阶层捐助慈善的重要动机，慈善组织的经营者深知捐助人的心理动机，有意展示慈善工作的成就，以此吸引捐助。

欢娱慈善的发展与慈善活动的组织发展是同步的。18世纪中期，伦敦兴起

① Sampson Low, *The Charities of London*, London.1862, p.xi.

② David Owen, *English Philanthropy*, *1660—1960*, p.31.

了一股慈善风潮，慈善机构的数量和种类迅速扩张，较为知名的有“伦敦育婴院”(London Foundling Hospital)、“洛克医院”(Lock Hospital)和“妓女感化院”(Magdalen Hospital)等。这些慈善机构接收社会捐助，实行理事会和委员会的集体管理。随着慈善机构数量增多和竞争激烈化，欢娱慈善活动得到了更精心的组织，形式多样，内容丰富。

18世纪以来，伦敦城市规模扩张，人口增长迅速，商品经济日趋发达，城市社会文化生活更为丰富，参加音乐会、戏剧演出和艺术展等文化休闲活动成为时尚潮流。18世纪中期，伦敦慈善机构在筹资方式上颇具创新精神，如结合当时盛行的文化休闲活动进行募捐。伦敦育婴院在这方面引领风气之先，成为当时最受欢迎的慈善机构。著名画家威廉·霍加斯(William Hogarth)联合几个艺术家，将作品捐赠给伦敦育婴院作装饰，为此，“1747年4月1日，育婴院举办了一个慈善晚宴。悬挂来自杰出画家霍加斯、威尔斯等人的四幅新作，画作的主题都与救助孩童有关”。[①] 这些画作吸引了大批访客。见此情形，其他艺术家也争相将作品送到伦敦育婴院，希望作品得到公众关注。这些画作在伦敦育婴院的汇集，形成了英国艺术史上第一次画作集体展览，吸引了大量访客，也是英国美术作品走向公共场合和大众视野的标志性事件之一。

在18世纪50年代，艺术展览并非吸引伦敦人拜访伦敦育婴院的唯一原因。慈善音乐会也带来了许多观众。1749年5月27日，伦敦育婴院的首场慈善音乐会由著名音乐家亨德尔指挥。《绅士杂志》(*Gentleman's Magazine*)报道了这一事件：“5月27日，威尔士王子以及其他许多身份高贵的人士出席了育婴院礼拜堂的音乐会。其中一些乐曲是专门为此创作的。唱词来自圣经，适用于慈善。现场并没有募捐活动，但门票收费半个几尼[②]，观众多达一千。”[③]此时的伦敦育婴院在著名画家和音乐家的支持下成为伦敦的艺术中心，访客不断，声誉日隆，捐助丰厚。其他慈善机构纷纷效仿其做法。亨德尔在伦敦育婴院的慈善音乐会获得成功后，也受到其他慈善机构的邀请。1753年3月，他答应在洛克医院举行一场清唱剧演出。1758年3月他对“海事协会”(Marine Society)的负责人说，他将亲自指挥清唱剧的演出。[④] 由此，举办慈善音乐会成为当时伦敦风行的公开募捐方式。

---

① Ruth.K.McCure, *Coram's Children: The London Foundling Hospital in the Eighteenth Century*, Yale University Press, New Haven and London, 1981, p.67.

② 几尼(Guine)不是货币单位，是一种英国金币的名称，1几尼=1.05镑=21先令，最初是用几内亚的黄金铸造的，因此而得名。

③ John Brownlon, *The History and Objects of The Foundling Hospital with A Memoir of the Founder*, London, 1865, p.77.

④ Donna.T.Andrew, *Philanthropy and Police: London Charity in the Eighteenth Century*, p.80.

图1　伦敦育婴院的小礼拜堂

在18、19世纪，观看戏剧演出是中上层人士的重要娱乐消遣活动。18世纪初，伦敦相继出现了好几家剧院。如干草场剧院于1705年开张。特鲁里街的皇家剧院和考文特公园的剧院则是伦敦中上层人士经常光顾的休闲场所。① 慈善机构通常在周年庆典或晚宴之后安排捐助人观看募捐演出。如1757年，海事协会的捐助者在晚宴后前往特鲁里街的剧院观看募捐演出。1759年"产科医院"(Lying-in Hospital)在考文特公园的慈善义演获捐163镑11先令。② 这一时期，在中产阶层的经营下，慈善机构采用商业化的运作模式，迎合募捐的目标群体——中上层人士的品位和爱好，以慈善为平台，结合新式休闲活动，促成慈善和休闲的合体，同时想方设法邀请社会显贵参加，从而吸引大批人群。虽然吸引人气的关键是贵族，但参与这些活动的主力却是大量的新兴社会精英，他们乐于参与这些公共活动，以此获取声名和社会认同。

在周年庆典和宗教仪式等场合，慈善机构不仅致力于塑造良好的公共形象，而且力图表明其慈善工作与主流价值观念是一致的。一是坚守等级观念。从游行

① James Peller, Malcolm, F.S.A., *Anecdotes of the Manners and Customs of London during the Eighteenth Century*, London: 1810, p.125.

② Donna.T.Andrew, *Philanthropy and Police: London Charity in the Eighteenth Century*, p.80.

队列的人员次序和着装到晚宴和音乐会的座位安排，都严格遵守等级秩序。二是展现教化效用。18 世纪中期，伦敦慈善机构对外开放小礼拜堂的宗教仪式，这些宗教仪式都是经过精心安排的，严令孩童不得吵闹嬉戏，参加仪式时整齐肃穆，彰显慈善机构孩童的良好习性。妓女感化院的妓女们也通过极简朴的衣着和严肃的面容表明她们已告别过去，忏悔从良。这些慈善机构旨在教化受助人摒弃罪恶，植入宗教教导和服从意识，使其虔敬温顺，勤谨生活。慈善机构按照主流价值观念来教化穷人，在这些场合通过受助人有别于以往的形象来展现成就，以此迎合社会主流价值观念，以期获得肯定和捐助，这一过程亦是价值观念的外在物化表现。

18 世纪中期建立的慈善机构以院内救助为主，拥有自建房屋和配套设施，可以举办音乐会等活动。但到 18 世纪 70 年代，由于这些慈善机构花费高且效率低，不再受欢迎，慈善资源开始流向规模较小和更灵活的慈善机构。这一转变最典型的表现是从 18 世纪四五十年代慈善医院的兴建到 70 年代诊所的风行。较之医院，诊所不仅费用低廉，而且救助人数大幅增长，因而成为慈善界的新趋向。到 19 世纪，社会中下层在慈善领域日益活跃，出现了许多基于本地、规模较小的慈善机构。这些机构一般难以独自举办大型欢娱慈善活动，因而催生了新的欢娱慈善形式。

19 世纪初，伦敦出现了欢娱慈善的新形式——慈善义卖。慈善义卖主要是女性主导的慈善活动，见证了女性在慈善方面影响力的增长。1813 年，“皇家女士慈善协会”在伦敦举行了一个“刺绣品义卖会”，获捐 38 英镑善款。[①] 后来，该义卖会成为一年一度的惯例。到 19 世纪 20 年代，慈善义卖已然非常盛行，成为最时髦的募资方式。1829 年 5 月，在伦敦汉诺威广场为帮助西班牙难民举行了一场女士慈善义卖，威灵顿公爵也光顾了该义卖会，共获致 2000 英镑。[②] 1831 年 6 月，在同一地点又为救助爱尔兰难民举行了一场女性商品义卖，因有女王出席，在头两天就收获了 3134 英镑。[③] 整个维多利亚时期，慈善义卖成为女性募集善款的普遍方式。与之前的慈善晚宴、音乐会和戏剧演出相比，慈善义卖不仅场地集中、规模庞大，同时参与阶层更为广泛，上至王室贵族，下至普通民众。而贵族的参与会提升义卖的名气，往往也成为宣传的卖点，但真正的主力仍是大量的中下阶层。因为慈善义卖的门槛低、限制少，参与人数大大增长。

欢娱慈善活动盛行的基础是慈善事业的繁荣。这一时期，慈善机构大多依靠

① Frank Prochaska, *Women and Philanthropy in Nineteenth-Century England*, New York: Oxford University Press, 1980, p.48.

② *The Times*, June, 1, 1829.

③ The Times, June, 20, 1829.

社会捐助维持运营,关于慈善资源的竞争非常激烈,是欢娱慈善活动给慈善机构带来了丰厚收益。慈善音乐会总共给伦敦育婴院带来了近 9000 镑的收入。[①] 到 1856 年,“伦敦医院”历年周年庆典募集的总额已经高达 26000 镑。[②] 据估计,在大伦敦地区,19 世纪慈善义卖会的收益约有几百万英镑。[③] 欢娱慈善力图让人们在轻松愉快的氛围中捐出善款。一个法国游客评论道:“英国人善于将行善与欢乐结合起来,将富人灌醉使其在欢愉中捐出善款。”[④]慈善机构经营者以募资为重责,不断谋求新的资金募集方式,推动了欢娱慈善活动的发展。然而,欢娱慈善的盛行不只是彰显了慈善需求和慈善活动的发展,作为休闲娱乐活动的一个重要组成部分,丰富多彩的欢娱慈善活动也反映了 18、19 世纪英国都市社会生活的新面貌。

从 18 世纪到 19 世纪,欢娱慈善活动也经历了不同的发展阶段。欢娱慈善始于 18 世纪初,以周年庆典为主。在 18 世纪中后期,发展为慈善晚宴、早餐会、音乐会和戏剧演出等多种形式。到 19 世纪,传统的欢娱慈善活动仍然延续,但增加了新形式如慈善集市义卖、游艇舞会等。上层社会的兴趣时常发生转移,他们热衷于追逐新奇事物,时尚风潮经常变换,效仿者队伍也随之转向。因而,慈善机构在筹资方法上也刻意求新,独出心裁。为此,欢娱慈善活动的方式方法被不断创新,又不断被效仿,随后成为新的时尚,从而蔚为大观。从 18 世纪到 19 世纪,欢娱慈善活动从晚宴、音乐会到义卖等,参与人数增多,参加阶层也呈现下移态势,这也暗合于大众化的时代趋势。

慈善与休闲的结合

中世纪以来,英国传统的社会生活以教区为中心,100 多个宗教节日的节庆娱乐即是民众的主要休闲活动。宗教改革之后,大部分宗教节日被取消,仅保留了极少数。此后,休闲生活的宗教色彩逐步淡化,休闲活动日趋世俗化和多元化。18、19 世纪,随着经济社会的发展,英国城市休闲活动出现了新的需求与转变。

近代以来,伦敦地域扩张,人口增长,呈现“膨胀”式发展。作为英国的政治、经济和文化中心,伦敦聚集了贵族显要等有闲阶层,他们往往是社会风尚的引领者,其行为举止是其他阶层的模仿对象,在休闲生活方面亦是如此。随着英国的海外扩张、工商业发展和社会分工的细

---

① Ruth.K.McCure, *Coram's Children: The London Foundling Hospital in the Eighteenth Century*, p.181.

② John Woodward, *To Do the Sick No Harm: A Study of the British Voluntary Hospital System to 1875*, London: Routledge & Kegan Paul, 1974, pp.18—19.

③ Frank Prochaska, *The Voluntary Impulse, Philanthropy in Modern Britain*, p.54.

④ David Owen, *English Philanthropy, 1660—1960*, p.166.

化,伦敦涌现了许多拥有巨额财富的大商人、大工业主、银行家和批发商,聚集了政府官员、神职人员、律师、医生、学校教师和书商等各行各业的人员。在18世纪,伦敦的律师比全国所有其他城镇加起来的总和还多,医生行业也是如此。[①] 在此基础上,中产阶层的队伍逐渐壮大。据1801年的人口普查结果显示,伦敦约有30000户属于中产阶层,近125000人,占总人口的七分之一。[②] 这些商人和专业人士凭借能力发家致富,成为新兴的都市社会精英。但在18世纪英国的主流社会中,财富并不等同于地位,除非能以某些方式将其转化为地位,而参与上层社会热衷的时髦休闲活动即是一个重要途径。这些新兴社会群体拥有足够的财富和充分的闲暇,又急于攀登社会阶梯,希冀获得与其财富相称的社会地位,因而具有强大的休闲消费动力。

18世纪以来,休闲活动的商业化成为一个明显的趋势。彼得·博赛(Peter Borsay)认为,在1660—1760年间,英国城镇出现了休闲生活的"文艺复兴"。[③] 伦敦的公共生活开始以酒馆、咖啡屋、公园和剧院等商业场所为中心。同时,教会和政府作为艺术赞助人的角色逐渐弱化,形成了一个"文化真空",而这一真空很快为各种商业艺术休闲活动所填补。[④] 音乐、戏剧等艺术开始走出贵族赞助的小圈子,进入中产阶层的公共生活。这一时期,都市公众热衷于休闲生活,休闲活动的种类增多,从内容到形式都更为世俗化和商业化。

慈善机构迎合都市人群寻求休闲娱乐和追逐社会地位的需求而举办欢娱慈善活动,构建了一个独特的都市社会空间。在18世纪中期,参观慈善机构和参加其礼拜仪式,成为中上层人士的时尚休闲活动。一些慈善机构的建筑极为壮观,如"英国和外国圣经协会"(the British and Foreign Bible Society)的房屋犹如美第奇家族的建筑一样壮丽。[⑤] 此外,人们对于慈善机构的救助对象如弃婴、女孤、从良妓女等,抱有强烈的好奇心。"妓女感化院的宗教仪式吸引了很多时髦人士,他们的到来与其说是为了精神慰藉,不如说是为了满足好奇心和追逐潮流。但有一点可以肯定,牧师极具感染力的布道赢得了这些人的眼泪与金钱。"[⑥]18世纪中期,伦敦育婴院引领风气的艺术展和音乐会等欢娱慈善活动,吸引伦敦人争相探访。参

---

① L.D.Schwarz, *London in the Age of Industrialization: Entrepreneurs, Labour Force and Living Conditions, 1700—1850*, Cambridge University Press, 1992, p.4.

② George Rude, *Hanoverian London 1714—1808*, Suffolk: Martin Secker & Warburg Limited, 1971, p.57.

③ Peter Borsay, *The English Urban Renaissance: Culture and Society in the Provincial Town, 1660—1770*.

④ Peter Borsay, *A History of Leisure: The British Experience since 1500*, New York: Palgrave Macmillan, 2006, p.19.

⑤ Brian Harrison, "Philanthropy and the Victorians", *Victorian Studies*, Vol.9, No.4 (June.1966), p.363.

⑥ Ibid.

图 2　伦敦育婴院的主体建筑

加伦敦育婴院礼拜天的宗教仪式成为当时最时髦的休闲活动，追逐风潮的富人们拥挤在伦敦育婴院的礼拜堂，人数如此之多，许多人只能排队等候座位。

18 世纪中后期，猎奇心理与追逐时尚潮流的结合，驱使伦敦中上层人士赶赴一个个慈善机构，参加各种欢娱慈善活动。礼拜天，到慈善机构礼拜堂听募捐布道，观赏教堂走廊里秩序井然的孩童。在慈善演出集中的年末，他们可能去听亨德尔在伦敦育婴院礼拜堂里演奏的《弥赛亚》，去考文特公园和特鲁里街剧院看悲剧或滑稽戏。时人感叹："当今世界，最时尚的娱乐活动是慈善。"①通常慈善机构会想方设法吸引公众参与，但在 18 世纪中期，对当时正处于潮流中心的伦敦育婴院而言，控制合宜的人数才是他们关注的问题。1747 年伦敦育婴院举办的女士早餐会售出了 1024 张门票，但仍有许多拿不到票而想参加的人，以至于育婴院小心地用钉子钉牢窗户，以防那些未受邀请的人进来。②

这一时期，伦敦众多慈善机构及其举办的欢娱慈善活动，成为伦敦城市社会生活的特色之一。如 1805 年出版的观光手册《伦敦画面：一个正确指南》③和 1834 年出版的《都市杂志》的汇编④，都花了不少篇幅介绍伦敦的慈善机构。于是，这些慈善机构也作为旅游景点，成了伦敦游客

① Derek Fraser, *The Evolution of the British Welfare State*: *A History of Social Policy since the Industrial Revolution*, New York: Palgrave Macmillan, 2003, p.138.

② Tanya Evans, "*Unfortunate Objects*": *Lone Mothers in Eighteenth-Century London*, Basingstoke: Palgrave Macmillan, 2005, pp.75—77.

③ The Picture of London, for 1805 being a Correct Guide.

④ *The Metropolitan Magazine*, Volume X, 1834.5—1834.8, London, 1834.

们的游览胜地。[1] 1802 年,来自诺丁汉的一位游客访问了伦敦育婴院、妓女感化院和女孤收容所后,在日记中写道:"眼见这些孩童举止合宜真是赏心悦目。"[2]

查尔斯·格雷威(Charles Greville)在游记中记录了1833年在汉诺威广场举行的慈善义卖会,他生动地描述了当时的气氛:"对每个人(而言)——男人、女人和小孩,这如同一场没有面具的化装舞会,人们四处游逛,互相交谈。以交易的名义,完全的陌生人开始变得相当熟悉。女王的摊位由两位贵族夫人负责照料,还有三个极美的未婚侍女,她们以极昂贵的价格出售形形色色的无用之物。"[3]对有闲阶层而言,参加慈善义卖会是个理想的午后消遣;而组织者亦知如此,所以大多在报纸和杂志的娱乐版刊登广告。通常,慈善义卖会的娱乐性越强,吸引的人群越多,收益就越可观。为此,组织者一方面邀请贵族光顾,另一方面则加入大量的娱乐节目,以增强吸引力。到19世纪40年代,某些慈善义卖会已经类似于一个狂欢节,而不只是集市。[4] 周年庆典和慈善晚宴一般是男性主导的场合,妇女很少出现;但在慈善义卖、早餐会、音乐会、戏剧演出和宗教仪式等活动中妇女也是积极的参与者,她们的庞大队伍推动了欢娱慈善风潮的兴盛。

在18、19世纪,都市社会对休闲娱乐活动的消费需求明显上升,大量中产阶级的财富、闲暇及其寻求社会认同的努力,为城市的休闲活动提供了强大的消费动力。而慈善机构的中产阶级经营者深谙此理,遂将慈善与休闲结合起来,使人们在捐助慈善的同时享受轻松愉悦的休闲活动。慈善事业的繁荣和欢娱慈善的盛行都是基于城市的独特现象,从侧面展现了这一时期都市社会文化生活的发展。

休闲、社交与身份认同

法国社会学家皮埃尔·布尔迪厄(Pierre Bourdieu)认为,"阶级认同不是固定不变的,而是动态的和相互关联的。其结果是,文化消费成了阶级间变动关系的一种功能"。[5] 18、19世纪的欢娱慈善活动不仅构建了一个独特的城市社会文化活动空间,也呈现了转型时期英国城市社会结构和社会关系的变动。

在欢娱慈善活动中,不同阶层和不同程度的社会参与,展现和创造着不同的社

---

① Sarah Lloyd, "Pleasing Spectacles and Elegant Dinners: Conviviality, Benevolence, and Charity Anniversaries in Eighteenth-Century London)", p.25.

② Amanda Vickery, *The Gentleman's Daughter: Women's Live in Georgian England*, Yale University Press, 1988, p.252.

③ Charles Greville, *A Journal of the Reigns of King George IV and King William IV*, London, 1875, Vol 2, p.383.

④ Frank Prochaska, *Women and Philanthropy in Nineteenth-Century England*, p.60.

⑤ Ann Bermingham, "Introduction the Consumption of Culture Image, Object, Text", in Ann Bermingham and Joan Brewer, (ed), *the Consumption of Culture, 1600—1800, Image, Object, Text*. London: Routledge, 1995, p.10.

会关系。

首先,筹办欢娱慈善的关键在于争取达官显贵的参与。为此,主办者在选择周年庆典时间上颇费心思。“伦敦和威斯敏斯特慈善学校”为了求得最佳时机,甚至改变了庆典的日期:1728 年,将周年庆典时间从圣灵降临节改为 5 月第一个星期三,表面理由是为了避免孩子们因天气炎热而呼吸困难,但真实原因是在圣灵降临节大部分贵族士绅都不在城里,登报广告也无济于事。① 1787 年,“牧师之子协会”的秘书约翰·培根(John Bacon)听闻国王将在该协会周年庆典当天检阅骑兵卫队,抱怨说这不仅会使他们失去最好的管弦乐,而且许多贵族士绅因此不能参加周年庆典,将会减少募捐收入。后来,在坎特伯雷大主教的周旋下,国王在那一天没用管弦乐而且将检阅推迟了一天。② 慈善机构的周年庆典通常在春夏举行,如表 1 所示:

表 1　伦敦部分慈善机构举行周年庆典的日程表

月份	周年庆典数量	月份	周年庆典数量
1 月	2	7 月	3
2 月	10	8 月	4
3 月	17	9 月	2
4 月	26	10 月	6
5 月	51	11 月	8
6 月	19	12 月	15

资料来源:John Murray, *The Annual Subscription Charities and Public Societies in London*, Printed by William Clowes, London, 1823, pp.xx-xxiv.

从表 1 可知,3 月到 6 月正值伦敦社交盛季,也是慈善机构周年庆典最集中的时段。从 7 月开始,贵族们到乡村避暑度假,周年庆典的数量也相应剧减。慈善义卖会等活动也同样如此。可见,欢娱慈善活动的时间选择大多迎合了贵族的行程。

主办者如此费心争取社会权贵的参与是有理由的。贵族等社会头面人物的参与,不仅为欢娱慈善活动增添了尊贵与荣耀的色彩,而且也吸引大量中产阶层纷纷跟随。1876 年,当克里斯提安公主(Princess Christian)取消出席“皇家防止虐待动物协会”在圣詹姆斯大厅举行的年会晚宴时,其理事长对只有半满的大厅和失望的人群致辞称:“慈爱是非常受欢迎的,但公主也很受欢迎,或许更具吸引力,我相信,如果她出席的话,这个大厅一定可以坐满。”③英国在社会风尚上素来以贵族为风向标,对上流社会的好奇与追慕通常是时尚风潮的动力。在慈善义卖会中,一个女王名下的摊位具有无与伦比的优越性,往往能引得大批贵族和绅士的出动而获利甚丰。1833 年 6 月,在汉诺威广场举行了一场为期四天的慈善大义卖,其中包括一个女王名下的摊位和丰富多样

---

① Sarah Lloyd, “Pleasing Spectacles and Elegant Dinners: Conviviality, Benevolence, and Charity Anniversaries in Eighteenth-Century London)”, p.25.

② Ibid.

③ Brian Harrison, “Philanthropy and the Victorians”, p.365.

的娱乐活动，共获致5106英镑。[1] 因此，恳请女王光顾慈善义卖会的请求，从四面八方源源不断地涌向王室内务处。

社会等级也精确地反映到慈善机构的人员结构之中。慈善机构的庇护人、理事长、副理事长主要由贵族充任。在19世纪20年代，国王是28个伦敦慈善机构的庇护人。[2] 其他贵族也担任了多个慈善机构的理事长或副理事长，这主要是象征性的职务，他们只在周年庆典或晚宴等重要场合出现，一般不参与管理，具体经营则由精明能干的中产阶层人士负责。这一安排其实是完美的折中：在财富和权力已不完全对称的等级社会里，上层贵族与力图寻求身份和地位的中产阶层各司其职，各得其所。中产阶级经营者千方百计寻求贵族的支持和参与，是因为他们深知贵族仍具有引领民众的魔力。在欢娱慈善中，出席的贵族人数及其显赫程度则是宣传卖点和收益保证。这一时期，在商业化浪潮中，处于金字塔顶端的贵族仍掌控和引导着社会风尚的走向；而新兴阶层的追随，体现了他们对贵族所代表的上层社会及其文化的心理认同。这一认同与追随表明，新兴阶层对传统权威仍有较强的向心力，这可能也是英国秉持渐进改革原则的文化因子之一。

其次，组织者想方设法邀请贵族出席欢娱慈善活动，正是希望贵族垂范能够吸引更大群体——中产阶层的参与。贵族虽然显赫，人数毕竟有限，而广大新兴阶层更代表着人力和财富，也是慈善机构的重要资金来源。在18、19世纪，伦敦的中产阶层日益扩展，他们来源于各个行业，人数众多，拥有相当的财富和闲暇，热衷于各种社交和社团活动。在经济上获得成功后，这些都市新贵急切希望进入主流社会，试图用财富换取地位，例如与上层社会联姻，在乡下购买地产，在城市参与文雅社交，等等。这些新兴社会精英日益成为城市中的重要消费群体，他们的休闲娱乐诉求和向上层社会流动的努力促成了欢娱慈善风潮的盛行。

慈善晚宴是伦敦中上层社会的社交场合之一，参加者大多是贵族、主教等社会显要人士。如在牧师之子协会周年庆典后，市长、坎特伯雷大主教、主教、市参议员和神职人员等一起享受丰盛宴席。慈善机构通常会在报纸刊登周年庆典活动的详情，包括出席晚宴的重要人物、消费情况和募捐金额等。这不仅有助于慈善机构扩大影响，也是资助人获取社会声誉的重要途径。伦敦报刊经常用“上流社会”“可敬”“显要”“上等”“壮观”等词语描述欢娱慈善活动，[3]这些形容词显示了时人对此类名流云集的社交场合的惊羡心理。富商大贾们通过资助慈善机构和

---

① Frank Prochaska, *Women and Philanthropy in Nineteenth-Century England*, p.51.

② 根据 John Murray, *The Annual Subscription Charities and Public Societies in London*, 1823 一书所做的统计。

③ Sarah Lloyd, “Pleasing Spectacles and Elegant Dinners: Conviviality, Benevolence, and Charity Anniversaries in Eighteenth-Century London)”, p.43.

参加欢娱慈善活动，在晚宴上与贵族觥筹交错，在音乐会和戏剧演出等活动中与贵族相邻为伍。与贵族等社会显要一起进行宴饮交际，在一定程度上满足了中产阶层对上流社会的好奇与追慕，因为“他们的血液里就流淌着对贵族的尊敬”。[①] 这些汇聚达官显贵的社交场合为期望攀登社会阶梯的社会新富提供了赢得名声、追逐社会地位的机会，他们得以在公共生活中显露头角，甚至由此开始政治生涯。

尽管欢娱慈善旨在募集善款，但这些活动通常需要先行投资。1724 年，有许多重要人物出席牧师之子协会的年会晚宴，晚宴极为丰盛，全场伴随着管弦乐队的表演，总共花费 435 镑。[②] 关于慈善晚宴的奢侈消费也是存在争议的。1775 年，慈善家汉韦点名批评牧师之子协会，指责他们“过度奢侈”，募集了 1000 镑，但宴会开支至少花了 400 镑。他说：“我们希望教育穷人们节俭和勤勉，而不是给他们树立一个坏榜样。”[③]反对者则认为：“为了慈善，这些奢侈乃至挥霍的做法是必要的。”[④]这一时期，休闲活动成为新富追逐社会地位的重要途径，特征之一是通过奢侈性和炫耀性消费来彰显财力和标榜身份。这类奢侈挥霍也是一种门槛，将无力承担的人排除在外，从而达到体现尊贵和享受特权的目的。这与通过奢侈挥霍来证明社会地位的古老风气是一致的。显然，慈善机构为了吸引这些中上层人士的参与和捐助，有意迎合了这种奢侈风气。

同时，对中产阶层而言，欢娱慈善不只是一项时髦的休闲活动，也是其寻求社会认同和建立社会关系的重要途径。作为一个新兴的社会群体，他们希冀通过参与公共生活获得身份认同和集体归属感，而商业社会提供的休闲消费成为公共生活的重要载体。慈善音乐会、公益演出等欢娱慈善活动构成了一个融合不同出身、职业和政治派别等各种人群的城市空间，不仅有助于形成相应的专业和商业关系网络，也有利于 18 世纪英国都市社会各阶层的融合和都市共同文化的形成。

18、19 世纪，慈善机构融合传统的庆典、仪式和新式休闲娱乐活动，以商业化的方式组织起来，形成集慈善和休闲于一体的欢娱慈善活动。在此期间，丰富多彩的欢娱慈善以及大批中上层人士的参与，成为一个突出的社会文化现象，折射出社会结构和社会关系的流动。一方面，贵族仍然引领着社会生活的各个方面，享有极高的社会地位和威望。另一方面，中产阶层的社会影响力日益上升，在城市公共生

---

① 古斯塔夫·勒庞：《乌合之众——大众心理研究》，冯克利译，北京：商务印书馆，2009 年，第 135 页。

② Sarah Lloyd, *Charity and Poverty in England, c.1680—1820: Wild and Visionary Schemes*, Manchester: Manchester University Press, 2009, p.222.

③ Jonas Hanway, *The Defects of Police*, London, 1775, p.276.

④ Sarah Lloyd, *Charity and Poverty in England, c.1680—1820: Wild and Visionary Schemes*, p.231.

活中扮演着越来越重要的角色。为了改变其社会地位与经济实力不相匹配的现状,中层阶层试图提升自己的社会地位,而其重要方式即是在生活方式和社会风尚方面尽量趋同于贵族。这也表明他们仅仅力求融入上层社会及其文化,尚未形成自身的阶级认同。因此,在欢娱慈善的舞台上,同时展现了传统社会结构的坚固和来自新兴群体向上层社会流动的冲击,呈现出新旧交融的图景。

这一新旧交融的图景正是18、19世纪英国由传统等级社会向阶级社会转变的真实写照。这一时期,财富实力和社会结构已然不对称。传统等级结构受到了商业化浪潮的冲击,在不同阶层共同参与的休闲活动和文化消费中等级界限也趋于模糊。中产阶层在人员和财富方面的扩张及其向上层社会流动的野心和努力,必然会逐渐侵蚀传统的等级社会结构,从而推动社会结构和社会关系的变革。

作者简介:吕晓燕,江西师范大学历史文化与旅游学院讲师。

专题研究

1871—1900年间巴黎市议会有关地铁建设的讨论

□孙一萍

摘　要:1871—1900年间,巴黎市议会、塞纳省议会和国家行政法院就修建巴黎地铁问题进行了长达三十年的争论。这场争论以巴黎市议会为主导,主要围绕地铁归属权、地铁建设的技术、资金及路网设计等问题展开。出于意识形态不同、维持巴黎入市税及巴黎城市美学等方面的考虑,巴黎市议会提出地铁应服务于地方利益,并最终在这场争论中胜出。但随着巴黎城郊人口比例的变化,巴黎地铁很快通往郊区并与全国铁路主干线相连,这一发展趋势与塞纳省议会和国家行政法院的设想更相吻合。但就总体而言,所谓"历史的报复"在本质上并没有违背巴黎市议会的初衷,那就是追求巴黎地铁的通达性,从而提高巴黎的城市生活质量。

关键词:巴黎地铁;巴黎市议会;塞纳省议会;国家行政法院

Abstract: From 1871 to 1900, there was a thirty-year debate among the Paris City Council, the General Council of Seine Province and the Council of State on the construction of the subway of Paris. The debate dominated by the Paris City Council mainly focused on the following questions such as the ownership of the subway, the technical and financial problems, the design of road network and other issues. For differentiating its ideology from the other two disputants, maintaining the octroi of Paris and putting much emphasis on the city aesthetic, the Paris City Council proposed that the subway should serve only the local interests of Paris. At last, the Paris City Council finally won this debate. However, with the great change of the population proportion of urban and suburb areas, the subway quickly extended to the outskirts of Paris and connected with the main lines of the national railway system, which is more compatible with the consideration of the General Council of Seine Province and the Council of State. But overall, the so-called "historical revenge" does not violate the original intention of the Paris city council, that is, to pursuit the Paris subway's accessibility and therefore to improve the living standard of this city.

Key words: subway of Paris, the Paris City Council, the General Council of Seine Province, the Council of State

巴黎市议会早在法兰西第二帝国时期已开始讨论地铁修建问题，尤其是当时主持巴黎城市改造的乔治、欧仁·奥斯曼(Georges-Eugène Haussmann)很早就认识到地铁对解决巴黎交通问题的重要性。但巴黎地铁的真正建成时间，却远远落后于世界上其他大都市。[①] 究其原因，主要是巴黎市议会(Le Conseil municipal de Paris)、塞纳省议会(Le Conseil général du departement de la Seine)和以国家行政法院(Le Conseil d'Etat)为代表的国家立法机构和法国政府在巴黎地铁问题上存在分歧。对巴黎地铁应服务于巴黎市的地方利益，还是服务于塞纳省以至国家的整体交通布局，各级议会无法达成一致。从1871巴黎市议会正式讨论修建巴黎地铁，至1900年首条线路通车，三方争执长达三十年之久。近年来，随着城市史的复兴，特别是对巴黎地铁研究的深入，越来越多的学者开始关注这次争论。[②] 本文尝试对三方之间的争论进行分析，着力探讨巴黎市议会在地铁修建问题上所持的立场及其缘由，以期由此侧面深化对巴黎城市史的认识。

有关地铁归属权的讨论

法兰西第二帝国时期，为解决1855年巴黎世界博览会的交通问题，奥斯曼把巴黎十几家车辆公司合并为公共车辆总公司(la compagnie générale des omnibus)。[③] 奥斯曼要求该公司无条件地保证公共交通服务，尽量把线路拓展到人口较少的城

---

① 伦敦于1863年率先建成世界上第一条地铁，纽约、芝加哥、布达佩斯等城市的地铁也相继建成。巴黎地铁于1900年方始建成第一条线路。

② Pierre Lavedan, *Histoire de l'urbanisme à Paris*, Paris: Hachette, 1975; Gabriel Dupuy, "Les stations nodales du métro de Paris: le réseau métropolitain et la revanche de l'histoire", *Annales de géographie*, t. 102, No. 569, 1993, pp. 17—31; Dominique Jarrassé, *Paris métro aérien*, Paris: Délégation à l'action artistique de la ville de Paris, 1986; Pascal Désabres, "Quelques aspects techniques de la construction des infrastructures du métro de Paris, 1898—1910", dans *Métro, dépôts, réseaux: Territoires et personnels des transports parisiens au XXe siècle* sous la direction de Noëlle Gérôme et Michel Margairoz, Paris: Publications de la Sorbonne, 2002; Simon Texier et Laetitia Bonnefoy, *Paris et ses chemins de fer*, Paris: Action artistique de la ville de Paris, 2003; Allan Mitchell, *Rêves Parisiens: l'échec de projets de transport public en France au XIXe siècle*, Paris: Presses des Ponts, 2005.

③ 有关法兰西第二帝国时期巴黎十几家公共车辆公司的具体情况，参见 Nicholas Papayanis, "Les transports à Paris avant le métropolitain", dans *Métro-cité: Le chemin de fer métropolitain à la conquête de Paris (1871—1945)* sous la direction de François Gasnault et Henri Zuber, Paris: Paris-Musées, 1997; René Bellu, *Les Autobus parisiens des origines à nos jours*, Paris: Jean-Pierre Delville, 2000。

区周边,而完全不考虑其营利性;[①]但该公司却只想提供"有利可图的"服务。[②]在此情况下,奥斯曼提出一项城市铁路规划,这即是最早的巴黎地铁设想。奥斯曼打算沿巴黎内环线(la Petite Ceinture)修建一条城市铁路,并在郊区开辟一条外环线(la Grande Ceinture)。[③] 根据奥斯曼的设计,两位圣·日耳曼铁路的技术人员提出首个巴黎地铁建设方案。[④] 巴黎市议会曾成立专门委员会商讨这一方案,许多公司纷纷前来承揽这项工程,但由于这些公司提出的保证其最低收益的要求无法得到满足,致使该方案被无限期搁置。19世纪50年代以后,巴黎的交通堵塞问题日益严重,传统的马拉公交车已无法满足人们的出行需要。与此同时,巴黎向郊区"溢出"所带来的人员、货物运输压力,使巴黎地铁的修建工作再次摆上议事日程。

法兰西第三共和国成立后,巴黎市议会很快开启修建巴黎地铁的讨论。[⑤] 当时的巴黎市议会在管理巴黎市方面没有独立话语权(巴黎市隶属塞纳省,巴黎市议会的80名成员同时也是塞纳省议会的成员),国家立法机构与行政机构可以通过塞纳省省长与省警察局局长直接管理巴黎事务。[⑥] 此外,法兰西第三共和国时期的巴黎市政府通常由左派执掌,而塞纳省议会与法国政府则多为右派当政。由于意识形态不同,巴黎市议会在巴黎地铁问题上经常与另外两者意见相左。三者的分歧主要集中于以下几点:地铁归属权、地铁建设的技术和资金问题以及路网设计等。对于一般城市而言,最主要的问题是路网设计;但对巴黎而言,首先要解决的问题是由谁来主导地铁建设。[⑦]

1871年9月10日,塞纳省议会授权塞纳省省长成立专门委员会,负责研究在巴黎市与塞纳省之间修建铁路与有轨电车,工程的主要目的是把巴黎市与塞纳省各市镇连接起来。1872年1月2日,该委员会正式成立,委员们对当时提交的几个规划方案进行研究,但委员会内部没有达成一致意见。1875年11月23日,巴黎市议会与塞纳省议会先后投票,同意继续研究在塞纳省范围内修建铁路将会给所辖各市镇带来的好处。[⑧]

---

① Georges-Eugène Haussmann, *Mémoires*, vol.3, Paris: Victor-Havard, 1890—1893, p.168.

② Pierre Lavedan, *Histoire de l' urbanisme à Paris*, p.471.

③ Pierre Lavedan, *Histoire de l' urbanisme à Paris*, Paris: Hachette, 1975, p.476.

④ Edouard Brame et Eugène Flachat, *Chemin de fer de jonction des Halles centrales avec le chemin de fer de Ceinture*, Paris: Publications de la Revue municipale, 1854.

⑤ François Hippolyte Désiré Mantion, *Rapport de la Commission special sur l' étude des chemins de fer et tramways d' intérêt local à établir dans le département de la Seine*, Paris: impr.de C.de Mourgues frères, 1872.

⑥ 参见 Philippe Nivet, *Le Conseil municipal de Paris de 1944 à 1977*, Paris: Publications de la Sorbonne, 1994。

⑦ Pierre Lavedan, *Histoire de l' urbanisme à Paris*, p.503.

⑧ *Journal officiel*, 20 juillet 1887, p.1808; 21 juillet 1887, p.1833.

1877年,巴黎市议会提名组成专门委员会赴英国考察伦敦地铁,巴黎市议会逐渐在地铁修建问题上取代了塞纳省议会的主导地位。1880年6月11日,省议会颁布了一项法令称塞纳省各市镇有权修建服务于地方利益的铁路,这等于宣布各市镇可以自主修建拥有独立管理权的铁路,地铁当然也包括其中。在与塞纳省议会争夺地铁主导权的过程中,巴黎市议会暂时占据了上风。但法国国家行政法院开始进行干涉,强调巴黎地铁归国家所有,拒绝把修建地铁的决定权出让给巴黎市议会。

这样,修建巴黎地铁的决定权归于国家。1886年,经与巴黎市议会商议,国家公共工程部部长查理·巴伊奥(Charles Baïhaut)提出了一个方案。然而,承担修建地铁的责任包括必须支付修建费用,而参议院(la Chambre)的财政委员会却无法解决这样一大笔资金。1887年6月20日,财政委员会不得不提出延期实施这一方案。1894年10月,由于查理·巴伊奥部长因贪污罪入狱,①新任部长路易·巴尔杜(Louis Barthou)提出了修建归国家管辖的巴黎地铁新方案,但该方案遭到巴黎市议会的激烈反对。② 在这场持久的拉锯战中,国家行政法院最终让步。1895年11月22日,国家行政法院颁布命令,承认巴黎市政府有权根据地方利益设计巴黎市的城市交通网络。③ 至此,巴黎市议会终于取得了修建地铁的主导权。

地铁建设的技术及资金问题

最初的巴黎地铁设计方案非常有趣,有些设计只能用“异想天开”来形容。一位设计者提出,地铁修建在地下,白天用于地铁运行,而晚上则用作下水道。④ 1880年,有人提议利用地铁车厢自身的重量在一个倾斜的平面上滑动,经过每个站点时再用一个简单的电梯装置把车厢拉上来。⑤ 另有一位海军军官想象着修建一种“空铁”,把车厢设计成威尼斯轻舟的形状,沿各主要街道上空滑动,街边的路灯柱可以用作车厢的支撑物。⑥

稍微严肃一点的讨论则是有关蒸汽或电力牵引问题。当时法国的电力牵引技术并不发达,而使用蒸汽的缺陷显而易见;尤其在地下,许多人担心乘客会因煤烟而窒息。1887年,让-巴蒂斯圣·贝利埃(Jean-Baptiste Berlier)提出使用电力牵

---

① François Broche, *La IIIe République de Thiers à Casimir-Perie*, Paris: Pygmalion 2001, p.498.

② Pierre Lavedan, *Histoire de l' urbanisme à Paris*, p.506.

③ Ibid.

④ Cité par Jean Robert, *Notre Métro*, p.17.

⑤ Jules Mareschal, *Tramways souterrains à plans inclinés et moteurs fixes*, Paris: impr.de Alcan-Lévy, 1880.

⑥ Cité par Jean Robert, *Notre Métro*, Neuilly: éd.Jean Robert, 1968, p.17.

引,但必须配备完全绝缘的导电体以保障安全。① 他是首位提出建立地下有轨电车方案(tramway souterrain)的法国人,并亲自设计了南北走向的第二条地铁线路(今巴黎地铁 2 号线)。② 1894 年,两位法国工程师提出在地铁站安装自动扶梯的建议,这个想法被用于 1900 年建成的巴黎地铁。③ 虽然由于运行速度太慢,其实效并不显著,但这一想法很有前瞻性,后来世界各地的地铁系统普遍安装了自动扶梯。④

最为热烈持久的讨论是地铁建在地上还是地下。伦敦地铁建于地下,而 1880 年左右的巴黎人一心要把巴黎与伦敦区别开来。对此,路易·厄泽(Louis Heuzé)的话可谓一语中的:“提到地铁这个词,巴黎人很快就能取代现有的地铁模式(指伦敦地铁)。”⑤在 1883 年 4 月 3 日召开的法国民用工程师协会(la Société des ingénieurs civils de France)会议上,有些讨论者提出由于洪水等原因,巴黎人不喜欢乘坐地下地铁。1885 年 3 月 6 日,法国民用工程师协会召开会议讨论于勒·加尼埃(Jules Garnier)提交的第二份报告,再次讨论巴黎人是否能够接受建在地下的地铁。⑥

有关巴黎地铁建在地下还是地上的讨论,还牵涉城市美学。于勒·加尼埃最初支持地铁建在地上,并提议修建两条并列高架线路,一条用于上行,一条用于下行。他认为高架铁路并不影响城市美观,并说过“(城市的)美丽是一种实用的表达”这样的话,⑦但他后来却转而支持地铁建在地下。让·克雷蒂安(Jean Chrétien)始终提倡建设高架线路,1881 年他提出沿巴黎主要街道修建高架电力铁路,并设计了一条从马德莱娜广场到巴士底狱广场,中间横穿歌剧院广场的线路。他认为高架线路透光且宽敞,地铁不会阻挡周边的建筑,“我们可以把高架线路建设成堪称坐落于我们现有街道上的艺术品,可以与任何的古迹遗址建筑相媲美,它可以和歌剧院本身形成相互映衬的效果。我们正在创造的不是古代的艺术品,而是我们

① Jean Baptiste Berlier, *Les Tramways tubulaires souterrains de Paris*, Paris: imp. de Chaix, 1890.

② 参见 Astrid Fontaine, *Le peuple des tunnels 1900—1930*, Paris: Ginkgo, Editeur, 2012。

③ Bibliothèque historique de la ville de Paris, Fonds “imprimés”, 705 341, dans Roger H Guerrand, *Mémoires du Métro*, Paris: La Table Ronde, 1960.

④ Pierre Lavedan, *Histoire de l'urbanisme à Paris*, p.507.

⑤ Louis Heuzé, *Chemin de fer transversal à l'air libre dans une rue spéciale. Passage couvert pour piétons*, Paris: impr. de Lapirot et Boullay, 1878, p.5.

⑥ Jules Garnier, *Projet comparé d'un chemin de fer aérien à établir dans les grandes voies de Paris, suivi de sa discussion en séance publique de la Société des ingéniers civils*, Paris: Impr. Chaix, 1885, p.5. 于勒·加尼埃此前曾提交有关地上地铁的提案,详情参见 *Avant-projet d'un chemin de fer aérien à voies superposées à établir sur les grandes voies de Paris*, Paris: Impr. Chaix, 1884。

⑦ Dominique Jarrassé, *Paris métro aérien*, Paris: Délégation à l'action artistique de la ville de Paris, 1986, p.35.

时代的艺术，它与古代艺术一样值得珍视”。①

1885年，法国政府提出保罗·阿格方案（Projet Paul Haag）。② 该方案建议修建高架线路，有些部分可以建在桥梁上。③ 但这一方案遭到了强烈反对，最主要的反对者是巴黎文物之友协会（la Société des amis des monuments parisiens）。该协会成立于1885年，查理·加尼埃（Charles Garnier）任主席，著名法国作家维克多·雨果在去世前不久曾答应担任该协会的名誉主席。该协会声称这一方案的路网“严重地影响了美学意义上的城市景观与考古遗迹”。④ 查理·加尼埃给法国公共工程部写信建议成立“地铁考古与艺术委员会”（la Commission artistique et archéologique du métropolitain），研究在地铁建设过程中如何保护巴黎文物古迹。获得批准后，查理·加尼埃等人分为两个小组进行了认真研究，并由查理·加尼埃本人给法国公共工程部部长写信汇报了研究结果。⑤ 巴黎文物之友协会一一标出了保罗·阿格方案中受到威胁的文物古迹，数量众多，其中包括马雷居民区的几个著名的官邸遗址及塞纳河沿岸的一些重要古迹如西黛岛、圣路易岛与马尔斯校场等。巴黎文物之友协会同时提醒政府注意，地铁各站点本身的建设也必须符合城市美学。在信的末尾部分，查理·加尼埃这样写道：“总之，如果地铁完全抛掉其工业化特征而成为彻头彻尾的艺术品，这在大多数巴黎人的眼中没有任何可遗憾之处。巴黎应该继续保持博物馆的样貌，而不是变为一座工厂。所以，您不用担心，尝试偶尔抛弃那些铁丝网与林立的钢筋吧！在为地铁站特别是桥梁和天桥工程进行招标时，请您多想想那些石块与大理石、青铜等建材以及凯旋门上的雕塑与纪念柱吧！这样您才能得到最出人意料和最为变化多端的杰作。”⑥

---

① Jean Chrétien, *Chemin de fer électrique des boulevard à Paris*, 2 édition, Paris: J. Baudry, 1881, p.52.

② 保罗·阿格为法国著名桥梁工程专家，毕生致力于巴黎地铁建设。1883至1897年间的主要代表作品有：*Le Métropolitain de Paris et l' élargissement de la rue Montmartre*, Paris: A. Lemerre, 1883; *Note sur le chemin de fer métropolitain dans Paris*, Paris: impr. de E. Capiomont et V. Renault, 1885; *Société civile d' études du chemin de fer métropolitain de Paris (projet Haag), Le Métropolitain Haag à l' Exposition de 1889, étude sur l' état actuel de la question*, Paris: impr. de Chaix, 1890; *Les Transports en commun et les métropolitains dans les grandes villes étrangères et à Paris, conférence faite à la Société française des ingénieurs coloniaux*, Paris: Baudry, 1897.

③ Bibliotheque Historique de la Ville de Paris, Fonds " imprimés", 93 306, Paul Haag, *Le Métropolitain de Paris et l' élargissement de la rue Montmartre*, Paris: A, Lemerre, 1883.

④ Charles Garnier, "Strictement et exclusivement au point de vue artistique et archéologique", *Bulletin de la Société des Amis des monuments parisiens*, Paris: Imprimerie D. Dumoulin et Cie, 1885—1886, pp.47—48.

⑤ Charles Normand, *Bulletin de la Société des amis des monuments parisiens*, Vol.1, Paris: Imprimerie D. Dumoulin et Cie, 1886—1887, pp.60—77.

⑥ Charles Normand, *Bulletin de la Société des amis des monuments parisiens*, p.77.

这封信受到公共工程部的高度重视，查理·巴伊奥部长亲自回复并表示在修改保罗·阿格方案时会充分考虑巴黎文物之友协会的建议，尽可能保护巴黎的历史遗迹与城市美景。① 巴黎文物之友协会还把这一问题反映给之后成立的老巴黎委员会（la Commission de Vieux Paris），后者在修建巴黎地铁过程中对巴黎的地下考古文物提出了详尽的保护措施。法国考古学家协会（La Société des antiquaires de France）也以文物之友协会为榜样，向公共工程部提出抗议。巴黎市议会的议员于1886年6月21、22、25、30日接连提交议案，议员乔治·贝里（Georges Berry）、欧仁内德·梅诺尔瓦尔（Eugènede Ménorval）、阿尔方斯·于姆伯尔（Alphonse Humbert）等人纷纷从不同的侧面，严厉批评法国政府的计划将给巴黎古建筑带来的巨大破坏。②

1890年，在这场争论中倾向于省议会与国家行政法院的让-巴蒂斯圣·贝利埃说："我估计在里沃里大街与其他街道上方修建高架桥是不能容忍的，那会大大影响美学景观。对于街道两旁建筑的房产主及承租人来说，也是不能忍受的……显然，地上地铁的方案可以用于巴黎外城的街道上方，那里的街道非常宽敞，有足够的空间，坚固密封的隧道，通风、照明条件良好，这样的地铁线路一年中有九个月比我们现有在地面上缓慢爬行的公共汽车要舒适得多。"③由此可见，在这场争论中巴黎市议会最终掌握了话语权。

关于铁轨间距，塞纳省议会与国家行政法院强调巴黎地铁应该使用标准宽度的铁轨，而巴黎市议会则坚持使用窄于标准宽度的铁轨。双方互不相让，因为它决定了巴黎地铁是否与已有的法国铁路系统连接起来。也就是说，是修建巴黎地铁还是修建塞纳省地铁。巴黎市议会坚决反对把巴黎地铁纳入整个塞纳省的交通网络，而是主张修建窄铁轨的、不与铁路系统连接的巴黎市内地铁。1896年1月7日，巴黎市议会的议员约瑟夫-阿尔弗雷德·蒂利埃（Joseph-Alfred Thuillier）在地铁委员会会议上宣布："如果巴黎市议会想要修建一条真正的巴黎市地铁，那地铁委员会就应该独立于那几家大型铁路公司，因此，地铁不能使用标准宽度的铁轨。"④巴黎市议会通过了这一提议。但国家行政法院与塞纳省议会却坚持反对意见，1898年3月30日法令强制巴黎地铁使用1.44米的标准铁轨，只在出于经济理由同意隧道的高度与宽度时可以缩

① Charles Normand, *Bulletin de la Société des amis des monuments parisiens*, Vol.1, Paris: Imprimerie D.Dumoulin et Cie, 1886—1887, p.78.

② Pierre Lavedan, *Histoire de l' urbanisme à Paris*, p.508.

③ Jean Baptiste Berlier, *Les Tramways tubulaires souterrains de Paris*, p.7.

④ Robert Franc et Colette Franc, *Le Scandale de Paris...*, Paris: B.Grasset, 1971, p.119.

减。但这一法令其实达到了巴黎市议会的目的,铁路干线的火车因车体过大不能进入巴黎地铁隧道,从而保证了巴黎地铁网络的独立性。

有关地铁建设资金,最初的提议大都是仿照修建铁路的资金使用模式,委托给私人公司,保证这些公司得到一定的好处,特别是为股东们提供最低收益保证。但最初的一批方案没有任何公司前来投标。前述法国政府的查理·巴伊奥方案中曾建议委托给一家公司,该公司负责人是不动产信贷银行(Crédit foncier)的官员,但这一身份引起巴黎市议会的反对,认为这位官员会听命于国家行政法院而损害巴黎城市的利益,从而致使该计划最终失败。几大国有铁路公司尤其是北方公司(Compagnie du Nord)愿意参与巴黎地铁的开发利用并承担修建费用。1891年,著名设计师埃菲尔提出了自己的计划,既没有要求政府补贴,也没有要求最低收益保证。由于支持埃菲尔计划的是北方公司,而巴黎市议会则对国有铁路公司抱有深深的敌意,就拒绝与之合作。

巴黎地铁的资金及管理模式几经变化,至20世纪40年代,巴黎大众运输公司(Régie autonome des transports parisiens)正式成为巴黎大区的公共交通管理机构。这是一个集工业与商业于一体的公共事业机构,资金自主,行政上隶属于设在法国国民议会的一个专门委员会。该委员会成员包括国民议会议员、巴黎一些地方组织的成员以及较有名望的个人,还有该委员会的部分专业人员。巴黎地铁经营管理模式的变化,体现了"公共交通"概念所发生的根本转变,这一概念更多地被赋予了"公共服务"的内涵。[①]

有关路网设计的讨论

巴黎市议会对法国的铁路公司抱有敌意,极力阻止巴黎地铁与全国铁路网相连。这一方面是出于意识形态的考虑;另一方面是出于权力争夺的需要,巴黎市议会惧怕这些公司染指本应由他们掌握的巴黎地铁管辖权。因此,巴黎地铁是否应到达郊区,巴黎市议会内部左、右派议员之间一直存在分歧。1892年1月12日,巴黎市议会进行讨论时,竟发生了下面这样戏剧性的一幕。右派议员乔治·贝里(Georges Berry)说:"我认为地铁会使我们的市中心变成空城,就像伦敦城所发生的那样。"左派议员鲁阿内·古斯塔夫(Rouanet Gustave)则针锋相对地说:"那很好啊!"[②]1895年1月9日,阿尔芒-普罗斯佩·格雷布瓦尔(Arment-Prosper Grébauval)说道:"我们的地铁到底有什么用呢?它只为市中心服务,那里是富人

---

① Pierre Lavedan, *Histoire de l' urbanisme à Paris*, p.510.

② *Bulletin municipal officiel de la Ville de Paris*, 12 janvier 1892, Paris: Administration et Gouvernement, 1892, p.119(另见网址 http://gallica.bnf.fr/ark:/12148/bpt6k6447047v/f15.image,查询时间:2014年4月10日).

居住的地区。巴黎成为一个真正的伦敦：白天是人们工作的城市，晚上则成为弃城。”①最终，巴黎市议会提出，不能像伦敦那样把巴黎市中心与全国铁路干线直接联系起来，以免居民在白天工作后离开市中心。巴黎市议会不能接受修建一条使巴黎成为“空城”的地铁。

在具体的路网设计方面，巴黎市议会最初并没有明确的构想。1883 年，巴黎市议会优先考虑的是把巴黎市中心和布洛涅森林（Boulogne）与万森纳森林（Vincennes）连接起来，这就意味着把巴黎市中心与郊区连接起来的方案获得了首肯。有的议员直接提出巴黎地铁应该囊括巴黎周边地区。其他建议者要求巴黎地铁应该包括一条共和国广场至夏罗纳（Charonne）的线路和一条从火车东站至庞丹（Pantin）的线路。有些巴黎市议会议员甚至反对修建只服务于巴黎市的地铁，批评巴黎地铁无法到达郊区。② 但这些建议都没有被采纳。特别是 1880 年 6 月 11 日塞纳省议会颁布法令允许各市镇修建地方性铁路后，巴黎市议会更是坚持巴黎地铁在路网设计上的独立性。

除意识形态因素外，巴黎市议会反对与铁路公司合作还有经济利益的考虑，即保证巴黎入市税（l' octroi）的征收。入市税是由法国各市政部门对进入其管辖区的某些货物与商品所征收的一种非直接税，一般针对大宗且最有利可图的商品如红酒、食用油、白糖、咖啡等。巴黎自 12 世纪起开始征收入市税，税收主要用于维护巴黎的防御工事或兴建公共工程。③ 地铁的修建会给某些人逃避交入市税提供方便，为了阻止逃税，巴黎市议会坚持地铁必须归巴黎市管理。1859 年 1 月 9 日，有议员提出：“巴黎的入市税征收额为 1.5 亿法郎，地铁会使这一税收损失 3000 万法郎。很大一部分巴黎人会在白天离开巴黎，他们只要花上 40 生丁或 50 生丁就可以离开，甚至连车都不用换就很容易地到达郊区。况且，离开巴黎的是那些富人，而非工人们。”1859 年 1 月 11 日，亚当-莱翁斯·勒弗罗（Adam-Léonce Levraud）说：“只要巴黎还设置入市税，修建地铁就一定会造成城区人口的减少，也一定会影响我们的税收来源。”他认为应该把与市区相连的铁路和巴黎市区的地铁区分开来：“我们的地铁使周边地域富足起来，并使巴黎的中心区域更趋集中。如果巴黎市议会打算修建地铁，只能赞成修建巴黎市区地铁，并且不与主要铁路干线连接。”④这一看法逐渐在巴黎市议会占据主导地位。

① *Procès-verbaux du Conseil municipal de Paris*, Paris: Imprimerie Municipale, 1895, p.25; Pierre Lavedan, *Histoire de l' urbanisme à Paris*, p.512.

② Pierre Lavedan, *Histoire de l' urbanisme à Paris*, p.512.

③ 巴黎入市税在法国大革命后曾一度取消，但在本文所涉期间又得以恢复。

④ Cité par Pierre Lavedan, *Histoire de l' urbanisme à Paris*, p.513.

塞纳省议会则坚持认为巴黎地铁必须与铁路相连,以方便巴黎市与郊区及塞纳省各市镇之间的交通。而法国政府也希望巴黎地铁与铁路相连,以使首都融入全国各省,削弱巴黎市过分强大的状况。1866 年 2 月 20 日,法国公共工程部部长在一次演讲中说,修建地铁的目的"不仅给巴黎居民提供一种新型的交通、出行方式",而且"也使住在巴黎郊区的大量人口能够把他们的货物运送到巴黎市中心"。与此同时,让-巴蒂斯圣·贝利埃建议修建三条交叉的地下有轨电车线。他解释说:"这条线路网不会妨碍以后地铁的修建,又可以把铁路干线的各站点连接起来,以满足人员往来与货物运输的需要。"①在巴黎市议会与省议会、法国政府三方的争论过程中,巴黎市的交通阻塞问题日益严重,巴黎向郊区的蔓延更是增加了巴黎的交通运输压力,加之 1900 年巴黎世界博览会即将召开等因素的影响,最终,塞纳省议会与法国政府做出了妥协。

1896 年 4 月 20 日,巴黎市议会通过了路桥工程师费尔尚斯·比耶维纽(Fulgence Bienvenüe)和设计师埃德蒙·于埃(Edmond Huet)拟定的地铁一期路网,并于 1898 年 3 月 30 日对公众宣布城市地铁计划(chemin de fer métropolitain)。1900 年,首条只服务于巴黎市交通需求的地铁线路开通。可以说,巴黎地铁是按照巴黎市议会的构想而修建的,但巴黎地铁此后的发展趋势与塞纳省议会、国家行政法院的设想更相吻合。② 巴黎地铁不仅加强了郊区到市中心的联系,而且加强了巴黎与法国各省、市之间的联系,有的学者戏称为"历史的报复(la revanche de l'histoire)"。③

巴黎市地铁后来的发展趋势,主要是由巴黎城区与郊区人口比例的根本性变化所决定的。巴黎市议会提出修建服务于地方利益的地铁时,还不可能预见到这一变化。19 世纪末,75%的人口居住在巴黎城区,郊区人口只有 20%。④ 铁路与有轨电车的发展使得巴黎郊区人口比例大为增长,至 20 世纪 30 年代,巴黎城区的常住人口约为 280 万,而郊区人口达到 200 万左右。而大部分工作机会仍然集中在巴黎城区,特别是火车站附近与有轨电车站附近。仅圣拉扎尔火车站,每天早上 8—9 点的高峰时刻,就有近 4 万人从这里前往附近的地铁站。巴黎地铁越来越无法适应每天从郊区赶往城区的大量

---

① Cité par Pierre Lavedan, *Histoire de l'urbanisme à Paris*, p.513.

② 巴黎地铁路网大致经历了三个拓展阶段:20 世纪一二十年代间,以巴黎二环以内的路网修建为主;20 世纪 30 至 50 年代间,路线扩展至巴黎近郊;20 世纪 60 至 80 年代间以建设大区快铁(RER)路网为主。各阶段具体情况参见 Joseph Jones, *The Politics of Transport in Twentieth-century France*, McGill-Queen's University Press, 1984。

③ Gabriel Dupuy, "Les stations nodales du métro de Paris: le réseau métropolitain et la revanche de l'histoire", pp.17—31.

④ Gabriel Dupuy, "Les stations nodales du métro de Paris: le réseau métropolitain et la revanche de l'histoire", p.19.

流动人员。[1] 因此适时做出改变已是顺理成章之事。巴黎市议会曾明确提出巴黎地铁的宗旨一是“提高巴黎的交通运输能力”,二是“开发远离市中心及人口稀少的区域”。[2] 总体看来,巴黎地铁通往郊区并与铁路站点相连,并没有违背巴黎市议会的宗旨。

对巴黎市议会而言,争取修建专属巴黎市的地铁是在极为困难的情况下进行的。法兰西第三共和国初期,巴黎市议会虽然有权动议与巴黎市有关的任何问题,但讨论的结果必须报上一级行政部门(如塞纳省长、各相关部长及国家首脑等)批准才能形成最后决议。由于巴黎地位特殊,它比法国其他各省受到了更为严格的控制。[3] 出于捍卫巴黎市相对独立的政治地位、保护巴黎的城市景观及维护巴黎市的经济利益等因素的考虑,巴黎市议会与塞纳省议会、以国家行政法院为代表的立法机构和法国政府,进行了长达三十年的争论。所谓“历史的报复”即巴黎地铁后来逐渐通往郊区并与全国铁路系统相连,其实与巴黎市议会的初衷并无相悖之处。追求巴黎地铁的通达性以使巴黎工人能够方便地由居住地前往工作地点,随着巴黎郊区的扩展延伸地铁并与全国铁路网连接,从而提高巴黎的城市生活质量,这些不但没有违背巴黎市议会的初衷,反而是其乐见的结果。

作者简介:孙一萍,山东大学历史文化学院副教授。

---

① Gabriel Dupuy,“Les stations nodales du métro de Paris:le réseau métropolitain et la revanche de l' histoire”,*Annales de géographie*,t.102,No.569,1993,pp.19—20.

② Conseil de Paris(France),“ANNEXE N° 18.Rapport de l' lngénleur en chef.Origine et but du réseau complémentaire”,dans *Rapports et Documents* sous la direction du Conseil de Paris(France),Paris:Conseil de Paris,1905,p.81.

③ Nobuhito Nagai,*Les conseillers municipaux de Paris sous la troisième république*,*1871—1914*,Paris :Publications de la Sorbonne,2002,p.45.

评 论

安克斯密特的历史哲学述评

□顾晓伟

摘 要:安克斯密特是当代叙述主义历史哲学的重要代表。20世纪80年代,安克斯密特侧重探讨叙述逻辑,提出"叙述实体"的概念,同怀特一道促成了历史哲学的"语言转向";90年代以后,他旨在寻求历史哲学与美学的亲缘,着重"历史表现"的分析;进入21世纪之后,他又推出长期思索的"历史经验"范畴,尝试摆脱语言先验论的桎梏。安克斯密特的学术贡献常常表现出以今日之我反对昨日之我的理论勇气和前卫风格。换一种眼光来看,这恰恰也体现出他始终关注历史学实践的变化,并试图做出理论分析和回应。《崇高的历史经验》是他系统阐述和分析"大屠杀"表现引发的"历史记忆"问题,也即是他回应和阐发心态史、日常生活史、物质文化史等历史写作新方式给历史哲学带来的新的思考进路。

关键词:叙述逻辑;历史表现;创伤记忆;崇高;情感;历史经验

Abstract: Ankersmit is an important representative of contemporary narrativist philosophy of history. During the 1980s, Ankersmit focused on the Narrative Logic, where he proposed the concept of "Narrative Substance". Following Hayden White, They together developed the period of "the linguistic turn" of the historiography. After the 1990s, he seeked the rapprochement between the Philosophy of History and the Aesthetics, focusing on the analysis of the "Historical Representation". When the 21st century came, he launched a long term thinking about the "Historical Experience" category, trying to get rid of the shackles of language Transcendentalism. His academic contributions often show the avant-poste style. It is also precisely indicated that he has always been concerned the changes of practical history research and try to make the theoretical analysis. *Sublime Historical experience* he described and analyzed the problem of the "Historical memory" which caused by the "the Holocaust", that is also responded to the new idea of Mentalités, Alltasgeschichte, and the history of material culture.

Key words: narrative logic, historical representation, traumatic memory, sublime feeling, historical, experience

弗兰克·鲁道夫·安克斯密特(Franklin Rudolf Ankersmit, 1945—)是荷兰格罗宁根大学思想史与史学理论教授,涉猎领域极为广泛,成果卓著,先后出版《叙述逻辑:历史学家语言的语义学分析》(1983)、《历史学与转义学:隐喻的兴衰》(1994)、《审美政治学:超越事实和价值的政治哲学》(1997)、《历史表现》(2001)、《政治表现》(2002)、《崇高的历史经验》(2005)、《历史表现中的意义、真和指称》(2012)等学术专著。20世纪80年代,安克斯密特从英美语言哲学流行的语义学进路探讨"叙述逻辑",奠立此后学术道路的根基,并与海登·怀特一道引领历史哲学的"语言转向";90年代以后,他旨在寻求历史哲学与美学的亲缘,着重"历史表现"的分析;新千年之后,他又推出长期思索的"历史经验"范畴,尝试摆脱语言先验论的桎梏。安克斯密特标新立异的风格在西方学术界也遭到褒贬不一的评论,有的学者批评其著作中带有浓厚的神秘主义色彩;有的学者则赞扬其理论原创性,认为他对"历史经验"的探讨有超越叙述主义历史哲学的理论抱负。近几年,国内学术界也翻译出版了安克斯密特的大部分著作,并对他的学术贡献进行了全面而系统的评价。[①] 本文也尝试在安克斯密特广阔的学术生涯中探讨其"历史经验"的内涵,认为他并没有发生激进的彻底转变,"崇高的历史经验"是他回应大屠杀创伤记忆引发的历史表现悖论的自然调整,"历史表现"与"历史经验"之间有内在的连续性。从近来安克斯密特对"历史表现"的语义学分析来看,他并没有转向遭人诟病的带有神秘的、不可言状的"历史经验",而是在"语言"与"经验"之间寻求某种中庸之道。本文分三个部分来展开,首先阐明作为安克斯密特学术根基的"叙述逻辑";其次,围绕历史学家如何书写和表现"大屠杀"引发的争论,分析安克斯密特提出的"崇高的历史经验";最后,总结历史经验中的"情感"和历史表现中的"移情"可以重新成为历史哲学深入研究的方向。

一

紧跟怀特的步伐,安克斯密特也跻身到当代历史哲学的前沿领域,享有广泛的声誉。出生晚一辈的安克斯密特所受到

① 可参见彭刚:《从"叙事实体"到"历史经验"——由安克斯密特看当代西方史学理论的新趋向》,《历史研究》2009年第1期;董立河:《从"叙事"到"在场"——论安克斯密特史学理论嬗变及其意义》,《江海学刊》2010年第3期;周建漳:《译者序言》,载其译《历史表现》,北京:北京大学出版社,2011年,第7—28页;张安玉:《安克斯密特历史经验理论——历史哲学的新视角》,《史学理论研究》2011年第1期;彭刚、董立河、陈茂华、张云波、李恒:《安克斯密特与西方史学理论的新趋向》,《史学理论研究》(圆桌会议)2011年第3期。

的学术训练与怀特不尽相同,其大学阶段学习过物理学和数学,著作充满英美分析哲学或语言哲学的印迹,而怀特的学术贡献则更多地从欧陆文学理论中汲取养分;但是他们都不约而同地从整体主义(Holism)的立场来探究历史学家的最终作品——历史文本。①

分析哲学有一个不言自明的家法,就是强调通过句法、语义分析来获得对象世界的精确化和明晰性。罗素的摹状词理论(Description Theory)就是通过精确地量化语言中的语词,来确立我们关于外部世界的知识。但这一家法的弊端也常常是只见树木不见森林,或者说把“树木”等同(=)于“森林”。正是在这一背景下,分析哲学为我们如何认识作为文本的“森林”留下了大量可探讨的空间。

在历史哲学引入分析哲学之时,分析哲学的自然科学化倾向就遭遇不同程度的挑战。阿瑟·丹图在完全运用分析哲学的路数来分析历史学家的语言时却得出,历史著作中具有时间性语言的“叙述语句”(narrative sentences)的可证实性不能还原到命题的“陈述语句”(statement sentences)的可证实性,在客观的物理时间坐标系中,“叙述语句不仅指称两个在时间上分立的事件,并且对前发事件的描述中参照后发事件。它在逻辑上还要求,如果它为真,这两个事件都要发生”。② 例如,历史学家对第一次世界大战的叙述必须参照第二次世界大战才是合法的,没有人在1914年的时候会说出“第一次世界大战已经发生”这样的语句;这种叙述在认识上对于现场观察者来说是不可及的,也就是不可说的、没有意义的。同时,史家也不能在2014年的时候说出“第三次世界大战将要发生”的语句,这种意在未来的语句没有指称,所以也没有认识上的真值。丹图认为史家最大尺度的史学描述就是对过去的描述,历史著作中的“具时态语句”(tensed sentence)是区别于自然科学“陈述语句”的主要特征。③

丹图在认识论上对叙述的分析打开了“科学统一化”链条上的一个缺口,为安克斯密特进一步对“叙述逻辑”(narrative logic)的探究提供了前提。我们知道,后期维特根斯坦抛弃了早期语言与世界的严格蕴含论,提出语言游戏中“家族相似”的类型概念,认为“一个语词的意义就是它在语言中使用”。④ 这也使得安克斯密特认为,语词和句子的恰当意义的条件取决于话语(utterance),句子环绕句子的意义则取决于语境(context),这应是叙述主义的主题。⑤ 原先从文本一

① 埃娃·多曼斯卡:《邂逅:后现代主义之后的历史哲学》,彭刚译,北京:北京大学出版社,2007年。

② Arthur C.Danto,“Narrative Sentences”,*History and Theory*,Vol.2,No.2.(1962),p.165.

③ 阿瑟·丹图:《叙述与认识》,周建漳译,上海:上海译文出版社,2007年,第44—80页。

④ 维特根斯坦:《哲学研究》,第43节,李步楼译,北京:商务印书馆,1996年,第31页。

⑤ Frank Ankersmit,*Narrative Logic,A Semantic Analysis of the Historian's Language*,Nartinus Nijhoff Publishers,1983,p.57.

句子—语词的不断分析的过程,转换到现在从语词—句子—文本的综合过程,两者并不是可以相互转化的同一个过程。就如亚里士多德所强调的,离开身体的手足还能成其为手足吗?语词和句子各部分的机械相加并不等同于作为整体的文本,"叙述(narratios)并不仅仅是语句的合取,如果一个叙述仅仅看作一系列的句子,那么最精华的东西就被忽略了"。[①]比如,两位史家对同一个历史事件或主题写作了两本历史著作,关于时间和空间的事实层面,我们可以通过对史料和证据的检讨来确立文本中陈述句子的真值;但是,我们能不能像通过约定1+1=2来判断1+1=3是错误的那样,以此来判定这本历史著作是真的而那本历史著作是假的?

显然,大多数历史学家并不会这么认为,他们会回应说,"历史学并不需要关心这个问题,我关心的仅仅是事实而已"。有些史家或许会自然而然地感觉这一本好过另一本,但问及依照什么样的标准时却莫衷一是。就像奥古斯丁遇到时间问题的感慨那样,"没有人问我,我倒清楚。有人问我,我想说明,便茫然不解了"。[②]而安克斯密特所要关心的,就是我们如何来评价作为整体的两个文本本身?在何种意义上我们能够说这一本比另一本更好,或者说更精彩?既然用于分析单个陈述语句的可证实性范畴不再适用于分析一个叙述的范畴,安克斯密特也就摒弃了在认知的符合论层面上探讨叙述的可能性;正是在此意义上,他找到了划清分析的历史哲学之界限的标准,把二战以来英美世界对历史学的探讨称为认识论的历史哲学(epistemological philosophy of history),以《元史学》为标志的历史哲学则命名为叙述主义的历史哲学(narrativist philosophy of history)。[③]

如果史家的著作不再是马路上的"路标","路标"仅仅为行人和车辆"指向"下一个目的站,那么历史文本又是什么呢?对此,安克斯密特提出"叙述实体"(narrative substance)的概念,历史文本也即是"关于过去的综合性观点的语言学实体"。[④]当我们言说"山""川""河""岳"这些专名时,我们总是要指称自然界中的存在物;与此对应,在历史文本中,"苏格拉底""柏拉图""拿破仑""希特勒"也是要指称历史上存在的人物。但是,我们说"飞马""孙悟空"又是指什么呢?我们可以说这些专名是一种文学上的虚构;同样,在历史文本中,我们也会常常看到"文艺复兴""工业革命""冷战"这样的名称,史家在言说什么呢?我们可以回答说,但

---

① Frank Ankersmit, *Narrative Logic, A Semantic Analysis of the Historian's Language*, Nartinus Nijhoff Publishers, 1983, p.58.

② 奥古斯丁:《忏悔录》,周士良译,北京:商务印书馆,1963年,第242页。

③ F.R.Ankersmit, "The Dilemma of Contemporary Anglo-Saxon Philosophy of History", *History and Theory*, Vol.25, No.4, Beiheft 25: Knowing and Telling History: The Anglo-Saxon Debate (Dec., 1986), pp.1—27.

④ 埃娃·多曼斯卡:《邂逅:后现代主义之后的历史哲学》,第89页。

丁是文艺复兴的代表人物，彼得拉克出生在佛罗伦萨，布克哈特写了《意大利文艺复兴时期的文化》这样一本书，等等。我们并不会说历史上就存在着清晰可见的"文艺复兴""工业革命""冷战"这样的实在物，同样也不会说这些名称都是文学上的虚构。那么，这些名称到底是什么呢？安克斯密特把这些名称称为"综合性概念"(colligatory concept)，它们并不"指称"过去的存在物，而是"关于"过去的观点(point of view)。它们也不仅仅是马路上指示另一方向的"路标"，它们本身就是物(things)，在语言实体的意义上分享着"山""河"同样的属性，"叙述中的陈述具有双重而非单一的功能：(1)根据叙述实在论对叙述的解释，作为陈述，它们指称过去的事物或过去的一个方面；(2)除了第一个功能之外，遵照叙述观念论对叙述的解释，作为一个叙述的成分，它们具有关于过去的'拟像'(image)和'图画'(picture)的属性，也即是一个'叙述实体'的特征"。[1]

叙述中陈述的双重功能是同一时刻实现的，史家在描述过去事物的同时也就塑造了关于过去的拟像；反之亦然，史家在形塑过去图画的同时也要通过陈述过去的事物来完成，这里面也就包含了描述和个体化的成分。因此，历史叙述中的双重成分就是综合的，而不是分析的；历史叙述不能还原到单个陈述。例如，"单身汉是没有结婚的"这个陈述是分析的，意思是说"单身汉"="没有结婚的"，等号两边是重言式的，是一种同义反复，就像5+7=7+5那样；而历史叙述则会说，"单身汉是猪"，它就不再是同义反复，而是一种隐喻陈述(metaphorical statement)，通过把"单身汉"类比或想象为"猪"来获得新的意义，"它是对叙述的卓越的总体性概括：它邀请我们去构想相关叙述中关于过去的字面陈述"。[2] 个体化的观点就来源于这一隐喻陈述，也就能够解释像"文艺复兴""工业革命""冷战"这些综合性观点的合理性。同时，个体化的观点也就能更好地解释不同文本之间的差异性。

在逻辑上确立了个体化在历史叙述中的正当性之后，我们也就要面对个体化之间的同一性(identity)问题，即如何评判有关同一主题的不同文本的优与劣？安克斯密特的答案是："最好的历史叙述是最具隐喻的历史叙述，具有最大视界的历史叙述。它也是最'冒险的'或最'勇敢的'历史叙述。"[3]这也意味着最好的历史文本也是最具想象力和最具个体化的历史叙述，而历史叙述也就不再仅仅是道路上的可以忽略的"路标"或透明的"玻璃"；安克斯密特将其比之为"观景

---

① Frank Ankersmit, *Narrative Logic, A Semantic Analysis of the Historian's Language*, p.94.

② Ibid., pp.191—207.

③ Frank Ankersmit, "Six Theses on Narrativist Philosophy of History", *in History and Tropology: The Rise and Fall of Metaphor*, University of California Press, 1994, p.41.

楼”,在爬上单个陈述的楼梯之后,人们可以观看远远超出楼梯所建区域的地方。①

在逻辑上探讨了叙述与陈述的差异性之后,为了更好地理解“叙述实体”在本体论上的意义,安克斯密特引出了“历史表现”(historical representation)的概念,经常把史家的文本与画家的风景画、肖像画做对比,意在寻求“历史哲学和美学之间的和睦关系”。② 画家面对大自然的山川河岳或他的模特时,利用手中的画笔和颜料描述出了一幅风景画或一张肖像画。在这一创作过程中,一方面,画家要模仿大自然的风景和模特的体貌特征,利用自己的技艺画出逼真的作品;另一方面,画家也要运用自己独特的生活经验和修养来表现出画作的个体化风格。观众在观看这些画作时,人们并不会刻意关心这张肖像画与模特是不是同一个人,也不会关心这张画用了什么质地的画布,或者用了多少颜料,而是从整体上来体悟这张肖像画美不美。人们不会关心“山川河岳”指称对象世界中具体的“山”“川”“河”“岳”,而是从整体上感受这幅“山川河岳”够不够壮丽。如果人们只是关心模特的身份,则会去比照模特的证件照,看她是真的还是假的。所以,在观看画作时,人们不会比较这张画与那张画哪一个更真实,也就不会在认识论上面对相对主义的困境。康德晚年在《判断力批判》一书中也同样认为美(ästhetisch)是无利害的、无目的的,并不关心对象的真假判断;是通过想象力而与主体的情感相联系。③ 正是在这一意义上,安克斯密特摒弃了艺术哲学中的模拟理论和相似理论,而认可贡布里希和丹图的替代理论——“表现总是要求非指称性的模仿物在场”。④

历史表现超出了认识论将语词与事物一一对应的范围,而是把事物与事物联系起来,历史表现是用语言做成的事物,也即“叙述实体”,“‘表现’(representation)的词根可以让我们接近其本体论属性:我们通过展示某一不在场的替代物令其‘再度呈现’(re-present)。原本的事物不在了,或者为我们所无法触及,另外之物被给出以替代它。在这一意义上可以这样说,我们用史学补偿本身不在场的过去”。⑤ 历史表现在本体论上是自我指称的,在整体上并不指称历史实在,认识论问题在这里就变成了美学问题,历史文本也就成为艺术鉴赏力的对象;借助于艺术哲学中的风

① Frank Ankersmit,“Six Theses on Narrativist Philosophy of History”,*in History and Tropology*:*The Rise and Fall of Metaphor*, University of California Press,1994,p.41.

② F.R.Ankersmit,“ Historical Representation”,*History and Theory*,Vol.27,No.3(Oct.,1988),p.209.

③ 康德:《判断力批判》,邓晓芒译,北京:人民出版社,2002 年,§1,第 37 页。

④ Ankersmit,“ Historical Representation”,p.216.

⑤ 安克斯密特:《历史表现》,周建漳译,北京:北京大学出版社,2011 年,第 11 页。

格理论,就如建筑艺术中的巴洛克风格、洛可可风格,我们可以更好地理解历史叙述中的"家族相似",更好地鉴别竞争中的不同文本的同一性问题。

当我们考虑到,西方的历史学作为一门职业化学科,自诞生以来大约也经历了近两百年的历史,特别是到了安克斯密特生活的年代的历史学家,其历史著作就比从希罗多德到1960年历史学家的总数还多。[①] 在他看来,历史学科内的知识生产并不是良性的增长,而是恶性循环,因为历史学家常常恪守兰克的家法,把所有的精力和智力都消耗在低级生产的阶段,并没有考虑历史学自身也是要在历史变迁的过程中不断更新,以适应史家在整体知识群体中的竞争力。所以安克斯密特要呼吁:"历史学家面对的最严峻和最有趣的理智挑战是建立在历史写作的层次上(选择,解释,如何看过去)。历史学家在本质上超出柯林武德寻找约翰·道埃的谋杀者的侦探。"[②]

二

随着柏林墙的倒塌和苏联解体,冷战结束,世界局势发生了根本性的变化。二战遗留的问题也就出现了新的形势,导致了二战期间第三帝国对犹太人的屠杀问题再次成为人们关注的焦点。早在1986年,联邦德国知识界就爆发了"历史学家之争"(Historikerstreit),主要围绕第三帝国的特殊道路和屠杀犹太人的问题。[③] 这一场争论使得原先被历史哲学忽略的"历史记忆"问题成为此后备受关注的主题,也即是历史学家将如何来表现"大屠杀"(the Holocaust)。我们知道,记忆、回忆和遗忘是人类基本的生理机能,但它并不类似于物理的存储器,可以随时随地供人调取而不改变什么。回忆什么或者遗忘什么,同时也是一种历史文化现象,关涉历史主体在时间意识中的情感,它更类似于我们常说的历史感。

围绕"大屠杀"这一历史事件来看,历史学家一般都会考虑以下几个要素:时间,1933—1945;地点,纳粹集中营;行为人,施暴者、遇难者;见证人,幸存者、旁观者。依照实在论者的历史解释,我们通过记忆中的经验证据最终可以确证这个陈述语句:1933至1945年纳粹德国屠杀了600万犹太人。但是,如果参照观念论者的历史理解,"大屠杀"本身并不指称具体的纳粹德国或犹太人这些专名,而是一个综合性概念。它是把1933到1945年这一段时间过程中纳粹德国对欧洲犹太人的迫害和屠杀行为领会到一起的观点,也就包含了行为人和见证人记忆中情感和道德的因素,即是我们常说的意识形

---

① F.R.Ankersmit,"Historiography and Postmodernism",*History and Theory*,Vol.28,No.2.(May,1989),pp.137—153.

② Frank Ankersmit,"Six Theses on Narrativist Philosophy of History",2.3,p.35.

③ Chris Lorenz,"Historical Knowledge and Historical Reality:A Plea for 'Internal Realism'",*History and Theory*,Vol.33,No.3(Oct.,1994),pp.297—327.

态。这些因素并不能简单地还原到数量函数,600万这个数字本身并不能说明和解释过去发生的一切。

对于像伊格尔斯、金兹伯格、弗里德兰德尔这样有着二战经历的那一代人,同时兼具犹太人身份的史家来说,首先他们不能接受某些“修正主义”历史学家认为的那样,这一事件从未发生过。金兹伯格从证据的角度认为,即使只剩下唯一的证人,都不能在认识上否定这一事件从未发生。① 再者,由于他们的身份认同以及幸存者的苦难记忆,他们不能接受历史学家可以自由地表现“大屠杀”事件。如果这样做的话,就遵从了怀特在《元史学》中的主张,即史家通过情节化的编织,可以把一个历史事件任意地表现为喜剧或悲剧而不需要认识论上的依据。

在回应相对主义和怀疑论这样的批判和指责中,一方面,怀特始终认为,表现属于话语的规则,表现的相对性是语言使用的一个功能,每一个历史现象的表现都有一个涂抹不去的相对性。② 所以大屠杀和法国大革命、美国内战一样,并不只有一个故事、一种表现方式。“认识到表现的相对性是语言的功能,而过去的事件是语言建构的结果,这就说明了,要想在历史表现的层次上消除相对主义而追求某种外在于语言的绝对真实是不现实的;同时,它也意味着,要想在历史认识论之中避免相对主义也不可能。事实上,只有在生活与实践之中,在行动之中,我们才可能正视不同理论导致的相对主义历史认识,并通过伦理和价值抉择扬弃相对主义。”③

另一方面,怀特从没有像修正主义者那样否定这一事件从未发生过,认为“这一主张在道德上是无礼的,在学术上也同样令人迷惑不解”④,而是想要强调犹太复国主义者与修正主义者之间关于事实争论背后的意识形态蕴含。这种在认识论上的相对性才能使得双方在政治伦理的层面达到相互理解和宽容,而不是在认识论上通过争夺所谓的不切实际的“真理”,进一步导致双方的不理解和相互怨恨。之后,怀特也意识到表现“大屠杀”问题的特殊性,在1999出版的《比喻实在论》一书中,他一定程度上修正和补充了前期相对激进的观点,认为法西斯主义的恐怖统治和对犹太人的大屠杀已经超越了历史表现的极限,达到了无法用话语来表达的不可名状的境地,完全是一个“现代主义的事件”;这完全不同于19世纪历

① Carlo Ginzburg, "Just OneWitness," in Edited by Saul Friedlander, *Probing the Limits of Representation: Nazism and the "Final Solution"*, Harvard University Press, 1992, pp.82—96.

② 海登·怀特:《历史的情节化与真理问题》,载《探查表现的限度》,第37页。

③ 陈新:《历史认识:从现代到后现代》,北京:北京大学出版社,2010年,第129页。

④ HaydenWhite, "The Politics of Historical Interpretation: Discipline and De-Sublimation", in *The Content of the Form: Narrative Discourse and Historical Representation*, The Johns Hopkins University Press, 1987, p.76.

史学家和文学家表现实在的方式,而更类似于20世纪“意识流”小说家表现实在的方式,其表现方式既不是主动语态的,也不是被动语态的,而只能是一种“中间语态”(Middle Voice)。①

由于实在论和观念论之间的根本分歧,也使得两者之间的争论得不到解决,很容易演变为聋子之间的对话。金兹伯格总是从认识论上来捍卫历史研究的客观性,怀特则更喜欢从道德和政治的角度来看待历史表现和历史写作的多样性。吕森就此指出:“只要历史研究还是一门学术性学科,我们就得谈论真理,我们就得对意味着客观性和真理的认识策略进行反思和强化。这个问题不同于语言学和修辞学,但是跟着海登·怀特走的话,就会对其不加考虑。”②克里斯·洛伦茨(Chris Lorenz)也批评“怀特与安克斯密特的叙事解释观念都严重地沾染上主观主义,而主观主义导致了隐喻叙述主义与历史学实践之间的紧张关系”,进一步促使“研究与叙述之间的关系问题消失在哲学的黑洞之中”。③ 如此看来,怀特并没有很好地处理历史哲学中的认识论与审美和伦理之间的位置和关系,而是很容易遁入另一种基础主义的陷阱。比如,他在《元史学》中就认为历史哲学的“问题在于确定这种一致性和融惯性的基础,依我看,这种基础是诗性的,本质上尤其是语言学的”。④

众多历史学家和历史哲学家都认识到要重新返回到历史经验,试图克服历史表现的危机,安克斯密特于是说道:“现在该是在传统史学理论对于语言的天真想法与某些后现代理论家的夸大其词间找到中道(Juste milieu)的时候了。”⑤对于安克斯密特来说,这并非简单地回到逻辑经验论就可以一劳永逸地解决表现大屠杀的问题,“面对大屠杀我们所遭遇的是与康德式的崇高同样的复杂性,以及为什么这一概念能帮助我们克服表现不可再现的大屠杀的悖论”。⑥

在逻辑经验论者看来,历史经验是外在于认识主体的“感觉与料”(sense-datum),需要知性范畴把感觉与料转换为一种可证实的证据和事实,历史经验才能转变为客观的历史知识;其客观性的保证来自物理学和数学的普遍性,而不是来自主体的心智和情感。安克斯密特把这种历

① 海登·怀特:《历史的情节化与真理问题》,第48—53页。

② 埃娃·多曼斯卡:《邂逅:后现代主义之后的历史哲学》,第182页。

③ 克里斯·洛伦茨:《历史可能是真的吗? 叙述主义、实证主义与“隐喻的转向”》(Chris Lorenz,“Can Histories be True? Narrativism, and the ‘Metaphorical Turn’”, *History and Theory*, Vol.37, No.3.(Oct., 1998), pp.309—329),载陈新主编:《当代西方历史哲学读本》,上海:复旦大学出版社,2006年,第114、117页。

④ 海登·怀特:《元史学》,第39页。

⑤ 安克斯密特:《历史表现》,第21页。

⑥ 同上,第167页。

史经验称为客观的历史经验,大多数的历史学家也就是通过考证档案中的资料得出事实来重建历史的。但是,这种重建的历史并不是过去本身,因为过去包含的大量主观的历史经验被知性范畴放逐和忽略了。

安克斯密特想要探讨的是能够打破“语言牢笼”的主观的历史经验,这里的历史经验也就是历史主体在时间意识中的情感体验(Erlebnis)。这种主观的历史经验也就是近来大多数历史学家谈论的“历史记忆”,“记忆有着‘历史’和‘过去’概念所欠缺的经验之维”。[①] 所以说,安克斯密特对历史经验的探讨仍旧延续了《历史表现》一书中的美学维度。美学(aesthetic)一词在英文里即是感性的、情感的之义。实际上,历史学家对“历史记忆”问题的关注也就意味着已经接受了主体意识中的情感因素。

在《崇高的历史经验》一书中,安克斯密特借助精神分析和心理学的成果,重点分析了记忆与遗忘、认同、创伤之间的心理机制,认为“在历史学家不动情感地考察那个客观地给出的过去之前,还有着另一个阶段,一个崇高的历史经验的阶段”。[②]

在日常生活中,我们并不能记起过去24小时内所有发生的事情,大部分的事情都被自然而然地遗忘了,人类过去的大部分记忆都在这种自然遗忘中消失了,“有时候,历史学家‘忘记’了过去中真正重要的东西,但不是故意要歪曲历史,而是他/她们不知道某些因果关系的重要性”。[③] 只有当我们的身份(identity)出现危机时,我们才试图去回忆过去的日常生活。比如,在人生的成长阶段,当我们要离开父母开始独自进入社会之时,我们才意识到自己长大了,不再是过去的小孩子,我们才开始回忆起童年的故事,“锦瑟无端五十弦,一弦一柱思华年”。这种记忆与认同(identity)和身份转换相关,历史学家对心态史、日常生活史的关注也即是提供一种不同于当下生活的陌生感,是关于过去的怀乡病经验(nostalgic experience)。[④] 在生活中,人们也常有痛苦的失恋或亲人去世的经历,这种记忆与身份转换又稍有不同。这种痛失的过去和现在之间形成了某种断裂,“此情可待成追忆,只是当时已惘然”。这种断裂往往会演化成一种创伤,“当我们谈及过去时,失去与爱的感受奇特地交织在一起——一种结合了痛苦和愉悦的感受。历史经验的崇

① Frank Ankersmit, *Sublime Historical Experience*, Stanford University Press, 2005, p.5.(中译参照安克斯密特:《崇高的历史经验》,杨军译,上海:东方出版中心,2011年)

② Ibid., p.15.

③ Ibid., p.322.

④ Frank Ankersmit, *History and Tropology: The Rise and Fall of Metaphor*, pp.195—213.

高性正是来自这种结合”。[①] 这种创伤还会演变成一种极端的形式，这种记忆太过悲痛和恐怖，痛苦的过去无法通过遗忘来抹平，过去与现在不仅形成了断裂，而且记忆试图在认识上遗忘过去，但过去始终以某种偷渡的方式存在于现在。“如我们从精神病理学中所知道的那样，在最糟糕的情况下，两种身份（前一个身份和来自创伤经验的新身份）的共存是最后的结果。”[②]

具体到如何表现大屠杀来说，当我们试图通过采访来获得第一手的直接证据时，幸存者的记忆会发生变形，可能记不起具体的一系列行为和事件。即使幸存者记得，由于当时骇人听闻的恐怖场景，也无法用语言来精确地描述这一事件，很容易患上失语症；所以客观的历史经验在这里就有可能派不上用场，而只能转向主观的历史经验。当幸存者试图去回忆这一悲痛的经历时，由于记忆太恐怖、太痛苦，可能就会给幸存者带来第二次创伤，由此而患上忧郁症，也就只能采用心理分析的（psychoanalysis）方式来理解和表现大屠杀。[③]

这种创伤性体验已经超越了任何知性范畴和想象力，安克斯密特将这种历史经验称为崇高的历史经验，“在很多方面，崇高是‘创伤’这一心理学概念在哲学上的对应物”。[④] 崇高（sublime）是康德审美判断力中的一个概念，与优美不同，在数学上意味着绝对的大，常常是主体对于自然界的审美情感，比如山崖险峻高悬仿佛威胁着人，火山毁灭一切的暴力，这使我们与之对抗的能力在和它们的强力相比较时成了毫无意义的渺小。[⑤] 安克斯密特认为“创伤向我们呈现了大致相同的图景。由于太过可怕，意识无法接纳创伤性经验：可以说，这种经验超出了我们理解经验的能力。正常情况下，借助于联想的力量，我们把经验整合进生命故事，然而，对于创伤，联想的力量显然是不充分的，帮不上什么忙，因此创伤经验与我们的生命叙事仍是分离的”。[⑥] 纳粹德国对600万犹太人以工业化的方式屠杀是史无前例的，不仅给幸存者带来了极大的创伤，而且给德国的下一代留下了痛苦的记忆，这也就是表现不可再现的大屠杀的悖论。

---

① Frank Ankersmit, *Sublime Historical Experience*, p.9.

② Ibid., p.324.

③ 参见多米尼克·拉卡普拉：《表现大屠杀：历史、理论、创伤》（Dominick LaCapra, *Representing the Holocaust: History, Theory, Trauma*, Cornell University Press, 1994）；《奥斯维辛之后的历史和记忆》（Dominick LaCapra, *History and Memory after Auschwitz*, Cornell University Press, 1998）；《书写历史，书写创伤》（Dominick LaCapra, *Writing History, Writing Trauma*, The Johns Hopkins University Press, 2001）。

④ Frank Ankersmit, *Sublime Historical Experience*, p.318.

⑤ 康德：《判断力批判》，第99—106页。

⑥ Frank Ankersmit, *Sublime Historical Experience*, p.335.

对于德国的下一代人来说，这一创伤性的记忆既被忘记了，又被记住了。他们主观上倾向遗忘羞耻的过去，但过去总是保存在纪念碑、博物馆这样的记忆空间中。要克服这种悖论，只能采取与过去的崇高分离，需要忘记和摆脱以前的身份；必须经历一个历史化的过程，这样才能进入新的身份。

三

安克斯密特对历史经验的探讨一定程度上衔接了历史学家对历史记忆的研究，试图对历史学家的实际工作给出理论分析和回应，并进一步探讨历史学实践中的问题对历史哲学的启示。这鲜明地表现出他以今日之我反对昨日之我的理论勇气和前卫风格。

首先，安克斯密特试图对西方在20世纪80年代兴起的"新文化史"做出理论分析。历史学家为何对14世纪的法国小村庄感兴趣，对16世纪一个磨坊主的宇宙观感兴趣，对16世纪法国乡村农民的身份感兴趣？这种历史意识是如何产生的？安克斯密特认为这些历史写作新方式是历史主义的激进化形态，因为历史主义的一个重要假设就是过去与现在之间的差异性，这种写作新方式恰恰是一种对过去的怀乡病经验。① 针对历史学家围绕"大屠杀"引发的"历史记忆"问题的争论，安克斯密特认为"大屠杀"的创伤记忆造成了历史表现的悖论。他用"崇高的历史经验"这一概念分析创伤记忆的心理机制，进一步把这一概念上溯并视为西方历史意识的起源要素，创伤记忆成为了历史意识得以可能的重要因素。他通过举例来分析中世纪是怎样转变为近代的，以及文艺复兴或法国大革命之后的欧洲。他认为"我们之所以能够超越过去，必要的条件是能讲述一个最终故事，其内容是关于我们恰恰由于讲述此故事的能力而将放弃的东西——因而，那也就是对创伤性经验的克服"。②

其次，安克斯密特对历史经验的探讨体现了他试图超越叙述主义历史哲学的理论抱负。"语言转向完全可以被看作是康德的先验主义在20世纪的翻版，康德归之于知性范畴的东西现在被归诸语言。"③如同康德通过四组范畴表来论证人类知识是如何可能的那样，叙述主义历史哲学的代表人物怀特也正是通过四个主转义来论述历史知识是如何可能的。如同康德的物自体一样，怀特也认为过去是一个神奇之地，我们只能通过转义学来赋予过去以某种意义。④ 安克斯密特认

---

① Frank Ankersmit, *History and Tropology: The Rise and Fall of Metaphor*, pp.223—238.

② Frank Ankersmit, *Sublime Historical Experience*, p.342.

③ 安克斯密特:《历史表现》,第165页。

④ Frank Ankersmit, "White's 'New Neo-Kantianism': Aesthetics, Ethics, and Politics", collected in edited by Frank Ankersmit, Ewa Domanska, and Hans Kellner, *Re-Figuring Hayden White*, Stanford University Press, 2009, pp.34—53.

为,这种通过知性范畴来“驯化”主观的历史经验,与语言先验论者通过转义学来赋予过去某种意义是同样的方式。但是,崇高的历史经验则引发了历史表现的悖论,也即是我们无法通过知性或转义学来表现创伤记忆。这也使得“语言”和“经验”之间造成了暂时的断裂;换句话说,使得被语言放逐的“情感”得以揭示出来。作为历史经验之中心的情感和感受是最具个体化和私人性的领域,同时也是消解一切理论或语言重负的最有效的武器。所以,安克斯密特才自称对崇高的历史经验的分析“需要有割裂真理与经验的勇气”,“这种经验概念是反传统的、反认知主义的”。①

当然,这种浪漫主义和神秘主义的探讨方式也遭受诸多的批评,“史学理论和历史哲学终归是要以人们能够相互理解和沟通的概念工具来进行交流和传达的一个学术领域,一种多少带有神秘意味而充满了个人化、私密性色彩的历史经验,将会给人们对此种范畴的交流、传达和推论带来难以克服的障碍”。② 因为在通常情况下,语言与经验并不是崇高分离的,而是紧密联结在一起的;没有语言,我们也就无法在公共性的层面来探讨历史经验为何物。“偏爱经验概念并不意味着把语言放在一边,也不需要切断经验与真理的关联,而是承认语言与世界早以某种方式捆绑在一起,它允许语言与经验在相互开放中获得理解,而不是关闭两者之间的关联。”③波兰历史哲学家埃娃·多曼斯卡批判安克斯密特对历史经验的考察是激进的和前卫的(avant-poste),只是试图去吸引哲学家的注意,而忽略了人类学和考古学对历史经验的研究。多曼斯卡进一步略有深意地指出:“叙述主义在史学理论中的主导地位,从丹图的《分析的历史哲学》开场,在怀特的《元史学》达到高潮,前后持续了三十年,似乎在安克斯密特的《崇高的历史经验》接近尾声。有人也许会问道,安克斯密特的这部著作,或许可以看作在当今的人文学科中对经验主义的兴趣重新复兴的标志。”④

显然,安克斯密特也意识到这些批

---

① Frank Ankersmit, "White's 'New Neo-Kantianism': Aesthetics, Ethics, and Politics", collected in edited by Frank Ankersmit, Ewa Domanska, and Hans Kellner, *Re-Figuring Hayden White*, Stanford University Press, 2009, pp.11—15.

② 彭刚:《叙事的转向:当代西方史学理论的考察》,北京:北京大学出版社,2009 年,第 75—76 页。

③ Jeff Malpas, "Truth, Narrative, and the Materiality of Memory: An Externalist Approach in the Philosophy of History", *Journal of the Philosophy of History* 4(2010), pp.328—353; also see Rüdiger Graf, "Interpretation, Truth, and Past Reality: Donald Davidson Meets History", *Rethinking History* 7:3(2003), pp.387—402; Ewa Domanska, "The Material Presence of the Past", *History and Theory*, Vol.45, No.3(Oct., 2006), pp.337—348.

④ Ewa Domanska, "Frank Ankersmit: From Narrative to Experience", *Rethinking History*, Vol.13, No.2, June 2009, pp.175—195; also see Ewa Domanska, "Toward the Archaeontology of the Dead Body", *Rethinking History*, Vol.9, No.4, December 2005, pp.389—413.

评，在《崇高的历史经验》一书的导论中他就曾自我辩解道："我强烈坚持本书是关于崇高历史经验的，而不是关于任何其他东西（如历史解释、因果性、叙述或表现）的研究。"[①]"崇高的历史经验"是回应大屠杀创伤记忆引发的历史表现的危机，不仅是对历史表现理论的修正，也可以看作是进一步深化历史表现理论中的美学维度。审美上的情感是连接"历史经验"与"历史表现"之间的纽带，两者有着内在的一致性和连续性。在一般意义上，他并没有转向遭人诟病的带有神秘的、不可言状的"历史经验"，而是在"语言"与"经验"之间寻求某种中庸之道，"在历史写作中，我们的目标也应是真理和经验间的恰当中道。当其中一方出现过度的情况时，有时候人们为了矫枉需要过正地倾向另一方"。[②] 在近来发表的论文和专著中，安克斯密特显然吸收了学界的批评，在2012年出版的《历史表现中的意义、真和指称》一书中，他进一步探讨了历史表现的真和指称问题，认为"表现包含真——一个历史表现是由一组陈述构成的——它并不反对真，而是超越真"。[③]这种探讨方式也展现了安克斯密特一以贯之地试图"弥合两种哲学传统（经验论和唯理论——本文笔者加）之间的鸿沟"。[④]

总而言之，安克斯密特对历史经验的探讨对历史哲学仍有重要的启发意义。作为历史经验中的情感和感受，一直是历史哲学所忽略的问题，特别是近代以来的历史学对移情并不抱有好感，认为它是妨碍历史学的真实性和客观性的罪魁祸首。20世纪80年代以来，"新文化史"逐渐成为西方史学实践中的新贵，诸如心态史、日常生活史、物质文化史等企图摆脱传统史学的桎梏，探索历史研究和历史写作的新途径。这些新途径也就为史学理论带来新的问题和思考路径，即我们如何认识和理解过去，以及如何理解他人的心灵。传统心理学或心灵哲学能够给我们提供新的资源。近来欧美世界的心灵哲学也试图超越语言哲学的桎梏，约翰·塞尔（John R.Searle）就提出语言哲学是心灵哲学的一章，应该打破心理学中的行为主义传统，承认第一人称权威；认为主体中的情感或意识不能够还原为物理现象。[⑤]可以看出，安克斯密特探索历史哲学新方向的理论抱负，与心灵哲学的最新发展具有一致性。马克·贝维尔（Mark Bevir）和卡斯滕·斯图贝尔（Karsten Stu-

---

① Frank Ankersmit, *Sublime Historical Experience*, p.15.

② Ibid., p.313.

③ Frank Ankersmit, "Representation and Reference", *Journal of the Philosophy of History* 4(2010), p.407. Also see Frank Ankersmit, *Meaning, Truth, and Reference in Historical Representation*, Cornell University Press, 2012.

④ 埃娃·多曼斯卡：《邂逅：后现代主义之后的历史哲学》，第86页。

⑤ 参见约翰·塞尔：《心灵的再发现》，王巍译，北京：中国人民大学出版社，2005年。

eber)在最近一篇文章中,就在心灵哲学的框架内论证历史学中的"移情"是历史理解的重要组成部分。① 而民俗心理学(Folk Psychology)则是人们认识和理解过去或他人心灵的有效工具,可以为心态史、日常生活史等历史学实践提供理论基础。

作者简介:顾晓伟,清华大学人文学院世界史博士后。

① Mark Bevir, Karsten Stueber, Empathy, Rationality, and Explanation, *Journal of the Philosophy of History* 5(2011), pp.147—162. Also see Karsten Stueber, *Rediscovering Empathy: Agency, Folk Psychology, and the Human Sciences*, The MIT Press, 2006.

文献与史料

4世纪伊苏里人入侵的文献记载

□刘衍钢 译注

摘　要:伊苏里人是古代史与中世纪史中独特而重要的民族。4世纪期间,伊苏里人对小亚细亚及周边地区发动了一系列大规模袭扰,此事成为这个境内蛮族的历史转折点。之后伊苏里人开始融入文明世界,最终成为拜占庭帝国的重要族群。本文提供了马塞里努斯《历史》一书中有关4世纪伊苏里人活动的全部译文,以期给相关研究者提供参考。

关键词:伊苏里人;《历史》;阿米亚努斯·马塞里努斯

Abstract:Isaurian was a unique and important nation of Antique and Medieval history. During the 4th century AD, the Isaurians launched large-scale invasions constantly to Asia Minor and the surrounding areas, which became a turning point in Isaurian history. Isaurians began to integrate into the civilized world thereafter and finally became an important Byzantine ethnic group. This paper gives a complete translation on the Isaurian invasions in the 4th century AD in Ammianus Marcellinus' *Res Gestae*, wishing to offer help to the related scholars.

Key words:Isaurians, *Res Gestae*, Ammianus Marcellinus

在古代文明史上,有一类重要族群往往被史家们所忽略:这类民族本质上与境外蛮族无异,却身处文明国家之内,他们的居住地成为文明世界内部的蛮荒飞地。这类“境内的境外蛮族”在所有重要的文明古国中皆大量存在,在今天某些现代国家中亦不乏身影。

伊苏里人(Isaurians,拉丁语为Isauri,希腊语为Ἴσαυροι)就是一个典型的此类族群。这个拜占庭历史上最重要的民族之一于5世纪中后期逐渐崛起,最终取代了日耳曼族与北方游牧民族在东罗马帝国军队中的优势。474年,伊苏里人芝诺(Zeno the Isaurian)成为首任伊苏里族皇帝。[①] 此后伊苏里人的影响进一步扩大,成为左右帝国军政局势的显赫民族。[②] 711 至 802 年的伊苏里王朝(Isaurian Dynasty)统治时期是中世纪拜占庭史上最关键的时期。其间拜占庭帝国面临深重的内忧外患:外部是强大的阿拉伯帝国与新兴的保加利亚(Bulgaria)王国频繁入侵,[③] 内部则是"破坏圣像"(Iconoclasm)运动等教派纷争与各种社会矛盾。[④] 岌岌可危的拜占庭帝国在伊苏里诸帝的统治下奋力支撑,终于成功击退外敌并安定了内部政局,长期保持了统一和强盛。伊苏里王朝为其后中世纪拜占庭的黄金时代奠定了基础。[⑤]

然而在融入文明世界之前的两千多年时间里,伊苏里人的形象一直是臭名昭著的匪徒和海盗。伊苏里人为印欧语民族,其语言属小亚细亚的卢威语(Luwian)方言,他们的祖先大约跟赫梯人(Hittites)的祖先一道进入小亚细亚。[⑥] 伊苏里人所占据地区——即所谓"伊苏里亚"(Isauria)——的范围在不同历史时期有所变化,大致为小亚细亚南部的陶鲁斯(Taurus)山区,其核心地带为陶鲁斯山脉西段北坡的狭小地带。伊苏里亚地区除南面临海外,其他邻近区域主要为平原。[⑦] 伊苏里亚周边的平原地带是人类最早进入文明时代的地区之一,因此伊苏里亚很早就被并入文明国家的版图。赫梯和亚述(Assyria)等强大帝国曾先后统治过伊苏里亚,但陶鲁斯山区地形崎岖,人口分散,基础经济为粗放的畜牧业,文明世界难以对该地区实施有效的集中管理。[⑧] 结果,亚述学与赫梯学史料中有关

---

① B.D.肖:《高地匪徒与低地和平:伊苏里亚—西里西亚山地(续)》(B.D.Shaw,"Bandit Highlands and Lowland Peace: The Mountains of Isauria-Cilicia[Continued]"),《东方经济社会杂志》(*Journal of the Economic and Social History of the Orient*)第33卷(1990年第3期),第249—250页。

② 同上,第252页。

③ W.T.特里德戈尔德:《拜占庭国家与社会史》(W.T.Treadgold,*A History of the Byzantine State and Society*,Standford:Stanford University Press,1997),第346—349页。

④ L.布鲁贝克和J.哈尔顿:《破坏圣像时期的拜占庭,公元680—850年》(L.Brubaker, & J.Haldon,*Byzantium in the Iconoclast Era,c.680—850*,Cambridge:Cambridge University Press,2011;R.Cormack,*Writing in Gold,Byzantine Society and its Icons*,London:George Philip,1985),第98—106页。

⑤ W.T.特里德戈尔德:《拜占庭国家与社会史》,第356页。

⑥ B.D.肖:《高地匪徒与低地和平:伊苏里亚—西里西亚山地》,第201—202页;N.伦斯基:《伊苏里亚地区的同化与反抗,公元前1世纪至公元6世纪》(N.Lenski,"Assimilation and Revolt in the Territory of Isauria,from the 1st Century BC to the 6th Century AD"),《东方经济社会杂志》(*Journal of the Economic and Social History of the Orient*)第42卷(1999年),第416页。

⑦ N.伦斯基:《伊苏里亚地区的同化与反抗,公元前1世纪至公元6世纪》,第413—415页。

⑧ 同上,第417页。

小亚细亚南部居民“反叛”的记录层出不穷。[①] 在波斯帝国时代，伊苏里亚地区实际上保持着独立。[②] 公元前 4 世纪马其顿人进占小亚细亚，希腊人与伊苏里人之间爆发冲突。公元前 322 年马其顿摄政王佩尔狄卡斯（Perdiccas）摧毁了伊苏里人最大的定居地伊苏拉·帕莱亚（Isaura Palaea）。“伊苏拉·帕莱亚”的希腊语意为“老伊苏拉”，是最早的伊苏里人定居地之一，“伊苏里”这一名称大约由此而来。[③] 但马其顿人无力深入山地攻击伊苏里人，此后的塞琉古王朝（Seleucid Dynasty）统治时期，伊苏里人实际上保持着独立。[④]

公元前 2 世纪后期，罗马吞并小亚细亚。初始阶段罗马在南部的势力范围只包括沿海狭窄的平原地带。[⑤] 后来罗马持续用兵，取道海路深入陶鲁斯山区，降服了以伊苏里人为主体的小亚细亚南部诸族，[⑥]伊苏里海盗的势力亦被罗马大将庞培（Pompeius Magnus）彻底剿灭。[⑦] 之后罗马在当地正式建立行省，但行省所管辖之地依然仅限于山下的平原地带和港口，远离海岸的伊苏里亚山地似乎并未被触及。[⑧] 罗马统治下的南部平原地带不断受到伊苏里亚山地居民的袭扰，罗马间或会采取军事报复手段压制盗匪活动。[⑨] 帝国初期伊苏里人与罗马之间爆发了全面战争，罗马军队经过数年征战，最终将该地区平定。[⑩] 但罗马采取军事行动的目的依旧仅限于报复和威慑，并无意对该地区实行直接统治。由于罗马帝国的强盛繁荣，伊苏里人多少受到文明世界的影响。[⑪]

---

① B.D.肖：《高地匪徒与低地和平：伊苏里亚—西里西亚山地》，《东方经济社会杂志》第 33 卷（1990 年第 2 期），第 204—206 页。

② 同上，第 207 页。

③ 斯特拉波：《地理学》（Strabo, *Geography*），第 12 卷第 6 章第 2—3 节；西西里的狄奥多罗斯：《历史集成》（Diodorus Siculus, *Bibliotheca historica*），第 18 卷第 22 章第 1—2 节。

④ B.D.肖：《高地匪徒与低地和平：伊苏里亚—西里西亚山地》，第 217—218 页。

⑤ 同上，第 219—220 页。

⑥ 同上，第 221 页；N.伦斯基：《伊苏里亚地区的同化与反抗，公元前 1 世纪至公元 6 世纪》，第 416 页；J.A.克鲁克和 A.林托特：《剑桥古代史（第 9 卷）》（J. A. Crook, & A. Lintott, *The Cambridge Ancient History*, Vol. IX, Cambridge University Press, 2008），第 232—233 页。

⑦ 普鲁塔克：《庞培传》（Plutarch, *Life of Pompey*），第 25 章第 2—4 节。

⑧ N.伦斯基：《伊苏里亚地区的同化与反抗，公元前 1 世纪至公元 6 世纪》，第 415、418—419 页；B.D.肖：《高地匪徒与低地和平：伊苏里亚—西里西亚山地》，第 222 页。

⑨ 同上，第 223—226 页。

⑩ 卡西乌斯·狄奥：《罗马史》（Cassius Dio, *Historia Romana*），第 55 卷第 28 章第 3 节；塔西佗：《编年史》（Tacitus, *Annals*），第 6 卷第 41 节，第 7 卷第 55 节；A.K.鲍曼，E.钱普林和 A.林托特：《剑桥古代史（第 10 卷）》（A.K.Bowman, & E.Champlin, & A.Lintott, *The Cambridge Ancient History*, Vol.X, Cambridge University Press, 2008），第 106、152—154 页。

⑪ N.伦斯基：《伊苏里亚地区的同化与反抗，公元前 1 世纪至公元 6 世纪》，第 437 页。

3世纪危机期间,伊苏里人趁着罗马帝国的分裂和动乱发动叛乱,拥立了一个名叫特里贝利亚努斯(Trebellianus)的海盗头目为帝,但特里贝利亚努斯很快兵败被杀。[①] 278年,3世纪危机临近尾声时,罗马终于彻底镇压了伊苏里人的叛乱。但罗马帝国跟以往一样没有直接统治该地区,仅满足于维持周边文明世界的安定。罗马皇帝普罗布斯(Probus)下令兴建了一系列堡垒和壕沟环绕伊苏里亚地区,并驻扎重兵布防。[②] 如此防御手段与对付境外蛮族无异。

4世纪中期君士坦丁大帝(Constantine the Great)去世后,罗马帝国一分为三,罗马的内部局势再度动荡。特别是350年之后,由于旷日持久的对波斯帝国战争和对西部帝国的内战,东部帝国的军力几乎全部部署于疆域的东西两端,位于帝国中部的小亚细亚地区兵力空虚。[③] 如此背景下,伊苏里人又对周边地区发动了几场大规模袭击,[④]劫掠范围远达巴勒斯坦的加利利(Galilee)地区,有时连耶路撒冷都受到威胁。[⑤] 这一带是经济繁庶之地,又是众多商路与军事要道必经之地,因而伊苏里人的侵扰活动给帝国东部带来了空前损害。

4世纪同时亦是伊苏里人由野蛮转入文明、由"境外"转入"境内"的历史转折点。从行动模式上看,这一时期伊苏里人的劫掠活动值得特别关注。伊苏里匪徒队伍的内部组织、相互协调以及动员效率和远距离袭击能力皆远胜于以往,这表明历经希腊化时代和罗马帝国时代的缓慢发展,此时伊苏里社会已经有了巨大进步,也预示着即将到来的文明化。[⑥] 4世纪的大规模侵袭无疑加速了伊苏里人的文明进程。战争使得大量财富流入贫瘠的伊苏里亚山地,不可避免地在当地传统

---

① 《诸帝本纪:三十僭主》(Historia Augusta, *Tyranni Triginta*),第26章第1—2节,第26章第6—7节。B.D.肖:《高地匪徒与低地和平:伊苏里亚—西里西亚山地》,第238—239页;W.史密斯:《希腊罗马传记神话词典》(W.Smith, *A Dictionary of Greek and Roman Biography and Mythology*, Michigan: University of Michigan Library, 2005),第1169页。

② 佐西默斯:《新史》(Zosimus, *Historia nova*),第1卷第69—70节;《诸帝本纪:普罗布斯》(Historia Augusta, *Probus*),第16章第4—17卷;N.伦斯基:《伊苏里亚地区的同化与反抗,公元前1世纪至公元6世纪》,第420—421页;B.D.肖:《高地匪徒与低地和平:伊苏里亚—西里西亚山地(续)》,第239—240页。S.A.库克,F.E.阿德科克,M.P.查尔斯沃思和N.H.贝恩斯:《剑桥古代史(第12卷)》(S.A.Cook, & F.E.Adcock, & M.P.Charlesworth, & N.H.Baynes, *The Cambridge Ancient History*, Vol.XII, Cambridge: Cambridge University Press, 1999),第55、266、315—316页。

③ A.卡梅伦和P.加恩西:《剑桥古代史(第13卷)》(A.Cameron, & P.Garnsey, *The Cambridge Ancient History*, Vol.XIII, Cambridge: Cambridge University Press, 1998),第437—438页;A.H.M.琼斯:《晚期罗马帝国,公元284至602年》(A.H.M.Jones, *The Later Roman Empire 284—602*, Baltimore: The John Hopkins University Press, 1986),第112—113页。

④ A.H.M.琼斯:《古代世界的衰落》(A.H.M.Jones, *The Decline of the Ancient World*, London & New York: Longman, 1975),第307页;A.卡梅伦和P.加恩西:《剑桥古代史(第13卷)》,第452—453页。

⑤ A.卡梅伦和P.加恩西:《剑桥古代史(第13卷)》,第452页。

⑥ N.伦斯基:《伊苏里亚地区的同化与反抗,公元前1世纪至公元6世纪》,第440—441页。

的社会中引发剧烈变动。某些掌握土地和人力资源的地方精英和军事统帅脱颖而出,成为强有力的首领。他们后来转变策略,不再与罗马帝国对抗,转而以雇佣军首领身份率领本族人为帝国效力,最终进入帝国的最高统治阶层。[①] 首任伊苏里族皇帝芝诺就是这样的军事首领,他的实力源泉为麾下的伊苏里"海盗"集团。[②] 随着芝诺统治时期伊苏里人地位的上升,伊苏里亚地区文明化进程加速,伊苏里人的"蛮族"历史趋于终结,他们终于融入文明世界,成为构成拜占庭帝国的真正族群。[③]

古典史家对于文明世界内部蛮族的地域及其活动的记载一向不甚热衷,有关4世纪伊苏里人的记载更是凤毛麟角。即便有史籍提到,也往往是寥寥数语,一笔带过。唯一的例外是阿米亚努斯·马塞里努斯(Ammianus Marcellinus)在《历史》(*Res Gestae*)一书中对伊苏里人的记载。关于马塞里努斯的杰出古典史家地位及其生平,笔者已有专文论及,[④]这里不再赘述。马塞里努斯之所以罕见地用大量笔墨记载此次境内山地蛮族的入侵事件,除了因为他的敏锐历史眼光,还与他的身份与地位有关。马塞里努斯出身于叙利亚首都安提奥克(Antioch)的显贵家庭,成年后投身军旅。伊苏里人侵袭周边地区时,马塞里努斯已升任指挥官,正在美索不达米亚前线对波斯人作战。[⑤] 马塞里努斯了解帝国境内的兵力分布,深知小亚细亚等地兵力薄弱,而且叙利亚等地也在伊苏里人的攻击范围之内,因此对自己的故乡深为担忧。后来马塞里努斯定居安提奥克,为史著收集素材时必定会遇见众多事件的亲历者,能获取丰富的相关史料。[⑥] 因此《历史》除了零星介绍和讲述伊苏里亚之外,还用了一整章(*Res Gestae*,XIV.2.)详细讲述353年前后伊苏里人大规模袭扰活动的来龙去脉和全过程。本章也成为古典史料中有关伊苏里人的最有价值篇章。

《历史》中有关伊苏里亚和伊苏里人的记载除上述一章之外,尚有其他部分。此外《历史》一书的前13卷已遗失,[⑦]其中大概也有相关记载,遗憾的是这些内容

---

① 普罗科皮乌斯:《战史》(Procopius, *Wars*)第6卷第10章第14—20节;N.伦斯基:《伊苏里亚地区的同化与反抗,公元前1世纪至公元6世纪》,第455—456页。

② B.D.肖:《高地匪徒与低地和平:伊苏里亚—西里西亚山地》,第251页。

③ N.伦斯基:《伊苏里亚地区的同化与反抗,公元前1世纪至公元6世纪》,第429—430页。

④ 刘衍钢:《马塞里努斯生平考》,《古代文明》2012年第2期,第27—34页;刘衍钢:《马塞里努斯的撰史风格——兼与塔西佗比较》,《史学理论研究》2011年第2期,第55—65页。

⑤ 刘衍钢:《马塞里努斯生平考》,第30页。

⑥ 同上,第33页。

⑦ T.D.巴恩斯:《阿米亚努斯·马塞里努斯及其历史真实之呈现》(T. D. Barnes, *Ammianus Marcellinus and the Representation of Historical Reality*, Ithaca & London: Cornell University Press, 1998),第231—244页。

已不可复原。笔者已经将现存的这部分拉丁语原文核对整理并翻译完成。① 关于伊苏里人漫长的"境内蛮族"史以及4世纪的侵袭活动及其深远影响,笔者将另撰专文论述。这里将译文提供如下,希望对研究晚期古典史和古代民族史的学者们有所助益和参考。

译文:

XIV.8.Orientis provinciarum description

第14卷第8章:东方诸省简介

1.Superatis Tauri montis verticibus, qui ad solis ortum sublimius attolluntur, Cilicia spatiis porrigitur late distentis, dives bonis omnibus terra, eiusque lateri dextro adnexa Isauria, pari sorte uberi, palmite viret et frugibus multis (minutis), quam mediam navigabile flumen Calycadnus interscindit.

越过高耸入云的陶鲁斯山尖峰,就是延伸向远方的西里西亚(Cilicia)宽广原野,这里各类物产皆很丰富。在西里西亚右侧与其相接的是伊苏里亚(Isauria),这里同样物产丰饶,满是葡萄和大量谷物。有一条适于航行的卡吕卡德努斯(Calycadnus)河从中部将伊苏里亚一分为二。

2.Et hanc quidem praeter oppida multa duae civitates exornant, Seleucia opus Seleuci regis, et Claudiopolis, quam deduxit coloniam. Isaura enim antehac nimium potens, olim subversa ut rebellatrix interneciva, aegre vestigia claritudinis pristinae monstrat admodum pauca.

确实,在伊苏里亚的众多城镇中装点着两座(重要城市):一为塞琉西亚(Seleucia),为塞琉古(Seleucus)王所营建;一为克劳狄奥波利斯(Claudiopolis),是恺撒克劳狄(Claudius)作为殖民地兴建的。伊苏里亚一度很强大,但曾经发动过危险的叛乱而遭镇压,现在已基本上看不到昔日繁荣的痕迹。

XIV.II.Isaurorum incursions

第14卷第2章:伊苏里人的侵袭(353年前后)

1.Nec sane haec sola pernicies orientem diversis cladibus adfligebat. Namque et Isauri, quibus est usitatum saepe pacari, saepeque inopinis excursibus cuncta miscere, ex latrociniis occultis et raris, alente inpunitate adulescentem in peius audaciam, ad bella gravia proruperunt, diu quidem per-

① 笔者研究马塞里努斯以洛布(Loeb)古典丛书本为主要参考文献,本文的中译文全部由拉丁语原文直接译出。在翻译过程中为求精确,参考了企鹅(Penguin)古典丛书英译本,同时部分参考了克拉克(C.U.Clark)本、图布纳(Teubner)本与其他较早的译本。主要版本如下:Ammianus Marcellinus, *The Later Roman Empire*, London: Penguin Books, 2004; Marcellinus, *Ammianus Marcellinus*, Vol.I-III, The Loeb Classical Library, London: William Heinemann, 1958—1982; Ammiannus Marcellinus, *Res Gestae*, C.U. Clarke(ed.), Berlin: Weidmann, 1963; Ammianus Marcellinus, *Ammiani Marcellini Rerum Gestarum Libri Qui Supersunt*, W. Seyfarth (ed.), Leipzig: B.G.Teubner, 1978。

duelles spiritus inrequietis motibus erigentes, hac tamen indignitate perciti vehementer, ut iactitabant, quod eorum capiti quidam consortes, apud Iconium Pisidiae oppidum in amphitheatrali spectaculo feris praedatricibus obiecti sunt praeter morem.

而且这并非唯一的祸患,还有其他各式各样的灾难困扰着东方。因为此时一向较为安宁的伊苏里人(Isauri)开始发起持续的突袭,侵扰尤甚。他们不再采用隐秘分散的袭击方式,而是基于无知的胆大妄为,发动了一连串战争。确实在过去相当长时间里,这些敌人的嗜战之心从未停息。但现在他们宣称,近来发生的事情激起了他们的正义怒火。原来在庇西狄亚(Pisidia)的一座城镇伊康尼乌姆(Iconium)的圆形竞技场中,有一些与他们联系密切的人遭逮捕后被投入猛兽之口以供娱乐,如此残忍举动可谓史无前例。

2. Atque, ut Tullius ait, ut etiam bestiae (ferae) fame monitae plerumque ad eum locum ubi aliquando pastae sunt revertuntur, ita homines instar turbinis degressi montibus impeditis et arduis, loca petivere mari confinia, per quae viis latebrosis sese convallibusque occultantes, cum appeterent noctes, luna etiam tum cornuta, ideoque nondum solido splendore fulgente, nauticos observabant. Quos cum in somnum sentirent effusos, per ancoralia, quadrupedo gradu repentes, seseque suspensis passibus iniectantes in scaphas, eisdem (sensim) nihil opinantibus assistebant(adsistebant), et incendente aviditate saevitiam, ne cedentium quidem ulli parcendo, obtruncatis omnibus merces opimas velut viles nullis repugnantibus avertebant.

诚如西塞罗所言,①当迫于饥饿时,即便是野兽也往往会回到往昔猎食之地。伊苏里人也一样,他们如旋风般从陡峭起伏的山峦中冲下来,袭击了沿海附近地区。他们采取种种手段藏身于隐秘的道路与山谷中,入夜之后正值弯月当空、月光不再闪耀之际,他们便伺机出击,暗中监视水手们的活动。等到水手们毫无戒备进入梦乡后,他们顺着四角锚的链子悄悄爬上船,对于他们的到来,船上的人毫无察觉。他们的怒火因贪婪而更加炽烈,即便是投降的人也未能幸免。他们杀光了所有人,未遇到抵抗,并不拘贵贱抢走了所有货物。

3. Haecque non diu sunt perpetrata. Cognitis enim pilatorum caesorumque funeribus, nemo deinde ad has stationes appulit navem, sed ut Scironis praerupta letalia declinantes, litoribus Cypriis contigui navigabant, quae Isauriae scopulis sunt controversa.

但这样的袭击未能持续很久。因为当那些被杀戮与劫掠者的遭遇广为人知后,便没有人再把船只停泊在这些港口。

① 参见西塞罗:《为克伦提欧辩护》(Cicero, *Pro Cluentio*),第25、67段。

人们避之如同躲避斯基隆(Sciron)的恐怖峭壁,[①]转而选择伊苏里亚(Isauria)对面的航路,靠近塞浦路斯海岸航行。

4. Procedente igitur mox tempore cum adventicium nihil inveniretur, relicta ora maritime, in Lycaoniam adnexam Isauriae se contulerunt, ibique densis intersaepientes itinera praetenturis, provincialium et viatorum opibus pascebantur.

于是随着时间推移,当外地人再也不会到来时,匪徒们遂退到与伊苏里亚近邻的吕考尼亚(Lycaonia),以密集的路障封锁了道路,依靠盘剥省内的资源与过往路人维生。

5. Excitavit hic ardor milites per municipia plurima, quae isdem conterminant, dispositos et castella, et(sed) quisque serpentes latius pro viribus repellere moliens, nunc globis confertos, aliquotiens et dispersos multitudine superabatur vigenti(ingenti), quae nata et educata inter editos recurvosque ambitus montium, eos ut loca plana persultat et mollia, missilibus obvios eminus lacessens et ululatu truci perterrens.

驻扎在当地附近众多城镇与堡垒中的(分队)战士对此怒火中烧,他们各自行动起来,尽其所能地驱逐这些匪徒,但因数量与机动性不敌对方而被击败。伊苏里人活动范围很广,时而聚集成密集的团伙,时而分散活动。他们出生并成长在陡峭起伏的群山中,(在山地活动)如履平地,他们以箭矢发动远程攻击,再加上他们的狂野号叫,他们的对手们被弄得精疲力竭。

6. Coactique aliquotiens nostri pedites ad eos persequendos scandere clivos sublimes, etiam si lapsantibus plantis fruticeta prensando vel dumos, ad vertices venerint summos, inter arta tamen et invia, nullas acies explicare permissi, nec firmare nisu valido gressus; hoste discursatore rupium abscisa volvente superne, periculose per prona discedunt, (ruinis ponderum inmanium consternuntur), aut ex necessitate ultima fortiter dimicantes(dimicante), ruinis ponderum immanium consternuntur. (superati periculose per prona discedunt.)

在追击他们的过程中,我们的步兵有时会被迫在起伏高耸的山地中攀爬,甚至无处立足,只能抓住灌木丛和荆棘保持身体平衡。当我方战士到达极高的山峰时,会发现这里极为崎岖,无法通行,既不可能列成战阵,也不可能站稳脚跟发挥战斗力。而敌人则四处穿行于悬崖峭壁之上,分散在危险的巨岩之中,在相对安全的距离上(用投掷武器)发起猛烈的进攻。我军战士在敌人无数巨石的打击下终于不支。

7. Quam ob rem circumspecta cautela observatum est deinceps, et cum edita monti-

① 斯基隆为希腊神话中被忒修斯(Theseus)杀死的著名强盗,喜欢将人从悬崖上踢入海中。

um petere coeperint grassatores, loci iniquitati milites cedunt. Ubi autem in planitie potuerint reperiri, quod contingit adsidue, nec exsertare lacertos nec crispare permissi tela, quae vehunt bina vel terna, pecudum ritu inertium trucidantur.

由于上述原因,我方采取了更谨慎稳妥的战术。当劫掠者们由高山地带发起进攻时,我军战士后撤离开这不利于我方的地域。(随后的)情况往往是,当敌人出现在平原地带时,他们不能伸展上肢,也不能挥舞投枪(这种投枪他们每人携带有两三支)。① 结果他们像祭坛上无助的羔羊一样遭到屠杀。

8. Metuentes igitur idem latrones Lycaoniam magna parte campestrem, cum se inpares nostris fore congressione stataria documentis frequentibus scirent, tramitibus deviis petivere Pamphyliam, diu quidem intactam, sed timore populationum et caedium, milite per omnia diffuso propinqua, magnis undique praesidiis communitam.

大部分地区较为平坦的吕考尼亚(Lycaonia)也遭到同样的匪徒骚扰。经过屡次遭遇后,匪徒们终于明白自己在平地上难以抗衡我军,遂通过偏远道路退往潘菲利亚(Pamphylia),此后他们确实长期保持平静。但为了警惕他们再发动劫掠和屠杀,战士们被部署于所有周边地带,到处修建有壁垒并驻有大量部队。

9. Raptim igitur properantes, ut motus sui rumores celeritate nimia praevenirent, vigore corporum ac levitate confisi, per flexuosas semitas ad summitates collium tardius evadebant. Et cum, superatis difficultatibus arduis, ad supercilia venissent fluvii Melanis, alti et verticosi, qui pro muro tuetur accolas circumfusus, augente nocte adulta terrorem, quievere paulisper, lucem opperientes. Arbitrabantur enim nullo inpediente transgressi, inopino adcursu adposita quaeque vastare, sed in cassum labores pertulere gravissimos.

于是匪徒们采用迅捷策略。他们依靠体能与活力,以极快速度行动,使得相关的讯息传播到某地之前他们就能抵达。不过在通向山顶的崎岖山路上行进时,他们也步履缓慢。他们克服艰难险阻,终于来到陡峭的麦拉斯(Melas)河岸。这是一条水流湍急深不见底的河流,像一道城墙环绕护卫着当地居民。深夜使得(居民们)提高了警觉,他们于是暂时停顿,等待天明。他们实际上打算在无人阻挡的情况下渡河,出其不意地劫掠周边所有地区,然而他们煞费苦心的计划却完全落空了。

10. Nam sole orto magnitudine angusti gurgitis sed profundi a transitu arcebantur, et dum piscatorios quaerunt lenunculos, vel innare temere contextis cratibus parant, effusae

① 这里的意思是在利用上肢使用武器方面无法与我军抗衡。

legiones, quae hiemabant tunc apud Siden, isdem impetu occurrere veloci. Et signis prope ripam locatis, ad manus comminus conserendas, denseta scutorum conpage, semet scientissime praestruebant, ausos quoque aliquos fiducia nandi, vel cavatis arborum truncis amnem permeare latenter, facillime trucidarunt.

太阳升起之后,他们受阻于水量巨大且旋涡密布的河流;原来河道尽管狭窄,却极深。他们有的搜寻打渔用的小船;有的则更鲁莽,准备利用围栏编制成的舢板游过河。此时正在希德(Side)地区过冬的诸军团迅速出动向他们发起攻击。战士们将军旗树立在河岸边,然后熟练地聚集列队,组成密集阵型,以盾牌联结成防护带,与敌人展开近距战斗。另有部分自以为是的匪徒想凭借游泳或者乘坐挖空的树干偷偷渡河,我军战士轻而易举就将他们消灭。

11. Unde temptatis ad discrimen ultimum artibus multum, cum nihil impetraretur, pavore vique repellente extrusi, et quo tenderent ambigentes, venere prope oppidum Laranda.

他们想在战技方面与我军一较高下,结果是蒙受了更多的损失。他们一无所成,出于恐惧和对我军实力的顾虑,一时间惶惑不安,不知如何是好。最后他们抵达附近的城镇拉兰达(Laranda)。

12. Ibi victu recreati et quiete, postquam abierat timor, vicos opulentos adorti, equestrium adventu cohortium, quae casu propinquabant, nec resistere planitie porrecta conati, digressi sunt, retroque concedentes, omne iuventutis robur relictum in sedibus acciverunt.

他们在那里休整并获取食物,实力有所恢复。随着恐惧之心消退,他们又对当地的富裕村庄发动袭击。这时正好有一队我军骑兵被派往此地,他们不敢在平原上挑战我军,只得撤离。他们在撤退之时召集了所有留在家中的青年兵源。

13. Et quoniam inedia gravi adflictabantur, locum petivere Paleas nomine, vergentem in mare, valido muro firmatum, ubi conduntur nunc usque commeatus, distribui militibus omne latus Isauriae defendentibus assueti (adsueti). Circumstetere igitur hoc munimentum per triduum et trinoctium, et cum neque adclivitas ipsa sine discrimine posset adiri letali, nec cuniculis quicquam geri (posset), nec procederet ullum obsidionale commentum, maesti excedunt, postrema vi subigente maiora viribus adgressuri.

由于受到饥饿的严重威胁,他们袭击了一处名叫帕莱亚(Palaea)的地方。帕莱亚位于海边的斜坡上,有一道坚固的护墙防卫。这里一直是贮存给养之处,至今依然如此,这些给养用于供应沿整个伊苏里亚边境日常驻防的战士们。匪徒们包围了这座堡垒有三天三夜,但他们既无法冒着死亡的危险靠近陡峭的护墙,也无法利用挖掘坑道等方法进入，最后他们只得在绝望中撤走。迫于最为紧迫的生存压力，他们又着手发动力所不逮的进攻。

14. Proinde concepta rabie saeviore, quam desperatio incendebat et fames, amplificatis viribus, ardore incohibili in excidium urbium matris Seleuciae efferebantur, quam comes tuebatur Castricius, tresque legiones bellicis sudoribus induratae.

于是当他们的实力有所壮大后，在绝望与饥饿的驱使之下，他们变得更加狂妄凶暴，胸中怒火也更炽烈。他们出发去摧毁塞琉西亚城，这是该省最大的城市，由司令卡斯特里奇乌斯(Castricius)负责防守，他麾下有三个久经沙场的善战军团。

15.Horum adventum praedocti speculationibus fidis, rectores militum tessera data sollemni, armatos omnes celeri eduxere procursu, et agiliter praeterito Calycadni fluminis ponte, cuius undarum magnitudo murorum adluit turres, in speciem locavere pugnandi.Neque tamen exiluit quisquam, nec permissus est congredi. Formidabatur enim flagrans vesania manus, et superior numero, et ruitura sine respectu salutis in ferrum.

从可靠的侦察兵那里得知敌人到来的消息后，驻军官员们依照作战法则下达口令，并迅速集合整支军队出击。他们快速通过卡利卡杜斯(Calycadus)河上的桥梁，这条河流的巨浪冲刷着城墙的塔楼。随后我军战士排列成作战队形迎敌。不过我军无人发起进攻，也不允许任何人与敌人交战。因为匪徒们的疯狂怒火令人畏惧，而且他们在数量上占优，随时准备扑向我军的刀剑而丝毫不顾及自身安危。

16. Viso itaque exercitu procul, auditoque liticinum cantu, represso gradu parumper stetere praedones, exsertantesque minaces gladios postea lentius incedebant.

于是当能够看到我军并听到我方军号吹奏的军乐时，匪徒们停下脚步站立了一小会儿，随后他们抽出利剑，缓步前进。

17.Quibus occurrere bene pertinax miles explicatis ordinibus parans, hastisque feriens scuta, qui habitus iram pugnantium concitat et dolorem, proximos iam gestu terrebat. Sed eum in certamen alacriter consurgentem revocavere ductores, rati intempestivum anceps subire certamen, cum haut longe muri distarent, quorum tutela securitas poterat in solido locari cunctorum.

我军战士沉着冷静，准备迎击敌人；他们有条不紊地展开队形，同时以长矛敲击盾牌表达胸中燃起的怒火以及对敌人的愤慨，也以此种姿态威吓最靠近的敌人。但就在战士们急切求战之际，将领们将他们唤回。这是考虑到不远处就矗立着我方的堡垒，有了高墙的护卫，所有人的安全皆可无虞，因此贸然投入胜负难料的战斗并不明智。

18. Hac ita persuasione reducti intra moenia bellatores, obseratis undique portarum aditibus, propugnaculis insistebant et pinnis, congesta undique saxa telaque habentes in

promptu, ut si quis se proripuisset citerius (interius), multitudine missilium sterneretur et lapidum.

于是将领说服战士们,将他们带回围墙之内。各方向通往大门的道路都被封锁,战士们站立在城堞和胸墙旁边,把收集来的石块和投掷武器摆放到预定位置。这样如果有人冲到靠近的地方,就会被大量的矢石打得四散奔逃。

19.Illud tamen clausos vehementer angebat, quod captis navigiis, quae frumenta vehebant per flumen, Isauri quidem alimentorum copiis affluebant (adfluebant), ipsi vero solitarum rerum cibos iam consumendo, inediae propinquantis aerumnas exitialis horrebant.

然而围困也给我军带来了巨大困扰。因为伊苏里人利用俘获的船只将谷物运过河,他们确实拥有充足的粮草供应。而我军实际上已耗尽了日常的储备,开始担心迫在眉睫的饥饿会引发恐慌。

20.Haec ubi latius fama vulgasset, missaeque relationes adsiduae Gallum Caesarem permovissent, quoniam magister equitum longius ea tempestate distinebatur, iussus comes orientis Nebridius, contractis undique militaribus copiis, ad eximendam periculo civitatem amplam et oportunam, studio properabat ingenti. Quo cognito abscessere latrones, nulla re amplius memorabili gesta, dispersique, ut solent, avia montium petiere celsorum.

这些消息迅速传到各地,恺撒迦鲁斯不断接到报告,要求立即采取行动。由于当时骑兵统帅(magister equitum)距此地非常遥远,东方总督(comes orientis)奈布里狄乌斯(Nebridius)遂受命去增援。奈布里狄乌斯以极大热情投入行动,他从各地召集了尽可能多的战士,然后率军急速前往救援这座战略地位极为重要的巨大城市。得知罗马援军即将到来,匪徒们没有取得任何重要战果便撤退了。他们依照惯常的方式,迅速分散遁入高山中的荒凉之地。

XIX. 13. Lauricius comes Isaurorum latrocinia compescit

第 19 卷第 13 章:统领劳里奇乌斯(Lauricius)抑止了伊苏里人的侵袭(359 年)

1.His temporibus Isauri diu quieti post gesta(,) quae superior continet textus, temptatumque Seleuciae civitatis obsidium, paulatim reviviscentes, ut solent verno tempore foveis exilire serpentes, saltibus degressi scrupulosis et inviis, confertique in cuneos densos per furta et latrocinia finitimos afflictabant (adflictabant), praetenturas militum (ut montani) fallentes, perque rupis et dumeta ex usu facile discurrentes.

但就在这一时期,伊苏里人试图围攻塞琉西亚城。在前文所述的相关之事发生后,伊苏里人保持了长时间的平静。现在他们又逐渐恢复活力,就像入春后从洞穴中跃出的毒蛇。他们从险要难以通行的山崖中涌出，汇聚成大规模的团伙，不断以盗窃和劫掠袭扰邻近地区。他们利用山地人的诡计避过我军战士的防区，凭借经验轻而易举地穿行于峭壁和丛林。

2. Ad quos vi vel ratione sedandos Lauricius, adiecta comitis dignitate, missus est rector, homo civilis prudentiae, qui minis potius quam acerbitate pleraque correxit, adeo ut eo diu provinciam obtinente nihil accideret quod animadversione dignum aestimaretur.

于是劳里奇乌斯被任命为该省总督，并加授“统领”（comes）①等级，目的是平息当地局势，不拘是通过武力还是通过合理的安排。劳里奇乌斯利用威慑而非真正的严厉镇压就稳定了大局，此后他长期治理该行省，其间没有再发生什么值得注意的事件。

作者简介：刘衍钢，华东师范大学历史系讲师。

① 这一头衔后来在中世纪演变为“伯爵”（count）。在晚期罗马帝国，该称号约相当于军区司令。

征稿

人文科学在20世纪发生了巨大变化,尤其是最近几十年来,这种变化更为显著,波及发达国家与发展中国家。这就要求我们必须加强与国际学术界的对话和交流,与一流学者、学术机构和学术杂志直接联系、对话和合作。

我们在这方面做了初步尝试,取得了《历史与理论》(*History and Theory*,美国)、《观念史杂志》(*Journal of the History of Ideas*,美国)、《世界史杂志》(*Journal of World History*,美国)、《评论》(*Review*,美国)的中文翻译许可。我们希望通过《新史学》把这些著名的杂志陆续介绍到国内。当然,随着交流的进一步深入,我们的合作也会进一步深化、扩展,也希望让我们的本土学术走向国际。

来稿注意事项:标点符号用法要求符合国家质量监督检验检疫总局和国家标准化管理委员会2011年发布的《标点符号用法》;数字用法要严格遵循国家质量监督检验检疫总局和国家标准化管理委员会2011年发布的《出版物上数字用法》;文章要有中英文内容摘要、关键词;翻译文章要有原文,以备核对,要有文章翻译的授权许可。

具体要求:

1.论文必须是首发,理论上有创新,注重资料的收集,不应在网上发表过。作者在可能的情况下,可为每篇文章配10幅左右的高清晰插图。

2.文章中出现的外文专门名词(人名、地名、专有名词等),除常见的以外,一律译出并附外文原文,用(　)标明;人名、地名、专有名词等术语的翻译一定要符合传统习惯,标准主要依据《辞海》《中国大百科全书》等常见工具书。

3.题目翻译成英文;300字左右的中文摘要;3~4个关键词。

4.翻译文章原来的注释一律采用尾注,译者注则采用脚注的形式。尾注按顺序依次为1、2、3、4……要连续编号;脚注则以①②……的形式;每页重新编号。

5.原创文章采用脚注,置于每页下端;文中注释使用圈码，上标；所有由词组、语句构成的中、外文引文内容，都需要标明出处，即作者(或编者)：《书名》，(译文还要在这个位置注明译者)，出版城市：出版者，出版年，页码。例如：

5.1 中文著作引述范例：

①何兆武：《中国思想发展史》，北京：外文出版社，2003年，第55页。

中文引文相同时，如下：

②同上，第66页。

③康德(作者)：《历史理性批判文集》，何兆武译，北京(出版城市)：商务印书馆(出版社)，1996年(出版年)，第43页。

5.2 中文论文引用时注明：作者，"论文名"，《刊物名》，发表年、期，页码。如：

④陈节："论存在与时间"，《哲学研究》，1987年，第43期，第40页。

5.3 外文著作全部不译成中文，书名使用斜体；外文字之间、字与标点符号之间不能连排，空一格，一定要符合外文打字规范：

⑤ Jane Dempsey Douglass, *Women Freedom and Calvin*, Philadelphia: Westminster Press, l985, p.445.

5.4 外文期刊论文引用，刊物名使用斜体，文章名加引号，不用斜体：

⑥Sheryl O' Donnell, " Mr. Locke and the Ladies: The Inde1ible Words on the Tabula Rasa", *Studies in Eighteenth Century Culture*, 8(1979): 151—164.

或者处理如下：

⑦Moi, T., *Appropriating Bourdieu: Feminist Theory and Pierre Bourdieu' s Sociology of Culture*, in D. Robbins, ed., *Pierre Bourdieu*, Vol. Ⅳ, London: Sage Publications, 2000, p.315.

外文引文如果与上面相同，注释如下：

⑧Ibid., p.155.

6.有一些著作采取正文夹注方式，则依照原样保留原注解方式。例如：

他从法律秩序中消除了约翰·奥斯丁(John Austin)的命令理论的含义；这种理论到那时为止一直很有影响(Michelman, 1988)，但今天它的影响很小。

7.如遇注释中原作者加上其解说或讨论，此部分需全部译出。如：

Cf. my "A Sociological View of the Secularization of Theology", *Journal for the Scientific Study of Religion*, Spring 1967, **for a more detailed analysis of this constellation.**

顺序译出即：

参见我的"A Sociological View of the Secularization of Theology", *Journal for the Scientific Study of Religion*, Spring 1967，其中对这类问题做了较详细的分析。

竭诚欢迎各界人士赐稿，文章的内容和风格不做统一要求，不以行文长短论优劣，而以学术内涵为准绳。所有来稿一律匿名评审，不论是否刊用，均尽快予以答复。文稿发表后即付稿酬与样刊。

通讯地址：上海市徐汇区桂林100号上海师范大学西部行政楼705室，《新史学》编辑部收，邮编：2000234。

E-mail：ch68@shnu.edu.cn

经过若干年积累，本刊在学术界产生一定影响，被中国社会科学研究评价中心正式列入“中文社会科学引文索引（2012—2013年）来源集刊目录”（CSSCI）。这是对我们过去工作的肯定，也是对我们未来工作的更高要求。恳请学术同人一如既往地支持本刊工作，进一步帮助提升办刊质量。